Antworten auf die amerikanische Herausforderung

Studien zur Geschichte
der deutschen Großforschungseinrichtungen
Band 12

In dieser Reihe erscheinen Monographien, die im Rahmen des Projekts
»Geschichte der Großforschungseinrichtungen in der Bundesrepublik
Deutschland« entstanden sind.

Wissenschaftliche Begleitung und Herausgeber:
Prof. Dr. Lothar Burchardt, Konstanz
Prof. Dr. Armin Hermann, Stuttgart
Dr. Ernst-Joachim Meusel, Garching
Prof. Dr. Gerhard A. Ritter, München
PD Dr. Margit Szöllösi-Janze, München
Prof. Dr. Helmuth Trischler, München

Gerhard A. Ritter ist Emeritus am Institut für Neuere Geschichte an der Universität München. *Margit Szöllösi-Janze* ist dort Privatdozentin. *Helmuth Trischler* ist Forschungsdirektor des Deutschen Museums München.

Gerhard A. Ritter, Margit Szöllösi-Janze,
Helmuth Trischler (Hg.)

Antworten auf die amerikanische Herausforderung

Forschung in der Bundesrepublik und der DDR
in den »langen« siebziger Jahren

Campus Verlag
Frankfurt/New York

Die Deutsche Bibliothek – CIP-Einheitsaufnahme

Antworten auf die amerikanische Herausforderung: Forschung
in der Bundesrepublik und der DDR in den »langen« siebziger Jahren /
Gerhard A. Ritter ... (Hg.). – Frankfurt/Main; New York: Campus Verlag, 1999
   (Studien zur Geschichte der deutschen Großforschungseinrichtungen; Bd. 12)
   ISBN 3-593-36207-4

Das Werk einschließlich aller seiner Teile ist urheberrechtlich geschützt.
Jede Verwertung ist ohne Zustimmung des Verlags unzulässig. Das gilt insbesondere
für Vervielfältigungen, Übersetzungen, Mikroverfilmungen und die Einspeicherung
und Verarbeitung in elektronischen Systemen.
Copyright © 1999 Campus Verlag GmbH, Frankfurt/Main
Umschlaggestaltung: Atelier Warminski, Büdingen
Druck und Bindung: KM-Druck, Groß-Umstadt
Gedruckt auf säurefreiem und chlorfrei gebleichtem Papier.
Printed in Germany

Inhalt

Vorwort   9

Einleitung   11

Helmuth Trischler
Die »amerikanische Herausforderung« in den »langen« siebziger
Jahren: Konzeptionelle Überlegungen   11

Rüdiger vom Bruch
Big Science - Small Questions?
Zur Historiographie der Großforschung   19

I. Forschung im Spannungsfeld von Wissenschaft und
   Markt   43

Margit Szöllösi-Janze
Einführung   43

Hans-Willy Hohn
»Big Science« als angewandte Grundlagenforschung.
Probleme der informationstechnischen Großforschung
im Innovationssystem der »langen« siebziger Jahre   50

Susanne Mutert
Großforschung am Markt. Auftragsvergabe zwischen staatlicher
Steuerung und Selbstregulation am Beispiel des Deutschen
Elektronen-Synchrotrons (DESY) 81

Gerhard Mener
Die Grenzen des Erfolgsmodells der siebziger Jahre:
Sonnenenergieforschung in der Fraunhofer-Gesellschaft 107

Alexander Gall
Von »IBM« zu »Silicon Valley«. Leitbilder der Forschungspolitik
zur Mikroelektronik in den siebziger und achziger Jahren 135

II. Big Science – Big Machines: Großforschung als Projektwissenschaft 157

Helmuth Trischler
Einführung 157

Luciene Fernandes Justo
Großforschung im Kontext: Die GKSS und ihre
forschungspolitischen Ziele in den siebziger Jahren 163

Bernd-A. Rusinek
Zwischen Himmel und Erde: Reaktorprojekte der Kernforschungsanlage Jülich (KFA) in den »langen« siebziger Jahren 188

Ingrid von Stumm
Kernfusionsforschung und politische Steuerung: Erste
Großexperimente am Max-Planck-Institut für Plasmaphysik (IPP) 217

III. Forschung zwischen Regionalisierung und Internationalisierung 239

Andreas Kleinert 239
Einführung

Jürgen Lieske
Zwischen Brüssel, Bonn und München: Angewandte Forschung im
Spannungsfeld europäischer Forschungs- und Technologiepolitik am 242
Beispiel der Fraunhofer-Gesellschaft

Stephan Deutinger
Stile regionaler Forschungspolitik. 266
Die Bundesländer zwischen Kooperation und Konkurrenz

Florian Hars
Wenn Forschung zu groß wird: Internationalisierung als Strategie 286
nationaler Forschungsplanung am Beispiel der Hochenergiephysik

IV. Strukturen der Großforschung im Osten Deutschlands 313

Dieter Hoffmann
Einführung 313

Johannes Abele
Großforschung in der DDR. Das Zentralinstitut für Kernforschung
Rossendorf in den siebziger Jahren 316

Josef Reindl
Akademiereform und biomedizinische Forschung in Berlin-Buch 339

Agnes Charlotte Tandler
Visionen einer sozialistischen Großforschung in der DDR 1968-1971 361

Abkürzungen 376

Literatur 381

Personenregister 403

Autorinnen und Autoren 406

Vorwort

Die Aufsätze des vorliegenden Sammelbandes beruhen auf den Vorträgen der Tagung »Großforschung und angewandte Forschung in Deutschland in den ›langen‹ siebziger Jahren«, die im Februar 1998 im Deutschen Museum, München, stattfand. Ziel war, die Mitarbeiterinnen und Mitarbeiter mehrerer wissenschaftshistorischer Projekte miteinander ins Gespräch zu bringen, die bisherigen Ergebnisse zu diskutieren und neue Fragestellungen aufzuwerfen. Das seit 1986 bestehende historische Projekt zur Geschichte der deutschen Großforschungseinrichtungen kann bereits auf elf einschlägige Monographien und einen Sammelband verweisen. Es wird gegenwärtig mit neuen inhaltlichen und zeitlichen Schwerpunkten fortgeführt. Dazu schien es sinnvoll, mit einer Arbeitsgruppe in Kontakt zu treten, die seit 1995 die Gründung und Entwicklung der Fraunhofer-Gesellschaft und ihrer Institute erforscht. Schließlich erweiterten die deutsche Wiedervereinigung 1990 und die Errichtung von Großforschungs- und Fraunhofer-Instituten in den neuen Bundesländern den Fokus beider Projekte. Die Organisation natur- und technikwissenschaftlicher Forschung in der ehemaligen DDR und ihre Entwicklung konnten nicht länger ignoriert werden. Sie erwiesen sich vielmehr als integrale Bestandteile der hier interessierenden Fragen, so daß eine eigene Sektion zur DDR-Geschichte die Tagung bereicherte.

Für die erfolgreiche Durchführung der Tagung und die anschließende Publikation des Sammelbandes sind wir vielfach zu Dank verpflichtet. Wir danken an erster Stelle der Fritz Thyssen Stiftung, deren großzügiger Zuschuß uns beides überhaupt erst ermöglichte. Dank gebührt ferner dem Deutschen Museum, das uns als unmittelbarer Gastgeber Tagungsräume und Unterbringungsmöglichkeiten zur Verfügung stellte. Nicht zuletzt danken wir der

Hermann von Helmholtz-Gemeinschaft Deutscher Forschungseinrichtungen für ihre finanzielle Unterstützung.

Es sind bekanntlich nicht nur Institutionen, sondern vor allem auch einzelne Personen, deren Engagement wesentlich zum Erfolg wissenschaftlicher Vorhaben beiträgt. Wir erwähnen eigens Ernst-Joachim Meusel, Mentor des Projekts zur Geschichte der deutschen Großforschungseinrichtungen, dessen Beiträge die Tagung prägten. Andrea Lucas erwies sich bei der Vorbereitung und praktischen Durchführung der Konferenz sowie bei der Erstellung der Druckvorlage dieses Sammelbandes als unentbehrlich. Beiden sei an dieser Stelle besonders herzlich gedankt.

München, im Dezember 1998

Gerhard A. Ritter
Margit Szöllösi-Janze
Helmuth Trischler

Einleitung

Helmuth Trischler

Die »amerikanische Herausforderung« in den »langen« siebziger Jahren: Konzeptionelle Überlegungen

Als die Organisation für wirtschaftliche Zusammenarbeit und Entwicklung (OECD) im Anschluß an das Internationale Statistische Jahr 1964 erstmals Statistiken vorlegte, die einen systematischen Vergleich zwischen den Ausgaben der führenden Industriestaaten für Forschung und Entwicklung (FuE) ermöglichten, blies ein frischer Wind durch die Amtsstuben der Wissenschaftsadministratoren in Westeuropa. Die OECD-Daten offenbarten, daß die FuE-Ausgaben der USA für das Erhebungsjahr 1962 rund fünfzehnmal höher waren als diejenigen von Frankreich oder der Bundesrepublik. Gemessen am Bruttosozialprodukt lagen sie in den USA mit einem Anteil von 3,1 % weit über denjenigen von Frankreich (1,5 %) und der Bundesrepublik (1,3 %). Damit schien ein unmittelbarer Zusammenhang zwischen der Höhe der FuE-Aufwendungen und der internationalen Führungsposition der US-Wirtschaft nachgewiesen zu sein. Mitte der 1960er Jahre machte der neugeprägte Begriff von der »technologischen Lücke« zwischen den USA und Europa Karriere. Der französische Publizist Jean-Jacques Servan-Schreiber faßte die gängige Wahrnehmung von einer eklatanten technologischen Rückständigkeit Europas zusammen und goß sie in das öffentlichkeitswirksame Schlagwort von der »amerikanischen Herausforderung« (Bähr 1995: 115–116).

Die Diskussion der »technologischen Lücke« beruhte auf einer Überbewertung des amerikanischen Vorsprungs in einigen wenigen Hochtechnologiebereichen wie Flugzeugbau, Raumfahrt und Mikroelektronik. Mit Christopher Freeman hat einer der Autoren des OECD-Berichts später überzeugend nachgewiesen, daß sich keine lineare Beziehung zwischen den hohen FuE-Ausgaben der USA und der wirtschaftlichen Wachstumsentwicklung herstellen läßt. Im Gegenteil: In den Nachkriegsjahrzehnten hatte sich das Produktivitätsgefälle zwischen den USA und Westeuropa ebenso verringert wie das technologische Gefälle. Als die »technologische Lücke« entdeckt wurde, befand sie sich also in einer Phase des Schrumpfens (Freeman 1987).

Die Wahrnehmung der Zeitgenossen war jedoch eine andere. Sie richtete sich auf das vergleichsweise niedrige Niveau der staatlichen Forschungsförderung. Vor dem Hintergrund der Rezession der Jahre 1966/67, die gerade in der Bundesrepublik die Wirtschaft nach einer langen Phase außerordentlich hoher Wachstumsraten völlig unvorbereitet traf, wurde allenthalben die Forderung nach einer aktiven, jenseits der föderalen Kulturhoheit vor allem vom Bund getragenen Forschungs- und Technologiepolitik des Staates laut.

Die Sensibilisierung der bundesdeutschen Gesellschaft für Fragen der Wissenschaftspolitik spielte der ab 1966 regierenden Großen Koalition von CDU/CSU und SPD durchaus in die Hände. Die Bundesregierung hatte bereits im Januar 1965, noch während der Kanzlerschaft Ludwig Erhards, den ersten Bundesforschungsbericht vorgelegt und darin ein aktiveres Engagement des Bundes in der Forschungspolitik angekündigt. Als mit Gerhard Stoltenberg im Oktober 1965 ein überaus junger und als besonders dynamisch geltender Politiker das Bundesministerium für wissenschaftliche Forschung übernahm, begann die Ära einer »neuen Forschungspolitik«. In Anlehnung an amerikanische Vorbilder hielt nun auch in der bundesrepublikanischen Politik das Instrument einer aktiven staatlichen Forschungsplanung Einzug. In seiner Regierungserklärung vom 13. Dezember 1966 kündigte Bundeskanzler Kurt Georg Kiesinger eine Schwerpunktförderung von Hochtechnologien wie Elektronik und Raumfahrt an, um »der Gefahr eines technologischen Rückstandes entgegenzuwirken« (zit. nach Bähr 1995: 125). In

Anlehnung an keynesianische Konzepte antizyklischer Finanzpolitik sollte die Förderung technologischer Innovationen als konjunkturpolitische Lokomotive die krisengeschüttelte Wirtschaft aus der Rezession herausführen. Auch der Bundesverband der deutschen Industrie (BDI) reihte sich in die Front der Befürworter einer neuen »zeitgemäßen Forschungspolitik« ein, wie sie Joachim Hennenhöfer, Ministerialrat im Bundeswirtschaftsministerium, in seinem Gutachten für den BDI programmatisch forderte (Hennenhöfer 1967: 64). Allein die um die Autonomie der Wissenschaft fürchtenden Selbstverwaltungsorganisationen der Forschung blieben gegenüber dem neuen Leitkonzept einer Planbarkeit von Forschung vorerst skeptisch.

In den Jahren der Großen Koalition stellte der Bund langfristig die Weichen für eine aktive staatliche Forschungs- und Technologieförderung in Schwerpunktfeldern, die sich einmal mehr am amerikanischen Vorbild orientierten. Der zweite Bundesbericht Forschung des Jahres 1967 kündigte eine massive Erhöhung der staatlichen FuE-Ausgaben an, die bis zum Ende des Jahrzehnts auf das Niveau der USA von rund 3 % ansteigen sollten. Ziel des 1967 aufgelegten Programms zur Förderung der Datenverarbeitung war, die bundesdeutsche Computerindustrie in die Lage zu versetzen, die »technologische Lücke« zum Weltmarktführer, dem amerikanischen Unternehmen IBM, zu schließen. Das Querschnittsprogramm »Neue Technologien« aus dem Jahr 1969 sollte als breit angelegtes, politisch induziertes Suchprogramm Innovationen ermöglichen und beschleunigen, die – so das federführende Bundesforschungsministerium – »zur Lösung öffentlicher Aufgaben, vor allem in den Bereichen Umwelt, Verkehr, Medizin, Grundstoffe, Information und Kommunikation erforderlich sind« (zit. nach Stucke 1993: 122).

Die historische Forschung hat in den letzten Jahren unter dem Leitbegriff der »Amerikanisierung« die prägende Wirkung des amerikanischen Weges in die Moderne unter dem Doppelvorzeichen von Demokratie und Kapitalismus für die deutsche Geschichte des 20. Jahrhunderts herausgearbeitet. Spätestens seit dem Ersten Weltkrieg bildete sich in der deutschen Öffentlichkeit ein breit geführter Amerika-Diskurs heraus (vgl. Schüler 1989; Nolan 1994; Doering-Manteuffel 1995; Berghahn 1996; Jarausch/Siegrist 1997). Die ambivalente, zwischen den Polen von Vexierbild und Vorbild verlaufende Wahrnehmung Amerikas als einer auf Rationalität und Effizienz beruhenden Industrienation wich nach 1945 einer weitgehend positiven Wahrnehmung der

USA. Die tiefgreifende Westorientierung in Ideen, Werthaltungen und kollektiven Verhaltensmustern gilt für viele Teilsysteme der bundesrepublikanischen Gesellschaft. In besonderem Maße gilt sie für den Bereich der Wissenschaft und Technik. Die unumstrittene Führungsposition, die den USA im Gefolge des Zweiten Weltkrieges auf den meisten Feldern der Naturwissenschaften und der Technik zugefallen war, die Quantität und Qualität der Forschungseinrichtungen, gepaart mit modernen Management- und Organisationsformen, mußte jeden Wissenschaftler und Ingenieur in Europa, der über internationale Kontakte verfügte, beeindrucken, und sie wirkte auch in diese Richtung.

In ressourcenintensiven Forschungs- und Technologiefeldern wie der Kernenergie und der Raumfahrt hatte es bereits früh an Stimmen, die vor einer drohenden amerikanischen Übermacht warnten, nicht gefehlt. Als Charles de Gaulle 1958, kurz nach dem auf Europäer wie Amerikaner als Schock wirkenden Start des ersten künstlichen Satelliten Sputnik I, in Frankreich erneut an die Macht kam, entwickelte er die Vision, im europäischen Verbund an der Front des wissenschaftlich-technischen Fortschritts mit den Großmächten USA und UdSSR konkurrieren zu können. Die Spitze dieser als »Euro-Gaullismus« titulierten Politik einer Modernisierung unter wissenschaftlich-technischen Vorzeichen war eindeutig gegen die USA gerichtet (McDougall 1985).

Hier wird bereits die »amerikanische Herausforderung« politisch manifest, die sich nach der oben erwähnten OECD-Studie rasch als öffentlich geführter Diskurs etablierte. Die bundesdeutsche Forschungs- und Technologiepolitik läßt sich zu einem Gutteil erst verstehen, indem man sie als Antwort auf diese amerikanische Herausforderung liest – so lautet die erste Leitthese, die diesem Band zugrunde liegt. Wie nahmen die jeweiligen Akteure in Staat, Wirtschaft und Wissenschaft die USA wahr? Lassen sich für die »langen« siebziger Jahre Veränderungen in den Strategien der Legitimation wissenschaftlicher Großprojekte ermitteln? Inwieweit wurde die amerikanische Herausforderung zur Durchsetzung von wissenschaftlichen und/oder politischen Interessen instrumentalisiert? Wie veränderte sich schließlich das bundesdeutsche Innovationssystem unter dem als Reaktion auf die amerikanische Herausforderung zu verstehenden Push in Richtung Europäisierung und Internationalisierung? Dies sind Leitfragen, die von den als Fallstudien zu verstehenden Artikeln dieses Bandes implizit oder explizit aufgegriffen werden.

Generell ist die Entwicklung des bundesdeutschen Innovationssystems in den ersten beiden Jahrzehnten nach dem Zweiten Weltkrieg von Kontinuitäten, aber auch von Brüchen bestimmt. Einerseits wurden die Autonomie der wissenschaftlichen Selbstverwaltung und der kulturpolitische Primat der Länder wiederhergestellt; andererseits finden wir eine funktionale Ausdifferenzierung und den schleichenden Machtzuwachs des Zentralstaates in der politischen Administration des Forschungssystems vor. Die wachsenden Spannungen zwischen Tradition und Innovation mündeten in die forschungspolitischen Reformen an der Wende von den 1960er zu den 1970er Jahren.

Die Jahre 1969 bis 1975 markieren wichtige Eckpunkte des Reformprozesses. Mit der formalen Absicherung der zentralstaatlichen Einflußnahme auf das Wissenschaftssystem in Artikel 91a und 91b des Grundgesetzes (1969) und dem Austarieren eines Gleichgewichts zwischen Bund und Ländern durch die Rahmenvereinbarung Forschungsförderung (1975) fand der konfliktträchtige Prozeß einer Neugewichtung des staatlichen Einflusses auf die Forschung einen vorläufigen Abschluß. In der Debatte um die innere Demokratisierung der Forschung schwappte die gesellschaftliche Aufbruchstimmung der politisch-gesellschaftlichen Reformära auf das Wissenschaftssystem über. Die Renaissance des Schumpeterschen Innovationsbegriffs, der als Schlüsselfaktor für die technologische Modernisierung der Wirtschaft zu neuen Ehren kam, und die »Entdeckung« der Forschung und Technik als Motoren des industriellen Strukturwandels verweisen auf die intensivierte Rückbindung der Wissenschaft an das Kriterium der wirtschaftlichen Nützlichkeit. Die Ausweitung der Bundesforschungsprogramme auf sozial und ökologisch relevante Themenfelder (Humanisierung des Arbeitslebens, Umweltforschung) erweiterte das politische Steuerungsinstrumentarium des wissenschaftlich-technischen Wandels.

Nicht nur die Forschungspolitik, sondern auch das Innovationssystem selbst veränderte sich unter dem Druck interner und externer Impulse. In einem Akt nachholender Rationalisierung kontingenter Entwicklungen fand die Forschung zu einer neuen Arbeitsteilung. Die historische Auffächerung des Spektrums von Typen institutionalisierter Wissenschaft schlug sich in neugebildeten Säulen staatlicher Forschung nieder, denen die nach dem Zweiten

Weltkrieg entstandenen Aufgabenfelder der Großforschung (Arbeitsgemeinschaft der Großforschungseinrichtungen) und der Vertragsforschung (Fraunhofer-Gesellschaft) zugewiesen wurden. Im Gegenzug wurden die traditionalen Selbstverwaltungsorganisationen (DFG und MPG) von ihnen »wesensfremden« Aufgaben entlastet (Hohn/Schimanck 1990).

Der Wandel des bundesdeutschen Forschungssystems verdichtet sich mithin in hohem Maße in den »langen« siebziger Jahren, die wir vom Beginn einer aktiven staatlichen Forschungs- und Technologiepolitik zur Mitte der 1960er Jahre bis zum Ende der sozialliberalen Koalition 1982 datieren wollen. In dieser Phase sozialdemokratisch bestimmter Politik erhielt das bundesdeutsche Innovationssystem ein neues Gesicht. Ein Teil der eingeschlagenen Reformen wurde gegen Ende der Periode wieder zurückgenommen, etwa das die Wissenschaft heftig verunsichernde Zurückfahren der direkten Forschungsförderung zugunsten indirekter Fördermaßnahmen. Die Tatsache, daß der darin zum Ausdruck kommende Rückzug des Staates aus der Verantwortung für die aktive Steuerung der Forschung noch unter der Ägide der sozialliberalen Koalition eingeläutet wurde, verweist auf gleitende Übergänge. Manches, was die neue christlich-liberale Bundesregierung auf ihr forschungspolitisches Panier schrieb, war so neu nicht (Mennicken 1986).

Gleichwohl geht unsere zweite Leitthese von einer relativen Einheitlichkeit des Hauptuntersuchungszeitraums des Bandes aus: In Zielsetzung, Konzeption und politischer Umsetzung staatlicher Forschungspolitik bilden die »langen« siebziger Jahre eine in sich weitgehend geschlossene Phase, die sich sowohl von der Nachkriegs- und Wiederaufbauperiode der »langen« fünfziger Jahre (1949–1962/64) als auch von den »kurzen« achtziger Jahren (1982/83–1989/90) deutlich abhebt. Die Tragfähigkeit dieses Ansatzes in empirischen Fallstudien auszuloten und seine heuristische und analytische Reichweite aufzuzeigen, ist Aufgabe des Bandes. Um jedoch auch die jenseits dieses Periodisierungsangebots liegenden historischen Kontinuitäten nicht aus dem Blick zu verlieren, wird die Grenze der »langen« siebziger Jahre in einzelnen Beiträgen durch zeitliche Rück- und Vorgriffe bewußt überschritten.

Ausgehend von den (Zwischen-)Ergebnissen laufender Arbeiten zur Geschichte der Großforschung, der Fraunhofer-Gesellschaft sowie zur Forschungslandschaft der DDR diskutieren die Beiträge Inhalte und Konzepte der Erforschung des deutschen Innovationssystems in der Phase ihres wohl tiefgreifendsten Umbruchs in der zweiten Hälfte des 20. Jahrhunderts. In einem multiperspektivischen Zugriff auf das Generalthema werden laufende bzw. jüngst abgeschlossene Projekte vorgestellt und miteinander konfrontiert. Als interdisziplinäres Forschungsfeld neigt die Geschichte von Wissenschaft und Technik dazu, in unverbundene Teildiskussionen einzelner Wissenschaftlergemeinschaften zu zerfallen. Diese Diskurse zusammenzuführen und zu einem methodisch weiterführenden Austausch anzuregen, war denn auch eines der Hauptziele der diesem Band zugrunde liegenden Konferenz.

Der einführende Artikel leistet eine kritische Zusammenfassung des Forschungsstandes aus Sicht der Wissenschaftsgeschichte. Der sich anschließende Teil I entwickelt das für die »langen« siebziger Jahre konstitutive Spannungsfeld von Wissenschaft und Markt. Forschung geriet in einem bis dahin nicht gekannten Maße unter technologischen und ökonomischen Leistungsdruck: Technische Innovation, Technologietransfer, technologische Lücke und ökonomischer Strukturwandel wurden zu Leitbegriffen der Epoche.

Großforschung ist nicht nur eine Institutionalisierungsform von Wissenschaft, sondern auch ein Forschungstypus, der sich u.a. durch Interdisziplinarität, Projektgebundenheit und nicht zuletzt durch Großgeräte auszeichnet. Teil II diskutiert Projekte der Großforschung in den 1970er Jahren, in denen sich die Hoffnungen der Gesellschaft auf neue, nachhaltige Lösungen der Energieproblematik bündeln: kernenergiegetriebene Verkehrssysteme, den Hochtemperaturreaktor, Weltraumreaktoren, die Fusion als Energiesystem der Zukunft.

Forschung in den »langen« siebziger Jahren findet im Spannungsfeld von Regionalisierung und Internationalisierung statt. Auf der einen Seite »entdecken« die Bundesländer die Bedeutung der Forschung als Motor des technologischen und wirtschaftlichen Strukturwandels und liefern sich einen Wettlauf um die Ansiedlung von als zukunftsträchtig angesehenen Einrichtungen. Auf der anderen Seite gewinnt die internationale Kooperation insbesondere in ressourcenintensiven Forschungszweigen (Hochenergiephysik, Raumfahrt etc.) an Gewicht. Nicht zuletzt beginnt die Europäische Gemeinschaft, als forschungspolitischer Akteur aufzutreten und eigene Programme aufzulegen. Dieses neue Spannungsfeld der 1970er Jahre entwickelt Teil III.

Die Geschichte der DDR und der deutsch-deutsche Vergleich ist eines der derzeit meistbearbeiteten und fruchtbarsten Forschungsfelder der Geschichtswissenschaft. Teil IV weitet die Perspektive auf die Analyse der DDR-Wissenschaft aus, die sich in den 1970er Jahren in Parallelität zur Entwicklung in der Bundesrepublik tiefgreifend veränderte. Auch die DDR entdeckte in dieser Phase die Großforschung als Arbeits- wie auch als Institutionalisierungsform von Forschung. Hier lassen sich ebenfalls die späten 1960er und frühen 1970er Jahre als Epoche der Reformen des Wissenschaftssystems mit dezidiert wirtschaftspolitischen Zielen interpretieren. Die Reformen sollten die ostdeutsche Wirtschaft in die Lage versetzen, den Anschluß an die führenden Industrienationen des Westens zu finden, ja diese in einigen Hochtechnologiefelder gar überholen. Vor diesem Hintergrund macht der deutsch-deutsche Vergleich einmal mehr wissenschaftlichen Sinn.

Den vier Teilen des Bandes sind jeweils Einführungen vorgeschaltet. Sie haben die Funktion, die Ergebnisse zusammenzufassen und diese in einen weitgespannten Kontext der politischen, wirtschaftlichen, wissenschaftlich-technischen und gesellschaftlichen Entwicklung einzubetten.

Rüdiger vom Bruch

Big Science – Small Questions?
Zur Historiographie der Großforschung

Wenn Historiographie der Großforschung die Geschichte der bundesdeutschen Großforschungseinrichtungen meint, dann ließe sich mit einigem Recht als Ausgangspunkt ein 1985 erschienener, dreiseitiger Beitrag wählen (Meusel 1985). Stimuliert durch ein Symposium bei Zürich zur Frage »Großforschung – wohin?«, das unvermeidlich die Frage nach einer nur im historischen Zugriff zu leistenden Spurensicherung als Bedingung für Standortklärung und damit für zukünftige Orientierung aufgeworfen hatte, zugleich aber lange schon konzeptionell vordenkend und einfädelnd, stellte Ernst-Joachim Meusel ein sich anbahnendes Forschungsprojekt vor. Es sollte sich unter Abwägung historischer Quellenrestriktionen forschungsstrategisch in eine Aufschwungphase zeitgeschichtlich-wissenschaftspolitischer Studien eingliedern und thematisch mit deren Perspektiven verknüpfen. Bemerkenswert war die doppelte Zielrichtung, die von der systematischen Erforschung der Großforschungseinrichtungen zugleich Impulse für die im internationalen Vergleich institutionell eher schwach verankerte deutsche Wissenschaftsgeschichte erwarten ließ.

In der Tat hatte die bundesdeutsche Forschung den zahlreichen, methodisch komplexen und theoretisch ambitionierten science policy studies der USA wenig entgegenzusetzen. Die Wissenschaftsgeschichte, die sich in der Regel auf Naturwissenschafts- und Medizingeschichte konzentrierte und durchaus kontrovers um Technikgeschichte ergänzte, war an den deutschen

Universitäten in Professuren und Instituten verankert. Sie verharrte in Defensivpositionen, die sich in jenen Jahren etwa durch anhaltende und alarmierende Kürzungs- und Umwidmungsdebatten weiter verengten (Weber 1997). Auch der 1996 vom Autor erstmals durchgeführte Deutsche Wissenschaftshistorikertag in Berlin traf mit seinem Rahmenthema »Zeitenwenden – Neuorientierungen in Wissenschaft und Gesellschaft um 1600 und um 1900« zwar auf durchaus lebhafte öffentliche Resonanz, doch staunte man eher über den späten Zeitpunkt, über die zersplitterte wissenschaftshistorische Landschaft und über das offenbar gänzlich unvermutete breite Spektrum der in Deutschland vertretenen Wissenschaftsgeschichte. Diese schlug allerdings noch wenig Kapital aus dem deutschen Verständnis von »Wissenschaft«, das im Unterschied zum französischen und englischen Sprachgebrauch Natur-, Sozial- und Geisteswissenschaften umfaßt.

Gegenüber der institutionalisierten und ganz überwiegend naturwissenschaftshistorisch orientierten deutschen Wissenschaftsgeschichte hat die fachdisziplinär organisierte Geschichtswissenschaft sich erst zögerlich für die Analyse von Wissenschaft in neuzeitlichen Modernisierungsprozessen als einer genuinen geschichtswissenschaftlichen Perspektive geöffnet. Mit gutem Grund bezeichnete Gerhard A. Ritter seinen Überblick »Großforschung und Staat in Deutschland« als »Beitrag zu dem notwendigen Brückenschlag zwischen Wissenschaftsgeschichte und allgemeiner Geschichte« (Ritter 1992: 11). Zwar war es der Altmeister der Geschichtswissenschaft, Leopold von Ranke, der 1858 von München aus eine schließlich über 20 Bände umfassende Geschichte der Wissenschaften in Einzeldarstellungen angeregt hatte; zwar wurde an Franz Schnabels noch in der Weimarer Republik verfaßten, unvollendeten Deutschen Geschichte im 19. Jahrhundert gerade die Einbeziehung von Technik und Wissenschaft gerühmt. Doch gerade die ständige Erwähnung verweist auf Defizite im Fach selbst, das auch nach dem Zweiten Weltkrieg aus unterschiedlichen Gründen eine gleichgewichtige Berücksichtigung von Wissenschaft und Technik etwa neben Staat, Wirtschaft und Gesellschaft scheute.

In einer frühen Phase des Historischen Projekts Großforschungseinrichtungen haben Wolfgang Krieger in einer Problemskizze für die Zeitgeschichtsschreibung (Krieger 1987) und Helmuth Trischler in einer breitgespannten Analyse zu »Wissenschaft und Forschung aus der Perspektive des Historikers« (Trischler 1988) Notwendigkeit und Chancen einer Integration wissenschaftsgeschichtlicher Fragestellungen in die Arbeitsweise des Fachhistorikers aufgezeigt. Mittlerweile elf Bände liegen in der Reihe »Studien zur Geschichte der deutschen Großforschungseinrichtungen« vor, ergänzt um einige separat erschienene und teilweise in einem gesonderten Forschungszusammenhang verankerte Einzelstudien. Daß dem sechsköpfigen Herausgeberkreis der »Studien« mehrheitlich Allgemeinhistoriker angehören, dürfte vor dem Hintergrund der vormaligen Entwicklung des Faches eher überraschen, kann aber heute nicht mehr verwundern.

In den 13 Jahren, seit Projektbeginn, hat sich die deutsche Geschichtswissenschaft verändert. Aus sozialgeschichtlich geschärfter Perspektive wurde verstärkt nach Konstituierungs- und Wirkungsmechanismen systematisch betriebener und auffällig unterschiedlich organisierter Wissenschaft in der Moderne gefragt, wurden methodische Angebote aus den Sozialwissenschaften und insbesondere aus der angelsächsischen Wissenschaftsgeschichtsforschung auf ihre Tauglichkeit für historische Erklärungsansätze überprüft. Eine derzeit nachdrücklich betonte Untersuchung internationaler wissenschaftlicher Transferprozesse vermag nicht zuletzt an elaborierte Forschungsstrategien zu vergleichbaren Prozessen im 18., weniger ausgeprägt zum Wissenschaftstransfer im 19. Jahrhundert anzuknüpfen. Auffällige Spannungen, aber zugleich auch spannende Wechselwirkungen zwischen Modernisierungshemmnissen im politischen System und innerwissenschaftlichen wie auch wissenschaftspolitischen Dynamisierungsprozessen sind indes insbesondere für das Deutsche Kaiserreich intensiv diskutiert worden. Sie haben auf zuvor weniger beachtete Konfliktlagen aufmerksam gemacht und zu einer erneuten Überprüfung des mehrfach als »abgeforscht« betrachteten Kaiserreichs veranlaßt (vom Bruch 1998). Fragen nach Selbststeuerungsbedingungen, nach Resistenz und freiwilliger wie erzwungener Vereinnahmung des Wissenschaftssystems und einzelner Bereiche in der NS-Zeit beschäftigten die Forschung schon lange. Sie zwingen in jüngerer Zeit mit äußerst disparaten Ergebnissen etwa zur Geschichte der nur begrenzt grundlagenorientierten Kaiser-Wilhelm-Gesellschaft in diesen zwölf Jahren zu einer differenzierten methodischen Rasterprüfung (Vierhaus/vom Brocke 1990; vom Brocke/Laitko 1996). Seit kurzem treten zunehmend wissenschaftspolitische, aber auch forschungsstrategische Weichenstellungen in der Weimarer Republik in den Vordergrund und geben Anlaß, politikgeschichtlich vertraute Zäsuren und Kontinuitäten zu überdenken (Marsch 1994; Schulze 1995; Szöllösi-Janze 1998).

Die Geschichte der Bundesrepublik war lange Zeit eine Domäne bildungsgeschichtlicher, aber eben nicht wissenschaftshistorischer Untersuchungen. Als weichenstellend erwies sich, daß im Rahmen des Projekts zur Geschichte der Großforschungseinrichtungen staatliche und privatgesellschaftliche Archivquellen in einem 1987 noch nicht zu vermutendem Umfang zugänglich gemacht wurden. Die Studien beschränkten sich daher keineswegs auf formale Institutionengeschichten und interessenpolitische Konfliktmuster. Sie verknüpften vielmehr inhaltlich aufzuzeigende und in ihren Eigendynamiken und Umsetzungsproblemen angemessen zu rekonstruierende Forschungsprogramme mit Ressortinteressen, Bund-Länder-Konflikten, politischen und gesellschaftlichen Erwartungshaltungen und Prioritätsverschiebungen, mit regionalen wie internationalen Prestige- und Wettbewerbsaspekten. Damit zielt die wissenschaftsgeschichtliche Perspektive nicht auf sektorale Verengung. Sie bietet vielmehr Interpretationsansätze für eine notwendig zu erweiternde und im Einzelfall neu zu akzentuierende Gesamtdarstellung von Epochen deutscher Geschichte. Inwieweit das Historische Projekt Großforschungseinrichtungen dabei eine nachhaltige Schneise geschlagen hat, inwieweit es sich in übergreifende Trends geschichtswissenschaftlicher Öffnung für gesamtgesellschaftliche Wirkungspfade von wissenschaftlichen und technologischen Innovationshemmnissen und -chancen einordnet, wird allerdings erst künftig zu beantworten sein.

Meine historiographischen Überlegungen sind von dem Projekt zur Geschichte der Großforschungseinrichtungen ausgegangen, und das zwingt zur Nachfrage. Denn mit einer Konzentration auf die historische Untersuchung der vormals 13, heute 16 Zentren wird »Großforschung« auf das formale Kriterium von Finanzierung und Trägerschaft konzentriert: Finanzierung im Verhältnis von 90:10 durch Bund und Sitzland/Sitzländer gemäß der Rahmenvereinbarung Forschungsförderung von 1975 sowie öffentliche Finanzierung von zumeist privatrechtlichen Einrichtungen. Danach fallen etwa Finanzvolumen und Personalausstattung nicht ins Gewicht, so auffällig sie auch sein mögen. Inhaltlich-programmatische Abgrenzungen erweisen sich freilich ebenfalls als nicht hinreichend tragfähig. Unterscheiden sich die Großforschungseinrichtungen zu anderen öffentlich finanzierten Forschungsinstitutionen vorrangig durch den kostenintensiven Betrieb von Großgeräten, die auch auswärtigen Forschergruppen zur Verfügung stehen, also durch eine reine sowie anwendungsorientierte Grundlagenforschung im Umfeld von Großgeräten? Oder tun sie dies eher durch eine umfangreiche Programmforschung zur Vorbereitung technologischer Großprojekte im Vorfeld industrieller Entwicklungen? Wie verhalten sich Grundlagen- und Anwendungsorientierung technologischer Großprojekte zueinander, wie die Größe und Komplexität eines Projekts? Antworten sind schwierig und verweisen immer wieder auf formale Kriterien zurück.

In der Bundesrepublik setzte sich zu Beginn der »langen« siebziger Jahren der formaljuristisch definierte Terminus Großforschung gegenüber der Alternative eines inhaltlich-politisch gefüllten Begriffs Projektforschung durch, wie ihn etwa Wolf Häfele im Anschluß an das Manhattan Project und die daran anknüpfenden Nationallaboratorien der USA vorgeschlagen hatte (Häfele 1963). Das zielte auf neuartige Ressourcendimensionen, auf ein hohes Maß an staatlicher Kontrolle, auf Interdisziplinarität, auf Geheimhaltungserfordernisse der Forschungsergebnisse und auf eine Disziplinierung der Wissenschaftler unter einer wissenschaftlichen Projektleitung. Die Kosten der Substituierung von Projektforschung durch Großforschung sind nicht zu übersehen. Nicht nur wäre das Historische Projekt per se schon als Großforschung ausgewiesen, womit ja eine für Historiker ungewöhnliche, aber durchaus erfreuliche Zukunftsperspektive bestünde. Auch fallen damit für die Zentren die anregenden Überlegungen von Rudolf Stichweh über die Eigenart von Projektforschung mit Antragscharakter, Durchführungsprogramm und anschließender Evaluierung als Kennzeichnung moderner Wissenschaft aus dem definitorischen Raster heraus (Stichweh 1994).

Auf der anderen Seite ist der Begriff Großforschung historisch anschlußfähig. Mit Bezug auf die geisteswissenschaftlichen Langzeitvorhaben der Königlich Preußischen Akademie der Wissenschaften sprach der Althistoriker Theodor Mommsen bereits 1890 anläßlich der Aufnahme Adolf Harnacks in die Berliner Akademie von »Großwissenschaft« als einer Aufgabe, die nicht von einem geleistet, aber nur von einem geleitet werden könne (Mommsen 1890), und 1905 präzisierte eben jener evangelische Theologe,

Kirchenväterhistoriker und Wissenschaftspolitiker Harnack den »Großbetrieb der Wissenschaft« (Harnack 1905). Wir sollten kurz bei Harnack verweilen, denn die Historiographie der Großforschung könnte man mit ihm beginnen lassen. Er verwandte diesen Begriff erstmals in seiner Geschichte der Preußischen Akademie, die pünktlich zur Zweihundertjahrfeier 1900 vorlag, sowie in seiner Festrede am 20. März 1900. Hier heißt es:

»Den Großbetrieb der Wissenschaft, den das Zeitalter forderte, hat sie [die Akademie] aufgenommen und im Laufe der letzten Jahrzehnte mehr als zwanzig umfassende Unternehmungen ins Werk gesetzt, welche die Kräfte des einzelnen Mannes übersteigen und Menschenalter zu ihrer Durchführung erheischen« (Harnack 1900/1970: 982).

Die Probleme, vor denen Harnack stand, sind denen des heutigen Historikers nicht unähnlich. »Es galt«, schrieb er später,

»die Geschichte der einzelnen Wissenschaften in der Akademie nur insoweit zu berücksichtigen, als ihre Ergebnisse in die allgemeine Bildung eingegangen sind oder übergehen sollen. Auch diese Arbeit übersteigt, streng genommen, die Kräfte eines Einzelnen, und doch kann sie nur der Einzelne leisten. [...] Wo ich zweifelte, habe ich gefragt und niemals umsonst gefragt« (Zahn-Harnack 1936: 276).

Viele Historiker kennen diese Schwierigkeit, wenn sie sich auf wissenschaftsgeschichtliche Fragestellungen einlassen, ohne wie einige Naturwissenschafts- oder Medizinhistoriker über eine Doppelqualifikation zu verfügen. Sie kennen auch wohl die Skepsis, die ihnen oftmals von denjenigen entgegenschlägt, mit denen sie es bei ihren Studien zu naturwissenschaftlichen Forschungseinrichtungen zu tun haben. Man spürt noch die Verwunderung des Direktors des Max-Planck-Instituts für Kohlenforschung Günther Wilke, wenn er 1989 im Geleitwort zur Geschichte seines Instituts von 1913 bis 1943 aus der Feder eines Historikers schrieb:

»Bemerkenswert ist, daß es Manfred Rasch gelungen ist, sich so weitgehende Kenntnisse in der Chemie zu erwerben, daß er in der Lage war, auch die chemischwissenschaftlichen Sachverhalte einwandfrei darzustellen.«

Wohlgemerkt: »auch«! Denn der historische Zugriff erlaubt, wenn er denn dieses »auch« einschließt, einen ganz eigenen Dialog mit dem an seiner jeweiligen Forschungsfront arbeitenden Institutswissenschaftler. Wilke sieht dann den hohen Wert der Studie

»vor allem darin, daß Hintergründe der Entwicklungen wissenschaftspolitischer Natur sowie der Forschungsziele und -ergebnisse erhellt werden. Für den Chemiker lehrreich ist zu erfahren, welches die Antriebe zu umfangreichen Arbeiten waren, die ihm heute möglicherweise nur in Form einer chemischen Gleichung präsent sind. Daß Personen und Institutionen auch kritische Wertungen aus der Sicht des jungen Historikers erfahren, mag den, der jene Zeit wenigstens zum Teil miterlebt hat, an der einen oder anderen Stelle zu Widerspruch reizen, doch sollte bedacht werden, daß sorgfältiges Studium zahlloser Dokumente die Grundlage dieser Wertungen bildet« (Wilke/Rasch 1989: V).

Jenes »auch« kommt in den zahlreichen nun vorliegenden Publikationen zu den einzelnen Großforschungseinrichtungen sehr unterschiedlich zum Tragen. Es mag Gründe geben, die jeweiligen fachwissenschaftlichen Sachverhalte weitgehend außer acht zu lassen. Unvermeidliche Grenzen, aber auch spezifische Chancen beim wissenschaftsgeschichtlichen Zugriff des (Allgemein-)Historikers wurden schon bei Harnack sichtbar. In der von seiner Tochter verfaßten Biographie heißt es:

»Was lernte er? Er lernte den Wert der ›Institutionen‹, was es bedeutet, ob eine Satzung gut oder schlecht, eine Organisation von Anfang an falsch oder richtig gebaut ist, mit einem Wort die Gesamtkonstruktion, die nötig ist, um der Wissenschaft ein Gesamtgebäude zu errichten. [...] Er lernte auch die Verbindungsmöglichkeiten zwischen der Wissenschaft, dem Staat und den Trägern der Krone. [...] Auch die Bedeutung der Geldgewinnung für wissenschaftliche Zwecke [...]« (Zahn-Harnack 1936: 276).

Gewiß, als Schule für künftige Wissenschaftspolitiker mag die Wissenschaftsgeschichte selten taugen – hier war sie es: Der Geisteswissenschaftler Harnack leitete als Präsident die Kaiser-Wilhelm-Gesellschaft von ihrer Gründung 1911 bis zu seinem Tod 1930 mit beträchtlichem Gespür insbesondere für naturwissenschaftliche Förderungsprioritäten im nationalen Innovationssystem.

Auffällig ist die derzeitige Forschungsdichte zur Geschichte der Kaiser-Wilhelm-Gesellschaft. Wenn »Großforschung« nicht allein durch Finanzierungsschlüssel und Trägerschaft bestimmt wird, dann können die Studien zur KWG nicht ausgeklammert werden. Drei Hinweise mögen genügen. An dem bahnbrechenden Werk zur Geschichte und Struktur der Kaiser-Wilhelm-/ Max-Planck-Gesellschaft (Vierhaus/vom Brocke 1990) ist bei aller Hochschätzung ein weitestgehender Verzicht auf die eigentliche Forschungstätigkeit der Gesellschaft kritisiert worden. Der Vorwurf übersieht, daß es hierbei um die historische Analyse von wissenschaftssteuernden Koordinaten ging, und der Haupttitel lautet demgemäß zutreffend »Forschung im Spannungsfeld von Politik und Gesellschaft«. Über die Forschungsprogramme selbst, ihre wissenschaftlichen, aber auch politischen Zielsetzungen, über Erfolge oder Scheitern gemäß den selbstgesetzten Prämissen läßt sich erst auf der Ebene der einzelnen Institute arbeiten. Eben dies ist in dem 1996 erschienenen Band »Das Harnack-Prinzip« unternommen worden (vom Brocke/Laitko 1996). Umfangreiche weitere Arbeiten sind im Gange. So schält sich allmählich ein deutlicheres Bild etwa zur Gewichtung von Grundlagen- und Anwendungsorientierung der Kaiser-Wilhelm-Institute heraus, die im Unterschied zur späteren Max-Planck-Gesellschaft eine scharfe Trennung nicht kannten. Sie legen in diesem Punkt einen vergleichenden Blick zu den Großforschungseinrichtungen nahe, die in den »langen« siebziger Jahren einem neuartigen und hohen Transfererwartungsdruck in die Industrie unterlagen.

Ein zweiter Gesichtspunkt betrifft die Verknüpfung der Studien zu Kaiser-Wilhelm-Instituten insbesondere in der Zwischenkriegszeit mit international vergleichenden Ansätzen zur Industrieforschung. Wieweit erzwangen industrielle Interessen etwa in den 1920er Jahren eine Verstaatlichung von industriellen Forschungsrisiken oder eine volkswirtschaftlich möglicherweise unsinnige Konzentration auf Rohstoffersatzforschung (Marsch 1999)? Ferner bietet sich eine Verknüpfung mit der von Richard Nelson und anderen geführten Debatte über nationale Innovationssysteme und die stilprägende nationale Kultur an, die im Wissenschaftssystem besonders ausgeprägt vermutet wird (Nelson 1993). Auch diese weit gespannte, nicht zuletzt auf Wirkungsanalysen abzielende Diskussion vermag vertraute institutionengeschichtliche Ansätze zu befruchten, führt aber weit über die Organisationsgeschichte und Binnenstrukturen einzelner Forschungsinstitute hinaus. Besondere Beachtung verdient in diesem Zusammenhang die Auseinandersetzung darüber, inwieweit in der NS-Zeit unter den Bedingungen der Diktatur ein relativ ›normaler‹ Wissenschaftsbetrieb an einzelnen Kaiser-Wilhelm-Instituten praktiziert wurde (Makrakis 1993). Auch stellt sich die Frage, inwieweit der NS-Ideologie verpflichtete Forschungen nach 1945 unter geschmeidiger terminologischer Anpassung an die westliche Wissenschaft reetabliert wurden und damit neue Forschungsansätze in den untersuchten Disziplinen möglicherweise behinderten (Ash 1995, Kröner 1998).

Dies leitet drittens zum Problem längerfristiger Wirkungsmuster nationalkulturell geformter Wissenschaftsmilieus in international agierenden Forschungsinstituten über, womit sich die Frage nach deutschen Anschlußtraditionen von Großforschung vor 1945 stellt. Helmuth Trischler hatte sich im Unterschied zu den anderen Projektstudien in seiner Geschichte der deutschen Luft- und Raumfahrtforschung 1900-1970 eingehend mit den 1930er Jahren auseinanderzusetzen (Trischler 1992). Auch wenn die Diskussion noch nicht abgeschlossen ist, stellte die Einleitung des Sammelbandes »Großforschung in Deutschland« mit gewichtigen Gründen die These auf, daß Großforschung hier schon vor dem Manhattan Project ansatzweise ausgebildet gewesen sei. Das Scheitern dieser Ansätze gelte es freilich seinerseits zu hinterfragen (Szöllösi-Janze/Trischler 1990: 13-14). Gerade weil sich die späteren wissenschaftspolitisch exponierten deutschen Akteure in den 1960er Jahren bei ihrer Suche nach einem adäquaten deutschen Terminus auf »big science« zur Kennzeichnung der US-Atombombenentwicklung, aber auch der späteren US-Nationallaboratorien konzentrierten, ist die Gewichtung von nationalen Kontinuitäten und internationalem Transfer genauer zu bestimmen.

Diese Fragen durchziehen in unterschiedlicher Dichte und Akzentuierung die vorliegenden Studien zur Geschichte der bundesdeutschen Großforschungseinrichtungen, die inzwischen keineswegs mehr isoliert dastehen, wie dies noch für Thomas Stamms Pionierstudie über den Wiederaufbau der deutschen Forschung (Stamm 1981; ergänzend Osietzki 1984) oder Joachim Radkaus Arbeit über Aufstieg und Krise der deutschen Atomwirtschaft (Radkau 1983) galt. Neben einer verstärkt Interesse erweckenden Industrieforschung (Böttger 1993 sowie die Beiträge in Schildt/Sywottek 1993 und Jarausch/Siegrist 1997) haben inzwischen die wichtigsten Akteure der Forschungsförderung und -steuerung im föderalen System der Bundesrepublik, die großen Forschungsorganisationen wie auch die Hochschulorganisationen ihre Bearbeiter gefunden. Sie werden ergänzt um wissenschaftssoziologische Studien in historischer Perspektive (Hohn/Schimank 1990; Stucke 1993; Röhl 1994).

An Stamms methodischen Ansatz schließt am ehesten Winfried Schulzes Geschichte des Stifterverbandes für die Deutsche Wissenschaft an (Schulze 1995). Dem Ansatz Radkaus, nicht Forschungseinrichtungen, sondern öffentlich umstrittene Spitzentechnologien im Spannungsfeld von Politik und Wirtschaft zu untersuchen, folgen die Studie seines Schülers Ulrich Kirchner über den Hochtemperaturreaktor, der offenbar mangels Sachkenntnis die Gemüter erstaunlich wenig erhitzte (Kirchner 1991), sowie Otto Kecks Fallstudie über Entscheidungsprozesse in der Großtechnik am Beispiel des Schnellen Brüters (Keck 1984; vgl. auch Hohn 1997). In diesem Zusammenhang ist auch Günther Oetzels Dissertation über das Karlsruher Kernforschungszentrum zu nennen (Oetzel 1996), die eine teilweise allerdings schon von Keck gefüllte Lücke schließt. Karlsruhe verkörperte geradezu prototypisch die bekannte »Atomeuphorie« in Deutschland seit 1955 und war neben der KFA Jülich Ausgangspunkt für die späteren Großforschungseinrichtungen. Oetzel verortet die Entwicklung des KfK in genau benannten Akteurkonstellationen und divergierenden Außenvorgaben und endet mit einem Ausblick auf überholte Legitimationsstrategien und Zukunftsaufgaben.

Das Historische Projekt Großforschungseinrichtungen wurde systematisch organisiert und methodisch begleitet. Die Entscheidung, je Einrichtung einen Bearbeiter bzw. eine Bearbeiterin vorzusehen und diese Einzelstudien um verklammernde politik- und organisationsgeschichtliche Untersuchungen zur Arbeitsgemeinschaft der Großforschungseinrichtungen (Szöllösi-Janze 1990) sowie zu den Wechselwirkungen zwischen Großforschung und Industrie bzw. Universität zu ergänzen, ist methodisch überzeugend begründet. Anstelle einer bloßen Reihung der Geschichte von Einzeleinrichtungen ist so ein spannendes Konvolut von anregend disparaten methodischen Operationalisierungen und leitenden Fragestellungen entstanden.

Bislang sind in der von einem Wissenschaftlichen Beirat betreuten Reihe im Campus-Verlag elf Bände erschienen. Hinzu kommen in gleicher Konstellation die Arbeit von Claus Habfast über das DESY 1956-1970 (Habfast

1989) sowie die Geschichte des Deutschen Krebsforschungszentrums in Heidelberg von Andrea Mauerberger und dem früheren Direktoriumsvorsitzenden des Zentrums, Gustav Wagner (Wagner/Mauerberger 1989). Vergleichbar zu Trischlers Luft- und Raumfahrtstudie, wenn auch sehr knapp, eher konventionell medizinhistorisch und verständlicherweise mit begrenzter historischer Tiefenschärfe, reicht die Sondierung im Fall des DKFZ bis 1900 zurück. Die zweifellos willkommene Sachkompetenz des Co-Autors hat, wie es scheint, den Gestaltungsrahmen der Historikerin eingeschränkt und eine enggeführte Erfolgsgeschichte begünstigt. Die Vorzüge einer derartigen Gespannlösung erscheinen demnach nur bedingt erfolgversprechend.

Bernd-A. Rusineks Studie über die Kernforschungsanlage Jülich analysiert die breitverzweigten Flechtwerke von Akteur-Konstellationen und politischen Interessen (Rusinek 1996). Auch bei ihm tritt, ähnlich wie bei Oetzel und weiteren Bänden des Projekts, die eigentliche fachwissenschaftliche Arbeit im Institut eher in den Hintergrund, doch er gewichtet in reizvoller Weise anders, wie bereits der Zentralbegriff »Forschungszentrum« (statt: »Forschungspolitik«) im Haupttitel andeutet. Mit der Gabe zum lebendigsprechenden Zitat und zu anschaulicher Darstellung ausgestattet, wenn auch gelegentlich den zähen Brei wissenschaftlicher Gelehrsamkeit mitschleppend, weist Rusinek Wege, die aus der hermetischen Verengung von institutionengeschichtlichen Zugriffen herausführen können. Dies gelingt ihm durch eine konsequente und methodisch reflektierte Einordnung des Zentrums in kommunikative, sprachlich zu hinterfragende Artikulationsmuster und in interessengeleitete, einander vielfach überlappende bzw. blockierende Netzwerke. Problemgeschichtliche, epistemologische und wirkungsgeschichtliche Analysen vermögen den Blick auf Institutionen zu schärfen und zu bereichern, ohne ihn zu ersetzen. Spannende Anregungen hält, wie Rusinek gezeigt hat, auch die Kommunikationsforschung bereit. Eine wünschenswerte, nicht nur ergänzende, sondern perspektivisch innovative Fortführung des Historischen Projekts Großforschungseinrichtungen wird die weitere Tragfähigkeit auch solcher Ansätze zu prüfen haben.

Die Marschrichtung des Projekts wurde 1989 mit einer Tagung vermessen, deren Ergebnisse bereits ein Jahr später als erster Band der Studien bei Campus erschienen (Szöllösi-Janze/Trischler 1990). Die strukturierende Gliederung gab neben »Entstehungsbedingungen« die zentralen Leitfragen

»Zwischen Autonomie und Steuerung« sowie »Zwischen Grundlagenorientierung und Anwendungsbezug« vor. Sie warf damit in Thesenform Fragen auf, denn auch die Einzelstudien thematisierten derartige Spannungen in unterschiedlich dicht entfalteten historischen Bezügen: Spannungen zwischen einem institutspolitisch zu sichernden wissenschaftlichen Autonomieanspruch und staatlich-gesellschaftlichen Steuerungserwartungen; Spannungen aus einer nicht selten ideologisch aufgeheizten und interessenpolitisch instrumentalisierten Konfrontation von Grundlagenforschung und Anwendungsorientierung, die sich in fragwürdigen Konstrukten auf vermeintlich historisch verbürgte Traditionslinien stützte.

Die Rezensionen haben den Band als eine gelungene Bündelung programmatischer Skizzen und zukunftsfähiger Forschungsstrategien begrüßt. Bedenkenswert erscheint die Besprechung des renommierten US-Wissenschaftshistorikers Mark Walker. Er betonte nachdrücklich, daß das Buch »much more than the sum of its parts« sei. Er hielt aber der These eines traditionseingebundenen, spezifisch westdeutschen Typs von Großforschung skeptisch entgegen, daß es ohne vergleichende Überlegungen zu den USA, zu Frankreich und England bei einer bloßen Hypothese bleibe (Walker 1992). Nachdrücklich wies Walker auf einen unverzichtbaren Vergleich mit der DDR hin. Ein Ende 1997 erschienener Sammelband über »Naturwissenschaft und Technik in der DDR« hob denn auch bemerkenswerte Parallelen zu den wissenschaftsgesteuerten Planungseuphorien in der westdeutschen Gesellschaft der 1960er Jahre hervor. Kybernetik wurde zum Schlüsselbegriff für die Spätphase Ulbrichts,

»wogegen in der Honecker-Ära die Dichte der Umgestaltungen rapide abnahm, so daß man auch für den Bereich der Wissenschaftspolitik von einer relativen Stagnation sprechen«

könne (Hoffmann/Makrakis 1997: 11). Das wird noch zu diskutieren sein: Wie sind die vermuteten ähnlichen Impulse in den 1960er Jahren unter sehr unterschiedlichen Ausgangsbedingungen einzuschätzen? Wieweit werden Reformanstöße nach der Ablösung Ulbrichts durch Honecker überschätzt?

Das führt weiter zum Problemkreis der wesentlich mit Militärforschung verknüpften Hochtechnologieforschung in der Luft- und Raumfahrt, möglicherweise auch in der Kernforschung, durch die strategisch unvermeidliche Abhängigkeit der entsprechenden westdeutschen Forschungskapazitäten von der US-Forschung. Wie unterschied sie sich von der an die UdSSR gebundenen DDR-Forschung? Auch hier scheinen Korrekturen bisheriger Einschätzungen erforderlich, da der bekannte Fehlschlag der DDR-Flugzeugindustrie nicht nur auf Interventionen der Sowjetunion zurückzuführen ist, sondern auch auf Einbrüche in der Kerntechnik (Ciesla 1997). Wenn zudem eine überhitzte Konzentration der DDR auf Kernenergie, Chemie und Mikroelektronik trotz einzelner, international anerkannter Erfolge Verknappungen und Rückfälle in anderen Bereichen bewirkte, dann bieten sich auch unter forschungspolitischer Perspektive vergleichende Überlegungen zu den Thesen von Volker Berghahn und anderen an. Demnach betrieb die Bundesrepublik, dem Programm von Werner Heisenbergs kurzlebigem Deutschen Forschungsrat folgend, bis weit in die 1960er Jahre hinein Kernenergieforschung als Grundlagenforschung mit einer noch ganz offenen Anwendungsorientierung. Der Schwerpunkt anwendungsnaher Forschung wurde dagegen auf eine nachhaltige Modernisierung traditioneller Industriezweige gelegt und die forschungspolitische Schwelle neuer Technologien weitgehend ausgeklammert (Berghahn 1986; Bähr/Petzina 1996). Abweichungen in der Gewichtung von Anwendungs- und Grundlagenorientierung gelangen damit ebenso in den Blick wie unterschiedliche, aber doch vergleichbare Supermachtreferenzen.

Eine historische einordnende »Zwischenbilanz« der bislang erschienenen Großforschungs-Studien entlastet diesen Bericht (von Stumm 1997). Einige Bemerkungen zu den vorliegenden Studien und Überlegungen zu ›anschlußfähigen‹ künftigen Perspektiven sind nachzutragen. Daß Großforschung nicht per se große Forschung impliziert, belegt im Umkehrschluß bereits ein Blick auf Otto Hahns Labortisch. Doch die jeweiligen Herausforderungen, Förderungschancen und Durchführungshemmnisse apparativer Großforschung treten in den publizierten Studien klar zutage, die sich einen je eigenen Zugang erarbeitet haben. Der rasch nach der ersten Tagung vorgelegte Sammelband erwies sich als ein nützlicher, weil das Gesamtfeld in Problemhaushalten, typischen Konfliktfeldern und Differenzierung der Institutslandschaft erschließender Orientierungsrahmen. Mit der noch im gleichen Jahr von Margit Szöllösi-Janze verfaßten Geschichte der Arbeitsgemeinschaft der Großforschungseinrichtungen stand zudem eine die Einzel-Institutsgeschichten entlastende Monographie über das ebenso wechselhafte wie spannungsreiche Beziehungsgeflecht zwischen den sich vernetzenden Zentren und dem Bundesforschungsministerium zur Verfügung, das die AGF erstmals 1972 als »nützlichen Partner im kritischen Gepräch« einschätzte (Szöllösi-Janze 1990).

Die weiteren im Rahmen des Projekts verfaßten Studien belegen die Einführung ergänzender Förderschwerpunkte, auch die elastische Fortsetzung des ursprünglichen Auftrags der Großforschungszentren und schließlich insbesondere eine suchende Neubestimmung des jeweiligen Institutsprofils. Diese wurde um 1970 unter dem Stichwort »Diversifikation« eingeleitet, als es forschungsstrategisch und politisch nicht mehr opportun schien, die ursprünglich vor allem im Nuklearsektor angesiedelten Forschungsziele fortzuführen.

Für den erstgenannten Fall der Einführung neuer Förderschwerpunkte steht die elektronische Datenverarbeitung, die in den »langen« siebziger Jahren eine mit Nachdruck verfolgte, neuartige Zukunftstechnologie und umfassende Steuerungschancen in ganz unterschiedlichen Technologie- und Handlungsfeldern zu versprechen schien. Sie fand ihren Niederschlag als Großforschungszentrum in der seit 1968 aufgebauten Gesellschaft für Mathematik und Datenverarbeitung (Wiegand 1994). Freilich bedeutete diese Gründung auch eine wissenschaftsstrategische Entscheidung, da neben den bislang dominierenden naturwissenschaftlichen Forschungsfeldern nunmehr ein ingenieurwissenschaftlicher Ansatz zu Großforschungswürden aufstieg. Insofern stellte die GMD ein Zwitter dar, der zwar angesichts des massiven politischen Drucks des Forschungsministeriums auf ökonomisch verwertbare Transferleistungen in den 1970er Jahren gut in die Landschaft paßte, aber spätestens Mitte der 1980er Jahre angesichts einer wieder vorrangig grundlagenorientierten Neubestimmung maßgeblicher Aufgabenfelder obsolet erschien. Eben diese Spannung zwischen ingenieurwissenschaftlicher Anwendungs- und naturwissenschaftlicher Grundlagenorientierung in unterschiedlichen zeitlichen Kontexten ausgelotet und auf die grundsätzliche Frage nach Charakter und Legitimation einer Großforschungseinrichtung zurückbezogen zu haben, macht den besonderen Reiz der Studie von Josef Wiegand aus.

Als Institutionen der Grundlagenforschung verstanden sich fast alle Großforschungszentren, auch wenn sie im Unterschied zu den gleichfalls öffentlich finanzierten Max-Planck-Instituten ressortgebunden waren. Aber das in den späten 1950er Jahren fast durchweg verbindende Ausgangsdach ›Kernforschung‹ hielt ein weites Spektrum sowohl für die absehbare Anwendungsreife wie auch für die langfristige Fortführung des ursprünglichen Forschungsprofils bereit. Hier wäre ein Vergleich zwischen den Kernforschungszentren in Karlsruhe, Jülich, aber auch München-Garching, und den anwendungsnahen Zentren in Heidelberg (Krebsforschung) und Geesthacht (atomarer Schiffsantrieb) reizvoll. Weiter bietet sich ein Vergleich zwischen Instituten mit elastischer Fortführung des Ausgangsauftrags und Instituten mit (erzwungener bzw. geschmeidig vollzogener) Neuorientierung der Forschungsfelder an. Als Beispiel einer elastischen Fortführung der Institutsaufgaben steht die bemerkenswerte Doppelkonstruktion des als Großforschungseinrichtung betriebenen Max-Planck-Instituts für Plasmaphysik. Die Geschichte dieses Zentrums, das bereits 1955 unmittelbar im Anschluß an die Genfer Internationale Konferenz zur friedlichen Nutzung der Kernenergie gegründet worden war, ist bis 1971 erschlossen (Boenke 1991). Eine zeitlich in die 1970er Jahre weiterführende Aufarbeitung wird in Kürze erscheinen (von Stumm 1999).

Erlaubt das in den Gründerjahren der »Atomeuphorie« errichtete Garchinger IPP eine längerfristige Rekonstruktion der keineswegs linearen bundesdeutschen Kernforschungspolitik und der Akzentverschiebungen in den Forschungsprogrammen, so fällt die 1969 gegründete Darmstädter Gesellschaft für Schwerionenforschung in die Spätphase einer Welle nukleartechnologischer Forschungszentren. Sie bildete freilich nicht deren Abgesang, setzte vielmehr eine neuartige Forschungsrichtung mit zunächst auch spektakulären Erfolgen durch – und das in einer finanziell angespannten Situation der Bundesrepublik. Die Gesellschaft leitete zudem eine künftig bedeutsame, zugleich vorrangig auf Grundlagenforschung ausgerichtete Verbundforschung zwischen Forschungszentrum und Hochschulinstituten ein (Buchhaupt 1995). In der Bundesrepublik glaubte man mit einigem Grund, im internationalen Forschungswettbewerb bei den Schwerionen die Nase vorn zu haben, und so verdankte sich auch dieses Zentrum weitgehend nationalem Prestigedenken. Das bedeutet aber keineswegs, daß die beteiligten

Politiker, Ministerien und Wissenschaftler an einem Strang zogen. Vielmehr kommt der hiermit befaßten Studie das Verdienst zu, ältere, einen Mythos konsensualer bundesdeutscher Wissenschafts- und Technologiepolitik nährende Studien korrigiert und die zahlreichen und kräfteraubenden Konfliktlinien zwischen den beteiligten Bundesressorts, zwischen Bund und Ländern und zwischen den keineswegs immer einmütigen Wissenschaftlern herausgearbeitet zu haben. Genau dies trifft im übrigen auch für die meisten anderen Studien der Campus-Reihe zu. Sie führen im Rückblick auf Forschungspolitik und Spitzentechnologieentwicklung nicht zuletzt durch die präzise Nachzeichnung solcher Konfliktlagen aus den Fallen und Sackgassen erinnerungsverklärter oder politisch stilisierter Erfolgsgeschichten heraus und schärfen den Blick für eine differenzierte Analyse von Interessen und Konflikten in der bundespolitischen Innovationslandschaft. Allerdings kann dies auch, wie im vorliegenden Fall, einer etwas verengten institutionengeschichtlichen Perspektive Vorschub leisten, welche die Forschung selbst aus den Augen verliert und damit auf eine dringend zu wünschende Verklammerung wissenschafts- und technikhistorischer Perspektiven verzichtet.

Wurde die Darmstädter GSI als grundlagenorientiertes, in ihren tatsächlichen Anwendungsbezügen freilich noch genauer zu musterndes Prestigeobjekt vom Bund während der Großen Koalition vorangetrieben, so führt die Geschichte der Gesellschaft für Kernenergieverwertung in Schiffbau und Schiffahrt (GKSS) in Geesthacht zurück zu jenem magischen Aufbruchsjahr 1955 in der Ära Adenauer. Ihre Gründung demonstriert eine markante, sonst kaum derart konkret verdichtete Gemengelage von industriellen Erwartungen, länderpolitischen Interessen und bundespolitischer Steuerung und Finanzierung. Es ging dabei freilich nicht nur um das in der Kernforschung wiederholt zu beobachtende Verhalten der Industrie, sich aus riskant erscheinenden, weil kapitalintensiven und dann einseitig der öffentlichen Hand aufgebürdeten Forschungsprojekten mit unsicheren, weil kurzfristig nicht zu kalkulierenden Nutzungserwartungen zurückzuziehen. Vielmehr schlugen in den Kontroversen um die Erforschung von Schiffsreaktoren bzw. den Bau atomgetriebener Schiffe selbst zusätzliche Motive und Interessenlagen durch, wie die Studie zur Gründungsgeschichte der GKSS plastisch herausarbeitet (Renneberg 1995). Zunächst diente die GKSS als koordinierende Nahtstelle ohne eigenen Forschungsauftrag im bundespolitischen Atomprogramm zwischen Werften und (atomarer) Energiewirtschaft. Doch dann favorisierte die Werftindustrie eine eigenständig betriebene, aber eben auch zu 50% aus Bundesmitteln finanzierte Schiffsreaktorentwicklung. Damit wurde die GKSS, vorübergehend instrumentalisiert als industrieorientierter Dienstleistungsbetrieb, auf die Entwicklung eines kernenergiebetriebenen Schiffes, des späteren Forschungsschiffs »Otto Hahn«, abgedrängt, an dem sich die Industrie selbst nicht mehr beteiligen wollte. Das Projekt erwies sich langfristig als »Flop«, nicht zuletzt aus internationalen handelsrechtlichen Gründen, da das Atomschiff für das Anlaufen ausländischer Häfen in jedem Einzelfall umfängliche Genehmigungsverfahren und daher entsprechende Aktivitäten des Auswärtigen Amtes voraussetzte. Aber während die meisten Zentren auf lange Zeit durch ihre Gründungskonstellation geprägt blieben und sich nur zögernd neuen Aufgabenstellungen öffneten, förderte die schwierige Frühgeschichte der GKSS in den »langen« siebziger Jahren eine elastische Umorientierung und Anpassung an das neue »Diversifizierungs«-Programm (vgl. Justo in diesem Band).

Eine vollständige öffentliche Finanzierung gemäß dem 90:10-Verteilungsschlüssel bei zugleich enger bundespolitischer Ressortanbindung verknüpft finanziellen Rückhalt mit Planungssicherheit. Sie produziert in ihrer besonderen Stellung zwischen weisungsgebundener Ressort- (also Staats-)Forschung und öffentlich finanzierter, autonomer Grundlagenforschung wie in den Max-Planck-Instituten aber zwangsläufig Reibungen zwischen staatlichem Steuerungsbedarf und wissenschaftlichem Autonomieanspruch, zwischen politisch induzierter Anpassung an neue Zielvorgaben und wissenschaftlich begründeten Langzeitprogrammen. Das belegen die vorliegenden Studien in reichem Maße. Enge Ressortbindung vermag jedoch auch eine wissenschaftspolitisch erwünschte Flexibilität unter Weiterentwicklung des fachwissenschaftlichen Ausgangsprofils zu fördern, wie die durch diversifizierende Anpassung charakterisierte Geschichte der Gesellschaft für Strahlenforschung in München-Neuherberg belegt (Reuter-Boysen 1992). Die Einrichtung war bereits 1960 vom Atomministerium in organisatorischer Anbindung an Karlsruhe und in engem Forschungskontakt mit der Münchner Universität auf ein Forschungszentrum hin angelegt worden. Sie wurde 1964 in die für die meisten Zentren typische Rechtsform einer privatrechtlichen Gesellschaft mit dem Bund als alleinigem Gesellschafter – dies eine Besonderheit – überführt. Die GSF, die zunächst auf die flankierende Risikoforschung zu den aus der »Atomeuphorie« hervorgegangen Kernforschungsinstituten angesetzt war, wandelte sich in den folgenden Jahrzehnten zu einer »Institution für Lebenswissenschaften«. Sie integrierte zwei breit diversifizierte neue Schwerpunkte, nämlich die Umweltforschung, die 1970 in den Namen der Gesellschaft aufgenommen wurde, und die medizinische Forschung, die unter anderem die Chancen neuer Technologien in diesem Bereich auslotete. Bei anderen Großforschungseinrichtungen sollte das Leitziel der ›Diversifizierung‹ nicht nur auf neue Herausforderungen einstimmen, sondern auch die Institute, die oft schwerfällig an ihrem in der Gründungsphase formulierten Forschungsprofil festhielten, zu Umgewichtungen veranlassen. Dagegen schwenkte die GSF vergleichsweise reibungsarm auf ihre künftigen ökologischen Schwerpunkte ein. In ihrem Fall war der in jüngerer Zeit häufig erhobene und in eine Schließungsempfehlung einmündende Vorwurf gegenüber einigen Zentren, sie hätten sich nicht rechtzeitig und überzeugend von einem mittlerweile überholten Forschungsprogramm verabschiedet oder seien strukturell gar nicht in der Lage dazu, nicht zu hören. In den interessenpolitischen Konfliktlagen der Akteure unterscheidet sich die Geschichte dieser Einrichtung dagegen kaum von den anderen Instituten.

Abgesehen von der bereits zu Beginn der 1950er Jahre ansatzweise wieder aufgenommenen Luftfahrtforschung schält sich deutlich das Jahrfünft nach dem Schlüsseljahr 1955 als Schwellenphase neuer Arbeits- und Organisationsformen von Wissenschaft im Umfeld von Kernenergie und Kerntechnik heraus. Die anfangs ansatzweise realisierte Einbindung der Industrie scheiterte fast durchgängig. Sehr gut sind wir mittlerweile über Steuerungsversuche des Atomministeriums sowie über die konkreten Auswirkungen der forschungspolitischen Kompetenzerweiterung des Bundes mit den Verwaltungsabkommen 1964 und 1968 sowie der Grundgesetzänderung 1969 informiert. Im Ergebnis wurden die vielfach geschichteten Handlungs- und Entscheidungsebenen in sowie zwischen Ministerien und Instituten, zwischen den auf regionale Strukturpolitik konzentrierten Ländern, besonders spannend zwischen Instituten und Hochschulen mit phantasievoll unterschiedlichen Anbindungsmodellen freigelegt.

In einigen Fällen erlaubte, ja erzwang die Themenstellung, eine vorrangig auf das jeweilige Forschungszentrum fokussierte, wenngleich kontextual eingebettete Perspektive zugunsten übergreifender politischer Problemlagen aufzubrechen. Dies gilt natürlich für den Sonderfall der AGF, bei dem sich Margit Szöllösi-Janze, von institutsgeschichtlicher Detailforschung entlastet, um so nachdrücklicher auf die dann detailliert aufgespürten forschungs- und gesamtpolitischen Rahmenbedingungen konzentrieren und damit den Studien zu den einzelnen Forschungszentren gewissermaßen einen »advanced organizer« bereitstellen konnte. Dies gilt weiter für Helmuth Trischlers diachrone Analyse der deutschen Luft- und Raumfahrtforschung seit der Jahrhundertwende, die in einem hochdifferenzierten Kriterienraster über mehrere Systembrüche hinweg das Problem von Kontinuität und Diskontinuität aufwirft. Dies gilt vor allem auch für das von Burghard Weiss gleichfalls in einer Habilitationsschrift untersuchte Hahn-Meitner-Institut (Weiss 1994). Hier wurde in synchron-politikgeschichtlicher Erweiterung in faszinierender Weise eine hochverschachtelte Gemengelage Berliner, innerdeutscher (bezüglich föderaler Spannungen und einer heiklen Bonn-Berlin-Konstellation), gesamtdeutscher (bezüglich befürchteter oder zu testender DDR-Reaktionen) und weltpolitischer Konfliktfelder in der Konfrontation der Supermächte USA und UdSSR während der späten 1950er (Berlin-Krise 1958-61!) und frühen 1960er Jahre herausgearbeitet. Gleichzeitig zeichnet diese Studie fachkompetent das Forschungsprofil des HMI nach und erlaubt zudem im Umfeld der Institutsgründung einen Blick auf fachliche Potentiale und forschungspolitische Rivalitäten der beiden West-Berliner Universitäten. Sie zeigt besonders eindrucksvoll die allgemeinhistorische Anschlußfähigkeit wissenschafts- und technikgeschichtlicher Forschungsansätze auf. Der Gewinn einer solchen methodisch-perspektivischen Bündelung für die drei Fachrichtungen, die derartige Chancen noch viel zu zögerlich nutzen, ist nicht zu bestreiten.

Die Landschaft jener von den Großforschungseinrichtungen in den späten 1950er und in den 1960er Jahren mitgeprägten, gesamtstaatlichen Forschungspolitik und Forschungsprogrammatik erscheint nunmehr weitgehend vermessen. Doch schält sich auch ein konsistentes Bild heraus? In einer Besprechung des Sammelbandes mit den ersten Resultaten der damals zumeist noch nicht abgeschlossenen Studien vermerkte Peter Lundgreen (Lundgreen 1994: 268) bilanzierend einige Stichworte:

»der schnelle Wiederausstieg der Wirtschaft aus der Finanzierung der Forschungsgesellschaft mbH trotz der techniknahen Anwendungsorientierung; die Planungseuphorie und der optimistische Glaube der Politik an ihre Steuerungskapazität im Bereich der Großforschung (bes. in den 1960er Jahren); der erstaunliche Gewinn (oder Erhalt) von relativer Autonomie für die Großforschungseinrichtungen (bes. seit 1969/72)«.

Wie war es im Lichte der mittlerweile vorliegenden Studien insbesondere um jene Autonomie bestellt? Der »Zwischenbilanz« zufolge scheiterte eine von seiten der Politik mehrfach in Aussicht gestellte personal- bzw. fiskalpolitische Besserstellung der Zentren in den frühen 1970er Jahren an der »konjunkturellen Talfahrt« (von Stumm 1997: 276ff.). Sie fand aber auch nach deren Ende nicht statt, eher im Gegenteil. Die anhaltend angespannte Arbeitsmarktsituation zwang die Regierung Schmidt zu beschäftigungspolitischen Maßnahmen. Von den Großforschungseinrichtungen erwartete sie unter dem Stichwort »Technologietransfer« einen Innovationsschub für deutsche Unternehmen im internationalen Wettbewerb. Was bedeutete aber unter diesen Bedingungen wissenschaftliche Autonomie ohne eigenverantwortliches Wirtschaften, also, um es zuzuspitzen: Autonomie ohne Autarkie? Wenn die »wissenschaftlichen Einrichtungen ohne Erwerbszweck«, so eine auch die Zentren einbeziehende Regierungsformulierung, finanziell kurzgehalten wurden, lief dies auf eine Abseitsstellung und forschungspolitische Minderschätzung eben der ihre wissenschaftliche Autonomie erfolgreich verteidigenden Großforschungsinstituten hinaus? Zweifellos blies zudem den in der Atomeuphorie der 1950er Jahre verankerten Zentren ein kernkraftkritischer öffentlicher Wind ins Gesicht. Doch eine genauere Analyse der einzelnen Institute in den 1970er Jahren unter dem Gesichtspunkt Expansion oder Stagnation bzw. Abbremsung widersetzt sich plausiblen Erklärungsmustern etwa gemäß sektoralen Schwerpunktverschiebungen oder einer Unterscheidung zwischen Grundlagen- und anwendungsorientierter Forschung. Hier wird eine systematische Auswertung der vorliegenden Studien die jeweiligen Instituts-Forschungsprofile mittels verfeinerter politisch-ökonomischer und forschungsstrategischer Frageraster für komparative Analysen neu zu durchforsten haben.

Das Verbundprojekt »Geschichte der Großforschungseinrichtungen« hat reiche Erträge in der Einzelforschung erbracht. Es hat handlungsleitende und interessenpolitisch konfligierende Strukturmuster im bundesdeutschen Innovationssystem freigelegt, hat – wenn auch nicht durchgängig – die jeweiligen fachwissenschaftlichen Profile der Forschungszentren herausgearbeitet und an Steuerungs- und Verteilungskonflikte angebunden. Schließlich hat es auf die zentrale Bedeutung von Forschung und Technologie im politischen System der alten Bundesrepublik aufmerksam gemacht und zugleich einer künftig unerläßlichen Verklammerung von Zeitgeschichtsforschung einerseits, Wissenschafts- und Technikgeschichte andererseits anregende Impulse bereitgestellt. Vor diesem Hintergrund erscheint eine Weiterführung des Projekts vielversprechend und forschungsstrategisch unabdingbar. Es geht zum einen um eine Fortsetzung der bislang zumeist auf die 1950er/60er Jahre konzentrierten und nur teilweise in die 1970er Jahre ausgreifenden Untersuchungen einzelner Forschungszentren möglichst bis zum Ende der alten Bundesrepublik. Zum anderen geht es, in kritischer Würdigung der vorliegenden Ergebnisse und ihres Methodenarsenals, um neu einzubeziehende, über die Institutionengeschichte hinausführende Frageraster. Auch hier liefert die erwähnte »Zwischenbilanz« hilfreiche Anregungen, wenn sie erstens auf das »Wechselspiel zwischen staatlicher Steuerungstätigkeit und wissenschaftlichen Autonomiebestrebungen« verweist, zweitens als perspektivische Erweiterung die systematische Einbeziehung konjunktureller Entwicklungen und der öffentlichen Meinung einfordert, drittens empfiehlt, »die Zusammenarbeit der Großforschungseinrichtungen mit anderen Wissenschaftsorganisationen, insbesondere mit den Hochschulen« genauer zu untersuchen, und viertens die »internationale Forschungskooperation« unter besonderer Berücksichtigung der zunehmend bedeutsamen, aber ungemein bürokratisch-schwerfälligen und vielfach eher behindernden als stimulierenden europäischen Forschungspolitik betont (von Stumm 1997: 282-284). Dies führt in der Tat weiter, und daran lassen sich einige ergänzende Überlegungen anschließen.

Die bislang vorliegenden Studien insbesondere zu den um Großgeräte herum aufgebauten Zentren erweisen sich dort als besonders anschlußfähig, wo neben den politischen Steuerungsebenen die im modernen Wissenschaftssystem immer weniger voneinander zu trennenden Arbeitsweisen von Ingenieuren und Naturwissenschaftlern genauer in den Blick gelangen. Es entspräche eben dieser Logik, den Verzahnungen von ›science and technology‹

im Innovationssystem auch durch eine forschungspraktische Verzahnung von Wissenschafts- und Technikgeschichte Rechnung zu tragen, deren jeweilige communities ihre vormals starke gegenseitige Abkapselung noch energischer in Richtung Kooperation überwinden sollten. In den vorliegenden Studien ist dies teilweise, in der HMI-Studie von Weiss nachgerade vorbildlich praktiziert worden. Eine künftige Projektphase dürfte diesem Anliegen konzeptionelles Gewicht zumessen und, so steht zu hoffen, einen Schulterschluß beider Fachgebiete fördern.

Wieweit hat sich der den Studien zumeist zugrundeliegende institutionengeschichtliche und zudem häufig auf ein einzelnes Institut konzentrierte Ansatz bewährt? Kritische Rückfragen sollten nicht übersehen, daß das Projekt fast durchweg Neuland betreten hat: hinsichtlich der hochkomplexen naturwissenschaftlich-technologischen Forschungsfelder, hinsichtlich der schwierig zu entflechtenden politisch-wissenschaftlichen Steuerungsprozesse, und nicht zuletzt hinsichtlich des heiklen Quellenzugangs und einer nicht minder heiklen Auswertung von umfangreichen zeitgeschichtlichen Quellenbeständen, die methodisch scharf geschliffene Macheten zur Wegebahnung im Gestrüpp erfordern. Bei so viel Neuland hat sich der vielleicht etwas traditionell anmutende Rückgriff auf Einzelinstitute als vermutlich einzig sinnvoll erwiesen.

Es liegt nahe, für eine genauere Einordnung der vorliegenden Ergebnisse vergleichende Perspektiven einzufordern: international, innerhalb der Europäischen Gemeinschaft und im innerdeutschen Vergleich. Etwas vorschnell hatte Mark Walker schon der Tagung vom März 1989 einen vergleichenden Blick auf die DDR nahegelegt (Walker 1992). Entsprechende Forschungen konnten jedoch erst nach dem freien Archivzugang einsetzen. Auf der im vorliegenden Band dokumentierten Anschlußtagung im Februar 1998 wurde dem innerdeutschen Vergleich durch eine eigene Sektion zu Entwicklungen in der DDR vorgearbeitet, auch wenn methodisch elaborierte Forschungsstrategien für künftige vergleichende Studien noch auszuarbeiten sind, um die vorliegenden Detailforschungen zu Ost und West über eher oberflächliche oder kontingente Entsprechungen bzw. Differenzen hinauszuführen: Wann, in welchem Umfang und mit welchen Auswirkungen wurden unterschiedliche oder tendenziell konvergente Problemlagen in der kurz- und mittelfristig orientierten Industrieforschung und in den auf Zukunftstechnologien spezialisierten Großforschungseinrichtungen durch das jeweilige Herrschaftssystem und durch machtpolitische Abhhängigkeiten beeinflußt? In welcher Weise haben vergleichende Studien unterschiedlich zu gewichtende Koordinatensysteme etwa in der Sicherheits-, Sozial- und Beschäftigungspolitik, im Verhältnis von Exporterwartungen und Konsumbefriedigung oder hinsichtlich der verfügbaren bzw. forschungsstrategisch bevorzugten Ressourcen zu berücksichtigen? Wie sind hier wie dort individuell genutzte Gestaltungsspielräume einzuschätzen? Inwieweit konfligierten (oder konvergierten) hüben wie drüben politische Prestigeerwartungen mit den verfügbaren Ressourcen bzw. der gesamtpolitischen Agenda? Gesonderte Frageraster dürften für international (insbesondere im Verhältnis zu den USA und zu Japan) und innereuropäisch ausgerichtete Vergleichsstudien zu entwickeln sein. »Europa« wird sich dabei für den Historiker vermutlich als vermintes Gelände erweisen: Die rechts- und regionalpolitisch äußerst komplizierten Förderprogramme an der Schnittstelle von Bürokratismus, verwaltungsförmiger Kooperation und realpolitischer Konkurrenz erschweren die Analyse von Rahmenbedingungen einer vielschichtig ummantelten Wissenschafts- und Technologiepolitik. Wohl erst vor diesem Hintergrund werden innerdeutsche, europäische und internationale Transfer- und Interdependenz-Analysen mit Aussicht auf Erfolg zu leisten sein, auch wenn für einzelne Bereiche wie etwa zur angewandten Forschung bereits Diskussionsangebote vorliegen (Trischler/vom Bruch 1999; Lieske in diesem Band).

Institutionen neigen bekanntlich zur Beharrung. Sie halten es mit Hegel: Das Gegebene ist das Wirkliche und damit das Vernünftige. Das mag im einzelnen durchaus sinnvoll sein, um Konjunkturen kurzatmiger politischer Prioritätenkataloge mit einem insbesondere in der Grundlagenforschung unerläßlichen langen Atem zu begegnen. Das wirft aber auch die Frage auf, an welchen Parametern sich die Kosten-Nutzen-Rechnung einer nationalstaatlich verfaßten Wissenschafts- und Technologiepolitik zu orientieren hat. Bereits Harnack diskutierte 1905 und dann wieder in seiner Denkschrift zur Begründung der Kaiser-Wilhelm-Gesellschaft zweckmäßige Organisationsformen von Wissenschaft. Er legte dafür den Maßstab volkswirtschaftlicher Innovationserfordernisse an. Eine jüngst expandierende Forschungsrichtung hat sich unter Nutzung bildungsökonomischer und ökonometrischer sowie wissenschaftssoziologischer Theorieangebote auf Bestimmungsfaktoren nationaler Innovationssysteme konzentriert (Nelson 1993). Wie sind die jeweiligen forschungspolitischen Vorgaben in einem genau umrissenen nationalen Innovationssystem einzuschätzen? Welche meßbaren Leistungen erbringen die hieraus entwickelten Forschungsinstrumente, also auch Institutionen? Welchen internationalen Vergleichskriterien sind diese zu unterwerfen, und in welchem Verhältnis stehen politisch gesteuerte Innovationsvorgaben, forschungsinstitutionell regulierte Leistungen und ein makroökonomisch meßbarer Output? Hier öffnet sich ein weites Feld für künftige Studien, zumal es nicht an Anschlußstellen zwischen diesem innovationstheoretischen Ansatz und den vorstehend gemusterten, institutionshistorischen Studien mangelt. Für eine Verzahnung beider Richtungen bietet sich der gesamtdeutsche Einigungsprozeß seit 1990 an. Die bemerkenswert zügige Überpüfung ostdeutscher Forschungskapazitäten im ersten Halbjahr 1990, die anschließende forschungsstrategische Planung für die neuen Bundesländer mit einer nur begrenzten, aber doch nicht zu unterschätzenden Rückwirkung auf die in der alten Bundesrepublik etablierten Forschungsinstitute und eine spannend-differenzierte Bilanz Ende der 1990er Jahre laden ungeachtet der zeitlichen Nähe zu einer historisch-kritischen Aufarbeitung ein. Das Historische Projekt Großforschungseinrichtungen hat die Schwelle zwischen methodisch-kontrollierter historischer Forschung und zeitgenössischem Erleben soweit vorangetrieben, daß nun auch das erste Jahrzehnt des wiedervereinigten Deutschlands in den Blick zu kommen vermag.

I. FORSCHUNG IM SPANNUNGSFELD VON WISSENSCHAFT UND MARKT

Margit Szöllösi-Janze

Einführung

Wie kaum ein anderes Thema bestimmte die Frage, ob und wie sich die Forschungs- und Technologiepolitik an den Bedürfnissen der Wirtschaft auszurichten habe, die zeitgenössischen Auseinandersetzungen um eine Antwort auf die »amerikanische Herausforderung«. Jean-Jacques Servan-Schreiber definierte autoritativ die Verwirklichung technischer Innovationen als das eigentliche Ziel jeder erfolgreichen Wirtschaftspolitik. Das Verhältnis zwischen Wissenschaft und Industrie, so schrieb er, entspreche dem zwischen Lieferanten und Kunden:

»[...] die Forschungszentren, sowohl die der Ministerien als auch die der Universität, müssen es als ganz selbstverständlich empfinden, daß sie unter Verträgen und Direktiven arbeiten, die Industrielle bestimmen« (Servan-Schreiber 1968: 48, 180).

In der Bundesrepublik verhallten derartige Forderungen nicht ungehört. Aufgeschreckt durch den OECD-Bericht »The Research and Development Effort in Western Europe, North America and the Soviet Union« vom Dezember 1965 und die ab 1966 erstellten Vergleichsstudien über die Bildungs- und Wissenschaftsausgaben der Mitgliedsländer, diskutierten Politik und Öffentlichkeit längst über die »technologischen Lücken«, die sich zwischen Europa und den USA auftaten. Zwar ging es in den Untersuchungen weniger um Mängel des wissenschaftlichen Potentials als um eine Management-Lücke, nämlich die Schwierigkeiten der Unternehmen, Forschungsergebnisse in Innovationen umzusetzen und industriell einzuführen. Nach der vorherrschenden Meinung der deutschen Politiker und auch Wissenschaftler war jedoch eine wissenschaftliche und technologische Lücke zweifellos vorhanden, die es nun mit politischen Mitteln zu schließen galt.

Verschärft wurde die Diskussion durch die krisenhafte Erfahrung der wirtschaftlichen Rezession 1966/67, die den außerordentlichen Wachstumsprozeß der deutschen Nachkriegswirtschaft abrupt unterbrach. Das Absacken der Konjunktur, das mit Preissteigerungen, Haushaltsdefiziten, sinkender Investitionstätigkeit und steigender Arbeitslosigkeit einherging, leitete eine Trendwende in der Finanz- und Wirtschaftspolitik der Großen Koalition ein. Nach dem von Karl Schiller entwickelten Konzept der »Globalsteuerung« sollte nunmehr der Staat antizyklisch die schwankende Nachfrage beeinflussen, um über die aktive Mitgestaltung der ökonomischen Rahmenbedingungen das gesamtwirtschaftliche Gleichgewicht zu sichern. Dazu stellte ihm das Stabilitäts- und Wachstumsgesetz vom Juni 1967 mehrere, überwiegend fiskalpolitische Steuerungsinstrumente zur Verfügung. Dies bedeutete zwar keinen Bruch mit der marktwirtschaftlichen Ordnung, doch markierte die neue Rolle des intervenierenden Staates als Lenkungs- und Planungsinstanz den Übergang von der Ordnungs- zur Strukturpolitik, die die »langen« siebziger Jahre bestimmen sollte.

Schillers Konzept der Globalsteuerung strahlte auch auf andere Politikbereiche aus. Im Sinne eines Strukturwandels der Wirtschaft kam nun dem gezielten Ausbau des Innovationssystems tragende Bedeutung zu. Bereits im Januar 1966 erklärte der damalige Forschungsminister Gerhard Stoltenberg sowohl eine langfristige als auch eine mittelfristige, drei bis fünf Jahre umfassende Planung der Forschung zum künftigen Grundsatz seines Hauses (Szöllösi-Janze 1990: 85). Er hob Forschung und Technologie eigens als dritten Produktionsfaktor neben Kapital und Arbeit hervor und definierte Forschungspolitik ausdrücklich als wesentlichen Bestandteil einer »vorausschauenden Strukturpolitik« (Bundesbericht Forschung II, 1967: 135, 137). Nicht mehr »Politik für die Wissenschaften«, sondern »Politik mit den Wissenschaften« lautete die neue Devise einer aktiven Bundesforschungspolitik (Burrichter 1985: VI).

Um die »technologischen Lücken« zu den USA zu schließen, forderte Servan-Schreiber die europäischen Staaten auf, mehr zu tun, als einen wachsenden Prozentsatz an Haushaltsmitteln für die Forschung bereitzustellen. Sie sollten sich vielmehr in den fortgeschrittensten Technologien auf bestimmte »Durchbruchsachsen« konzentrieren (Servan-Schreiber 1968: 175–178). Ganz in diesem Sinne ergänzte die Bundesregierung ihre bisherigen Förderschwerpunkte Kernforschung/-technik sowie Luft- und Raumfahrt um Programme zur Förderung bereichsübergreifender, innovationswirksamer Technologien wie die Datenverarbeitung und die sog. »Neuen Technologien« in den Bereichen Umwelt, Verkehr, Werkstoffe, Biotechnologie usw. Beim geplanten Ausbau des institutionellen Förderbereichs legte sie den Schwerpunkt auf Einrichtungen der angewandten Forschung und industriellen Entwicklung.

Die sozialliberalen Koalitionsregierungen übernahmen und verstärkten diese von der Großen Koalition vorgegebenen Ansätze. Die planerischen sowie gesellschafts- und strukturpolitischen Elemente nahmen signifikant zu: Der Bund unterstrich seinen Anspruch, Forschung und Technologie gezielt als Innovationspotential für den Strukturwandel von Wirtschaft und Gesellschaft einzusetzen. Bereits der erste sozialliberale Forschungsminister, der parteilose Ingenieurwissenschaftler Hans Leussink, erklärte bei seinem Amtsantritt am 30. Oktober 1969, unter dem Eindruck der Konkurrenz aus den USA und Japan bestehe ohnehin »das Geschäft in Wirklichkeit darin, Produkte der Forschung so schnell wie möglich in industrielle Produktion umzusetzen« (Szöllösi-Janze 1990: 276) Der Kanzlerwechsel zu Helmut Schmidt bewirkte eine Akzentverschiebung: Infolge der durch die Kartellpolitik der OPEC-Staaten ausgelösten Wirtschaftskrise traten die gesellschaftsreformerischen Ziele Willy Brandts deutlich hinter der ökonomischen Krisenbewältigung zurück. An der Spitze des Zielkatalogs stand nun die Sicherung der wirtschaftlichen Wettbewerbsfähigkeit (Bundesbericht Forschung V, 1975: 10, 41). Die Forschungs- und Technologiepolitik der Bundesminister Hans Matthöfer und Volker Hauff verstand sich dementsprechend als Instrument einer aktiven Strukturpolitik des Bundes zur »Modernisierung der Volkswirtschaft«, wie sie die gleichnamige programmatische Schrift auf den Begriff brachte (Hauff/Scharpf 1975). In der Praxis bedeutete dies eine Betonung anwendungsnaher Forschung und Entwicklung: Gezielte staatliche Fördermaßnahmen sollten dazu beitragen, die strukturelle Anpassung der deutschen Wirtschaft an die veränderten Weltmarktbedingungen zu ermöglichen.

Die hohe Bedeutung, die damit einer Abstimmung der Bedürfnisse der Industrie mit den Angeboten und Leistungen öffentlicher Forschungseinrichtungen generell zukam, erwies sich für die Großforschungseinrichtungen und die Fraunhofer-Gesellschaft als besonders relevant. Die Großforschungszentren hatten sich mit Beginn der 1970er Jahre als eigenständiger institutioneller Typ organisierter Forschung konsolidiert: Trotz ihrer rechtlichen Selbständigkeit waren sie grundsätzlich offen für staatliche Planung und Steuerung, indem sie über das Konzept der Globalsteuerung in die Schwerpunktprogramme des Bundes einbezogen werden konnten. Die Zentren, so resümierte Hauff, stünden »in Aufgaben und Arbeitsweise der Industrie näher als den Hochschulen«. Er forderte sie auf, öffentlich Rechenschaft darüber abzulegen, in welchem Umfang sie zur Erhöhung der Leistungsfähigkeit der deutschen Wirtschaft und damit zur Sicherung der Arbeitsplätze beitrügen (Hauff 1976: 92, 94). Diese Zweckbestimmung von Großforschung ging nun nicht mehr von langfristigen Aufgaben aus, sondern erwartete mit dem raschen Transfer von (Teil-)Ergebnissen der Forschung in die Industrie einen kurzfristigen Nutzen.

Im Rahmen einer aktiven Technologiepolitik stellten die Zentren das einzige forschungspolitische Feld dar, auf dem die Bundesregierung über eigenständige Kompetenzen verfügte und unmittelbaren steuerungspolitischen Einfluß nehmen konnte. In ihrem Konzept funktional differenzierter außeruniversitärer Forschungsorganisationen kam den Großforschungseinrichtungen nun die Aufgabe zu, die Lücke zwischen der vorzugsweise in der Max-Planck-Gesellschaft betriebenen autonomen Grundlagenforschung und der rein marktgesteuerten Auftragsforschung der Fraunhofer-Institute zu schließen. Hans-Willy Hohn analysiert am Beispiel der Gesellschaft für Mathematik und Datenverarbeitung, welche Probleme der Großforschung aus dieser politischen Zuweisung entstanden. Der Fall der GMD ist deshalb besonders interessant, weil Mikroelektronik und Datenverarbeitung bei der Suche nach Antworten auf die »amerikanische Herausforderung« eine zentrale Rolle spielten. So hatte Servan-Schreiber die europäischen Staaten zu einem beispielhaften Zusammenwirken von Industrie, »Denken und Macht« aufgerufen, erwartete er doch von der Revolution der Informationsmethoden einen entscheidenden Anstoß für die »Fortschrittsspirale« aus Hochtechnologie und globaler Konkurrenzfähigkeit: Der Computer sei zweifelsohne die »Waffe der Zukunft« (Servan-Schreiber 1968: 98–99, 107, 148). Hohn führt nun die Schwierigkeiten informationstechnischer Großforschung nicht auf administrative oder innerorganisatorische Defizite der GMD, sondern auf strukturelle Gründe zurück: Der sozialdemokratischen Technologiepolitik lag die falsche Annahme zugrunde, es bestehe ein linearer Transfer von Wissenschaft aus der Grundlagen- in die angewandte Forschung und dann in die technische Entwicklung. Im Bereich der Informatik und Informationsverarbeitung kam jedoch als Folge der mikroelektronischen Revolution der Primat stets der technischen Entwicklung zu, während die Wissenschaft diesem rasanten Prozeß hinterherhinkte. Der gesamte Bereich der Computer Science entzieht sich daher Hohn zufolge aus strukturellen Gründen der skizzierten Aufgabenbestimmung von Großforschung, was zu Enttäuschungen der hochgesteckten Erwartungen führen mußte.

Der damals vieldiskutierte, eine enge, kooperative Beziehung zwischen Wissenschaft und Wirtschaft andeutende Begriff des »Technologietransfers« von den Zentren in die Unternehmen war selbst durchaus schillernd. Er bezog sich auf vertraglich vereinbarte Kooperationen, Know-how-Verträge, Patente und Lizenzen ebenso wie auf den Informations- und Personalaustausch oder die Lieferung sondergefertigter Apparaturen und Geräte. Vor diesem Hintergrund untersucht Susanne Mutert das Deutsche Elektronen-Synchrotron in Hamburg. Dieses Zentrum reiner Grundlagenforschung weist auf dem Gebiet der Auftragsvergabe für den Bau der millionenteuren Speicherringanlagen zahlreiche Berührungspunkte mit der Industrie auf. Susanne Mutert rekonstruiert zunächst für die Errichtung von PETRA und dann besonders HERA, wie sich das Forschungszentrum zwischen den Polen staatlicher Steuerung und Selbstregulierung am Markt orientierte. In einem zweiten Schritt analysiert sie die konkrete Bedeutung des DESY als Wirtschaftsfaktor für die Industrie, unterschieden nach Bundesländern wie nach der Größe der beauftragten Unternehmen. Sie hinterfragt damit zwei seit den 1970er Jahren propagierte Annahmen der Großforschungspolitik, nämlich daß erstens ein derartiges Zentrum der Industrie des jeweiligen Sitzlandes beträchtliche ökonomische und technologische Vorteile erbringe und daß zweitens gerade kleine und mittlere Unternehmen von Aufträgen aus den Zentren profitierten.

Nach bescheidenen Anfängen und einer schwierigen Entwicklung wurde die Fraunhofer-Gesellschaft in den 1970er Jahren reorganisiert und in die Förderung des Bundes aufgenommen. In dem von der sozialdemokratischen Technologiepolitik entworfenen, komplementären System funktional differenzierter Forschungseinrichtungen repräsentierte sie den Typ der marktgesteuerten Auftragsforschung (Hohn/Schimank 1990: 367 ff.). Die Fraunhofer-Gesellschaft institutionalisierte damit geradezu den politisch so gewünschten Transfer zwischen Wissenschaft und Markt, was beispielhaft in ihrer 1973 beschlossenen und vier Jahre darauf eingeführten Finanzverfassung zum Ausdruck kam. Dieses Modell einer variablen, erfolgsabhängigen Grundfinanzierung sieht vor, daß die Institute mit jedem Forschungsauftrag, den sie von der Industrie oder der öffentlichen Verwaltung erhalten, zusätzliche Mittel für die Eigenforschung beziehen und nicht etwa eine Absenkung der Grundfinanzierung riskieren. Es ging also darum, einen Anreiz zu schaffen, Aufträge einzuwerben, gleichzeitig aber eine Verselbständigung der Eigenforschung zur Grundlagenforschung zu verhindern.

Gerhard Mener stellt in seinem Beitrag die Frage, ob das Fraunhofer-Erfolgsmodell, das den beeindruckenden Aufstieg der Gesellschaft einleitete, unter gewissen Umständen auch an seine Grenzen stoßen kann. Das Modell gilt Mener zufolge zweifellos für etablierte Märkte, da hier die Industrie Profitmöglichkeiten erkennt und daher auch bereit ist, Forschungsaufträge zu erteilen. Er greift mit der Sonnenenergieforschung bewußt den Fall eines sich erst entwickelnden Marktes heraus: Die Unternehmen hielten sich wegen der unsicheren oder fehlenden Gewinnaussichten naturgemäß zurück, Forschungsaufträge zu vergeben, während auf der anderen Seite, ausgelöst durch die Ölkrise und die sich verschärfende Diskussion um die Kernenergie, die Solarforschung zur Erschließung eben dieses neuen Marktes politisch höchst erwünscht war. Das eigens zu diesem Zweck gegründete Fraunhofer-Institut für solare Energiesysteme in Freiburg erfüllte damit eine Funktion, die grundsätzlich eigentlich den Großforschungszentren zukam, nämlich produktorientierte Forschung mit Anwendungsreife bei noch nicht oder kaum existentem Markt. Dieses Profil kollidierte mit den Anforderungen der Finanzverfassung der Gesellschaft, da das Institut keinen ausreichenden Anteil an Industrieerträgen nachweisen konnte. Mener analysiert die schwierige Entwicklung des Instituts bis in die 1990er Jahre, als sich Modell und Realität zunehmend annäherten und die Widersprüche auflösten.

Alexander Galls Analyse greift noch einmal die Mikroelektronik auf. Das erste Förderprogramm des Bundes zur Datenverarbeitung von 1967 verfolgte zur Überwindung der »technologischen Lücke« eine doppelte Strategie: die Entwicklung von DV-Programmen für Verwaltungsaufgaben, um die Nachfragekraft der öffentlichen Hand für die Aufholjagd zu nutzen, sowie die direkte Technologieförderung der deutschen Computer- und Halbleiterindustrie, vor allem von Siemens, um sie gegen die US-Hersteller konkurrenzfähig zu machen. Gall konzentriert sich auf diesen zweiten Strang der Doppelstrategie und arbeitet die Entwicklung der Mikroelektronikpolitik am Wandel der ihr zugrundeliegenden Leitbilder plastisch heraus: Nach dem Versagen der ›IBM‹-orientierten Strategie des Bundes gewannen die Bundesländer mit ihrer regionalen, mittelständisch akzentuierten Strukturpolitik, die sich am Leitbild des ›Silicon Valley‹ ausrichtete, an zuvor eingebüßter Initiative und politischer Gestaltungskraft zurück. Bei dem wachsenden forschungspolitischen Engagement der Länder erwies sich die Fraunhofer-Gesellschaft als Verbündeter, indem sie die Konkurrenz der Länder untereinander nutzte und in den 1980er Jahren im Verein mit dem jeweiligen Sitzland gleich mehrere mikroelektronische Institute gründete. Galls Analyse zeigt neben dem Erfolg dieser angebotsorientierten Politik der Gesellschaft auch ihre eher ambivalente Folge auf, nämlich das bald absehbare Überangebot mikroelektronischer Forschungskapazitäten.

Hans-Willy Hohn

»Big Science« als angewandte Grundlagenforschung. Probleme der informationstechnischen Großforschung im Innovationssystem der »langen« siebziger Jahre[1]

Großforschung als Transferforschung und sozialdemokratische Modernisierungsstrategie

Die sozialdemokratische Forschungspolitik der »langen« siebziger Jahre trat mit dem ehrgeizigen Ziel an, die Förderung der außeruniversitären Forschung in den Dienst einer umfassenden volkswirtschaftlichen Modernisierung zu stellen. Schon lange hatten sozialdemokratische Forschungspolitiker den in ihren Augen weitgehend »mäzenatischen« und passiven Charakter der Forschungsförderung in der Bundesrepublik kritisiert. Der Regierungswechsel sollte nun eine neue Ära in der Forschungspolitik des Bundes einleiten und sie in das Zentrum einer aktiven und vorausplanenden Technologie- und Industriepolitik rücken (programmatisch dazu: Hauff/Scharpf 1975).

---

[1] Der vorliegende Aufsatz basiert auf Teilen einer Monographie, die sich ausführlich mit einem Vergleich der kognitiven und organisatorischen Strukturen der Kernphysik und Informatik und der Entwicklung der jeweiligen Großforschungseinrichtungen in der Bundesrepublik befaßt (vgl. Hohn 1998).

Im Rahmen dieser Reformstrategie gewann das Modell der Großforschung einen nochmals deutlich höheren Stellenwert für die Forschungspolitik des Bundes, als dies bereits zuvor der Fall war. Dieses Modell war in der Bundesrepublik aus den sogenannten Reaktorstationen in Karlsruhe und Jülich hervorgegangen, die der Bund im Zuge seiner atom- und energiepolitischen Programme nach dem Vorbild des berühmten »Manhattan Project« der amerikanischen Regierung am Beginn der 1950er Jahre zu »Big Science Centers« ausgebaut hatte, und beschränkte sich bis dahin auf das Feld der Kernforschung. Die sozialliberale Regierung weitete dann die Großforschung zu einem generellen Modell der staatlichen Forschungsorganisation aus und übertrug es am Ende der 1960er und im Verlauf der 1970er Jahre erstmals auf Gebiete wie die Biotechnologie, Krebsforschung oder Datenverarbeitung, wenngleich die Pläne hierfür teilweise weiter zurückreichten. Mit dieser Ausweitung machte die sozialdemokratische Forschungspolitik das Modell der »Big Science« zum wichtigsten Planungs- und Steuerungsinstrument ihrer modernisierungs- und technologiepolitischen Strategie. Dementsprechend wuchsen auch die Ausgaben des Bundes für die Großforschungszentren in den »langen« siebziger Jahren stärker an als die Etats anderer Einrichtungen der außeruniversitären Forschung, obwohl auch das finanzielle Wachstum der Großforschung insgesamt in Folge der sich verschlechternden ökonomischen Rahmenbedingungen nicht mehr in dem Maße anstieg wie noch in den 1960er Jahren. Der Etat für die Großforschung macht aber auch heute immer noch den größten Anteil an der institutionellen Forschungsförderung des Bundes aus (vgl. dazu und im folgenden: Hohn/Schimank 1990).

Nun ist diese zentrale Rolle, die dem Modell der Großforschung in der sozialdemokratischen Forschungspolitik zukam, zunächst einmal darauf zurückzuführen, daß ihr als Folge des fast zwanzigjährigen Kompetenzkonflikts zwischen Bund und Ländern um die Forschungsförderung auch wenig anderes übrigblieb, als auf dieses Modell zurückzugreifen. Die Großforschung war das einzige forschungspolitische Feld, auf dem die Länder dem Bund nach dem Zweiten Weltkrieg genuin eigenständige Kompetenzen zugestanden hatten (vgl. dazu ausführlich: Hohn/Schimank 1990: 234–295). Auf die Forschungsaktivitäten der Max-Planck-Gesellschaft (MPG) konnte die Bonner Regierung dagegen keinen unmittelbaren steuerungspolitischen Einfluß nehmen. Diese Forschungseinrichtung wurde seit der Mitte der

1960er Jahre von Bund und Ländern gemeinschaftlich und global finanziert und verfügte über eine entsprechend hohe organisatorische Autonomie.

Ähnliches galt auch für die Institute der Fraunhofer-Gesellschaft (FhG), die als »Ergänzung« zur MPG in die Forschungsförderung des Bundes aufgenommen worden waren und auf dem Gebiet der unmittelbar technischen und industriellen Anwendungsforschung tätig wurden, nachdem sich die MPG auf das Feld der reinen Grundlagenforschung zurückgezogen hatte. Auch im Fall der sogenannten »Blauen Liste« besaß der Bund keine forschungspolitische Souveränität, da er bei jeder Einzelentscheidung auf die Kooperationsbereitschaft der Länder angewiesen war, die über mächtige Vetopositionen verfügten. Damit beschränkte sich der autonome forschungspolitische Gestaltungsspielraum der sozialliberalen Bundesregierung auf das Modell der Großforschung.[2]

Nichtsdestoweniger kam diesem Modell aus der Perspektive der sozialdemokratischen Forschungspolitik eine überragende strategische Bedeutung für ihre modernisierungs- und steuerungspolitischen Ziele zu. Angesichts der blockierten Situation im föderalen System der Forschungsförderung entwickelte die sozialliberale Regierung eine neue Interpretation der institutionellen Struktur dieses Systems, die es ihr erlaubte, gewissermaßen aus der Not ihrer Beschränkung auf die Großforschung eine forschungspolitische Tugend zu machen. Sie deutete die im Konflikt zwischen Bund und Ländern um die Forschungsförderung entstandene *politische* Ordnung im System der außeruniversitären Forschung jetzt auch als *funktionale* Ordnung, die den Prinzipien und Erfordernissen der wissenschaftlichen Entwicklung in besonderer Weise angepaßt und angemessen war. Dieser neuen Deutung zufolge handelte es sich im Fall des außeruniversitären Forschungssystems in der Bundesrepublik um ein funktional differenziertes System von Forschungseinrichtungen mit komplementären Aufgabenstellungen, die gewissermaßen in Form einer Kaskade den Prozeß des Wissenstransfers von der akademischen

---

2 Es ist denn auch kein Zufall, daß die Policy-Forschung in der Bundesrepublik Anfang der 1970er Jahre auf dem Gebiet der Forschungspolitik wie auf so vielen anderen politischen Feldern auch die Folgen der föderalen »Politikverflechtung« und die blockierenden Auswirkungen des »kooperativen Föderalismus« auf die Reformbemühungen der Bundesregierung entdeckte (Scharpf/Reissert/Schnabel 1976; Bentele 1979).

Grundlagenforschung zur industriellen Anwendungsforschung umfaßten. Innerhalb dieser »abgestuften« Struktur von Forschungsorganisationen stand die MPG für den Typus der autonomen Grundlagenforschung, die neues Wissen produzierte, deren Zuständigkeit aber auch an der Schwelle zur Anwendungsreife dieses Wissens endete, während sich die FhG mit unmittelbar technischen Anwendungen befaßte und den Typus der industriellen und marktgesteuerten Auftragsforschung repräsentierte. Dem Modell der Großforschung kam aus dieser Sicht nun die Funktion zu, die »Lücke« zwischen diesen beiden Forschungstypen zu schließen und den Wissenstransfer zwischen der Grundlagen- und Anwendungsforschung zu organisieren.

Schon in den frühen 1960er Jahren hatte das Bundesministerium für wissenschaftliche Forschung (BMwF) mit seinem Konzept von der »gegliederten« Ordnung, die mit der MPG, der Großforschung und der FhG im wesentlichen auf »drei Säulen« ruhte, *in nuce* eine ähnliche Deutung der institutionellen Struktur des außeruniversitären Forschungssystems entwickelt. Aber erst die sozialdemokratische Forschungspolitik spitzte diese Interpretation vor dem Hintergrund ihrer modernisierungs- und steuerungspolitischen Motive konsequent auf das Bild eines Systems von funktional differenzierten Forschungsorganisationen zu (vgl. Hohn/Schimank 1990: 367–372). Innerhalb dieses Bildes erschien das Modell der Großforschung sogar geradezu als der »Königsweg« einer staatlichen Forschungspolitik, die sich als aktive Technologiepolitik verstand. Dieses Modell setzte genau an dem Punkt an, an dem das wissenschaftliche Wissen zwar Anwendungs-, aber noch keine Marktreife entwickelt hatte, und stand für den Typus einer ziel- und produktorientierten Grundlagenforschung, die weder in der Wissenschaft noch in der Wirtschaft selbst systematisch betrieben wurde, der aber zur Sicherung der internationalen Konkurrenzfähigkeit der deutschen Wirtschaft zweifelsfrei eine wachsende Bedeutung zukam.

Zudem hatte sich das Modell der Großforschung in dieser Funktion bereits bestens bewährt. Mit ihm war es der Forschungspolitik des Bundes im Rahmen einer relativ straffen hierarchischen Steuerung und Kontrolle des Transferprozesses von der kernphysikalischen Grundlagenforschung zur industriellen Reaktortechnologie gelungen, in nur wenigen Jahren mit konkurrierenden Ländern gleichzuziehen und der deutschen Nukleartechnik einen internationalen Spitzenplatz zu sichern (vgl. auch Czada 1992). Es hatte damit zugleich auch seine Effizienz als Instrument der staatlichen Forschungsplanung und Forschungsorganisation unter Beweis gestellt, und nichts sprach dagegen, es auch auf Forschungsfelder außerhalb der Kerntechnik auszudehnen. Vielmehr konnte sich die sozialdemokratische Forschungspolitik in ihrer Absicht, das Modell der Großforschung auf andere Wissensgebiete zu übertragen, durchaus auch auf die damalige Wissenschaftsforschung stützen.

Wie die Wissenschaftsforschung und vor allem die Kuhnsche Theorie der wissenschaftlichen Entwicklung lehrten, standen gerade die Kernphysik und Kerntechnik für ein generell gültiges Modell der wissenschaftlichen Entwicklung, in dem grundlegende technische Innovationen stets den Weg von der Grundlagenforschung in die technische Anwendungsforschung nehmen (Kuhn 1969). Thomas Kuhn postulierte ein einheitliches Phasenmodell der wissenschaftlichen Entwicklung, das er nicht zuletzt am Beispiel der Kernphysik gewonnen hatte, demzufolge aber prinzipiell jede wissenschaftliche Disziplin ein prä-paradigmatisches, paradigmatisches und schließlich postparadigmatisches Stadium durchlief, das in ihrer technischen »Anwendungsreife« als Normalwissenschaft mündete. Seine Theorie der wissenschaftlichen Entwicklung beherrschte am Ende der 1960er und zu Beginn der 1970er Jahre nicht nur große Teile der Wissenschaftsforschung, sondern zählte vielfach auch zum »Common Knowledge« der Forschungspolitik, das durchaus eine handlungsprägende Wirkung entfaltete. Kuhns Theorie der wissenschaftlichen Entwicklung deckte sich mit einer Interpretation der institutionellen Forschungslandschaft als ein funktional differenziertes System und vor allem mit der Konzeptualisierung der Großforschung als Transferforschung, die »zwischen« der Grundlagenforschung und technischen Entwicklung angesiedelt war.

Allerdings haben sich die Hoffnungen, die die sozialdemokratische Forschungspolitik mit dem Modell der Großforschung verband, vielfach nicht erfüllt. Den anfänglich »großen Erwartungen« an diese Form der Forschungsorganisation folgten in den 1970er und 1980er Jahren »enttäuschte« und »reduzierte Erwartungen« (Hohn/Schimank 1990: 233–295). Hatte man zunächst geglaubt, der staatlichen Forschungsförderung mit der Großforschung eine einheitliche organisatorische Struktur geben zu können, so lief die faktische Entwicklung auf eine starke Diversifizierung der Zentren hinaus (Meusel 1982: 28–29; Hohn/Schimank 1990: 235–236). Schon die Bielefelder Studien zur »Geplanten Forschung« (van den Daele/Krohn/Weingart 1979) stellten gegen Ende der 1970er Jahre eine große Varianz in der Performanz und Funktionsweise der Großforschungszentren dar. Neben unbestreitbaren steuerungspolitischen Erfolgen zeugten die dort erhobenen Fallbeispiele etwa auf Feldern wie der Krebsforschung (Hohlfeld 1979) oder der Biotechnologie (Buchholz 1979) von einem deutlichen Versagen dieser Form von Forschungsorganisation.

Vor allem aber wies die informationstechnische Großforschung von Beginn an gravierende Probleme auf. Während es der kerntechnischen Großforschung in der Bundesrepublik gelungen war, den Vorsprung der USA zu egalisieren, ließ sich dieser Erfolg auf dem Gebiet der Informationstechnik als der zweiten großen »Jahrhunderttechnologie« nicht wiederholen. Hier reihten sich vielmehr hartnäckig Mißerfolge an Mißerfolge, die nicht selten zu heftigen intra-organisatorischen Auseinandersetzungen um die Ziele und Aufgaben der Gesellschaft für Mathematik und Datenverarbeitung (GMD) und zu inter-organisatorischen Konflikten mit ihren politischen Auftraggebern und wirtschaftlichen Adressaten führten (Stucke 1993). Trotz der zum Teil großen innerwissenschaftlichen Reputation, die sich die GMD mit vielen Forschungsbeiträgen in der Informatik weltweit erwerben konnte, vermochte sie es nicht, klare Forschungsprioritäten zu entwickeln und stabile Beziehungen zur industriellen Forschung und Entwicklung aufzubauen. Dies machte die Gesellschaft zum Gegenstand geradezu permanenter Strukturreformen, in denen die Forschungspolitik mit immer neuen Managementkonzepten experimentierte (Hohn/Schimank 1990: 276–277).

Aus der Sicht des vorliegenden Beitrags sind aber die Probleme, mit denen sich die informationstechnische Großforschung konfrontiert sah, nicht von akzidentieller Natur. Sie gingen nicht auf eine unglückliche Verkettung von administrativen Fehlentscheidungen und innerorganisatorischen Fehlanpassungen zurück, wie dies von forschungspolitischen Praktikern zumeist angenommen wurde (vgl. Stucke 1993). Das weitgehende Scheitern der informationstechnischen Großforschung hatte vielmehr systematische Gründe und beruhte auf einem »Mismatch« oder »Misfit« zwischen der forschungspolitisch vorgegebenen Aufgabenstellung der GMD und der kognitiven Struktur der Informatik und Informationstechnik. Das von der sozialdemokratischen Forschungspolitik entworfene Bild einer kaskadenförmigen Organisation des außeruniversitären Forschungssystems, in dem der Großforschung die Funktion des Wissenstransfers zwischen der Grundlagenforschung und der technischen Entwicklung zukam, basierte mit dem Kuhnschen Modell auf einer theoretischen Vorstellung der wissenschaftlichen Entwicklung, die heute als falsifiziert betrachtet werden muß. Kuhns Theorie der kognitiven »Reifestadien« wissenschaftlicher Disziplinen ist ebenso falsch wie das aus ihr abgeleitete lineare Transfermodell. Es gibt weder einen einheitlichen Kausalpfeil von der Grundlagenforschung zur Anwendungsforschung, noch kommt der Grundlagenforschung generell ein Primat vor der technischen Entwicklung zu. Das institutionelle Design der Großforschung als Transferforschung konfligiert deshalb in vielen Fällen mit den kognitiven Bedingungen des jeweiligen Forschungsfeldes und stellte speziell die GMD vor eine unlösbare Aufgabe. Sperrte sich schon die Kernphysik gegen das interpretative Schema Kuhns, so versagt es erst recht auf dem Gebiet der »Computer Science«. Auf diesem Gebiet lag der Primat von Beginn an bei der technischen Entwicklung, und es bestand stets eine große Kluft zwischen der Grundlagen- und Anwendungsforschung. Dementsprechend tat sich hier auch eine große Diskrepanz zwischen den forschungspolitischen Anforderungen und Erwartungen an die informationstechnische Großforschung und deren tatsächlichem Leistungsvermögen auf.

Das Ziel der folgenden Abschnitte besteht darin, diese These zunächst durch einen empirischen Abriß der kognitiven Dynamik der Informatik und Informationstechnik näher zu belegen. Dem schließt sich eine kurze Darstellung der Entwicklung der GMD und ihrer Forschungsprojekte in den »langen« siebziger Jahren an, vor deren Hintergrund deutlich wird, daß der sozialdemokratischen Forschungspolitik mit ihrer Konzeptualisierung der Großforschung als Transferforschung in Folge der weitgehenden Entkoppelung von Wissenschaft und Technik auf diesem Gebiet kein Erfolg beschieden sein konnte.

Das »Eigenleben« der Softwaretechnik und die kognitive Entwicklung der Informatik

In der Tat beruhte die Wahl der Kernphysik und Kerntechnik zum Vorbild der staatlichen Forschungsorganisation auf der Generalisierung eines fehlgedeuteten Einzelfalls. Obwohl Kuhn sein theoretisches Modell nicht zuletzt am

Beispiel der Kernphysik gewonnen hatte, präsentiert sich deren Entwicklungsgeschichte bei näherem Hinsehen keineswegs als eine Abfolge von paradigmatischen Reifestadien, in denen dieses Feld schließlich zur Anwendungsreife gelangte. Anders als dies im Kuhnschen Modell erscheint, gab es keinen geradlinigen Weg von der Modellierung des Atomkerns zur Kernspaltung und von dort zum Bau von Reaktoren. Das Phänomen der Kernspaltung war vielmehr eine völlig unerwartete Entdeckung, die sich den theoretischen Modellen der Nuklearphysik nicht fügte, und die auch später nur unvollständig erklärt werden konnte. Wie so oft in der Wissenschaftsgeschichte handelte es sich bei der Kuhnschen Interpretation der kernphysikalischen Entwicklung um eine retrospektive Rationalisierung und »Begradigung« eines ganz und gar nicht kontinuierlichen und linearen Prozesses.[3]

Was das Kuhnsche Konzept der wissenschaftlichen Entwicklung im Fall der Kernphysik und Kerntechnik als »Anwendungsreife« deutete, bestand tatsächlich aus einem Set von ad hoc generierten Theoremen, die wenig Bezug zu den Hauptlinien der kernphysikalischen Forschung aufwiesen und epistemologisch sogar wenig befriedigend waren. Aber dieses Set von Theoremen ließ ein erfolgreiches technisches Handeln mit reproduzierbaren Ergebnissen und kumulativ aufeinander aufbauenden Erkenntnisfortschritten zu. Es lieferte darüber hinaus, und solange der atompolitische Konsens in der Bundesrepublik Bestand hatte, insbesondere mit der Bruttechnik auch instruktive und klar umrissene Forschungsziele, die es im Zuge eines »Technology-push-Effekts« ermöglichten, daß sich auch stabile Transferbeziehungen zwischen der kernphysikalischen Grundlagenforschung und der angewandten Reaktortechnologie herausbilden konnten. Obwohl mit der Kuhnschen Theorie der wissenschaftlichen Entwicklung seine Funktionsbedingungen fehlinterpretiert wurden, war das Modell der Großforschung der Kerntechnik dennoch angemessen. Sein Erfolg basierte zwar auch in diesem speziellen Fall nicht auf den von Kuhn identifizierten Voraussetzungen, doch die Kerntechnik bot, sowohl was die Auswahl der technologischen Ziele als auch deren Realisierbarkeit anging, eine hohe forschungspolitische Hand-

---

3 Die empirische Entwicklung der Kernphysik wie der kerntechnischen Großforschung kann im Rahmen dieses Aufsatzes nur mehr grob angedeutet werden. Eine ausführliche Darstellung findet sich bei Hohn (1998: Kap 2 u. 3).

lungssicherheit, die es ermöglichte, die kerntechnische Großforschung in stabiler Weise an »großen Aufgaben« zu orientieren und die Forschungs- und Transferaktivitäten der Einrichtungen in ebenso stabiler Weise »top down« zu koordinieren.

Mehr noch als die Kernphysik und Kerntechnik entziehen sich aber die Informatik und Informationstechnik dem Kuhnschen Modell der wissenschaftlichen Entwicklung. Die Informationstechnik ist nicht aus der Informatik, sondern die Informatik aus der Informationstechnik hervorgegangen. Zugleich aber hat diese Disziplin die informationstechnische Praxis nie wissenschaftlich anleiten und nie stabile Transferbeziehungen zu dieser Praxis aufbauen können. Anders als dies in vielen historischen, wissenschaftssoziologischen und populären Darstellungen erscheint, war nicht einmal der Computer selbst eine zielgerichtete und theoretisch angeleitete Entwicklung. Der Computer ging nicht aus der Wissenschaft und erst recht nicht aus der Mathematik hervor, sondern entstand vielmehr über unsystematische experimentelle Versuche, die Rechenarbeit gewissermaßen mit automatisierten Handkurbelmaschinen zu vereinfachen und zu rationalisieren. Erst später wurde deutlich, daß dies im Fall eines speziellen Rechners zu einer algorithmischen Universalmaschine geführt hatte (vgl. dazu und im folgenden ausführlich: Hohn 1998: Kap. 4 und 5). Aber auch dann blieb es wiederum lange Zeit bei dieser Entdeckung. Weder in der Mathematik noch in einer anderen wissenschaftlichen Disziplin interessierte man sich zunächst für die Entwicklung von formalen Modellen der Programmierung und höheren Programmiersprachen. In der Mathematik setzte man den Computer schlicht als numerisches Rechinstrument ein, und das, was heute rückblickend als frühe »Computer Science« bezeichnet wird, war ein heterogenes Sammelsurium aus Schaltalgebra, Elektronik, Bibliothekswissenschaft, Kybernetik und experimenteller »Bricolage«, das auf dem Gebiet der Programmierung »keine Spuren hinterlassen« hat (Bauer 1974: 334).

So wie der Computer ist auch die moderne Softwaretechnik nicht in der Wissenschaft entstanden, sondern ein genuines Kind des Kalten Krieges und der militärischen Projekte der amerikanischen Regierung, in die in den 1950er und 1960er Jahren Milliardenbeträge flossen. Industriepolitisch kamen diese Projekte zugleich einer immensen Subventionierung des zivilen Computermarktes gleich, die dann auch die kommerzielle Softwareentwicklung induzierte. Dies führte bereits am Ende der 1950er Jahre zu sehr umfangreichen Programmen, mit denen sich die Softwaretechnik allmählich von der Elektronik und Hardwaretechnik ablöste und zu einer eigenständigen Technik ausdifferenzierte, die sozusagen nur noch die Logik als Baustoff benutzte. Aber sie tat dies nach wie vor ohne jede formale Theoriebildung und rein durch experimentelles Konstruieren, das die militärischen und kommerziellen Softwaresysteme allerdings auch immer komplexer, fehleranfälliger und vor allem teuer werden ließ. Ende der 1960er Jahre entstand dann der Begriff von der Softwarekrise[4], und die Informatik bildete sich erst als Reaktion auf diese Krise der Softwaretechnik und in Konkurrenz zur Mathematik heraus, die den Computer zwar für sich beanspruchte, aber keine nennenswerten Beiträge zu seiner Programmierung leistete. Die wachsende Komplexität und Fehleranfälligkeit der Systeme löste eine Art »Demand-pull-Effekt« aus, mit dem allmählich eine formale Theoriebildung zu den Konstruktionsprinzipien abstrakter Hochsprachen und deren Syntax und Semantik in Gang kam, deren oberstes Ziel in der Programmverifikation bestand und die Ende der 1960er Jahre zur Etablierung der Informatik als akademische Disziplin führte. Die Aufgabe dieser neuen Disziplin, die sich als Wissenschaft von den Algorithmen und Programmstrukturen verstand, sollte darin bestehen, die Softwaretechnik mit Hilfe wissenschaftlicher Methoden der Programmierung zu vereinheitlichen und zu normieren (Bauer 1974).

Dieser Aufgabe war die Informatik aber zu keiner Zeit gewachsen, und auch die formalwissenschaftliche Auffassung von dieser Disziplin hatte nur bis etwa Mitte der 1980er Jahre Bestand. Die Informatik hat die softwaretechnische Praxis nie anzuleiten vermocht, während die Softwarekrise mittlerweile zu einem chronischen Krankheitsbild der Informationstechnik geworden ist. Die Informatik und die Informationstechnik leiden, wenn man so will, an der überschießenden Vielfalt der theoretischen Deutungs- und praktischen Anwendungsmöglichkeiten des Computers, die es bis heute nicht zuließ, diese Maschine auf ein bestimmtes Set von wissenschaftlichen Theoremen und Methoden zu reduzieren. Der Übergang vom Assemblercode zu den formalen Hochsprachen befreite die Programmierung zwar von den

---

4 Geprägt wurde dieser Begriff durch die NATO, die dem Problem der Instabilität und Fehleranfälligkeit der militärischen Informationssysteme in den Jahren 1968 und 1969 gleich zwei Jahrestagungen widmete (vgl. Iburg 1991: 159–167).

»niederen« Details der konkreten Maschinen, konfrontierte sie zugleich aber auch mit neuartigen Komplexitätsproblemen. Glaubte man zunächst, daß sich die Programmierung durch den Weg in die Abstraktion auf einige wenige formale mathematische Prinzipien zurückführen ließ, so tat sich gerade durch ihre Emanzipation von den physikalischen Maschinen eine nach wie vor wachsende Fülle und Vielfalt von immer neuen konzeptionellen Beschreibungsmöglichkeiten des Computers auf, die zu immer neuen Dialekten und Derivaten auf dem Gebiet der Programmiersprachen führten. Dies zeigte sich schon am Schicksal von ALGOL (Algorithmic Language) als der ersten wissenschaftlichen Programmiersprache, die um 1960 erschien, weltweite Beachtung erfuhr und nach dem Willen der damals wichtigsten wissenschaftlichen Organisationen in den USA und Europa auf dem Gebiet der Programmierung durch eine Art »konzertierte Aktion« zum internationalen Standard etabliert werden sollte. Tatsächlich aber hat ALGOL nie den Status einer internationalen Norm erlangt. Die Sprache ging gewissermaßen in der Flut von Dialekten und Derivaten unter, die sie mit ihren neuen und wegweisenden Konzepten selbst auslöste und die bis heute nicht zum Stillstand gekommen ist.

Löste schon der Übergang zu den formalen Modellen der Programmierung eine »ungeheure Spanne« (Pflüger 1994:251) von neuen theoretischen Beschreibungs- und technischen Anwendungsmöglichkeiten des Computers aus, so stiegen diese Möglichkeiten mit dem am Beginn der 1970er Jahre einsetzenden rasanten Wachstum der Verarbeitungskapazitäten der Rechner nochmals drastisch an. Mit ihrer Ablösung von den physikalischen Maschinen ist die Softwaretechnik zugleich auch eine Koevolution mit der Elektronik eingegangen, die zu ungeahnten Leistungssteigerungen auf beiden Gebieten führte (Ceruzzi 1989). Die Verselbständigung der Softwaretechnik hat die Elektronik von den konkreten Anwendungen des Computers und den Problemen seiner Programmierung entlastet und es ihr ermöglicht, sich zunehmend auf die Physik der Halbleiter und die Aufgabe zu spezialisieren, immer größere Speicherkapazitäten auf immer kleinerem Raum zur Verfügung zu stellen. Dies hatte zur Folge, daß sich die Verarbeitungskapazitäten der Rechner in den vergangenen drei Jahrzehnten durchschnittlich alle zwei bis drei Jahre verdoppelten und sich der Computer zu einem immer kleineren, billigeren und leistungsfähigeren Massenprodukt entwickeln konnte.

Während die Spezialisierung der Elektronik auf die Computerhardware zu einer engen Koppelung zwischen der Grundlagen- und Anwendungsforschung auf diesem Gebiet führte, bewirkten die ständig steigenden Rechenkapazitäten in der Informatik das genaue Gegenteil. Die Softwaretechnik ist mit den steigenden Verarbeitungskapazitäten der Maschinen in eine völlig unüberschaubare Vielfalt von immer komplexeren Anwendungen vorgedrungen und dem Stand des wissenschaftlichen Wissens über das korrekte Design der Systeme weit voraus gelaufen. Sie hat sich von einer reinen Rechentechnik zu einer Regelungs-, Steuerungs-, Simulations-, Wissens-, oder kurz zu einer geradezu universellen Querschnittstechnik entwickelt, die potentiell alle natürlichen, technischen und sozialen Vorgänge umfaßt, in denen Informationsprozesse eine Rolle spielen. Sie führt damit aber auch zugleich ein weitgehend autonomes »Eigenleben« (Heidelberger 1993) gegenüber der Informatik. Ging man gegen Ende der 1960er Jahre noch davon aus, daß die Fortschritte auf dem Gebiet der Informationstechnik unmittelbar von der »Mathematisierung« und formalen Modellierung ihrer Gegenstandsbereiche abhingen, so hat die empirische Entwicklung diese Annahme widerlegt. Softwaretechnisch ist viel mehr möglich, als die formale mathematische Modellierung zu erklären vermag. Die Softwaretechnik kommt weithin ohne mathematisches Erklärungswissen aus. Sie ist ein Handwerk, das größtenteils auf funktionalen Modellen, Heuristiken und Näherungsverfahren basiert, die praktikable Alternativen bieten, wo gar keine formalen Algorithmen zur Verfügung stehen. So ging und geht der weitaus größte Teil der softwaretechnischen Innovationen nicht »top down« aus der Wissenschaft hervor, sondern entsteht »bottom up« in der technischen Praxis. Diese Praxis evolutioniert ungesteuert und betritt mit immer vielfältigeren Anwendungen ständig theoretisch und methodisch ungesichertes Neuland.

Die Informatik hat mit dieser Dynamik der softwaretechnischen Entwicklung denn auch nicht Schritt gehalten. Die Kluft zwischen der Theorie und Praxis der Programmierung ist heute »hoffnungslos tief« (Heidelberger 1993:23). Dieser Disziplin erging es gewissermaßen wie Alice im Wunderland: Sie mußte immer schneller laufen, um an der selben Stelle zu bleiben, und hat den Anschluß an die Softwaretechnik doch verloren. Die Informatik trägt mit Teil- und Detaillösungen zur Entwicklung der Softwaretechnik bei, aber ein einheitliches Lehrgebäude, das diese Technik wissenschaftlich anleiten könnte, ist nicht in Sicht. Vielmehr stellt die softwaretechnische Entwicklung die Informatik ständig vor neue Probleme, »deren wissenschaftliche Beherrschung unsere jeweiligen Erkenntnisse übersteigt« (Goos 1994: 12), und entwertet vielfach auch informatische Methoden und Verfahren. So ist das große Ziel der Informatik, die Programmverifikation, so gut wie aufgegeben worden. Die Verifikationsverfahren wurden mit den immer umfangreicheren Systemen selbst zu komplex und fehleranfällig. Zur Bewältigung der Komplexität heutiger Softwaresysteme fehlt es weithin an formalen Prinzipien, übergreifenden theoretischen Modellen und sogenannten »tiefen« Algorithmen, die sich für ein breites Spektrum von Anwendungen einsetzen ließen. Statt dessen hat auch die Informatik eine überschießende Vielzahl von theoretischen und methodischen Ansätzen hervorgebracht und im Zuge der ansteigenden Rechenkapazitäten immer neue theoretische und methodische Konzepte des Computers entwickelt. Dementsprechend zeichnet sich etwa auf dem Gebiet der Programmiersprachen auch weiterhin keine Konvergenz, sondern eine Pluralisierung der Ansätze und Beschreibungsverfahren ab. Experten gehen davon aus, daß heute »hunderte, ja tausende« solcher Sprachen existieren. Niemand weiß das so genau. Fest steht nur: »*Die* Methode oder Sprache zur Lösung aller Probleme wird es wohl auch in Zukunft nicht geben« (Spillner 1994: 51, Hervorhebung im Original).

Die Normierung der Softwaretechnik durch die Informatik scheitert aber nicht nur am Mangel an vereinheitlichenden formalen Prinzipien, sondern auch am fehlenden wissenschaftlichen Wissen um die inhaltlichen Anforderungen an die Systeme. Als Folge der Migration des Computers aus den Rechenzentren und des Vordringens der Softwaretechnik in immer neue Anwendungsbereiche sind heute viele grundlegende Fragen der Programmierung gar keine formalen Fragen mehr. Die Notation eines Programms ist eine formale Tätigkeit, die Modellierung seines Gegenstandsbereichs dagegen nicht. Die Informatik verfügt über formales »Know how«, aber nicht über das inhaltliche »Know why« für die Entwicklung der Systeme (vgl. Pflüger 1994). Gerade aber dieser letztere Typus von Wissen hat im Zuge der softwaretechnischen Entwicklung eine immer größere Bedeutung erlangt. Ihr Siegeszug hat diese Technik nicht nur in ein immer breiteres Spektrum von Anwendungen, sondern auch immer tiefer in die Komplexität des Einzelfalls geführt. Statt den Weg in die Abstraktion einschlagen zu können, wurden die Entwickler der Systeme mit der Notwendigkeit konfrontiert, sich immer intensiver mit speziellem und kontextspezifischem Wissen auseinanderzusetzen

(Frederichs 1995; vgl. auch Sorge 1985). Wie vor allem das weitgehende Scheitern der Expertensystemtechnik gezeigt hat, gibt es keine »einzig richtige« Methode dafür, die jeweiligen Spezifika des Einzelfalls zu modellieren. Damit präsentiert sich aber auch die Informatik heute nicht mehr als eine reine Formalwissenschaft, sondern weist eine duale Struktur als eine formale *und* empirisch-hermeneutische Disziplin auf, die in hohem Maße auf das Wissen anderer Disziplinen und der Anwender angewiesen ist (vgl. Coy 1992a,b). Dementsprechend hat sich das Feld im Zuge seiner Entwicklung auch immer stärker in Subdisziplinen und Spezialitäten wie die Rechts-, Verwaltungs-, Betriebs-, Bio-, Medizin- und andere »Bindestrich«-Informatiken aufgespalten.

Alles in allem bietet die Informatik derzeit das Bild eines amorphen und wenig autonomen Forschungsfeldes, das weniger »von innen nach außen« wirkt, als vielmehr von »außen nach innen« durch die technische Entwicklung bestimmt wird und das die ihm zugedachte Führungsrolle gegenüber der technischen Entwicklung nie hat einnehmen können. Dies zeigt sich auch und vor allem an den Prozessen der Standardisierung auf dem Gebiet der Informationstechnik. Diese Technik wird von einem weltweiten Netz eng miteinander verflochtener Normierungsorganisationen überzogen.[5] Aber die Arbeit dieser Organisationen hat nur einen geringen Einfluß auf die faktischen Prozesse der Standardisierung in der Softwaretechnik. Verhandlungen und Vereinbarungen versagen auf diesem Feld als Koordinationsmechanismen weitgehend. Statt dessen stellen sich hier vorwiegend evolutionäre Lösungen ein.

---

5 Die meisten und wichtigsten dieser Organisationen sind nationalen und internationalen Einrichtungen wie dem American National Standards Institute (ANSI) oder dem Deutschen Institut für Normung (DIN) bzw. IFIP oder der International Organization for Standardization (ISO) angegliedert. Mit der »Hochzeit« der Informationstechnik und Telekommunikation am Beginn der 1970er Jahre haben auch Organisationen wie das Consultative Committee for Telephone and Telegraph (CCITT) zunehmend die Aufgabe übernommen, softwaretechnische Normen zu schaffen. Darüber hinaus engagiert sich auch eine Vielzahl von wissenschaftlichen und beruflichen Verbänden wie das IEEE oder die ACM auf dem Gebiet der softwaretechnischen Normung (vgl. Hohn 1998: Kap.6). Zur Funktionsweise der technischen Standardisierung in der Telekommunikation vgl. Genschel (1995) sowie Schmidt/Werle (1998).

Aufgrund des Mangels an einheitlichen Prinzipien der Programmierung und der Vielfalt der theoretischen und methodischen Möglichkeiten des Designs softwaretechnischer Systeme gestalten sich die Verhandlungsprozesse in und zwischen den Normierungsorganisationen sehr schwierig. Über ihre Aufgabe, bestimmte Standards festzulegen, brechen schnell heftige theoretische und methodische Debatten auf, deren Beilegung lange Zeit benötigt und an deren Ende zudem oft unpraktikable Normen stehen. Angesichts der Vielfalt der Möglichkeiten, eine Norm zu definieren, geraten die Einigungsprozesse der Standardisierungskomitees häufig zu »Package Deals«, bei denen die Meinungsverschiedenheiten nach dem Verfahrensgrundsatz beigelegt werden: Akzeptierst Du meine Spezifikation, akzeptiere ich Deine. Das Ergebnis dieser Art der Konsensbildung besteht dann gewissermaßen in hypertrophen Lösungen, die für die technische Praxis kaum taugen. So führten bislang alle Versuche, eine einheitliche Programmiersprache zu schaffen und als Standard zu etablieren, zu überkomplexen »Elefantensprachen« (Rechenberg 1991: 112), die rasch wieder ausstarben. Dies galt bereits für die Programmiersprache ALGOL, die angesichts der vielfältigen neuen theoretischen und methodischen Konzepte, die ihr eigenes Erscheinen induzierte, in der Version ALGOL-68 von einem internationalen Komitee zu einem überfrachteten, instabilen und unpraktikablen Instrument weiterentwickelt und damit zugleich zu Grabe getragen wurde. Es galt darüber hinaus für den Versuch der IBM, mit PL/I einen internationalen Standard zu schaffen. PL/I teilte das Schicksal von ALGOL und geriet zu einer ähnlich überfrachteten Sprache, die sehr rasch ausstarb. Und es galt schließlich auch für die Programmiersprache Ada, die in dem bis dahin größten informationstechnischen Einzelprojekt des amerikanischen Verteidigungsministeriums mit dem Ziel entstand, die Programmierung weltweit zu vereinheitlichen, aber wegen ihres Umfangs und ihrer Fehleranfälligkeit in Fachkreisen nichts als Kritik erntete und heute von der Bildfläche verschwunden ist (dazu ausführlich: Hohn 1998, Kap.6).

Zugleich aber ist die Softwaretechnik eine genuine Netzwerktechnik mit hohen positiven Netzwerkexternalitäten. Der Nutzen einer Programmiersprache steigt in dem Maße an, je mehr Anwender sich ihrer bedienen, und ein Betriebssystem ist von um so höherem Wert, je mehr es erlaubt, Programme und Daten auszutauschen und auf Softwarebibliotheken zurückzugreifen. Dementsprechend bestand in der Softwaretechnik von Beginn an ein hoher

Bedarf an koordinativen Normen, der mit der einsetzenden Vernetzung von dezentral verteilten Systemen seit Anfang der 1970er Jahre zudem immer stärker angestiegen ist. Dieser hohe Bedarf an koordinativen Normen hat angesichts der Mängel der Komiteestandardisierung zur Folge, daß sich die Normen der Softwaretechnik so gut wie ausschließlich durch reine Bandwagonprozesse und »Lock-in-Effekte« herausbilden, die durch »historical events« (Arthur 1989) ausgelöst werden. Dies sind Prozesse und Effekte, die durch individuelle und voneinander unabhängige Wahlakte zustande kommen, bei denen die Nutzer einer Technik im Interesse der Kompatibilität ihrer Systeme die Präferenzen anderer Nutzer antizipieren und sich zu eigen machen (Hohn/Schneider 1990).[6] Bandwagonprozesse führen in der Regel zu suboptimalen Standards, weil mit ihnen meist nicht die technisch »besten«, sondern die »erstbesten« Lösungen ausgewählt werden. Einmal etabliert, entfalten solche faktischen Normen dann oft eine enorme Schwerkraft und Resistenz gegenüber Veränderungen, weil kein Anwender individuell zu anderen Techniken wechseln kann, ohne die Koordinationsgewinne preiszugeben, die sich mit den kollektiven Standards verbinden. Die Anwender sind »locked in« und an spezifische Entwicklungspfade gebunden, während zugleich alternative Lösungen aussterben (vgl. auch Genschel 1995). So werden denn auch die heutigen Standardsprachen der Softwaretechnik von einigen der ältesten Entwürfe überhaupt, nämlich FORTRAN, COBOL und C, gebildet. All diese Sprachen sind konzeptionell »hoffnungslos veraltet« (Rechenberg 1991: 111), stellen aber nichtsdestoweniger die Grundwerkzeuge der modernen Informationstechnik dar (vgl. ausführlich: Hohn 1998, Kap.6).

---

6   Die bekanntesten Beispiele hierfür sind wohl die QWERTY-Tastatur, der IBM-PC und das VHS-Videosystem. All diese Techniken traten ihren Siegeszug nicht aufgrund ihrer überlegenen Effizienz gegenüber konkurrierenden Produkten, sondern rein auf der Basis von »Self-Fulfilling Prophecies« darüber an, welches Erzeugnis sich durchsetzen werde. So avancierte etwa der IBM-PC schlicht deshalb zum Industriestandard, weil dies die Anwender von einem Produkt des damals noch größten Computerherstellers erwarteten, obwohl andere Hersteller technisch zweifellos bessere Alternativen zum PC von »Big Blue« anboten (David 1985).

Die Odyssee der Gesellschaft für Mathematik und Datenverarbeitung (GMD). Performanzprobleme der informationstechnischen Großforschung in den »langen« siebziger Jahren

Unter diesen Bedingungen konnte die sozialdemokratische Forschungspolitik den Erfolg, der sich mit dem Modell der Großforschung im Fall der Kerntechnik verbunden hatte, auf dem Gebiet der Informatik und Informationstechnik nicht wiederholen.[7] Wie die Entwicklungsgeschichte der Gesellschaft für Mathematik und Datenverarbeitung (GMD) in den 1970er und frühen 1980er Jahren zeigte, beruhte die Übertragung dieses Modells auf die Informationstechnik vielmehr auf einer Fehlgeneralisierung der kognitiven Bedingungen in der Kernphysik. Während hier eine hohe Sicherheit sowohl über die Auswahl als auch über die Realisierbarkeit der Forschungsziele bestanden hatte, litt die informationstechnische Großforschung von Beginn an unter starken Zielambiguitäten und einer zersplitterten Struktur ihrer Forschungsprojekte.

Zur Zeit der Gründung der GMD am Ende der 1960er Jahre konnte es noch so scheinen, als seien Computer ähnlich wie Reaktoren große technische Anlagen, die gewissermaßen die Gravitationszentren einer in diesem Fall mathematischen Anwendungsforschung bildeten, die deren Funktionsprinzipien untersuchte und formale Lösungen für praktische Probleme entwickelte. Insofern besaß die Bonner Forschungspolitik zunächst durchaus gute Gründe auch im Fall der Informationstechnik auf das Modell der Großforschung zu setzen. Nur kurze Zeit, nachdem die GMD ihre Arbeit aufgenommen hatte, bahnte sich aber dann die mikroelektronische Revolution an, mit der sich die Identität des Computers grundlegend zu wandeln begann. Die »langen« siebziger Jahre der sozialdemokratischen Forschungspolitik markierten zugleich auch den Zeitraum in der Entwicklung der Informationstechnik, in dem die Maschinen aus den Rechenzentren der Universitäten in die industrielle Produktion und Verwaltung und schließlich auf die Arbeitstische der Anwender migrierten, und die Wissenschaft die Kontrolle über den Computer vollends verlor. In dem Maße, wie die Leistungsfähigkeit der Rechner anstieg und sich

---

7 Zu den folgenden Ausführungen über die Entwicklung der GMD vgl. Wiegand (1994), Hohn (1998: Kap.7).

immer neue Anwendungsmöglichkeiten des Computers eröffneten, stellte sich auch eine wachsende Entkoppelung zwischen der wissenschaftlichen Programmierung und der softwaretechnischen Praxis ein. Dies führte auf seiten der Forschungspolitik zu einer wachsenden »Verwendungsunsicherheit« der informationstechnischen Großforschung und machte die Entscheidungen über ihre Aufgaben in hohem Maße kontingent. So zieht sich denn auch die Suche nach dem »großen Ziel« der GMD wie ein roter Faden durch die Entwicklungsgeschichte der Gesellschaft. Doch soweit es im Verlauf dieser Geschichte überhaupt zur Bildung von Forschungsschwerpunkten kam, wurden diese immer wieder in Frage gestellt, durch neue und unvorhergesehene Entwicklungen abgelöst und die Forschungsergebnisse nicht selten entwertet. Zudem erwiesen sich viele Forschungsziele, die von der GMD aufgegriffen wurden, später als nicht realisierbar bzw. von sehr viel geringerem Nutzen als erwartet, während andere Forschungsansätze, die sich später als erfolgreich herausstellten, unbeachtet blieben.

Vor allem aber konnte sich die informatische Großforschung als Folge der weitgehenden Entkoppelung von Grundlagenforschung und technischer Entwicklung auf dem Gebiet der Informationsverarbeitung nie auf stabile Weise »zwischen« der akademischen und der industriellen Forschung placieren und nie stabile Transfer- und Lieferbeziehungen mit ihren wirtschaftlichen Adressaten eingehen. Die große Kluft zwischen der methodischen Grundlagenforschung und der softwaretechnischen Entwicklung hatte vielmehr zur Folge, daß die Gesellschaft im Unterschied zu den Kernforschungszentren keine funktionale Arbeitsteilung mit hoher »Fertigungstiefe«, sondern wie die Informatik selbst eine segmentäre Struktur entwickelte, in der sich die Grundlagenforschung und die technische Entwicklung weitgehend unverbunden gegenüberstanden. Zudem erwies sich die organisatorische Klammer, die die Forschungspolitik mit dem Modell der Großforschung um diese beiden divergenten Bereiche legte, für deren jeweils eigene Entfaltung als eher hinderlich.

Scheiterte der Versuch, die »große« und großforschungsspezifische Aufgabe der GMD zu definieren, bereits am raschen technischen Wandel, an den fluktuierenden Forschungsprioritäten in der Informationsverarbeitung und der wachsenden Kluft zwischen der Theorie und Praxis der Programmierung, so erlitten die Projekte der GMD und der Transfer ihrer Produkte aber auch immer wieder Schiffbruch an den faktischen Standards der Informationstechnik. Die Hoffnungen, mit einer Großforschungseinrichtung softwaretechnische Normen setzen zu können, erfüllten sich angesichts der globalen Bandwagonprozesse, auf deren Basis sich diese Standards herausbildeten, genausowenig wie die entsprechenden Erwartungen an die Informatik.

Die sozialliberale Forschungspolitik führte diese Entwicklung jedoch nicht auf eine Diskrepanz zwischen dem Modell der Großforschung und der kognitiven Dynamik der Informatik und Informationstechnik, sondern auf interne organisatorische Strukturprobleme der GMD selbst zurück. Sie reagierte auf die ausbleibenden Erfolge dieser Forschungseinrichtungen mit ständig neuen Reformversuchen, die ihren Schlingerkurs aber nur noch verstärkten. Am Ende der »langen« siebziger Jahre stand sie schließlich vor einem »Garbage Can Modell«[8] von Forschungsorganisation, das sowohl in der Wissenschaft wie in der Wirtschaft in das Kreuzfeuer der Kritik geraten war.

Ihre erste Strukturreform durchlief die GDM bereits keine zwei Jahre nach ihrer Gründung. Die in den 1960er Jahren noch weitverbreitete Vorstellung, wonach die Mathematik gewissermaßen die Mutter des Computers und für die Entwicklung wissenschaftlicher Methoden der Programmierung zuständig war, hatte zunächst zur Folge, daß die Bonner Forschungspolitik zwei renommierte Mathematiker mit der Leitung und dem Aufbau der Gesellschaft beauftragt hatte. Diese begriffen das gerade entstehende Fach der Informatik als Konkurrenz zu ihrer eigenen Disziplin und suchten die Computerwissenschaft als Teil- und Untergebiet der Mathematik zu etablieren. Im Ergebnis führte dies dazu, daß die GMD anfänglich als Zentrum für die mathematische Grundlagenforschung fungierte, in dem die Datenverarbeitung und Informationstechnik nur eine sehr randständige Rolle spielten. Allerdings geriet die Gesellschaft damit in der Wirtschaft wie an den Hochschulen, an denen am Beginn der 1970er Jahre die ersten Studiengänge auf dem Gebiet der Informatik entstanden, rasch in das Kreuzfeuer einer Kritik, die ihre mangelnde praktische und technische Relevanz beklagte. Angesichts dieser Kritik

---

8 Cohen, March und Olsen bezeichnen mit diesem Begriff »organisierte Anarchien«, in denen die Entscheidungsprozesse aufgrund eingeschränkter Rationalität, hoher Ungewißheit und inkompatibler Zielsetzungen durch Zufälle gesteuert werden und keinen signifikanten Einfluß auf das Schicksal der Organisationen haben (vgl. Cohen/March/Olson 1972).

sah sich die sozialdemokratische Forschungspolitik gezwungen, die Entscheidung über die Leitung der GMD zu revidieren. Schon 1970 enthob sie den Gründungspräsidenten der Gesellschaft seiner Amtsgeschäfte und zog die Entscheidung über das Forschungsprogramm und die Projekte der GMD an sich.

Über klare Vorstellungen, welche Aufgaben die Gesellschaft zu erfüllen hatte, verfügte indes auch die Bonner Forschungspolitik nicht. Statt dessen begann nun eine fast dreijährige Suche nach der »großen Aufgabe« der GMD, während derer ihr Ausbau weitgehend stagnierte und zunächst auch keine Maßnahmen zu ihrer Reform ergriffen wurden. Auch eine Befragung der führenden Computerhersteller und Softwarehäuser über ihre Vorstellungen zu den künftigen Forschungsschwerpunkten der GMD blieb ergebnislos und führte zu keiner einheitlichen programmatischen Perspektive. Die Unternehmen vertraten vielmehr weit auseinanderlaufende und zum Teil diametral entgegengesetzte Auffassungen über den künftigen Kurs der GMD (Wiegand 1994: 158).

Angesichts der Ratlosigkeit, die über die Grundsatzaufgaben der informationstechnischen Großforschungseinrichtung des Bundes schon wenige Jahre nach ihrer Gründung herrschte, schaltete sich 1972 der Bundesrechnungshof in die Diskussion ein. Dessen Prüfer beanstandeten vor allem, daß die GMD nach wie vor in der Hauptsache mathematische Grundlagenforschung betrieb, die keinen unmittelbaren Bezug zur Datenverarbeitung aufwies (Wiegand 1994: 177), sich nicht wesentlich von einem Universitätsinstitut unterschied und ihren Auftrag als anwendungsorientierte Großforschungseinrichtung des Bundes grundlegend verfehlte. Der Rechnungshof empfahl, die GMD entweder in erster Linie für die Entwicklung der bereits seit längerem geplanten »Bundesdatenbank« heranzuziehen oder umgehend zu schließen, wenn dies nicht möglich sein sollte. Ende der 1960er Jahre hatte die Bundesregierung mit dem Aufbau eines »national integrierten Informationssystems« (Lutterbeck 1975) ein überaus ambitioniertes Projekt ins Auge gefaßt, das aus einem zentral verwalteten Verbundnetz von vielen hundert öffentlichen und privaten Datenbanken bestehen sollte. Sie hoffte, mit diesem Informationssystem die Arbeit der öffentlichen Verwaltungen umfassend rationalisieren zu können. Unmißverständlich vom Bundesrechnungshof vor die Wahl gestellt, die wissenschaftlichen Ressourcen der GMD für die Entwicklung der Bundesdatenbank zu nutzen oder die Gesellschaft zu schließen, entschied sich das Bundesministerium für Forschung und Technologie (BMFT) für ihren Fortbestand.

Allerdings entwickelte sich das Projekt der Bundesdatenbank bereits zum ersten großen softwaretechnischen Fehlschlag der GMD. Was als »Großforschung für die öffentliche Hand« begann, endete in einer Fülle von unzusammenhängenden Klein- und Kleinstprojekten, die mit dem ursprünglichen Ziel, ein »national integriertes Informationssystem« zu schaffen, nicht mehr viel gemein hatte. Für die Verwirklichung dieses ambitionierten Ziels fehlte es weithin an grundlagentheoretischem Wissen, das es erlaubt hätte, eine konzeptionelle Klammer um das Projekt zu legen. Die Bundesdatenbank war eine Vision von Politikern, und es gab

»in den obersten Bundesbehörden offensichtlich noch keine Vorstellung darüber, welche umfangreichen und schwierigen informationswissenschaftlichen Voraussetzungen erst geschaffen werden müssen, um einen solchen Informationsverbund realistisch planen zu können« (Lutterbeck 1978: 89).

Das Projekt scheiterte, und der Begriff Bundesdatenbank versandete allmählich im Verlauf der 1970er Jahre. Es spaltete sich schließlich in mehr als fünfzig Kleinprojekte der GMD auf, in denen es um die Entwicklung von speziellen, etwa juristischen Informationssystemen oder Programmen zur Verarbeitung von Massendaten für das Arbeitsministerium ging. Allerdings setzten sich auch die Mitarbeiter der GMD nicht sonderlich für die Aufgaben ein, für die sie im Rahmen des Bundesdatenbankprojekts herangezogen wurden. Die eher handwerklichen Aufgaben, die sie in diesem Zusammenhang für die Behörden des Bundes und der Länder zu erfüllen hatten, waren nicht dazu geeignet, ein wissenschaftliches Personal zu motivieren, das für den Aufbau eines der weltweit größten informationstechnischen Forschungszentren rekrutiert worden war und ein entsprechendes professionelles Selbstverständnis besaß.

Aber es blieb nicht nur bei diesem Fehlschlag. Als Folge des Zugzwangs, unter den das BMFT durch den Bericht des Bundesrechnungshofs geraten war, begann das Bonner Forschungsministerium 1973 mit einer Umstrukturierung der GMD, die zum Ziel hatte, den Stellenwert der Mathematik in der Gesellschaft zurückzudrängen und ihre Arbeit stärker an der angewandten Forschung und Softwareentwicklung auszurichten. Dazu wurden zunächst die mathematischen Einrichtungen der GMD zu zwei stark verkleinerten Instituten zusammengefaßt, denen die Aufgabe oblag, die Grundlagen der Informationstechnik zu erforschen und formale Modelle und Methoden der Programmierung bereitzustellen. Dem folgten nach und nach weitere Institute in der angewandten Forschung, die sich deren Erkenntnisse zu eigen machen und in die informationstechnische Praxis überführen sollten. Aber auch mit diesen Reformmaßnahmen entstand alles andere als eine großforschungsspezifische Ausrichtung der GMD: Weder stellte sich eine stabile Kooperation zwischen den grundlagen- und anwendungsorientierten Instituten der GMD ein, noch gab es übergreifende informationstechnische Forschungsprioritäten, an denen sich die Auswahl der einzelnen Projekte hätte orientieren können.

Soweit es die methodische Grundlagenforschung betraf, setzte die GMD insbesondere große Hoffnungen in die sogenannten Petri-Netze, eine formale Beschreibungsmethode, die speziell für die Analyse paralleler oder genauer: nebenläufiger Prozesse entwickelt worden war. Dieses Konzept hatte innerhalb der Informatik lange Zeit nur eine untergeordnete Rolle gespielt, gewann aber dann im Verlauf der 1970er Jahre als Folge der Verbreitung und Vernetzung dezentral verteilter Systeme zunehmend an Bedeutung. Die Erwartung, daß es bald auch praktische Relevanz für das Design nebenläufiger Prozesse entwickeln würde, erfüllten sich indes nicht. Wie die algebraischen Methoden erwies sich auch das Konzept der Petri-Netze als ein zu schwaches Instrument für die Lösung der wachsenden Komplexitätsprobleme in der Programmierung. So hatten die grundlagenorientierten Institute der GMD denn auch wenig zu den technischen Projekten der Gesellschaft beizutragen und konnten die an sie gerichteten Forderungen nach praktischen Anwendungen der Netztheorie nicht erfüllen.

Die Arbeit der anwendungsorientierten Institute wiederum zerfiel in eine Vielzahl von unzusammenhängenden und meist sehr kleinen Projekten, die sich kaum von dem unterschieden, was private Softwarehäuser und die industrielle Softwareentwicklung selbst hätten leisten können. So entwickelte die GMD Mitte der 1970er Jahre etwa für die Bundesanstalt für Straßenwesen ein Programm zur Berechnung von Trassenkehren, für den Siedlungsverband Ruhrkohlenbezirk ein rechnergestütztes Informationssystem zur Flächennutzungsplanung, für das Bonner Forschungsministerium ein graphisches Ausgabesystem für dessen Datenbank »Forschungsvorhaben« und für das Bundesministerium für Arbeit und Sozialordnung ein statistisches Programm zur Auswertung von Massendaten der Gesetzlichen Krankenversicherungen. Dies waren, ähnlich wie »Schulis« (Schulinternes Informationssystem), ein Programm für die Stundenplanung an Schulen, durchweg kurzfristige und wissenschaftlich wenig anspruchsvolle Projekte.

Auch für die Entwicklung des juristischen Datenbanksystems »Juris« hätte es keiner Großforschungseinrichtung bedurft. Zunächst einmal war es ohnehin umstritten, ob sich die GMD angesichts fast beliebig vieler anderer »Bindestrich-Informatiken«, wie der Wirtschafts- oder Betriebsinformatik, überhaupt mit einem solch speziellen Gebiet wie der Rechtsinformatik befassen sollte. Nachdem das Bonner Forschungsministerium dann aber der Rechtsinformatik den Vorzug gegeben hatte, bestand die einzig kritische Entscheidung bei der Entwicklung dieses Systems, die wissenschaftlichen Sachverstand erforderte, im Design der logischen Grundstruktur der Datenbank. Nach dieser Entscheidung fielen lediglich noch Routineaufgaben an, die ebenso gut an einen externen Auftragnehmer hätten vergeben werden können, bei dem die Weiterentwicklung und Wartung des Systems denn auch heute liegt. Ähnliches galt für die Simulationsmodelle der GMD, mit deren Hilfe die Auswirkungen von Gesetzen und Gesetzesänderungen untersucht werden sollten. Die sozialliberale Reformpolitik sah in diesen Modellen anfänglich effiziente und verläßliche sozio-ökonomische Planungsinstrumente. Die prognostische Kraft der Simulationsverfahren erwies sich jedoch als wesentlich geringer als erhofft, und das Interesse der Politik an diesen Verfahren ließ schon sehr bald nach. Das einzige Produkt, das in diesem Zusammenhang praktische Relevanz entwickelte, war ein Simulationssystem für das Bundesausbildungsförderungsgesetz, für dessen Entwicklung und Wartung es sicherlich keiner Großforschungseinrichtung bedurft hätte.

Aber auch, was die Entwicklung von Softwareprodukten für die Industrie und die Zusammenarbeit mit der privaten Wirtschaft anging, blieb die GMD weit hinter den Erwartungen zurück. Hier richteten sich insbesondere große Hoffnungen auf das von der GMD entwickelte Betriebssystem B.I.T.S (Bonn Interaktive Terminal System), das dem Hause Siemens zur Verfügung gestellt werden sollte. B.I.T.S zählte zu den weltweit ersten parallelen Betriebssystemen überhaupt und lief bereits mit hoher Zuverlässigkeit auf dem Großrechner der GMD, als BS-2000, das Betriebssystem von Siemens, noch nicht über die Möglichkeit zur parallelen Datenverarbeitung verfügte. Doch obwohl BS-2000 auch in anderer Hinsicht viele Mängel aufwies, schlug Siemens das Angebot der GMD aus. Das Haus hatte bereits viele tausend Personen-Jahre in die Entwicklung und Wartung von BS-2000 investiert und war nicht bereit, diese Investitionen mit der Einführung eines neuen Systems abzuschreiben. Siemens übernahm von B.I.T.S. lediglich die Protokollsoftware für die parallele Datenverarbeitung und entwickelte BS-2000 damit zu einem Time-Sharing-System weiter. BS-2000 blieb bis weit in die 1980er Jahre der bevorzugte Standard der Siemensrechner und wurde erst von UNIX abgelöst.

Einen Rückschlag ähnlicher Art erlebte die GMD später auch mit der Programmiersprache Pearl (Process Experiment Automation Realtime Language). Pearl war eine formale Hochsprache, die angesichts des zunehmenden Einsatzes von Computern in der industriellen Regelungs- und Steuerungstechnik speziell für die Programmierung von parallelen Prozessen und Realzeitsystemen entwickelt worden war und die das BMFT im Rahmen eines großen Verbundprojekts als Standard zu etablieren hoffte. Diesem Verbundprojekt gehörten neben der GMD und dem Verein Deutscher Ingenieure (VDI), der wiederum eigens den Pearl-Verein ins Leben gerufen hatte, rund einhundert weitere Mitglieder aus der Wissenschaft und Wirtschaft an, die für die Verbreitung dieser Programmiersprache sorgen sollten. Der GMD fiel die Aufgabe zu, durch eine formale Beschreibung der Sprache eine normierte Version von Pearl zu schaffen und über die Einhaltung dieser Norm zu wachen. Aber nicht anders als die internationalen Normierungsorganisationen scheiterte auch die GMD an der Aufgabe, einen solchen Standard zu setzen. Zunächst einmal erwies es sich als viel schwieriger als erwartet, eine formale Norm von Pearl zu definieren. »Die formale Beschreibung war nicht Stand der Kunst.«[9] Dies hatte zur Folge, daß unter den Beteiligten Dissens über die Sprachdefinition ausbrach und sich das Projekt in die Länge zog. Aufgrund der mangelnden wissenschaftlichen Entscheidungskriterien entwickelte jeder Teilnehmer an dem Verbundprojekt jeweils eigene Vorstellungen über den Umfang und die Features der Sprache und implementierte eine andere Version von Pearl. Zugleich ließ gegen Ende der 1970er, Anfang der 1980er

---

9   Aktennotiz des Projektträgers Fertigungstechnik für das BMFT/424 vom 14.4.1981.

Jahre aber auch ihr Interesse an dem Projekt nach, als deutlich wurde, daß Pearl durch Ada, mit der das amerikanische Verteidigungsministerium einen eigenen internationalen Standard zu etablieren suchte, eine mächtige Konkurrenz entstand. Angesichts des immensen finanziellen und organisatorischen Aufwands, mit dem das Department of Defense dieses Ziel verfolgte, konnte keine »kritische Masse« von Nutzern entstehen, die Pearl als Standard favorisierten. Das Projekt versandete und scheiterte an der Konkurrenz von Ada, die ihrerseits wiederum an C als dem faktischen Standard auf dem Gebiet der Programmiersprachen Schiffbruch erlitt.

Nicht anders erging es der GMD mit der Programmiersprache Elan und dem Betriebssystem Eumel. Diese beiden Produkte gingen aus einer Forschungskooperation der Gesellschaft mit der Universität Bielefeld hervor, die das Ziel verfolgte, eine robuste Basissoftware für die neue Generation der Arbeitsplatzrechner zu schaffen, die Ende der 1970er Jahre auf dem Markt auftauchten. Elan und Eumel fanden wegen ihrer architektonischen Prinzipien und sauberen Ausführung in der wissenschaftlichen Fachwelt zwar große Anerkennung, hatten aber ebenfalls nie eine Chance, sich gegen die Programmiersprache C und das in ihr verfaßte Betriebssystem Unix durchzusetzen, die sich im Zuge eines globalen »Lock-in-Prozesses« als Standards etablierten. Ähnlich wie Pearl sind auch diese beiden Systeme der GMD heute ausgestorben.

Die Liste der gescheiterten Transferprojekte der informatischen Großforschung setzte sich um viele weitere Beispiele fort: so etwa um den sogenannten Einheitsbausteinrechner (EBR) der GMD oder um das GMD-Netz. Dieses Netz entstand als Reaktion auf die »Hochzeit« von Informationstechnik und Telekommunikation, die im Zuge des Vordringens von zentral verteilten Systemen in der ersten Hälfte der 1970er Jahre stattfand. Es stellte eine hoch stabile Alternative zum fehleranfälligen amerikanischen »ARPANET« dar – dem Vorläufer des heutigen Internets. Aber auch dieses Produkt der GMD hatte nie eine Chance, sich gegen die faktischen technischen Normen durchzusetzen, die sich mit der rasch wachsenden internationalen Verbreitung der amerikanischen Entwicklung etablierten. Das GMD-Netz war bereits um die Mitte der 1970er Jahre »locked out«.

Damit hatte die sozialliberale Forschungspolitik am Ende der »langen« siebziger Jahre mit dem Modell der Großforschung auf dem Gebiet der Informationstechnik durchweg Schiffbruch erlitten. »In den Jahren bis 1982 kam in keinem Fall eine längerfristig angelegte Forschungskooperation zustande, weder mit Siemens noch einer anderen Firma« (Wiegand 1994: 259). Immer wieder scheiterten solche Kooperationen an der großen Kluft zwischen der Grundlagenforschung und der technischen Entwicklung auf dem Gebiet der Informationsverarbeitung, dem »Eigenleben« und raschen Wandel dieser Entwicklung sowie an den faktischen Standards der Softwaretechnik.

Dennoch sah die Bonner Forschungspolitik die Gründe für die gescheiterten Projekte der GMD nicht in einer Diskrepanz zwischen der kognitiven Struktur der Informatik und dem institutionellen Design des Modells der Großforschung, sondern in einem zu geringem Maß an organisationsinterner Koordination und Zentralisierung. Ende der 1970er Jahre setzte sich in Bonn, aber auch innerhalb der GMD, eine Deutung durch, in der die Zersplitterung der Gesellschaft in eine Vielzahl von unzusammenhängenden Einzelprojekten nicht als Resultat, sondern als Ursache ihrer Strukturprobleme erschien. Die als Folge der ergebnislosen Suche nach der »großen Aufgabe« entstandene Diversifizierung der GMD wurde jetzt als Grund dafür angesehen, daß die GMD kein einheitliches und kohärentes Forschungsprogramm entwickelt hatte. Demzufolge hätten die einzelnen Einrichtungen der GMD zuviel Eigengewicht entwickelt und ein umsichgreifender »Institutsegoismus« die Koordination der Projekte und die Konzentration der Mittel auf kollektive Forschungsschwerpunkte verhindert.

Die neue Deutung der Probleme löste am Ende der 1970er Jahre zunächst eine etwa zweijährige Planungsdiskussion innerhalb der GMD aus, in der sich die Institutsleiter selbst intensiv um einen grundlegenden Neubeginn und ein gemeinsames Forschungsprogramm bemühten. Aber auch dieser Versuch, die »große Aufgabe« der GMD in horizontaler Selbstkoordination zu definieren, scheiterte und führte nicht zu konkreten Ergebnissen. Das von den Institutsleitern vorgeschlagene Programm wies lediglich thematisch verwandte Projekte der GMD unter gemeinsamen Arbeitstiteln aus und war selbst in den Augen der Beteiligten »das Papier nicht wert, auf dem wir unsere Vorschläge gemacht haben.«[10] Das BMFT beendete diese Diskussion 1980 mit der zweiten großen Strukturreform der Gesellschaft, mit der es einen neuen und

---

10 Zitat aus einem Interview mit einem der beteiligten Institutsdirektoren.

mit weitgehenden Vollmachten ausgestatteten Vorstand einsetzte, der jetzt die »große Aufgabe« der informationstechnischen Großforschung definieren und ihre Forschungsaktivitäten auf dieses Ziel bündeln sollte.

Der neue Vorstand versuchte abermals, die Leitvorstellung einer Integration von Grundlagenforschung und anwendungsorientierter Forschung organisatorisch umzusetzen, indem er ein sogenanntes »Schichtenmodell« entwickelte, das ganz einem linearen Modell von Forschungstransfer entsprach und in dem die mathematisch und methodisch orientierten Institute gewissermaßen die oberste Schicht bildeten. Am unteren Ende richtete er ein Institut für Technologietransfer ein, dem die Aufgabe zugedacht war, die von der Grundlagenforschung zur Anwendungsreife entwickelten Produkte der GMD zu vermarkten. Aber auch dieses Modell funktionierte nie. Die mit großem Aufwand durchgesetzte Strukturreform des neuen Vorstands führte weder zu einer engeren Verzahnung von Grundlagen- und Anwendungsforschung noch zu einer Konzentration der Forschungsmittel auf einige wenige Schwerpunkte und Projekte. Das Schichtenmodell erwies sich schon sehr bald als nicht tragfähig und diente letztlich nur der Darstellung der GMD nach außen. Es lief auf eine lediglich vordergründige Ordnung hinaus, hinter der sich eine nach wie vor heterogene und schwach koordinierte Organisationsstruktur der Gesellschaft verbarg. Die methodische Grundlagenforschung der GMD verfügte über keine Produkte, die sie in einen seriellen Transferprozeß hätte einschleusen können, und die angewandte Forschung der Gesellschaft zerfiel weiterhin in eine Vielfalt unverbundener Einzelprojekte, deren Zahl zudem unvermindert anstieg.

Im Jahr 1982 ging die Ära der sozialliberalen Koalition zu Ende. Doch der Regierungswechsel in Bonn führte zumindest, was die informationstechnische Großforschung betraf, zu keiner grundlegenden Erneuerung in der Forschungspolitik. Der Wechsel vollzog sich nahezu gleichzeitig mit der Ankündigung des sogenannten »Fifth-Generation«-Programms der japanischen Regierung und dem damit einsetzenden internationalen Wettlauf um die technologische Führung auf dem Gebiet des Wissensengineerings und Supercomputings. Die neue Regierung nahm diese Herausforderung an und setzte dabei auf das alte Rezept der Integration von Grundlagen- und Anwendungsforschung. Sie glaubte, insbesondere mit der Expertensystemtechnik und dem Bau von Superrechnern die »große Aufgabe« der GMD gefunden zu haben, perpetuierte tatsächlich aber nur die Serie ihrer gescheiterten Projekte. Dies galt insbesondere für das Wissensengineering und die Expertensystemtechnik. Hatte die Entwicklung der Informationstechnik in den »langen« siebziger Jahren gezeigt, daß die Normierung dieser Technik durch die Informatik bereits am Mangel an vereinheitlichenden formalen Prinzipien scheiterte, so trat in den 1980er Jahren insbesondere die Expertensystemtechnik den unfreiwilligen Beweis an, daß das Fach auch und erst recht nicht über die inhaltlichen Wissenskomponenten verfügt, die erforderlich sind, um die Anforderungen an die Systeme zu spezifizieren. Glaubte man anfänglich das Wissen von Experten im Sinne eines Regelwissens leicht »extrahieren« und formalisieren zu können, so stellte sich bald heraus, daß es zu den schwierigsten Aufgaben der Programmierung überhaupt zählt, dieses Wissen zu erheben und die inhaltlichen Anforderungen an die Systeme zu ermitteln. Der Nutzen der Expertensystemtechnik erwies sich dementsprechend als enttäuschend gering (vgl. dazu ausführlich: Coy/Bonsiepen 1989, Ahrweiler 1995). Ihrem Boom am Beginn der 1980er Jahre folgte am Ende des Jahrzehnts gewissermaßen eine Implosion dieser Technik, mit der auch die entsprechenden Projekte der GMD in sich zusammenfielen. Auch in den 1980er und 1990er Jahren setzte die GMD damit ihre Odyssee in der Informationstechnik fort.

Schlußbemerkung

Die sozialdemokratische Forschungspolitik schlug in den »langen« siebziger Jahren ein neues Kapitel in der Entwicklungsgeschichte des außeruniversitären Forschungssystems in der Bundesrepublik auf. Sie tat dies weniger, indem sie die Grundstruktur dieses Systems veränderte, sondern vielmehr indem sie ihm eine neue Bedeutung als eine funktional abgestufte Struktur verlieh, die gewissermaßen kaskadenförmig den Transfer von der Grundlagenforschung zur industriellen Entwicklung organisierte. Vor dem Hintergrund dieser auch heute noch weit verbreiteten Interpretation des außeruniversitären Forschungssystems ging die Forschungspolitik insbesondere davon aus, das Modell der Großforschung im Sinne eines Scharniers zwischen der Grundlagen- und Anwendungsforschung in ihr Programm der volkswirtschaftlichen Modernisierung einbinden zu können.

Diese Strategie schlug allerdings im Fall der informationstechnischen Großforschung weitgehend fehl. Sie beruhte auf der Annahme, daß es so etwas wie eine lineare Transferbeziehung zwischen der Grundlagenforschung und der technischen Entwicklung gibt, die so nicht existiert. Statt einer linearen Abfolge von paradigmatischen Stadien weist die wissenschaftliche Entwicklung stark heterogene Verlaufsformen auf, deren Verzweigungen sowohl von »innen« als von »außen« induziert werden können. Wissenschaft und Technologie sind nur in einem idealtypischen Sinne unterschiedliche Sinn- und Handlungssysteme, realtypisch aber untrennbar miteinander verwoben, und beeinflussen sich in ihrer Evolution wechselseitig. Empirisch zeichnet sich daher auch ein komplexeres Bild von der Interaktion zwischen der Wissenschaft und Technologie ab, das anders als im unidirektionalen Modell Kuhns eher einem »rekursiven Durcheinander« (Krohn/Küppers 1989) gleicht. Price hat für diese komplexe Interaktion bereits 1965 die ebenso schöne wie treffende Metapher von der Wissenschaft und Technologie als »Dancing Partners« geprägt, die in einem mal langsameren, mal schnelleren Tanz ihre Bewegungen jeweils an den Bewegungen des anderen ausrichten und bei denen es nicht klar ist, wer wen führt (Price 1965: 553; vgl. auch Rip 1992). So steht denn auch die Informatik beispielhaft dafür, daß greifbar nahe scheinende technische Ziele und als »anwendungsreif« geltende Theorien bei dem Versuch ihrer Umsetzung scheitern und tief in die Grundlagenforschung mit völlig neuen Forschungsfragen führen können.

Im besonderen Fall der Informationsverarbeitung kommt der technischen Entwicklung als Folge der mikroelektronischen Revolution seit langem der Primat zu, während die Wissenschaft mit der Geschwindigkeit, Vielfalt und Heterogenität dieser Entwicklung nicht Schritt hält. Dies hatte zur Folge, daß die staatliche Forschungspolitik mit ihren Versuchen, die Grundlagenforschung der Informatik und die softwaretechnische Anwendungsforschung im Rahmen des Großforschungsmodells zu integrieren, faktisch zwischen »Scylla und Charybdis« (Mayntz 1995) lavierte und organisationsinterne Spannungen erzeugte, die es an beiden Polen erschwerten, angemessene Forschungsstrategien zu entwickeln. Es ist, wenn man es darauf anlegt, auf dem Gebiet der Informationstechnik nicht schwer, große Forschungsprojekte zu definieren, aber es ist sehr schwierig, großforschungsspezifische Ziele festzulegen, die »zwischen« der Grundlagenforschung und der technischen Entwicklung angesiedelt sind und nicht zugleich auch von der Industrie selbst verwirklicht werden könnten.

Die Entwicklung der informationstechnischen Großforschung zeigt damit zugleich auch, daß es keinen »one best way« der staatlichen Forschungsorganisation gibt. Das Modell der Großforschung ist nicht mit jeder Form der Wissensproduktion gleichermaßen kompatibel. Es bewährt sich vorzugsweise in relativ einfach strukturierten Umwelten, in denen sich, wie im Fall der Kerntechnik, die Ziele und Mittel stabil bestimmen lassen. Wo die staatliche Forschungspolitik dagegen mit hoher Handlungs- und Entscheidungsunsicherheit konfrontiert ist, sind flexiblere Formen der Forschungsorganisation von Vorteil.

Dies belegt gewissermaßen *e contrario* nicht zuletzt die Entwicklung der informationstechnischen Institute der FhG.[11] Im Unterschied zur GMD hat die FhG auf dem Gebiet der Informations- und Softwaretechnik mit dem Modell der industriellen Auftrags- und Vertragsforschung seit langem einen stabilen Erfolgskurs eingeschlagen. Die heutigen informationstechnischen Institute der FhG sind zu einem großen Teil ungeplant und ohne expliziten forschungspolitischen Auftrag in dieses Gebiet »hineingewachsen«. Als Folge des Vorrangs, den die Förderung der GMD in den DV-Programmen der »langen« siebziger Jahre besaß, kam der Informationstechnik und Informatik in der FhG zunächst keine hohe Bedeutung zu. In der Zeit der sozialdemokratischen Forschungspolitik beschränkten sich die Aktivitäten der Gesellschaft auf diesem Gebiet im wesentlichen noch auf das Institut für Informationsverarbeitung in Technik und Biologie (IITB). In den 1980er Jahren sind dann jedoch auch andere Fraunhofer-Institute immer stärker in den Bereich der Informations- und Softwaretechnik vorgedrungen oder haben ihr ursprüngliches Arbeitsgebiet verlassen und sich dieser Technik zugewandt. Im Zuge dieser Entwicklung gründete die FhG auch neue informationstechnische Einrichtungen, die allesamt vom Start weg einen Erfolgskurs einschlugen und kontinuierlich wuchsen. Faktisch ist die FhG heute die größte informationstechnische Einrichtung in der Bundesrepublik. Schon seit

---

11 Zur Entwicklung der informationstechnischen Institute der FhG vgl. ausführlich Hohn (1998: Kap.7) und Trischler/vom Bruch (1999).

der Mitte der 1980er Jahre übertrifft das Haushaltsvolumen ihrer einschlägigen Institute das der GMD.[12]

Das Erfolgsgeheimnis der FhG dürfte gerade darin bestehen, daß sich die Frage nach der »großen« integrativen Aufgabe ihrer Institute erst gar nicht stellt, und die Gesellschaft zumindest im Bereich der Informationstechnik auch keine institutionelle Verklammerung von Grundlagenforschung und angewandter Forschung mit einer entsprechend hohen »Fertigungstiefe« anstrebt. Die Institute der FhG sind mit der Grundlagenforschung der Informatik nur lose verkoppelt und aktivieren entsprechende Kooperationsbeziehungen nur im Bedarfsfall. Auch die Forschungsziele entstehen nicht »top down«, sondern »bottom up« in enger Interaktion mit der Industrie. Dieses Modell von Forschungsorganisation läuft auf eine forschungspolitische Kontextsteuerung (Willke 1983; Teubner/Willke 1984; Hohn/Schimank 1990: 271–231) hinaus, in deren Rahmen die staatliche Politik darauf verzichtet, die Prioritäten vorzugeben, und sich auf eine variable Grundförderung bzw. Anreizfinanzierung der Forschungsorganisation beschränkt, die die Akteure »vor Ort« zur Selbststeuerung und Selbstanpassung befähigt. Es entspricht einem Adressatenmodell von Forschungsorganisation, das sich unmittelbar am Bedarf der Industrie ausrichtet und zugleich hohe Anreize für die in der Softwaretechnik erforderliche enge Kooperation zwischen den Produzenten und Anwendern der Systeme setzt. Sein Vergleich mit dem Modell der Großforschung macht deutlich, daß das einmal von der sozialdemokratischen Forschungspolitik entworfene Bild des außeruniversitären Forschungssystems, zumindest, was den Sektor der Informationstechnik angeht, auf einer Fehlannahme über das Verhältnis von Grundlagen- und Anwendungsforschung beruhte. Die institutionelle Struktur dieses Systems bedarf heute dringend einer neuen Deutung

---

12 Zum Teil ist es allerdings schwierig, die Quellen des Haushaltsvolumens dieser Institute exakt zu bestimmen, da ihre Arbeit oft über das Gebiet der Informationstechnik hinausgeht. Insofern läßt sich über die genaue Höhe ihrer Einnahmen in diesem Bereich streiten. Dies ändert jedoch nichts an der hier konstatierten grundlegenden Tendenz, zumal die Grenzen der Informationstechnik unscharf und ständig im Fluß sind (vgl. Hohn 1998: Kap.7).

Susanne Mutert

Großforschung am Markt. Auftragsvergabe zwischen staatlicher Steuerung und Selbstregulation am Beispiel des Deutschen Elektronen-Synchrotrons (DESY)

Einleitung

In den »langen« siebziger Jahren unternahm das noch vergleichsweise junge Bundesforschungsministerium den Versuch, die Verwertung staatlich geförderter Forschungsergebnisse durch die Wirtschaft zu intensivieren (Bundesbericht Forschung V 1975: Tz 22). Zum Schlagwort der 1970er und frühen 1980er Jahre wurde der ›Technologie-Transfer‹, der neben Know-how-Vermittlung und Lizenzvergabe an die Unternehmen auch die Übernahme von Auftragsforschung beinhaltete. Insbesondere die zum erheblichen Teil vom Bund finanzierten Großforschungseinrichtungen sollten mit ihrer Aufgabenstellung, die ihnen Forschungsgebiete (oftmals) im Vorfeld der anwendungsorientierten oder angewandten Forschung wie die Kernenergienutzung zuwies, das in diesen Einrichtungen erworbene technologische Know-how besser auf dem Markt, z.B. auf Fachmessen, präsentieren und in die Unternehmen transferieren. Dabei bestand die den Großforschungseinrichtungen seitens des Bundesforschungsministeriums zugedachte Rolle am Markt, hier verstanden als der ökonomische Ort für Absatz und Erwerb von Gütern jeglicher Art, primär in der Rolle des Anbieters, bei dem die Industrie die Ware ›technologisches Wissen‹ in unterschiedlichster Form abnehmen sollte. Daß dieses politisch gewollte, qualitativ neue Verhältnis zwischen

Wissenschaft und Industrie nicht ohne weiteres umzusetzen war, wurde von den Großforschungseinrichtungen immer wieder betont. Zu unterschiedlich seien die Erwartungshaltung der Industrie an die Großforschung einerseits und das Eigeninteresse der Großforschungseinrichtungen andererseits.[1] Demgegenüber verwiesen Interessenorganisationen wie der Bundesverband der Deutschen Industrie gerne und wiederholt darauf, daß die Großforschungseinrichtungen ihrer neuen Aufgabe des Technologietransfers nicht im politisch gewünschten Ausmaß gerecht würden.[2]

Um den Kritikern der teuren, staatlich finanzierten Großforschung, die die unzureichenden Transferleistungen der Großforschungseinrichtungen anmahnten, den Wind aus den Segeln zu nehmen, verständigten sich Großforschungseinrichtungen und Bundesforschungsministerium Ende der 1970er, Anfang der 1980er Jahre auf eine Erweiterung des Transfer-Konzeptes: durch die von ihnen benötigten Forschungsgeräte seien die Großforschungseinrichtungen ein innovationsfördernder Auftraggeber für die Unternehmen, hieß es 1979 seitens der Arbeitsgemeinschaft der Großforschungseinrichtungen (Schopper/Zajonc 1979: 20).[3] Obwohl auch die als Zulieferer für spezielle Forschungsgeräte profitierenden Unternehmen mehrheitlich von einem Know-how-Gewinn infolge der entsprechenden Aufträge sprachen (Altenburg 1995: 222–226), erscheint Skepsis angebracht. Der legitimatorische Versuch, die ›Nützlichkeit‹ der Großforschung für die Industrie durch ein erweitertes Technologietransfer-Konzept auch an den Beschaffungsvorgängen festzumachen, wurde bereits von Schimank (1988: 90–91) als bloße Anpassung an eine – gemessen am politischen Anspruch – unbefriedigende Realität des Technologietransfers interpretiert.

Im Spannungsfeld von »Wissenschaft und Markt« (Eckert/Osietzki 1983: 11–12) soll hier also die Marktbeziehung zwischen Großforschung als Ab-

---

1 AGF 1982; wegen des stark rechtfertigenden Charakters war diese Veröffentlichung innerhalb der AGF nicht unumstritten, vgl. HGF-Geschäftsstelle, 6.4.4 Technologietransfer/Industriekooperationen (1982–1984), DFVLR an AGF vom 10.11.1982; ähnlich äußerten sich auch KfK und GKSS gegenüber der AGF-Geschäftsstelle.
2 Bundesverband der Deutschen Industrie (1984: 2–3); *Wissenschaft, Wirtschaft, Politik* 26 (1984), S. 3; Schimank (1989).
3 In gleichem Sinn dann BT-Drs. 10/1327 vom 16.4.1984, S. 27, in der das BMFT »Innovationsanstöße und Technologietransfer durch Beschaffungswesen« behandelte.

nehmer und Industrie als Anbieter spezieller Leistungen untersucht werden.[4] Dabei hatte die Bedarfsdeckung der Großforschungseinrichtungen am Markt bereits frühzeitig die Aufmerksamkeit des Bundesforschungsministeriums auf sich gezogen. In erster Linie die Vergabepraxis bei Aufträgen für den Schnellen Brüter weckte dort 1973 den Eindruck eines »Selbstbedienungsladens« für die Industrie.[5] Als Gegenmaßnahme und allgemein zur Kostendämpfung empfahl der Bundesminister für Wirtschaft, möglichst auch ausländische Anbieter bei Auftragsvergaben zu berücksichtigen.[6] Unter der ganz im Zeichen der heimischen Industrieförderung stehenden Politik rückte das Wirtschaftsministerium dann Mitte der 1970er Jahre von dieser Leitlinie wieder ab. Im Rahmen konjunktureller Sofortprogramme sollte jetzt sichergestellt werden, daß auch die staatlich finanzierten Großprojekte im Bereich von Forschung und Entwicklung zumindest mittelbar der deutschen Industrie zugute kämen.[7]

Die bei den Forschungs- und Entwicklungsaufträgen der öffentlichen Hand an die Industrie hervortretende Tendenz, vorgegebene Zeit- und Kostenrahmen zu überschreiten (Hansen 1973: 2, 27–28; Kayser 1980: 12–13), veranlaßte die Bundesregierung schließlich Anfang der 1980er Jahre, Planung, Durchführung und Kontrolle technologischer Großprojekte der Großforschung zu verbessern. Im Rahmen der zum 1. Mai 1982 in Kraft getretenen Umorganisation des BMFT wurde ein eigenes Referat für »Wirtschaftlichkeit Großprojekte« (Ref. 124) eingerichtet. Es sollte das Fördermanagement und hier insbesondere die Auftragsvergabe der Forschungseinrichtungen durch gezielten Einsatz betriebswirtschaftlichen Sachverstandes

---

4 Krige (1990: 638); Schmied (1979: III); Meesen (1979: 13–14); Eckert/Schubert (1986: 221–223); Office of Science and Technology (1993); Hansen (1973). Die in ihrer Dissertation von 1973 dargelegten Maßnahmen zu einer besseren Kostenkontrolle bei öffentlichen Aufträgen für Forschung und Entwicklung versuchte A. Hansen dann seit Ende der 1970er Jahre und vor allem beim HERA-Projekt des DESY im BMFT umzusetzen.
5 BAK, B 196/20463, AL 1 an IB vom 22.10.1973; vgl. auch den vom BMFT in Auftrag gegebenen Bericht der Industrie- und Finanztreuhandgesellschaft mbH an Ehmke vom 10.12.1973.
6 BAK, B 196/20461 (Zweites Stabilitätsprogramm der Bundesregierung vom 9. Mai 1973), bes. 123-0424-/75, Bezug BMWi (Friderichs) an BMFT (Ehmke) vom 4.6.1973.
7 BAK, B 196/07799, BMWi (Friderichs) an BMFT (Matthöfer) vom 14.2.1975.

verbessern.[8] Dabei ging es dem BMFT in erster Linie um eine bessere Kontrollmöglichkeit der mit staatlichen Geldern vorgenommenen Einkaufstätigkeit der privatrechtlich organisierten Großforschungseinrichtungen. Auf den in der ersten Hälfte der 1980er Jahre hinzukommenden Aspekt, deren ›Nützlichkeit‹ auch an ihren Know-how vermittelnden Aufträgen an die Industrie festzumachen, ist bereits hingewiesen worden.

Im Mittelpunkt der folgenden Analyse der Auftragsvergabe einer Großforschungseinrichtung steht das Deutsche Elektronen-Synchrotron (DESY) in Hamburg. DESY ist ausgewählt worden, weil das Hamburger Forschungszentrum zum einen zu den Großforschungseinrichtungen zählt, die primär Grundlagenforschung betreiben und die im Untersuchungszeitraum kostenintensive Großprojekte in Angriff genommen haben. Zum anderen liefert die Geschichte der Auftragsvergabe des DESY ein einzigartiges Beispiel dafür, daß der Bund, anders als noch jüngst angenommen (Zeitträger 1996: 1592), versucht hat, die Beschaffungsvorgänge direkt zu beeinflussen. An den zwischen 1976 und 1978 bzw. 1984 und 1990 errichteten Speicherringanlagen, der Positron-Elektron-Tandem-Ring-Anlage (PETRA) und der Hadron-Elektron-Ring-Anlage (HERA), sollen jene Steuerungsmaßnahmen aufgezeigt werden, mit denen das Bundesforschungsministerium versuchte, bei der Förderung technologischer Großprojekte eine Einhaltung von Kosten- und Zeitplänen zu erwirken. Wie etwa die Kostenexplosion beim amerikanischen Superconducting-Super-Collider (SSC) gezeigt hat (Kevles 1997: 273, 281–282), sind es eben nicht allein die von Hochenergiephysikern gern behaupteten »spezifischen Bedingungen der Hochenergiephysik«[9], die eine weitgehende Einhaltung der Planungsdaten sichern. Zu fragen ist auch nach den Maßnahmen, mit denen die Großforschungseinrichtung selbst versuchte, die Verläßlichkeit der eigenen Kalkulationen bei Großprojekten, die in technologisches Neuland vorstießen, zu gewährleisten.

---

8 BT-Drs. 9/1947 vom 1.9.1982, S. 3 u. 5. Bereits 1980 war die betriebswirtschaftliche Ausrichtung des Referats 123 (Betriebswirtschaftliche Fragen/Wirtschaftlichkeit) im BMFT personell verstärkt worden. 1982, infolge der Erfahrungen mit Kostenexplosionen bei Großprojekten wie dem Schnellen Brüter und dem Hochtemperaturreaktor, erfolgte die bereits angesprochene Umwandlung in Referat 124. 1983 wurde die Aufgabe »Wirtschaftlichkeit Großprojekte« dann unter gleicher Leitung von Referat 115, 1984 dann weiterhin unter gleicher Leitung von Referat 126 wahrgenommen.
9 Interview mit R. Kose, Bereichsreferent Maschine bei DESY, am 18.9.1997. Vgl. Schopper (1989: 83).

Obwohl die Großforschungseinrichtungen bei ihrer Gründung bewußt privatrechtlich organisiert worden waren, unterlagen sie nach ihren Satzungen und dem Finanzstatut dem öffentlichen Haushaltsrecht. Damit war ihre Einkaufstätigkeit auf dem Markt an die juristische Grundlage aller öffentlichen Auftragsvergaben, die sogenannte ›Verdingungsordnung für Leistungen – ohne Bau‹ gebunden, auf die kurz eingegangen werden soll (Daub/Eberstein 1984; 1985).[10] In einem weiteren Abschnitt werden die Vergabegremien des DESY vorgestellt. Es folgt eine Analyse der Tätigkeit des HERA-Vergabeausschusses (HVA) sowie der Arbeit der Einkaufskommission des DESY (EK). Eine regionale Auswertung aller PETRA- und HERA-Aufträge (ohne Bauaufträge) soll für Hamburg den ansonsten eher bei europäischen Forschungseinrichtungen wie dem Conseil Européen pour la Recherche Nucléaire (CERN) untersuchten Aspekt eines ›advantage of being the host state‹ (Krige 1990: 664) aufgreifen. Krige und andere haben gezeigt, daß in erster Linie die Unternehmen des Sitzlandes von den Aufträgen für den Bau und Betrieb internationaler Forschungseinrichtungen profitieren.[11]

Die Verdingungsordnung für Leistungen – ausgenommen Bauleistungen (VOL)

Die 1936 in Kraft getretene VOL ist ihrem Rechtscharakter nach weder Gesetz noch Rechtsverordnung.[12] Vielmehr handelt es sich bei ihr um eine »Ausführungsbestimmung« zu den Haushaltsvorschriften (Daub/Eberstein 1985: 71–72). Jenseits juristischer und verwaltungswissenschaftlicher Spitzfindigkeiten spielte die Diskussion um den Rechtscharakter der VOL bei der

---

10 Vgl. Finanzstatut für rechtlich selbständige Großforschungseinrichtungen, an deren Rechtsträgerschaft die öffentliche Hand überwiegend beteiligt ist, 6.12.1971, § 13 und Anlage II.
11 Office of Science and Technology (1993: 11, 15, 33 ff.); Krige (1990: 668); vgl. auch Fromhold-Eisebith/Nuhn (1995).
12 Im Gegensatz zur Weimarer Reichsverfassung, nach der der Staat seinen Bedarf nach den Regeln des Privatrechts zu decken hatte, findet sich im Grundgesetz keine Regelung, die sich mit dem öffentlichen Auftragswesen befaßt. Die wichtigste nationale Rechtsgrundlage für das Vergabewesen ist das Haushaltsrecht, maßgeblich der § 55 der Bundeshaushaltsordnung vom 19. August 1969, zit. bei Daub/Eberstein (1984: 20).

Auftragsvergabe durch staatlich finanzierte Forschungseinrichtungen wie DESY eine große Rolle. Im Zentrum der Auseinandersetzung stand der Ermessensspielraum bei der Vergabe von Leistungen, der den Forschungseinrichtungen trotz oder gerade in der VOL, insbesondere in Teil A, gelassen wurde (Zeitträger 1996: 1594; Meusel 1992: RdNr. 521, 522, 528).[13]

Die 1984 erfolgte Novellierung der VOL/A[14] brachte gegenüber der alten Fassung primär eine Stärkung des Wettbewerbsprinzips. Weitere wichtige Änderungen betreffen die Erleichterung des Zugangs kleiner und mittlerer Unternehmen zu öffentlichen Aufträgen, die Lockerung des Verhandlungsverbots in eng begrenztem Rahmen, die Verpflichtung der Verwaltung, die wesentlichen Gründe für die Ablehnung nicht berücksichtigter Angebote mitzuteilen (sog. »Ex-Post-Transparenz«), und die systematische Umsetzung der Richtlinien der Europäischen Gemeinschaft zur Vergabe öffentlicher Lieferaufträge vom 21. Dezember 1976 (77/62/EWG).[15]

Dem zentralen neuen Grundsatz der Vergabe nach dem Wettbewerbsprinzip verleihen § 2 und § 3 der VOL/A (1984) Ausdruck. Danach sind Leistungen in der Regel im Wettbewerb zu vergeben, und die »öffentliche Ausschreibung muß stattfinden, soweit nicht die Natur des Geschäfts oder besondere Umstände eine Ausnahme rechtfertigen.«[16] Im folgenden regelt die VOL/A die möglichen Arten der Auftragsvergabe. Rangmäßig unterscheidet sie: 1. die Öffentliche Ausschreibung, 2. die Beschränkte Ausschreibung und

---

13 Teil A enthält die allgemeinen Bestimmungen für die Vergabe von Leistungen, kurz VOL/A. Bereits im September 1976 befürchteten die Großforschungseinrichtungen durch zusätzliche Einzelanweisungen der Zuwendungsgeber (u.a. hinsichtlich der Beachtung der VOL) eine Aushöhlung des ihnen eine relative Unabhängigkeit von den Regelungen der Öffentlichen Hand garantierenden Finanzstatuts. Vgl. BAK, B 196/20451 - 123-0423-1-18/76; hierzu auch: HGF-Geschäftsstelle, 4.1.3 Ausschuß für das Beschaffungswesen, Protokoll der 19. Sitzung des AGF-Ausschusses für Beschaffungswesen, Material- und Gerätewirtschaft vom 21.2.1978, sowie ebd. den Bericht über das Ausschuß-Seminar am 22.2.1978.
14 Verabschiedung der Neufassung der VOL/A am 4. April 1984 durch den Vorstand des Deutschen Verdingungsausschusses für Leistungen (ausgenommen Bauleistungen). Die Bundesregierung stimmte ihr am 27. Juni 1984 zu.
15 Lamm/Ley/Weckmüller (1991: 4); 77/62/EWG abgedruckt bei Meesen (1979: 134–151).
16 Daub/Eberstein (1984: § 2 Nr. 1 Abs. 1, § 3 Nr. 2). In der Fassung von 1936 hatte es sich bei § 3 Nr. 2 lediglich um eine »Soll-Vorschrift« gehandelt.

3. die Freihändige Vergabe.[17] Nach § 7 Nr. 2 Abs. 2 der VOL sollen an einer Beschränkten Ausschreibung mindestens drei Unternehmen beteiligt werden. Die Freihändige Vergabe steht unter den Vergabearten an letzter Stelle, da sie am wenigsten dem Wettbewerbsgedanken Rechnung trägt. Bei ihr werden »Leistungen ohne ein förmliches Verfahren vergeben«, das heißt, die auftraggebende Einrichtung entscheidet im Vorfeld, welche Unternehmen für die zu erbringende Leistung überhaupt in Frage kommen, und verhandelt dann ausschließlich mit diesen, in der Regel jedoch nur mit einem Unternehmen. Dabei sind bei der Freihändigen Vergabe im Gegensatz zur Öffentlichen und Beschränkten Ausschreibung gerade auch Preisverhandlungen zulässig.[18] Trotz des Ausnahmecharakters der Freihändigen Vergabe gab und gibt es in der Praxis jedoch eine Tendenz, sie bevorzugt anzuwenden. Für eine Freihändige Vergabe sprechen laut VOL/A unter anderem folgende Gründe:

»wenn für die Leistungen aus besonderen Gründen [...] nur ein Unternehmen in Betracht kommt (a); wenn im Anschluß an Entwicklungsleistungen Aufträge in angemessenem Umfang und für angemessene Zeit an Unternehmen, die an der Entwicklung beteiligt waren, vergeben werden müssen [...] (b); [...] wenn die Leistung besonders dringlich ist (f); [...] wenn die Leistung nach Art und Umfang vor der Vergabe nicht so eindeutig und erschöpfend beschrieben werden kann, daß hinreichend vergleichbare Angebote erwartet werden können (h) [...] bzw. wenn nach Aufhebung

---

17 Daub/Eberstein (1984: § 3 Nr. 1 Abs. 1, 2 u. 3; § 7 Nr. 2 Abs. 2). Während der Auftragnehmer bei einer Freihändigen Vergabe von der auftragvergebenden Großforschungseinrichtung ausgewählt werden kann, sehen sowohl die Öffentliche als auch die Beschränkte Ausschreibung ein formalisiertes Vergabeverfahren vor, demzufolge dasjenige Unternehmen den Zuschlag erhalten muß, dessen Angebot als das wirtschaftlichste zu betrachten ist, wobei der niedrigste Angebotspreis nicht zwingend entscheidend ist (Daub/Eberstein 1984: § 25 Nr. 3).
18 Zwar sieht § 3 Nr. 1 Abs. 4 der VOL (Daub/Eberstein 1984) auch vor, daß, soweit dies »zweckmäßig« sei, der Freihändigen Vergabe eine öffentliche Aufforderung vorangehen soll, sich um Teilnahme zu bewerben (sog. Freihändige Vergabe unter Einholung wettbewerblicher Angebote). Hierbei handelt es sich jedoch lediglich um eine »Soll-Vorschrift« (Daub/Eberstein 1984: § 7 Nr. 2 Abs. 3), bei deren Anwendung die restriktiven Voraussetzungen, unter denen die Freihändige Vergabe zulässig ist, unbedingt zu beachten sind, um eine Verwischung der Grenzen zwischen der Beschränkten Ausschreibung und der Feihändigen Vergabe zu verhindern, s. Daub/Eberstein (1985: 172, 233–234). Vgl. Pietzcker (1978: 313); Hansen (1973: 136–138); Daub/Eberstein (1984: § 18 Nr. 1 Abs. 2, § 19).

einer Öffentlichen oder Beschränkten Ausschreibung eine erneute Ausschreibung kein wirtschaftliches Ergebnis verspricht (n).«[19]

Diese Ausnahmetatbestände in § 3 Nr. 4 der VOL/A, die eine Freihändige Vergabe zulassen, sind damit derart weitgefaßt, daß in der Vergangenheit immer wieder angemahnt wurde, sie einzugrenzen und die entsprechenden Bestimmungen der VOL/A restriktiv auszulegen.[20]

Die Vergabegremien bei DESY

Zuständig für die Auftragsvergabe bei DESY waren die Abteilung Warenwirtschaft (V 4) und hier insbesondere die sogenannte Einkaufskommission (EK). Die EK verhandelte in ihren regelmäßig stattfindenden Sitzungen Aufträge ab 50.000 DM. Bei einem Auftragsvolumen über 100.000 DM mußte nach der EK, die in diesem Fall lediglich Empfehlungen aussprach, das Direktorium des DESY über die endgültige Vergabe entscheiden. Mitglieder der Einkaufskommission waren primär DESY-Mitarbeiter der Abteilung Warenwirtschaft und des wissenschaftlichen und technischen Bereichs sowie zwischen 1967 und 1986 je ein Vertreter der Hamburger Finanzbehörde und der Wirtschaftsbehörde.[21] Die EK trat immer dann in Aktion, wenn eine Bedarfsanmeldung die Genehmigung durch das Direktorium erhalten und die Abteilung Warenwirtschaft entsprechende Vergabevorschläge vorbereitet hatte. Ein Überwiegen der Beschränkten Ausschreibung für Beschaffungen über 50.000 DM wurde intern damit gerechtfertigt, daß nur so das Oberziel einer sparsamen und wirtschaftlichen Verwendung der Haushaltsmittel zu gewährleisten sei, da Öffentliche Ausschreibungen sowohl mit höheren Kosten als auch einem größeren Zeitaufwand verbunden seien. Für die in der

---

19 Daub/Eberstein (1984: § 3 Nr. 4 a–p).
20 Vgl. Lamm/Ley/Weckmüller (1991: 54). In gleichem Sinn auch: Lange (1979: 66); Pietzcker (1978: 263–264).
21 Die Hamburger Vertreter wurden 1986 aus Rationalisierungsgründen abgezogen, was seitens des DESY bedauert wurde. Heute sitzen nur noch DESY-Mitarbeiter in der Einkaufskommission. Interview mit P. Wagner und A. Budesheim, beide Abteilung Warenwirtschaft, am 18.9.1997.

freien Wirtschaft übliche Freihändige Vergabe im Wettbewerb sprach nach Ansicht der Verwaltung des DESY, daß sie generell die günstigste Beschaffungsform darstelle. Nur diese spezielle Form der Vergabe ermögliche neben Preisverhandlungen insbesondere eine Veränderung des Leistungsinhalts und eine aktuelle Termingestaltung.[22]

Neben der Einkaufskommission wurde auf Initiative der BMFT-Vertreter im Verwaltungsrat für das HERA-Projekt ein eigener HERA-Vergabeausschuß (HVA: 1984–1987) ins Leben gerufen. Da es für diesen Vorgang in den deutschen Großforschungseinrichtungen kein Vorbild gab, stellt sich die Frage nach den Gründen und Motiven für diese Neuschöpfung. Obwohl für die Ausgestaltung dieses Gremiums im Vorfeld Erkundigungen bei mehreren internationalen Forschungseinrichtungen eingezogen wurden,[23] scheint sich die BMFT-Entscheidung für ein eigenes HERA-Vergabegremium nicht auf eine bewußte Orientierung an europäischen Vorbildern zurückführen zu lassen. Zentrale Motive dürften die angestrebte bessere Kostenkontrolle sowie die explizit gewünschte »ausreichende Berücksichtigung« der deutschen Industrie bei der Auftragsvergabe gewesen sein. Letzterer Zielsetzung stimmte der Verwaltungsrat des DESY am 10. Januar 1984 zu. Ende des Monats nahm der HVA konkrete Gestalt an: Als Vergabefälle für das neue Gremium wurden Aufträge mit einem voraussichtlichen Volumen von über fünf Mio. DM ins Auge gefaßt sowie Fälle, die technologisch besonders interessante Produkte betrafen. Jede Vergabe sollte im HVA mindestens zweimal, d.h. einmal vor der Ausschreibung und nochmals vor der Auftragsvergabe, behandelt werden.[24] Mitglieder des Vergabeausschusses waren je zwei Vertreter des BMFT, der Stadt Hamburg und des DESY sowie als Gäste die HERA-Projektleiter.[25] Die Vorbereitung der Vergabefälle ruhte, wie

---

22 DESY-V4, Einkaufskommission, 1984–1986. Vgl. hierzu auch Hausmitteilung des kaufmännischen Direktoriumsmitgliedes D.-M. Polter vom 9.9.1986 an die Abteilung Warenwirtschaft, in: DESY–V5, HERA, bes. Aktivitäten in der Verwaltung.
23 U.a. beim Institut Max von Laue – Paul Langevin (ILL) und beim CERN. DESY-V5, Verwaltungsrats-Protokolle, 56. Sitzung des VR am 13.12.1982; DESY-V5, HERA, besondere Aktivitäten in der Verwaltung, V 42 (P. Wagner) vom 12.1.1996.
24 Die HVA-Mitglieder konnten sich vertreten lassen. Bei Vergaben konventioneller Techniken war eine Entscheidung des HVA auch im schriftlichen Verfahren möglich.
25 DESY-V5-10 G IV, HERA, Beschaffungen/Vergabeausschuß; DESY-DIB-HERA, 30.1.2 Vergabeausschuß, hier Vorschlag des Hauptabteilungsleiters Verwaltung (HAV, H. Krech) für den Vergabeausschuß vom 15.1.1984, sowie ebd., Erläuterungen zum

auch schon bei der Einkaufskommission des DESY, in den Händen der Abteilung Warenwirtschaft, die in Zusammenarbeit mit den Mitarbeitern des wissenschaftlichen und technischen Bereichs in der Regel die Ausschreibungsunterlagen, Zeit- und Kostenpläne sowie eine erste Liste potentieller Anbieter erstellte.

Unter der bereits genannten Zielsetzung, nämlich die »ausreichende Berücksichtigung« der deutschen Industrie zu gewährleisten, bedeutete es eine gravierende Schwächung des neuen Vergabegremiums, daß der HVA keine Entscheidungskompetenzen besaß. Eine solche hatte das BMFT gegen die Hamburger Vertreter im Verwaltungsrat abgelehnt und damit DESYs Anspruch auf alleinige Entscheidungskompetenz der Forschungseinrichtung unterstützt. Obwohl ein anderes Konstrukt nicht ernsthaft in Erwägung zu ziehen war, da das DESY-Direktorium die alleinige Verantwortung für die Einhaltung des Kostenplans behielt,[26] waren damit den Möglichkeiten der BMFT-Vertreter, eine stärkere Berücksichtigung deutscher Anbieter im HVA durchzusetzen, enge Grenzen gesteckt. Dort, wo Angebote deutscher Unternehmen nicht von vornherein zu den preislich günstigsten oder technisch überzeugendsten zählten, besaß das BMFT auch über den HVA kaum eine Möglichkeit, ihre Berücksichtigung sicherzustellen.

Beide Vergabeinstanzen und insbesondere der HERA-Vergabeausschuß können jedoch als Gremien angesehen werden, in denen einer selbstbestimmten Auftragsvergabe des DESY durch die Pflicht zur Beratung mit Vertretern der Zuwendungsgeber Grenzen gezogen werden sollten. Zu fragen ist, wie DESY auf diese Eingriffe reagierte und wie sich das Verhältnis der DESY-Mitglieder zu den Vertretern von Bund und/oder Land in diesen Gremien entwickelte. Trifft die Einschätzung von DESY-Mitarbeitern der Abteilung Warenwirtschaft und des Direktoriumsbüros (DIB) über die Arbeit der Einkaufskommission und des HERA-Vergabeausschusses zu, wonach die Zusammenarbeit in beiden Gremien als »äußerst fruchtbar« bezeichnet wurde? Begrüßten wirklich alle Beteiligten, daß bei EK und HVA die

---

HERA-Vergabeausschuß vom 27.1.1984. HVA-Mitglieder des DESY: der Direktoriumsvorsitzende V. Soergel und das kaufmännische Direktoriumsmitglied R.E. Laude, ab Januar 1985 D.-M. Polter als Nachfolger für Laude; die HERA-Projektleiter G.A. Voss und B. Wiik.
26 DESY-V5, Verwaltungsrats-Protokolle, Protokoll der 58. Sitzung des VR am 10.1.1984.

Hamburger Finanz- und Wirtschaftsbehörde bzw. Bund und Land »mit im Boot« waren?[27]

Die Praxis des HERA-Vergabeausschusses und der Einkaufskommission

Freihändige Vergabe als »Wundermittel« für mehr Wettbewerb? Die Tätigkeit des HVA

Bereits bei den ersten Vergabefällen des HERA-Vergabeausschusses zeigte sich die große Bedeutung, die diesem Gremium aus Bonner Sicht zufiel. Die vom HVA angeregte Beschränkte Ausschreibung für eine Helium-Kälteanlage mit einem Auftragswert von 35,8 Mio. DM hatte im November 1984 zu dem Ergebnis geführt, daß das Schweizer Unternehmen Sulzer und nicht der deutsche Anbieter Linde das günstigste Angebot unterbreitet hatte.[28] Obwohl sich die BMFT-Vertreter im HVA entschieden für das unterlegene deutsche Unternehmen einsetzten, folgte der HERA-Vergabeausschuß der Empfehlung der Abteilung Warenwirtschaft und sprach sich für eine Vergabe an Sulzer aus. Dieses Einlenken der BMFT-Vertreter war allerdings an eine erneute Abstimmung zwischen Ministerium und DESY vor der endgültigen Auftragsvergabe geknüpft. An den handschriftlichen Notizen zu dieser Sitzung wird deutlich, daß besonders die HVA-Mitglieder des BMFT-Referates 126 über den im Protokoll überlieferten Rahmen hinaus auf einer Auftragsvergabe an das deutsche Unternehmen insistiert hatten.[29] Ende November bat das Bundesforschungsministerium DESY erneut, die Möglichkeiten

---

27 Interview mit DIB (P. von Handel) am 19.9.1997. Speziell das Referat 126 habe über weitgehende Befugnisse im Ministerium verfügt und DESY gegenüber den einzelnen Technologiereferaten unterstützt.

28 Ausführliche Angebotsbeurteilung in DESY-V5-10 G I, HERA, Beschaffungen / Großprojekte vom 19.11.1984.

29 DESY-V5-10 G IV, HERA, Beschaffungen/Vergabeausschuß, Protokoll über die 3. Sitzung des HVA am 22.11.1984. Für Sulzer sprach neben dem Preis (3,8 Mio. DM unter dem Linde-Angebot), daß das Unternehmen bereit war, im Auftragsfall 60–70% der gesamten Anlage an deutsche Unterlieferanten zu vergeben.

einer Beteiligung von Linde zu prüfen. Die Gespräche zwischen DESY und den Vertretern beider Firmen spiegeln wider, daß Linde seinen Vorteil als einziges infragekommendes deutsches Unternehmen im internationalen Wettbewerb deutlich überschätzt hatte.[30] Unbeeindruckt vom sanften Druck aus Bonn und München setzte DESY das BMFT abschließend am 7. Dezember 1984 davon in Kenntnis, daß der Auftrag der HVA-Empfehlung folgend an Sulzer vergeben worden sei.

Ähnlich wie bei der Helium-Kälteanlage führte eine Beschränkte Ausschreibung für den Kauf von 465 km supraleitendem Kabel für Dipol-Magnete zu dem Ergebnis, daß die Wertschöpfung im Ausland zum Tragen kommen würde: Das sowohl technisch als auch preislich günstigste Angebot wurde von der zwar in Mannheim ansässigen Firma Brown, Boveri & Cie. eingereicht. BBC galt aber in den Augen der BMFT-Vertreter nur begrenzt als deutsches Unternehmen, da die Kapitaleigner in der Schweiz saßen. Um der deutschen Industrie dennoch eine Möglichkeit zu geben, sich an den Lieferungen für HERA zu beteiligen, regten die BMFT-Vertreter im HVA eine Freihändige Vergabe an. Die Firma Vakuumschmelze sollte 115 km supraleitenden Kabels liefern, wenn sie den niedrigeren Preis, den Brown, Boveri & Cie. geboten hatte, für sich akzeptierte.[31]

Die Forcierung der Freihändigen Vergabe, insbesondere unter Einholung wettbewerblicher Angebote, durch das Referat 126 löste im HVA eine nicht abreißende Diskussion um diese Vergabeart aus.[32] Da eine weite Auslegung der Freihändigen Vergabe im Wettbewerb de facto eine Umgehung des Preisverhandlungsverbots der Beschränkten Ausschreibung bedeutete,

---

30 Spätere Vergabefälle zeigen einen ›Lerneffekt‹ bei Linde. Für die Helium-Transferleitung bzw. die Anschluß- und Verteilerboxen für das Kältesystem gehörte Linde entweder von vornherein zu den günstigsten Bietern oder aber ging in den Verhandlungen im Preis entsprechend herunter. Dies war nur möglich, weil man sich bei diesen beiden Vergabefällen im HVA auf die Freihändige Vergabe im Wettbewerb geeinigt hatte. DESY-V5-10 G IV, HERA, Beschaffungen/Vergabeausschuß, Polter an die Mitglieder des HVA vom 24.3.1987 und Protokoll der 7. und 8. Sitzung des HVA am 27.3. bzw. 22.7.1987.

31 Die im HVA angeregte Freihändige Vergabe an die Fa. Vakuumschmelze wurde von der EK mit Direktoriums-Beschluß vom Januar 1985 genehmigt. Vgl. DESY-V4, Einkaufskommission, 1.12.1984–1.6.1985, Protokoll der 1. Sitzung der EK am 14.1.1985.

32 DESY-V5-10 G IV; Polter an GD, DIB, HAV u.a. vom 26.7.1985, betr. entsprechendes Gespräch mit Referat 126

bemühte sich der kaufmännische Direktor des DESY, Dirk-Meints Polter, um eine Klärung dieser Angelegenheit aus Bonn.[33] Während seitens des Referates 126 die Freihändige Vergabe unter Einholung wettbewerblicher Angebote als eine Art ›industriepolitisches Wundermittel‹ zur Stärkung der deutschen Technologiebasis propagiert wurde, betonte DESY die Probleme, die mit dieser von Bonn gewünschten, weitgehenden Auslegung der VOL verbunden waren. Die Schwierigkeiten bestanden unter anderem darin, daß DESY in vielen Fällen eine Art Nachfrage-Monopol habe, so daß sich eine Freihändige Vergabe nach der VOL/A verbiete. Dasselbe gelte bei der Beschaffung standardisierter Produkte, z.B. flammwidriger Kabel. Auch würden sich ausländische Wettbewerber zurückziehen, wenn ihre Angebote primär dazu dienten, zu günstigen Abschlüssen mit deutschen Anbietern zu gelangen. Vor allem der Hinweis auf die möglichen Teuerungen, die aus einem Rückzug ausländischer Wettbewerber resultierten, brachte den DESY-Vertretern im HVA die Unterstützung Hamburgs ein.[34]

Die Auseinandersetzungen um die Freihändige Vergabe im Wettbewerb veranlaßten das Referat 126 im Frühjahr 1986, den HVA-Mitgliedern eine schriftliche Erläuterung der »sinngemäßen« Anwendung der VOL in Aussicht zu stellen.[35] Daß es zu einer solchen schriftlich fixierten Regelung nicht kam, läßt vermuten, daß auch die BMFT-Mitglieder im HVA um die Grenzen der Auslegbarkeit der VOL/A wußten. Obwohl die Großforschungseinrichtungen seinerzeit bewußt privatrechtlich organisiert worden waren, unterlagen sie nach ihren Satzungen eben doch dem öffentlichen Haushaltsrecht und damit auch den Bestimmungen der VOL/A.

---

33 DESY-DIB-HERA, 30.1.2 Vergabeausschuß, hier DESY (Polter) an BMFT (Ref. 126), 30.7.1985.
34 Ebd., vgl. DESY-V5-10 G IV, Betr.: HERA, Beschaffungen/Vergabeausschuß, Polter an den Geschäftsführenden Direktor (GD) vom 13.2.1986; Polter an GD, DIB, HAV, u.a. vom 26.7.1985; Protokoll der 4. Sitzung des HVA am 18.10.1985, betr. Ausschreibung für supraleitende Dipol- und Quadrupolmagnete, bes. die Ausführung von Glatz für Hamburg. Während das BMFT für die Vergabe eines Teils der als technologisch hochwertig eingestuften supraleitenden Dipolmagnete nach Deutschland zusätzlich Geld zur Verfügung stellte, erschien das industriepolitische Argument im BMFT bei den ebenfalls supraleitenden Quadrupolen nicht mehr so wichtig, als daß hierfür zusätzliches Geld verfügbar war. Ebd., Protokoll der 5. Sitzung des HVA am 3.10.1986.
35 DESY-DIB-HERA, 30.1.2 Vergabeausschuß, Hausmitteilung Polter an GD vom 17.2.1986.

Eine Auswertung aller Vergabefälle des HVA (Tabelle 1) zeigt, daß die Freihändige Vergabe zunächst die absolute Ausnahme war. Erst ab Mitte 1986 und dann in erster Linie für die als technologisch besonders hochwertig eingestuften supraleitenden Magnete wurde vermehrt freihändig unter Einholung wettbewerblicher Angebote vergeben. In drei Fällen erfolgte eine Freihändige Vergabe nach Aufhebung einer Beschränkten Ausschreibung. Öffentlich war keine der zu vergebenden Leistungen ausgeschrieben worden. Trotz der eindeutigen BMFT-Präferenz für eine Vergabe im Inland wurden immerhin Aufträge mit einem Auftragswert von zusammen 66,4 Mio. DM (= 29 %) ins Ausland vergeben.[36]

Zusammengefaßt läßt sich über das neueingeführte Gremium des HVA sagen, daß es seiner doppelten Aufgabenstellung als Beratungs- und Steuerungsinstrument nur eingeschränkt gerecht wurde, vermutlich auch gar nicht gerecht werden konnte.[37] Wegen fehlender Entscheidungskompetenzen scheiterten alle Bemühungen der BMFT-Vertreter, wirkliche Weichenstellungen vorzunehmen. Die Herausnahme der Großforschungseinrichtungen aus der VOL, die andernorts von Vertretern der Großforschungseinrichtungen in unterschiedlicher Intensität durchaus propagiert (Meusel 1992: RdNr. 521 u. 526; Zeitträger 1996: 1594 u. 1602–1603) und vom Referat 126 ins Spiel gebracht wurde, fand im HVA nur eine eingeschränkte Zustimmung durch die DESY-Vertreter.[38] Dies ist um so augenfälliger, weil DESY eine europäische Ausschreibung der Bauaufträge für HERA nach der Verdingungsordnung für Bauleistungen (VOB) mit dem gleichen Hinweis auf seine privatrechtliche Organisationsform ablehnte. Hinsichtlich der Anwendung der VOB heißt es:

---

36 Unter Einbeziehung von Brown, Boveri & Cie. (Kapitaleigner in der Schweiz) erhöht sich das im HVA beratene und ins Ausland vergebene gesamte Auftragsvolumen auf 127,8 Mio. DM (= 55,8%).

37 Ein ähnliches Urteil fällt Krige über das Finanzkomitee des CERN; Krige (1990: 664).

38 DESY-DIB-HERA, 30.1.2 Vergabeausschuß, Hausmitteilung Polter an GD vom 17.2.1986, wonach es das Referat 126 wegen der privatrechtlichen Organisation der GFE als gerechtfertigt ansehe, daß die Freihändige Vergabe für die GFE nicht den Ausnahmecharakter habe, den ihr die VOL/A für die öffentlichen Auftraggeber beilege. Vgl. ebd., Polter an BMFT, Ref. 126, Schreiben vom 25.2.1986. Polter argumentiert hier gegen die Anwendung einer Freihändigen Vergabe, daß es zumindest bisher nicht die Auffassung der Stifter sei, daß sich DESY »grundsätzlich wie ein privates Unternehmen verhalten« dürfe.

Tabelle 1: Die im HERA-Vergabeausschuß behandelten Aufträge 1984–1987

Auftragsgegenstand	Sitzung HVA	Vergabeart	Auftr.-Datum	Auftragnehmer	Wert (DM)
supral. Kabel	2 (09.11.1984)	BA	19.12.1984	BBC	17.210.000
Quadrupolmagnete	2 (09.11.1984)	BA	21.12.1984	Tesla (GB)	4.327.200
Kälteanlage	3 (22.11.1984)	BA	28.12.1984	Sulzer (CH)	35.830.580
Kontrollsystem Kälteanlage	3 (22.11.1984)	BA	28.12.1984	van Hengel (NL/USA)	2.868.250
Eisenblech Magnetjoche	3 (22.11.1984)	BA	04.12.1984	Thyssen	12.500.000
HF-Versorgung	3 (22.11.1984)	BA/FV	28.12.1984	Herfurth	4.900.000
Jochkörper	s (21.02.1985)	BA	25.03.1985	Schlak	1.418.748
kurze Spulen	s (21.02.1985)	BA	21.03.1985	Jungers	1.086.604
kurze u. lange Spulen	s (21.02.1985)	BA	21.03.1985	Siemens	3.192.500
Magnetmodule	4 (18.10.1985)	BA	28.11.1985	O & K	5.397.030
Hin- u. Rückleiter	4 (18.10.1985)	BA	02.12.1985	Erico	3.320.000
Kühlwasser-Sammelleitung	4 (18.10.1985)	BA	09.12.1985	Hirsch Rohrbau	8.539.000
halogenfreies Kabel	s (14.08.1986)	BA	06.08.1986	Lynenwerk	125.880
halogenfreies Kabel	s (14.08.1986)	BA	17.07.1986	Filergie (F)	1.365.940
halogenfreies Kabel	s (14.08.1986)	BA/FV	06.08.1986	Siemens	1.205.640
halogenfreies Kabel	s (14.08.1986)	BA/FV	04.08.1986	Philips	219.570
Quenchgassammelleitung	s (06.08.1986)	BA	21.08.1986	Böhling	6.730.000
Quadrupolmagnete	6 (07.11.1986)	FV	11.12.1986	Alsthom (F)	22.000.050
Quadrupolmagnete	6 (07.11.1986)	FV	11.12.1986	Interatom/KWU	4.300.500
Quadrupolmagnete	6 (07.11.1986)	FV	11.12.1986	Noell	15.745.500
Dipolmagnete	7 (27.03.1987)	FV	28.04.1987	BBC	44.250.000
He-Transferleitung	s (10.06.1987)	FV	22.07.1987	Linde	23.865.500
Kälteverteilungssystem	8 (22.07.1987)	FV	30.09.1987	Linde	8.550.000
Summe					228.948.492

s: schriftliches Umlaufverfahren; BA: Beschränkte Ausschreibung; FV: Freihändige Vergabe

Quelle: Zusammengestellt und berechnet aus den Protokollen des HVA, DESY -V5-10 G IV, Betr.: HERA, Beschaffungen/Vergabeausschuß, sowie der Liste der HERA-Aufträge.

»Großforschungseinrichtungen sind fast durchweg aus guten Gründen in privatrechtlicher Form organisiert worden. Es würde eine Abkehr von diesen Gründen bedeuten, wenn man diese Großforschungseinrichtungen nunmehr immer lückenloser den für Behörden geltenden Vorschriften unterwerfen wollte.«[39]

So liegt es nahe, die Diskussionen um die Gültigkeit und Auslegung der VOL im HVA vor dem Hintergrund einer Abwehr von Steuerungsansprüchen zu sehen. Immer wieder betonte DESY seine ausschließliche und alleinige Kompetenz der Zuschlagserteilung bei der Auftragsvergabe.[40] Deutlich sah das DESY-Direktorium bei einem Eingehen auf den BMFT-Wunsch nach primärer Freihändiger Vergabe die Gefahr, bestimmte »Wunsch-Anbieter« des BMFT, wie im obigen Fall die Firma Linde, nicht ablehnen zu können. Daher bevorzugte es DESY in diesem Zusammenhang, auf die vom Bundesforschungsministerium in Aussicht gestellte allgemeine Lockerung der VOL/A zu verzichten. Dieser Verzicht dürfte dem DESY-Direktorium um so leichter gefallen sein, als gerade in den Hochtechnologiebereichen die Kompetenzen zur Formulierung von Angebotsaufforderungen bzw. Ausschreibungsunterlagen in der eigenen Einrichtung angesiedelt waren.

Im Gegensatz zur Vergabepraxis des HVA spiegeln die Protokolle der Einkaufskommission eine größere Bedeutung der Freihändigen Vergabe in diesem Gremium wider.[41] Die Begründungen lauteten hier, daß es sich bei dem zu vergebenden Auftrag entweder um einen Folgeauftrag für eine bereits erbrachte Leistung, für eine besonders dringliche Anschaffung oder aber bei dem angefragten Unternehmen um den technisch einzig möglichen Bieter

---

39 DESY-V5-10 C I, HERA-Bau, DESY/GD an BMFT (Ref. 213) vom 17.10.1983. Vgl. Zeitträger (1996: 1598–1599).
40 DESY-DIB-HERA, 30.1.2 Vergabeausschuß; vgl. auch das Protokoll der 7. Sitzung des HVA vom 27.3.1987. Daß »die Mitglieder des HVA über die endgültige Vergabeabsicht des Direktoriums informiert werden sollen, damit sie auf diese Entscheidung gegebenenfalls noch Einfluß nehmen können«, wurde aus dem Protokoll-Entwurf gestrichen und dahingehend korrigiert, daß die HVA-Mitglieder »informiert und gehört« werden sollten. Rücksprachen mit dem BMFT wurden generell abgelehnt. DESY-V5-10 G IV.
41 Auch bei CERN nahm die Auftragsvergabe ohne Wettbewerb (Aufträge unter 100.000 SFr durch das »Purchasing Office«, dem der EK des DESY entsprechenden Gremium des CERN) im Laufe der Zeit bis auf annähernd 100% zu. Krige (1990: 667).

handele.[42] Dieses andere Vergabeverhalten ist auf die jeweilige Zusammensetzung der beiden Vergabeinstanzen zurückzuführen. In der EK saßen eben keine Vertreter des Bundes »mit im Boot«, die Bonner Interessen Rechnung zu tragen hatten. Für den Standpunkt der Vertreter der Freien und Hansestadt in der Einkaufskommission galt weitestgehend, daß Hamburg nützt, was DESY nützt.[43]

Die Auftragsvergaben für PETRA und HERA

Wir wollen untersuchen, wie sich die Steuerungsversuche von Bund und Land auf die regionale Verteilung der PETRA- bzw. HERA-Aufträge auswirkten. Für den HERA-Bau konnten über 800 Einzelaufträge über 50.000 DM ausgewertet werden, von denen über 700 ins Inland vergeben wurden. Das Volumen dieser Inlands-Aufträge belief sich auf zusammen 356 Mio. DM und entsprach damit einem Anteil von 84% des Gesamtwerts aller HERA-Aufträge.[44] Die eigentlichen Bauleistungen sind hierbei unberücksichtigt.

Der inländische Auftragswert, der sich regional zuordnen läßt, lag für PETRA bei 78 Mio. DM und damit bei einem Anteil von etwa 80%. Eine Vergleichbarkeit zwischen den Angaben für PETRA und HERA ist nur unter gewichtigen Einschränkungen gegeben, da die folgenden PETRA-Angaben die Bauaufträge einschließen. Ein Herausrechnen dieser Aufträge ist jedoch nicht möglich, da DESY über keine entsprechenden Akten mehr verfügt. Das

---

42 DESY-V4, Einkaufskommission, 1985–1988; vgl. dort die standardisierten Beiblätter zu den Bedarfsanmeldungen, auf denen die jeweiligen Gründe für eine Freihändige Vergabe nur noch angekreuzt werden mußten.
43 Ähnlich Lange (1979: 66). Interview mit P. Wagner und A. Budesheim am 18.9.1997.
44 Für insgesamt 70,7 Mio. DM wurden Aufträge direkt an ausländische Unternehmen vergeben. Der Auftragswert der Inlandsaufträge umfaßt hier auch Aufträge an Unternehmen, deren Kapitaleigner im Ausland saßen, sofern die auftragnehmenden Unternehmen im Inland saßen, Beispiele: BBC Mannheim und BBC Hamburg (Schweiz), Philips Kommunikations-Industrie AG Ahrensburg (Niederlande). An solche Unternehmen wurden insgesamt Aufträge im Wert von 140,3 Mio. DM, d.h. knapp 40% des Inlands-Auftragswerts vergeben. Die Zurechnung zum Inland erscheint dadurch gerechtfertigt, daß die Beschäftigungswirkung dieser Aufträge sich im Inland entfaltete. Berechnet aus einer Zusammenstellung aller HERA-Aufträge über 50.000 DM bei DESY-V4.

vorliegende PETRA-Zahlenmaterial stützt sich deswegen auf eine von DESY an das HWWA-Institut für Wirtschaftsforschung in Auftrag gegebene Studie (HWWA: 1981), bei deren Erstellung die Auftragsakten noch vorlagen. Eine Gegenüberstellung von PETRA- und HERA-Angaben scheint sinnvoll, um die Größendimensionen und auch die regionale Verteilung der Aufträge deutlich zu machen. Letztere soll hinsichtlich zweier Fragestellungen analysiert werden: 1. Führten Regional- bzw. Lokalprotektionismus zu einem signifikanten »Vorteil als Sitzland«? 2. Wie wirkte sich die im fünften Bundesforschungsbericht von 1975 angekündigte Förderung kleiner und mittlerer Unternehmen auf ihre Beteiligung an PETRA und HERA aus?[45]

Tabelle 2: Regionalisierbarer Auftragswert für PETRA und HERA.

Gebiet	PETRA (TDM)	HERA (TDM)	PETRA (in %)	HERA (in %)
Bayern/Baden-W.	7.086	109.450	9,06	30,74
Hessen/Rh-Pf/Sl.	3.225	96.160	4,13	27,01
Nordrhein-Westf.	11.537	36.474	14,76	10,24
Ns./Sch-H./Bremen	12.567	26.467	16,07	7,44
Berlin (West)	1.449	2.464	1,85	0,69
Hamburg	42.319	85.042	54,13	23,88
Bundesrepublik	78.183	356.057	100,00	100,00

Quelle: Zusammmengestellt und berechnet aus HWWA 1981, S. 21, und DESY-V 4, Aufträge HERA über 50.000 DM (TDM = 1.000 DM).

Unter dem »Vorteil als Sitzland« soll im folgenden verstanden werden, wenn die Unternehmen des Sitzlandes einen wirtschaftlichen Nutzen aus dem Bau der Speicherringanlagen ziehen konnten. Unter wirtschaftlichem Nutzen ist hier eine herausragende Berücksichtigung des Sitzlandes an den Auf-

---

[45] Bundesbericht Forschung V/1975: Tz 13 bis 15; BT-Drs. 7/74651 vom 27.1.1976; die Richtlinie zur angemessenen Beteiligung kleiner und mittlerer Unternehmen in Handwerk, Handel und Industrie bei der Vergabe öffentlicher Leistungen nach der Verdingungsordnung für Leistungen – VOL vom 19.5.1976; BAK, B 196/30689.

tragsvergaben (Krige 1990: 668–669) definiert. In die Analyse einbezogen werden der Gesamtwert der PETRA- und HERA-Aufträge sowie für HERA die Anzahl und der Anteil von Aufträgen mit technologisch hohen Anforderungen. Der nur durch Befragung der Firmen zu ermittelnde einzelbetriebliche Nutzen als Folge der erteilten Fabrikationsaufträge (Schmied 1979: VI u. 2), etwa Umsatzsteigerung, Schaffung neuer oder Sicherung bestehender Arbeitsplätze usw., bleibt hier unberücksichtigt.

Hatten Hamburg und der norddeutsche Raum bei PETRA zusammen noch über 70% des gesamten Auftragswerts verbuchen können (Tabelle 2), profitierten bei HERA primär die süd- und westdeutschen Bundesländer. Bayern/Baden-Württemberg und Hessen/Rheinland-Pfalz/Saarland konnten ihren Anteil von zusammen 13,2% des PETRA-Auftragswerts auf knapp 60% bei HERA steigern.

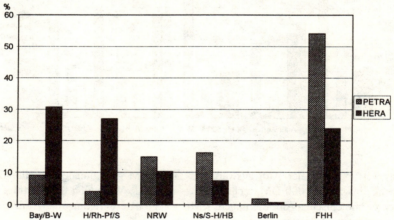

Abb. 1: Gesamtauftragswert PETRA und HERA (Inland) nach Gebieten.

Quelle: Zusammmengestellt und berechnet aus HWWA 1981, S. 21, und DESY-V 4, Aufträge HERA über 50.000 DM (TDM = 1.000 DM).

Der Rückgang für das Sitzland Hamburg von 54,1% bei PETRA auf nur noch 23,9% bei HERA (für den norddeutschen Raum von 70,2% auf 31,3%) ist im wesentlichen auf die Nichtberücksichtigung der Bauaufträge in der Aufstellung für HERA zurückzuführen. Unter Berücksichtigung der Bauaufträge bei HERA von 229,1 Mio. DM und bei Zurechnung dieser Bauaufträge zu Hamburg und dem Gebiet Niedersachsen/Schleswig-Holstein/Bremen würde sich der Anteil ›Norddeutschlands‹ am HERA-Auftragswert auf 62,7 % erhöhen; er hatte bei PETRA noch 70,2 % betragen.[46] Der nicht durch das Fehlen der Bauaufträge bei den HERA-Angaben zu erklärende geringere Vorteil des Sitzlandes hängt mit der Art der für HERA benötigten Lieferungen und Leistungen zusammen. Diese betrafen ohne die Bauaufträge zu einem Großteil Branchen, die in Hamburg weniger stark vertreten waren.[47]

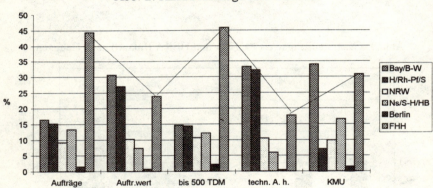

Abb. 2: HERA-Aufträge nach Gebieten

Auftr.wert = regionaler Auftragswert; bis 500 TDM = regionale Verteilung der Aufträge bis zu 500.000 DM; techn. A. h. = regionale Verteilung der Aufträge mit hohen technologischen Anforderungen; KMU = regionale Verteilung der Aufträge an kleine und mittlere Unternehmen.

Quelle: Zusammengestellt und berechnet aus DESY-V4, Aufträge HERA über 50.000 DM

---

46 Zur Berechtigung einer Zuordnung der Bauaufträge zur näheren Standortregion vgl. DESY-V5-10 E I, Notiz V 30 an Laude vom 1.12.1980. Hierzu auch: HWWA (1981: 21 u. 24); Krige (1990: 661).
47 Senats-Drs. 11/1936 vom 24.1.1984.

Eine nur für die HERA-Aufträge vorzunehmende Aufschlüsselung nach technologischen Anforderungen der Aufträge verstärkt diesen Eindruck eines bei HERA geringeren Vorteils von Hamburg als Sitzland. Aufträge mit hohen technologischen Anforderungen gingen mehrheitlich in süd- und westdeutsche Bundesländer. Nur bei der Berücksichtigung der Auftragszahlen profitierten Hamburger Unternehmen deutlich, die gut 44% aller HERA-Inlandsaufträge auf sich verbuchen konnten. Daß sich dieser deutliche Vorsprung nicht in einer stärkeren Beteiligung am Gesamtauftragswert niederschlug, ist darauf zurückzuführen, daß für Hamburg – und den norddeutschen Raum – Aufträge mit einem Auftragswert bis zu 500.000 DM dominierten.[48]

Zusammenfassend läßt sich sagen, daß die Annahme, es gebe einen »Vorteil als Sitzland«, wie sie von den Vertretern Hamburgs und DESYs gern genährt wurde, für HERA nur begrenzt trägt und sich keinesfalls auf ein großes technologisches Innovationspotential bezieht.[49] Abgesehen von den hier nicht berücksichtigten Bauaufträgen und einem insgesamt hohen Anteil an Aufträgen blieb der nach Hamburg vergebene HERA-Auftragswert hinter dem vergleichbaren PETRA-Anteil zurück. Dieses Zurückbleiben hing vornehmlich mit einem Übergewicht an kleinen *und* technologisch weniger anspruchsvollen Aufträgen zusammen, das mit einer starken Beteiligung kleiner und mittlerer Unternehmen einherging.[50]

---

48 Von insgesamt 314 nach Hamburg vergebenen Aufträgen gehörten 293 (= 93,3%) der Größenordnung kleiner gleich 0,5 Mio. DM an. Allerdings lag der Anteil dieser Aufträge auch in den anderen Bundesländern zwischen 78,5 und 90,9%. Da jedoch kaum Großaufträge nach Hamburg vergeben wurden, lag der durchschnittliche Auftragswert eines Hamburger Unternehmens mit nur ca. 271.000 DM weit hinter den süd- und westdeutschen Unternehmen zurück, die durchschnittlich zwischen 561.000 und 944.000 DM je Auftrag verbuchen konnten.

49 Gerade in der ersten Projektplanungsphase von HERA (1979–1981) war die große Bedeutung dieses Projektes für die Stärkung des strukturschwachen Raums der vier Küstenländer unter Hervorhebung der enormen Beschäftigungswirkung eines solchen Projektes betont worden. Vgl. DESY-DIB-20.1.4, DESY (DIB) an MR Hofbauer vom 15.11.1979; Vertrauliche Senats-Drs. 630 vom 19.8.1980; Senats-Drs 9/4237 vom 23.2.1982; BAK, B 196/46825.

50 Schon 1977 hatte der damalige Vorsitzende des DESY-Direktoriums, Herwig Schopper, den Zuwendungsgebern gegenüber behauptet, daß bei PETRA 65% der Auftragsmittel an mittelständische Firmen vergeben worden seien. DESY-V5, Protokolle des Verwaltungsrats, Nr. 44, vom 30.6.1977. Als Klein- und Mittelbetriebe galten bei

Auftragsvergabe an Kleine und Mittlere Unternehmen (KMU)

Abschließend soll die hohe Beteiligung von kleinen und mittleren Unternehmen (KMU) am Beispiel von HERA überprüft und kritisch beleuchtet werden. Wie stark seit Mitte der 1970er Jahre das politische Argument einer Förderung des Mittelstandes auch auf den Bereich der Forschungspolitik ausstrahlte, ist an den diversen propagierten Maßnahmen zur Förderung kleiner und mittlerer Unternehmen abzulesen.[51] Dabei lag und liegt bis heute keine verbindliche Definition für kleine und mittlere Unternehmen vor. Obwohl sich auch andernorts die von DESY benutzte Definition für kleine und mittlere Unternehmen findet, nach der zur Gruppe dieser Unternehmen all diejenigen mit weniger als 2.000 Beschäftigten zu rechnen sind, konterkariert dieser weitgesteckte Rahmen die ursprünglichen Intentionen der Politik. So bezeichnete beispielsweise die Richtlinie der Bundesregierung vom 1. Juni 1976 (Richtlinie 1976: Ziff. 9, a) als kleine und mittlere Unternehmen »Handwerks- und Industrieunternehmen mit einem Jahresumsatz bis zu 10,0 Mio. DM oder mit bis zu 65 Beschäftigten«. Die Fördermaßnahme »Externe Vertragsforschung« von 1978 (BMFT 1983: 3) zählte zu den kleinen und mittleren Unternehmen jene mit einem Jahresumsatz bis zu 200 Mio. DM. Nach fernmündlichen Angaben der Industrie- und Handelskammer München, Abteilung Volkswirtschaft, geht die gängige Festlegung für kleine und mittlere Unternehmen heute von einer Größenordnung bis 500 Beschäftigten aus.[52] Das Fehlen einer allgemeingültigen Definition von kleinen und mittleren Unternehmen erlaubte es DESY, auch bei HERA die eigene Klassifikation möglichst groß zu wählen, so daß es in der Öffentlichkeit und gegenüber den Zuwendungsgebern ein leichtes war, auf besondere Erfolge bei

---

PETRA Betriebe mit weniger als 2.000 Beschäftigten oder weniger als 400 Mio. DM Jahresumsatz, vgl. DESY-V1-BMFT 1974-1976, auszugsweise Kopie BMFT, Ref.123 vom 16.2.1976; DESY-V1-BMFT 1977–1982, hier Mitteilung von V 3 (Hübner) an V über HAV am 21.11.1977, betr.: Umsätze von Klein- und Mittelbetrieben mit DESY. Hinsichtlich der 65%igen (= 18,1 Mio. DM) Berücksichtigung solcher Betriebe mußte DESY (Berghaus) am 18.8.1977 auf Nachfrage aus dem BMFT jedoch zugeben, daß sich diese Angabe ausschließlich auf das Jahr 1976 bezog und es sich hier im wesentlichen um die Beschaffung von Maschinen-Komponenten und die Vergabe von *Bauleistungen* gehandelt habe.
51 Etwa die Richtlinie der Bundesregierung (1976); vgl. auch BMFT (1983: 2–3).
52 Vgl. auch: Amtsblatt der Europäischen Gemeinschaft vom 23. Januar 1996.

der Berücksichtigung kleiner und mittlerer Unternehmen hinzuweisen. Als kleine Unternehmen galten bei HERA Unternehmen mit bis zu 300 Beschäftigten, als mittlere Unternehmen mit bis zu 2.000 Beschäftigten.

Tabelle 3: HERA-Aufträge an kleine und mittlere Unternehmen (KMU)

Gebiet	Auftragswert KMU in TDM	davon K	Auftragswert KMU in % vom Auftragswert insgesamt[53]
Bayern/Baden-Württemberg	52.400	11.321	48,0
Hessen/Rheinland-Pfalz/Saarland	11.119	2.748	11,6
Nordrhein-Westfalen	15.187	8.705	41,6
Niedersa./Schleswig-H./Bremen	25.493	12.672	96,3
Berlin (West)	2.351	1.437	95,4
Hamburg	47.378	31.253	55,7
Bundesrepublik	153.928	68.136	43,3

Quelle: Zusammengestellt und berechnet aus, DESY-V4, Aufträge HERA über 50.000 DM (TDM).

Spitzenreiter unter den Gebieten mit einer herausragenden Beteiligung kleiner und mittlerer Unternehmen waren Hamburg und die angrenzenden Bundesländer. Bei HERA flossen bei einem Gesamtauftragswert von 111,5 Mio. DM 72,9 Mio. DM (= 65,3 %) an kleine und mittlere Unternehmen und davon wiederum 43,9 Mio. DM (= 60,3 %) an Unternehmen mit bis zu 300 Beschäftigten (Tabelle 3).

Diese große Bedeutung mittlerer und vor allem auch kleiner Unternehmen hängt, wie bereits erläutert, im wesentlichen mit der gewählten Definition dieser Unternehmensgrößenklasse zusammen. Zudem hatte man bei DESY bereits in den 1970er Jahren, um PETRA möglichst schnell und kostensparend zu verwirklichen, auf eine Auftragsgestaltung gesetzt, die die Beteili-

---

[53] Vgl. Tabelle 2.

gung kleiner und mittlerer Unternehmen an den Auftragsvergaben der Großforschungseinrichtung erleichterte.[54] Das heißt, wo dies möglich war, vermied DESY die Vergabe vollständiger Entwicklungsaufträge an die Industrie. Stattdessen wurden Aufträge wie die für die PETRA-Magnete nach einer Art ›Baukasten-System‹ in einzelne Komponenten-Aufträge zerlegt: DESY vergab zunächst einen separaten Auftrag für den benötigten Stahl und entwickelte das für das Stanzen der Eisenjoche erforderliche Werkzeug selbst. Durch Bereitstellung von Stahl und Werkzeug wurden letztlich auch kleine und mittlere Unternehmen, z.B. aus dem Bereich Maschinenbau, in die Lage versetzt, sich um einen Teilauftrag für die Herstellung von Eisenjochen für die Magnete zu bewerben. Diese Teilung des Gesamtarbeitsaufwandes in entsprechende ›Lose‹ ermöglichte Unternehmen, die sich an der Ausschreibung für den Gesamtauftrag nie hätten beteiligen können, die wettbewerbliche Teilnahme. Für DESY erwies es sich als vorteilhaft, daß auf diese Weise mehrere Unternehmen parallel an der Fertigung der Magnetjoche beteiligt waren, wodurch erhebliche Zeitersparnisse erzielt wurden. Für den Zusammenbau der verschiedenen Komponenten kamen dann beispielsweise Werften oder aber, je nach Art der Arbeit, ein Team von DESY-Mitarbeitern des technischen Bereichs infrage. Dieses Vorgehen brach bei den Magneten das bis dahin bestehende Herstellungsmonopol der großen Konzerne der Elektroindustrie, etwa von Siemens. Die weitgehende Ausnutzung der Konkurrenzsituation auf dem Markt, die erst durch die Beteiligung zahlreicher, vor allem auch kleiner und mittlerer Unternehmen ermöglicht wurde, führte zudem oftmals zu erheblichen Einsparungen bei den technischen Komponenten. Gerade das marktgerechte Verhalten, das Aufspüren der preiswertesten Anbieter, brachte DESY aber auch Kritik der nicht berücksichtigten Unternehmen ein.[55] Im Versuch, »jede Mark zu sparen«,[56] wurde dieses bei PETRA erprobte ›Baukasten-Prinzip‹ auch für die Aluminiumprofile des Strahlrohrs,

---

54 Interview mit H. Krech am 8.9.1997, H. Kaiser am 1.9.1997 und R. Kose am 18.9.1997. Vgl. für PETRA v.a. das Protokoll der 27. Sitzung des WA am 22.10.1974. DESY-Bibliothek- Ordner: Wissenschaftlicher Ausschuß. DESY-V5, Verwaltungsratsprotokolle, Niederschriften über die 46., 50., 54., 55. Sitzung des VR am 15.6.1978, 11.7.1980, 11.12.1981, 15.6.1982.
55 BDI - II-1-61/71/1, NTG an BDI vom 6.2.1984, Elektronik Service Nöggerath an BDI vom 27.10.1983, KLOTZ GmbH-Spezialgeräte an BDI vom 24.8.1983.
56 Interview mit R. Kose am 18.9.1997, der hier den damaligen Leiter des Maschinen-Bereichs bei DESY zitiert.

die Halbperioden, Ionengetterpumpen und besonders für die supraleitenden Dipol- und Quadrupolmagnete bei HERA angewandt.

DESY suchte also nach neuen Wegen, die mehr oder weniger singulär von ihm benötigten Komponenten durch Anpassungen an vorhandene Märkte möglichst zu marktgerechten Preisen zu erwerben. Dabei erhielten auch kleine und mittlere Unternehmen eine Chance, an HERA-Aufträgen zu partizipieren. Dennoch ist einschränkend hervorzuheben, daß die große quantitative Bedeutung kleiner und mittlerer norddeutscher Unternehmen bei der Auftragsvergabe überwiegend Aufträge mit geringen technologischen Anforderungen betraf. Aufträge für technologisch komplizierte, kostenaufwendige Apparate und Geräte – wie beispielsweise der HERA-Kälteanlage – wurden in der Regel weiterhin an entsprechende Großunternehmen vergeben, die in der Lage waren, auch die Systemverantwortung zu übernehmen. Infolgedessen entfielen knapp 30% des HERA-Auftragswerts/Inland (= 103,9 Mio. DM) trotz ›Baustein-Prinzips‹ auf nur zwei Großunternehmen, die Linde AG und BBC/ABB sowie deren Töchter.

Fazit

Die politische Forderung der ›langen‹ 1970er Jahre, Wissenschaft an das Kriterium der wirtschaftlichen ›Nützlichkeit‹ zu binden (Bräunling 1988: 83–84; BDI 1984; BMFT 1984), machte vor dem speziellen Gebiet der Auftragsvergabe nicht halt. Auch bei der Auftragsvergabe der Großforschungseinrichtungen sahen die politischen Akteure einen Steuerungsbedarf. Zum einen erforderten zunehmend knappe öffentliche Mittel und damit ein erhöhter Legitimationsdruck eine verläßlichere Kostenkalkulation bei Großprojekten der Grundlagenforschung. Zum anderen ließen sich diverse, Mitte der 1970er Jahre formulierte forschungspolitische Ziele zur Steigerung der Wettbewerbsfähigkeit der deutschen Wirtschaft, beispielsweise die Förderung strukturschwacher Wirtschaftsräume oder die Förderung kleiner und mittlerer Unternehmen, hier anbinden. Die Steuerungsversuche des BMFT fanden 1982 einen institutionellen Abschluß mit Gründung des Referats 126 »Wirtschaftlichkeit Großprojekte«. An der Mitarbeit dieses Referats im HERA-Vergabeausschuß des DESY konnte gezeigt werden, wie gering die

Realisierungschancen staatlicher Steuerungsbestrebungen bei der Auftragsvergabe letztendlich waren. Die Vertreter der Großforschungseinrichtung sahen sich aufgrund ihrer zumeist besseren technischen Argumente nicht veranlaßt, dem sanften, bisweilen auch massiven Druck aus Bonn nachzugeben. Sie widerstanden erfolgreich einer vom Bundesforschungsministerium nur sehr vage in Aussicht gestellten Herauslösung der Großforschungseinrichtung aus dem Korsett der VOL. Die Einsicht, daß seine auf eine gesteigerte Wirtschaftlichkeit abzielenden Steuerungsbestrebungen keine wirklichen Aussichten auf Erfolg versprachen, veranlaßte das BMFT schließlich dazu, nachdem die mit Gründung des HVA verbundenen Aufgaben 1987 erledigt waren, kein weiteres solches Gremium an anderer Stelle zu initiieren.

Bei den Vertretern der Stadt Hamburg bestand im Gegensatz zur Bundespolitik eine gewisse Interessenkongruenz mit DESY. Diese beruhte im wesentlichen darauf, daß es DESY unter anderem durch Maßnahmen wie dem ›Baukasten-System‹ bei beiden Speicherringanlagen gelang, einen beachtlichen Anteil der Aufträge an die Unternehmen des Sitzlandes zu vergeben. Die Investitionen des Sitzlandes für DESY zahlten sich sowohl bei PETRA als auch bei HERA in einem mehrfachen ›return on investment‹ durch die Bau- und Komponenten-Aufträge an die Unternehmen des Sitzlandes aus. Die Analyse der im Rahmen des HERA-Projektes vergebenen Aufträge zeigt jedoch auch, daß sich die auf einen regionalen Strukturwandel respektive auch technologischen Innovationsschub zielenden Hoffnungen, die mit der staatlichen Steuerung der Auftragsvergabe von Forschungseinrichtungen verknüpft waren, durch das gewählte Instrumentarium nicht realisiert hatten. Damit stützt die Analyse der Auftragsvergabe des DESY die eingangs formulierte Skepsis gegenüber dem Anfang der 1980er Jahre formulierten erweiterten Technologietransfer-Konzept. Der diesem Konzept zugrundeliegende konstruierte Kausalzusammenhang von Technologietransfer bzw. Innovationsanstößen und Auftragsvergabe bleibt, so es ihn überhaupt gab, ein unbeabsichtigter positiver Nebeneffekt, den Großforschungseinrichtung und Bundesforschungsministerium lediglich zu Legitimationszwecken zu nutzen verstanden.

Gerhard Mener

Die Grenzen des Erfolgsmodells der siebziger Jahre: Sonnenenergieforschung in der Fraunhofer-Gesellschaft[1]

Die ökonomische Krisenerfahrung der Jahre 1965 bis 1967 beendete in der Bundesrepublik endgültig die ›goldene Nachkriegszeit‹. Als Reaktion auf die Krise begann die Große Koalition, ihre Wirtschaftspolitik auf eine stärkere Lenkung der ökonomischen Entwicklung auszurichten. Zu den wichtigsten Marksteinen gehörte das Stabilitäts- und Wachstumsgesetz vom Juni 1967, das den Rahmen schuf, in dem die Instrumente zur Globalsteuerung der Wirtschaft entwickelt und genutzt wurden (Hildebrand 1984: 283–298).

In diesem Zusammenhang bemühte sich die neue Bonner Regierung auch um eine engere Verbindung von Wissenschaft und Markt. Unter dem Eindruck der weltwirtschaftlichen Umbrüche jener Zeit, der Diskussion um die »technologische Lücke« zu Japan und den USA sowie der Energiepreiskrisen der 1970er Jahre verstärkte die sozialliberale Koalition ihre Anstrengungen, die Forschung auf den Markt auszurichten. Die Konzepte hießen nun »Forschungspolitik als Strukturpolitik« und »Modernisierung der Volkswirtschaft«. Im Konkreten wollte Bonn den Technologietransfer aus der Wissenschaft in die Industrie stärken.

Zunächst versuchte das Bundesforschungsministerium (BMFT), die Forschungsaktivitäten der Industrie durch einen Ausbau der direkten Projektförderung in Unternehmen zu stimulieren (Hauff/Scharpf 1975: 11–14, 16–

---

[1] Diese Arbeit wurde durch die Unterstützung der Stiftung Volkswagenwerk ermöglicht.

24, 48–54, 58–62; Stucke 1991: 70–72, 158–165). Im Verlauf der 1970er Jahre beschritt das BMFT zusätzliche Wege. Die Großforschungseinrichtungen sollten sich stärker an dem Ziel des Technologietransfers orientieren, Demonstrationsprojekte Interesse für neue Technologien wecken und eine reformierte, am Markt orientierte Fraunhofergesellschaft (FhG) zu einer engeren Verbindung zwischen anwendungsorientierter Forschung und der Industrie beitragen. Mitte der 1970er Jahre wurde daher das Fraunhofer-Modell der erfolgsabhängigen Grundfinanzierung eingeführt: Der Betrag, den die FhG als Grundfinanzierung von der öffentlichen Hand erhielt, wurde an den Umfang der Gelder gekoppelt, die die Gesellschaft auf dem öffentlichen Forschungsmarkt oder in der Industrie einwarb (Trischler/vom Bruch 1999).

Schließlich wurden gegen Ende der 1970er Jahre diejenigen Förderinstrumente des Ministeriums entwickelt, die seine Politik in den 1980er Jahren prägten. In jene Zeit fallen die Anfänge der staatlich finanzierten Verbundprojekte, in denen Industrie und Wissenschaft kooperierten. Außerdem achtete das BMFT in der Spätphase der sozialliberalen Koalition vermehrt darauf, den staatlichen Anteil an Forschungsprojekten zu reduzieren (Stucke 1991: 169–172; Keck 1993: 143–144; Lütz 1993: 33–35).

Die Bemühungen des Staates um eine stärkere Ausrichtung der Wissenschaft auf den Markt spiegelten sich in der zweiten Hälfte der 1970er Jahre auch in der Haltung der deutschen Industrie wider. Zum einen steigerte sie ihre Forschungsanstrengungen. Der Anteil der Wirtschaft an den nationalen Gesamtausgaben für Forschung und Entwicklung wuchs von 47,85 % im Jahr 1975 auf 57,94 % im Jahr 1983. Zum anderen vernetzten die Unternehmen ihre wissenschaftlichen Aktivitäten stärker mit denen anderer Firmen oder wissenschaftlicher Institutionen. So kletterte der Anteil der unternehmensextern durchgeführten Forschung und Entwicklung an den Gesamtausgaben der Wirtschaft für diesen Bereich zwischen 1975 und 1983 von 4,59 % auf 13,12 % (Tab. 1).

Mit der Verbindung von Wissenschaft, Technik und Wirtschaftsentwicklung beschäftigen sich insbesondere Vertreter der *evolutionary economics*, einer in der Tradition Schumpeters stehenden Schule angloamerikanischer Wirtschaftswissenschaftler und -historiker. Ein Schwerpunkt ihrer Diskussion liegt auf den Institutionen oder institutionellen Schnittstellen, die einen Wissenstransfer zwischen Forschung und Entwicklung sowie Vermarktung ermöglichen (Grupp 1994: 230; Rosenberg 1994: 331–335; Grande/Häusler

1994: 414–416). Dieser Ansatz wird im folgenden am Beispiel der Fraunhofer-Gesellschaft aufgegriffen, da sie seit ihrer Neuorganisation in den 1970er Jahren als Paradebeispiel einer Einrichtung angesehen wird, die die Transferfunktion zwischen Wissenschaft und Markt erfolgreich ausführt. Die 1949 gegründete FhG sah ihren Aufgabenbereich zwar schon seit Anfang der 1950er Jahre darin, sich insbesondere mit angewandter Forschung zu beschäftigen, doch führte sie zunächst ein Schattendasein als ›Lumpensammler‹ des deutschen Forschungssystems. Erst mit dem neuen Finanzierungsmodell begann die beeindruckende Erfolgsgeschichte der FhG: Ihr Budget stieg fast exponentiell an. Die industriellen Forschungsaufträge nahmen kontinuierlich zu (Trischler/vom Bruch 1999).

Tab. 1: Aufwendungen der Wirtschaft für Forschung und Entwicklung 1971–1983

Jahr	A (in Mio. DM)	B (in Mio. DM)	C (in %)	D (in Mio. DM)	E (in %)
1971	18.000	8.735	48,53	513	5,87
1975	24.645	11.792	47,85	541	4,59
1979	34.477	18.663	54,13	1.320	7,07
1983	43.942	25.459	57,94	3.340	13,12

A: FuE-Gesamtaufwendungen der BRD; B: FuE-Gesamtaufwendungen der Wirtschaft; C: Anteil der FuE-Aufwendungen der Wirtschaft an den FuE-Gesamtaufwendungen; D: Externe FuE-Aufwendungen der Wirtschaft; E: Anteil der externen FuE-Aufwendungen der Wirtschaft an den FuE-Gesamtaufwendungen der Wirtschaft

Quelle: A und B in: Der Bundesminister für Forschung und Technologie (1990: 339). D in: Echterhoff-Severitt/Marquardt/Wudtke (1978: 17); Echterhoff-Severitt u.a. (1988: 22).

Gibt es Grenzen dieses in den 1970er Jahren geschaffenen Erfolgsmodells? Oder verkörpert es die Lösung für das Problem des deutschen Forschungssystems, sich im Zeitalter knapper Kassen und der Globalisierung stärker auf den Markt auszurichten?

Bei schon etablierten Märkten funktioniert das FhG-Modell offensichtlich gut, da die Industrie Vermarktungsmöglichkeiten sieht und deshalb bereit ist, Forschungsaufträge zu finanzieren. Was aber geschieht im Fall sich erst entwickelnder Märkte, wenn die Industrie sich wegen unsicherer Marktchancen zurückhält, Gesellschaft, Staat und Wissenschaft jedoch den Ausbau anwendungsorientierter Forschung zur Erschließung neuer Märkte für notwendig halten?

Genau diese Situation bestand ab den 1970er Jahren in der deutschen Solarforschung. Versuche, die Erforschung und Entwicklung der terrestrischen Sonnenenergienutzung voranzutreiben, gab es schon vor der Ölpreiskrise vom Herbst 1973. Hier müssen insbesondere die Arbeiten genannt werden, die der Braunschweiger Professor für Technische Physik, Eduard Justi, in Zusammenarbeit mit der Akademie der Wissenschaften in Mainz 1955 initiierte und bis in die 1980er Jahre hinein durchführte (Berichte 1981: 96). Ausgelöst durch die Diskussion um die Kernenergienutzung begann auch in Bonn die Förderung der Solarforschung schon vor dem Herbst 1973, als Forschungsminister Ehmke entschied, das in seinem Ministerium entwickelte erste Rahmenprogramm Energieforschung auf nichtnukleare Energietechniken auszudehnen und dabei auch die Sonnenenergienutzung zu berücksichtigen. Letztere nahm in dem im Januar 1974 vom Bundeskabinett verabschiedeten Programm allerdings nur eine Randstellung ein (Bundesminister 1974: 4, 37; Bundesminister 1975: 3).[2]

Nur wenige Monate nach der ersten Ölpreiskrise drängten die ölkonsumierenden Staaten darauf, im Rahmen internationaler Kooperationsprojekte zur Energieforschung auch alternative Energietechniken zu berücksichtigen. Zusätzlich forderten Öffentlichkeit sowie Teile von Industrie und Wissenschaft, die Förderung dieser Forschungen auszubauen. Dieser Druck und ein offenes Ohr des neuen Forschungsministers Matthöfer für die Sonnenenergienutzung führten dazu, daß die Bundesregierung die Fördersumme zur Erforschung und Entwicklung regenerativer Energietechniken deutlich erhöhte (Mener 1999: Kap. 6).

---

2 Interview mit Helmut Klein, 19.3.1996. Zur Geschichte der Sonnenenergienutzung allgemein Butti/Perlin 1980, die sich aber auf den amerikanischen Raum und die Entwicklungen vor dem 20. Jahrhundert konzentrieren, sowie Mener 1999.

Im Rahmen der nun anlaufenden Entwicklungsprojekte und bei den ersten Vermarktungsversuchen sahen Wissenschaft, Industrie und Politik einen großen Bedarf an anwendungsorientierter Forschung. Das zeigen drei Beispiele aus dem Bereich der thermischen und der photovoltaischen Nutzung der Sonnenenergie.

1. Seit der Mitte der 1970er Jahre traten immer mehr die Probleme in den Vordergrund, die bei der praktischen Anwendung von Kollektorsystemen zur Heizung und Warmwasserbereitung entstanden; etwa das Verhalten der Systeme im praktischen Betrieb, dabei auftretende Materialprobleme oder die Integration der Kollektoranlagen in schon existierende Heizsysteme. Das Bundesforschungsministerium reagierte und war bereit, entsprechende Forschungsarbeiten zu finanzieren (Bundesminister 1977: 84). Zeitweise war sogar ein 1000-Dächer-Programm für Kollektoren im Gespräch, in dem durch zahlreiche Demonstrationsanlagen die für den praktischen Betrieb der Kollektorsysteme notwendigen Erfahrungen gewonnen werden sollten.[3]
2. Neben der aktiven Nutzung der Sonnenenergie sah man in Politik und Wissenschaft Ende der 1970er Jahre auch auf dem Gebiet der passiven Sonnenenergienutzung eine zentrale Aufgabe darin, einfache, praktisch einsetzbare Systeme zu entwickeln.[4]
3. Schließlich wurde auch im Bereich der Photovoltaik die Notwendigkeit stärker anwendungsorientierter Forschung betont. Das Forschungsmini-

---

3 BAK, B 196/90401, Aktenvermerk des BMFT, 24.5.1977; BAK, B 196/90403, Brief des BMFT, 25.1.1980.
4 BAK, B 196/72650, König u. a.: Vorstudie zum FuE-Rahmenprogramm passive Solarenergienutzung, 16.3.1984, S. 4–5, 79–81; FhG, ISE, Altaktenbestand Wittwer (AW), Abschlußberichte, A. Goetzberger/J. Schmid/V. Wittwer/K. Bertsch/E. Boy/K. Gertis: Transparente Wärmedämmung. Schlußbericht zum Forschungs- und Entwicklungsvorhaben ›Legis‹, 1987, S. 7–8; vgl. auch Gertis (1980: A-140–A-141), der zwar für die Anwendung von Prinzipien klimagerechten Bauens statt der Entwicklung teurer Techniken plädierte, daneben aber auch den Einsatz einfacher Elemente zur passiven Nutzung der Sonnenenergie wie etwa nächtliche Fensterabdeckungen in Betracht zog; vgl. zur allg. Definition der passiven Sonnenenergienutzung Balcomb (1981: 16–1), wonach passive Solarsysteme ohne zusätzliche Energiequelle neben der Sonnenstrahlung arbeiten. Passive Sonnenenergienutzung umfaßt meist architektonische Maßnahmen wie klimagerechtes Bauen ; Kollektoranlagen ohne Umwälzpumpe lassen sich aber auch dazu zählen.

sterium förderte die Entwicklung von Solarzellen an Universitäten und außeruniversitären Forschungseinrichtungen. Außerdem unterstützte es die Arbeit an kostengünstigeren Herstellverfahren in einem Kooperationsprojekt von AEG und Wacker Chemitronic (Projektleitung Energieforschung 1978: 894–907).

Wissenschaft und Industrie forderten ab 1973, daneben auch Arbeiten zur photovoltaischen Systemtechnik zu unterstützen, die den in der Solarzelle erzeugten Strom für die angeschlossenen Stromverbraucher aufbereitete. So hatte schon der Physikprofessor Günther Lehner, der im Sommer 1973 an der Universität Stuttgart eine Institutsgemeinschaft zur Erforschung der Sonnenenergienutzung ins Leben rief, geplant, die Optimierung der photovoltaischen Systemtechnik in seine Arbeit einzubeziehen. Da er diese Absicht aber aus der endgültigen Version seines an das BMFT gerichteten Forschungsantrags herausnahm, ist zu vermuten, daß die für Energieforschung zuständige Abteilung im Ministerium diesem Bereich so wenig Bedeutung beimaß, daß sie ihn zunächst zurückstellte. Trotz weiterer Forderungen der wissenschaftlich-technischen Community, die Entwicklung der Systemtechnik zu fördern, findet sich in den 1970er Jahren kein Hinweis darauf, daß das Ministerium dem Drängen nachgab (Stoy 1980: 451–452).[5]

Die erste Bedingung für ein Eingreifen der Fraunhofer-Gesellschaft war also erfüllt; die Notwendigkeit anwendungsorientierter Forschung wurde gesehen. Der zweiten Bedingung, ein sich in Auftragsforschung manifestierendes Interesse der Wirtschaft, konnte die Fraunhofer-Gesellschaft in den 1970er und 1980er Jahren allerdings nur schwer gerecht werden. Die Industrie hielt sich zurück, da sich in jener Zeit kein stabiler Absatzmarkt herausbildete. Das zeigt exemplarisch die Marktentwicklung bei den Kollektoren

---

5 Universität Stuttgart, Institut für Theorie der Elektrotechnik, Altaktenbestand, G. Lehner: Das Problem unserer zukünftigen Energieversorgung, Antrittsrede, 3.7.1973, S. 14–15; ebd., ET 4045A, Antrag 1974, endgültige Fassung, Zwischennachweis, Lehner an BMFT, 22.2.1974, mit Anlage zum Forschungs- und Entwicklungsprojekt Technische Nutzung Solarer Energie, S. 75–83, 88–109; ebd., Lehner an BMFT, 13.3.1974, mit Institutsgemeinschaft für die Technische Nutzung Solarer Energie, Anlage B, Anlage zum Forschungs- und Entwicklungsprojekt Technische Nutzung Solarer Energie, S. 75–76, 79–80; BAK, B 196/72647, Protokoll der 4. Sitzung des Sachverständigenkreises Sonnenenergie, 16.2.1978; Interview mit Bernhard Gohrbandt, 19.10.1995.

zur thermischen Nutzung der Sonnenenergie, von denen man sich das größte Marktpotential versprach. Der Kollektormarkt erreichte in Deutschland 1979 einen ersten Höhepunkt mit 40.000 m^2 neu installierter Kollektorfläche pro Jahr, stagnierte während der 1980er Jahre aber bei ungefähr der Hälfte dieser Zahl. Für Photovoltaikgeneratoren entwickelte sich weltweit erst in den 1980er Jahren ein nennenswerter Markt, der bis 1986 auf einem relativ niedrigen Niveau von bis zu 20MWp pro Jahr verharrte und erst danach ein deutliches Wachstum aufwies. Die Forschungs- und Entwicklungsarbeiten zur Sonnenenergienutzung wurden deshalb hauptsächlich vom BMFT finanziert (Stryi-Hipp 1995: 79–82; Heilscher 1995: 43).[6]

Wie handelte die Fraunhofer-Gesellschaft in dieser Situation, die der Grundkonzeption ihrer Finanzverfassung widersprach? Sie nahm die Herausforderung an und gründete trotz der unsicheren Industrienachfrage nach Forschungsleistungen ein Fraunhofer-Institut für Solare Energiesysteme (ISE). Wie die FhG im Zusammenhang mit diesem neuen Institut die Grenzen ihres Erfolgsmodells auslotete, wird in diesem Aufsatz untersucht. Nach einer kurzen Darstellung der Gründungsphase des Instituts wird zunächst die Frage diskutiert, inwieweit das ISE Forschungsansätze entwickelte, die der Forderung nach einer stärkeren Anwendungsorientierung der damaligen Solarforschung gerecht wurden. Die anschließenden Kapitel behandeln die Frage, in welchem Ausmaß die Arbeit des ISE dadurch beeinflußt wurde, daß eine stabile Nachfrage der Industrie nach Forschungsleistungen fehlte und somit eine entscheidende Voraussetzung für das reibungslose Funktionieren des Fraunhofer-Modells nicht bestand.

Die Gründung des Instituts für Solare Energiesysteme

Noch 1975 reagierte die FhG zurückhaltend auf die Forderung von Wissenschaftlern, die anwendungsorientierte Erforschung der Sonnenenergienut-

---

6 Da die deutschen Hersteller von Photovoltaikanlagen sich in den 1970er und 1980er Jahren auf den weltweiten Markt ausrichteten (Mener 1999: Kap. 6) geben die nur für den weltweiten Photovoltaikmarkt vorliegenden Daten zur Marktentwicklung (Heilscher 1995: 43) das die Hersteller interessierende Marktpotential wieder.

zung auszubauen.[7] Erst gegen Ende der 1970er Jahre führten mehrere Entwicklungen dazu, daß sich die FhG im Bereich der alternativen Energieforschung engagierte und mit dem ISE in Freiburg sogar ein neues Institut gründete: Die Förderung der Sonnenenergie wurde im zweiten Rahmenprogramm »Energieforschung und Energietechnologien 1977–1980« der Bundesregierung wesentlich verstärkt (Bundesminister 1977: 87). Das schuf eine materielle Basis für ein intensiveres Engagement in der Sonnenenergieforschung, denn ein kommerzieller Markt für Solaranlagen und damit eine an Forschungen interessierte Industrie waren nur rudimentär vorhanden. Hinzu kam, daß sich die FhG in der zweiten Hälfte der 1970er Jahre konsolidiert hatte und einen geplanten Ausbau begann, nachdem sie in den ersten fünf Jahren des Jahrzehnts durch die mit dem Fraunhofer-Modell verbundene Umorganisation geprägt worden war. Die zweite Ölpreiskrise von 1979 legte es nahe, im Rahmen dieses Ausbaus Techniken zur alternativen Energiewandlung zu bearbeiten.[8]

Eine wesentliche Rolle spielte schließlich die Person des späteren Institutsleiters, Adolf Goetzberger. Er war 1958 von Siemens in die USA gegangen, wo sich für Halbleiterwissenschaftler interessantere Forschungsmöglichkeiten als in Deutschland abzeichneten. 1968 kehrte er zurück und übernahm die Leitung des Fraunhofer-Instituts für Elektrowerkstoffe in Freiburg, das später in Fraunhofer-Institut für angewandte Festkörperphysik (IAF) umbenannt wurde. Im Verlauf der 1970er Jahre baute er dort eine Gruppe auf, die sich mit Techniken zur Sonnenenergienutzung beschäftigte. In der zweiten Hälfte des Jahrzehnts stießen Goetzbergers Pläne, diese Forschungen im Rahmen des IAF auszubauen, an ihre Grenzen. Da die Grundfinanzierung des Instituts durch das Bundesverteidigungsministerium (BMVg) bereitgestellt wurde, mußte mindestens die Hälfte seines Haushalts aus Geldern dieses Ministeriums bestehen. Ansonsten wäre das Institut aus der Trägerschaft des BMVg in die des BMFT übergegangen. Das BMVg hatte also kein Interesse daran, die nicht durch das Verteidigungsministerium finanzierte Solarforschung am IAF über diese Grenze hinaus anwachsen zu lassen, weil es sonst die Zuständigkeit für das Institut verloren hätte. Dieses Hemm-

---

7 FhG, ZA 521, Keller an Hans Kleinwächter, 28.7.1975.
8 FhG, ZA 32, Protokoll der Senatssitzung am 17.10.1978; ebd., Bericht des Vorstandes vor dem Senat, 4.4.1979.

nis war für Goetzberger ein entscheidender Anstoß, Ende der 1970er Jahre auf die Gründung eines eigenen Instituts für Solarforschung im Rahmen der Fraunhofer-Gesellschaft hinzuarbeiten.[9]

Der damalige Fraunhofer-Präsident Heinz Keller hatte, beeindruckt von den am IAF konzipierten Verfahren auf dem Gebiet der Solartechnik, Goetzbergers Idee spätestens Anfang 1979 akzeptiert. Es gelang ihm, das Ministerium für Wirtschaft, Mittelstand und Verkehr Baden-Württembergs dafür zu gewinnen, sich im Falle der Gründung des Instituts im Südweststaat an der Finanzierung zu beteiligen. Spätestens Anfang 1980 diskutierte die FhG-Spitze dann auch den Gedanken, die Gesellschaft solle hinnehmen, daß sich die Industrie zunächst höchstens für Teilbereiche der Institutsarbeit interessieren würde. In einer Aktennotiz der FhG-Zentralverwaltung für die Vorstandssitzung der Gesellschaft vom 28.1.1980 wurde argumentiert, die FhG solle sich auf dem Gebiet der Solartechnik mit der Gründung eines eigenen Instituts engagieren und müsse dabei eben akzeptieren, daß die »Finanzierung des Betriebshaushalts durch Vertragsforschung [...] ganz überwiegend aus dem Bereich der öffentlichen Projektförderung stammen« werde.[10]

Zwei Ursachen waren dafür verantwortlich, daß sich die Gründung des Instituts bis zum April 1981 verzögerte. Zum einen gab es Widerstände in Bonn. Das für die Sonnenenergienutzung zuständige Referat des BMFT befürchtete, das geplante Institut könne die Anforderungen nicht erfüllen, die sich aus dem Fraunhofer-Modell ergaben. Da die im Solarbereich tätigen Firmen zum großen Teil von staatlichen Fördergeldern abhängig waren, sahen die Beamten noch keinen sich selbst tragenden Markt. Deshalb glaubte das Referat, das Institut werde nicht in der Lage sein, die geforderten Industrieanteile einzuwerben. Zum anderen bestanden massive fachwissenschaftliche Bedenken gegen Goetzbergers Planungen: In der Hauptkommission des Wissenschaftlich-Technischen Rates der FhG wurden Stimmen laut, daß die-

---

9 FhG, ZA 521, A. Goetzberger/A. Räuber: Solare Energiesysteme. Vorschlag zur Gründung eines neuen FhG-Instituts, Feb.1981, S. 18; FhG, ZA 24, Keller an Strathmann, 3.9.1979; Interview mit Adolf Goetzberger, 29.8.1995; FhG, ZA 523, Prof. Dr. Adolf Goetzberger zum 60. Geburtstag. Skizze zur Vita.
10 FhG, ZA 24, Aktenvermerk des Ministeriums für Wirtschaft, Mittelstand und Verkehr von Baden-Württemberg, 18.4.1979; FhG, ZA 521, Aktennotiz von Imbusch, 25.1.1980.

ses Forschungsgebiet nicht genügend Potential biete, kurzfristig anwendungsreife Verfahren zu entwickeln. Außerdem gebe es bereits genügend andere Einrichtungen, die die von Goetzberger ins Auge gefaßten Themen abdeckten. Als das BMFT anregte, die Gründung des Instituts durch ein wissenschaftliches Expertengremium untersuchen zu lassen, liefen diese beiden Konfliktlinien zusammen und kulminierten im Oktober 1980 auf der ersten Sitzung des wissenschaftlichen Beraterkreises.[11]

In der Zentralverwaltung der FhG hatte man mit diesen Widerständen gerechnet und eine Strategie entwickelt, um ihnen den Wind aus den Segeln zu nehmen. Das Szenario sah vor, statt eines Instituts zunächst eine Arbeitsgruppe zu errichten und diese erst später in ein Institut umzuwandeln. Dadurch wurde den Freiburgern die Möglichkeit gegeben, insbesondere auf dem Gebiet der Speicherung von Solarenergie ihre Überlegungen zu konkretisieren. In der FhG-Zentrale hoffte man außerdem, eventuelle Bedenken gegen eine Institutsgründung auf diese Weise eher überwinden zu können als wenn man versuchte, gleich ein neues Institut einzurichten. Demgemäß machten die mit der Sonnenenergienutzung beschäftigten Mitarbeiter des IAF am 1.10.1980 als eigene »Arbeitsgruppe Solare Energiesysteme« der FhG den ersten Schritt zur organisatorischen Selbständigkeit.[12]

Anfang 1981 argumentierte Keller dann mit der Macht des Faktischen. Goetzberger könne nicht zugleich Chef des IAF und Leiter der Arbeitsgruppe Solare Energiesysteme sein. Deshalb solle man die Arbeitsgruppe in ein eigenständiges Institut umwandeln. Hinzu kam, daß die Freiburger Gruppe in der Zwischenzeit ihr wissenschaftliches Konzept überarbeitet hatte.[13]

---

11 FhG, ZA 50, Ergebnisbericht der 36. Sitzung der Hauptkommission des WTR am 22.2.1980; FhG, ZA 33, Protokoll der Senatssitzung am 24.3.1980; FhG, ZA 521, Aktennotiz der Projektleitung Energieforschung, 23.1.1981; FhG, ZA 521, Verhandlungsprotokoll der 1. Sitzung des Beraterkreises Solare Energiesysteme am 17.10. 1980; Interview mit Helmut Klein, 19.3.1996.

12 FhG, ZA 521, Aktennotiz von Imbusch, 25.1.1980; ebd., Keller und Schlephorst an Goetzberger, 27.10.1980.

13 Ebd., Keller an Schmidt-Küster, 4.3.1981. Die Überarbeitung der Konzepts wird deutlich, wenn man das Kapitel über Speicherforschung (ebd., Goetzberger/Räuber: Solare Energiesysteme, S. 42–49) mit der früheren Version des Arbeitsplans (ebd., Solare Energiesysteme, o.D, S. 32–36) vergleicht.

In Freiburg setzte Goetzberger zusätzliche Hebel in Bewegung und suchte die Hilfe mächtiger Fürsprecher in Bonn. Die Kontakte reichten bis zum Freiburger Bundestagsabgeordneten der SPD und Parlamentarischen Staatssekretär im Finanzministerium, dem späteren Freiburger Oberbürgermeister Rolf Böhme. Mit seiner Hilfe gelang es, die Institutsgründung durchzusetzen. Hierbei spielte eine wichtige Rolle, daß die Spitze des BMFT nach einer neuen Strategie suchte, um den Technologietransfer aus wissenschaftlichen Einrichtungen in die Industrie zu stärken. Die Großforschungseinrichtungen, denen die Leitung des BMFT diese Aufgabe zunächst unter anderem zugedacht hatte, hatten diese Erwartung nicht erfüllt (Hohn/Schimank 1990: 262–287). Deshalb war der Forschungsminister von Bülow aufgeschlossen gegenüber neuen Wegen und hoffte, die Fraunhofer-Institute könnten die Funktion eines verstärkten Technologietransfers übernehmen.

Mit Bonner Hilfe gelang es schließlich, die Widerstände gegen die Institutsgründung aus dem Weg zu räumen. Im April des Jahres 1981 faßte der Senat der Fraunhofer-Gesellschaft den Beschluß, die Arbeitsgruppe für Solare Energiesysteme in ein Fraunhofer-Institut umzuwandeln.[14]

Die inhaltliche Arbeit des Instituts für Solare Energiesysteme

Bei der Betrachtung der am Institut verfolgten Forschungsansätze fällt auf, daß das ISE einen Teil seiner Arbeit zunächst auf grundlegende Forschungen konzentrierte. Das war unter anderem bei dem Fluoreszenzkollektor der Fall. Dieses Verfahren war schon in der Entstehungsphase gleichsam ein Aushängeschild für den Erfolg der Freiburger Arbeiten gewesen. Bei dieser Technik, einem Produkt aus der Arbeit des IAF an Flüssigkristallanzeigen, wurden Kunststoffplatten mit langlebigen Farbstoffen versehen, um so das Sonnenlicht einzufangen und auf Solarzellen zu konzentrieren. Damit wollten die Forscher eine Möglichkeit schaffen, den in europäischen Breiten dominie-

---

14 Ebd., Böhme an von Bülow, 30.1.1981; FhG, ISE, Altaktenbestand Verwaltung (AV), Korrespondenz Goetzberger, 1980–1982, Goetzberger an Böhme, 28.2.1980; ebd., von Bülow an Böhme, 8.4.1981; BMBF-Registratur, B 3630/9, Aktenvermerk vom 27.2.1981, Anlage 5, Interview mit Hans Matthöfer, 24.5.1996; Interview mit Andreas von Bülow, 19.3.1996; FhG, ZA 33, Protokoll der Senatssitzung am 8.4.1981.

renden diffusen Strahlungsanteil des Sonnenlichts auf Solarzellen zu fokussieren. Mit den verfügbaren Techniken, spiegelnden Reflektoren, ließ sich nur die direkte Sonnenstrahlung konzentrieren, die in Mitteleuropa weniger als in Südeuropa vorhanden ist.[15]

Schon in der Planungsphase hatte die Gruppe um Goetzberger damit gerechnet, zunächst einen Schwerpunkt darauf legen zu müssen, die Langzeitstabilität der Farbstoffe in den Kunststoffplatten zu verbessern. Bis 1983 stand diese Aufgabe bei der Arbeit am sogenannten »Fluko« dann auch im Vordergrund. Erst danach hatten die Forscher Stabilitätswerte erreicht, die es ihrer Ansicht nach erlaubten, ein System aus Fluoreszenzkollektor und Solarzellen zu entwickeln und zu vermarkten. Aber auch jetzt beschränkte sich das Freiburger Institut sich noch auf netzferne Kleinanwendungen mit geringem Strombedarf wie etwa Uhren und bemühte sich zudem parallel, die Stabilität der Farbstoffe weiter zu verbessern (FhG 1981: S.11–13; FhG 1984: S.29–36; FhG 1985: 44–48).[16]

Im Unterschied zum Fluoreszenzkollektor hatten Goetzberger und sein Stellvertreter bei der Erforschung der Solarzellen nicht geplant, umfassende Grundlagenforschungen durchzuführen. Anfangs wollten sie die Entwicklung der Solarzellen auf die Erfordernisse des »Fluko« ausrichten. Sie beabsichtigten, einen Schwerpunkt auf Zellen aus Verbindungshalbleitern zu legen, da sich diese Zellen gut an das jeweils vorhandene Spektrum des Sonnenlichts anpassen ließen. Das Ziel war eine Solarzelle, die man auf das Spektrum des im Fluoreszenzkollektor konzentrierten Lichts einstellen konnte.[17]

Bei der Diskussion der von Goetzberger geplanten Arbeiten im Beraterkreis vom Oktober 1980 drängten Mitglieder aus Wissenschaft und Industrie dann aber darauf, daß sich das ISE nicht auf die Optimierung von Zellen für den Fluoreszenzkollektor beschränken sollte. Daraufhin weitete das neue Institut seinen Ansatz im Bereich der Solarzellen aus und beschäftigte sich nicht nur mit Galliumarsenid-, sondern auch mit Siliziumzellen. Zusätzlich

---

15 FhG, ZA 521, Goetzberger/Räuber: Solare Energiesysteme, S. 16–17, 34–36; FhG, ZA 32, Bericht des Vorstands vor dem Senat am 4.4.1979.

16 FhG, ZA 521, Goetzberger/Räuber: Solare Energiesysteme, S. 16, 34–35; Interview mit Adolf Goetzberger, 29.8.1995; FhG, ISE, AW, Solarapertur III, Berichte, Projektanträge, Veröffentlichung, Fluko-Solar. Uhren: Sonnenenergie statt Batterien, Stand: 1.8.1988.

17 FhG, ZA 521, Goetzberger/Räuber: Solare Energiesysteme, S. 40–42.

verschob sich der Schwerpunkt des Freiburger Forschungsansatzes. Während anfangs vor allem im Bereich der Galliumarsenidzellen die Suche nach kostengünstigeren Herstellungsprozessen im Vordergrund gestanden hatte, verlagerten sich die Arbeiten am ISE immer mehr darauf, Techniken zur Steigerung des Wirkungsgrads der Zellen zu entwickeln (FhG 1982: 21–23, 27; FhG 1983: 23–25, 28–31; FhG 1984: 13–17, 22–29).[18]

In dieser Verschiebung des Forschungsansatzes spiegelt sich ein Trend wider, der sich Anfang der 1980er Jahre in der gesamten deutschen Photovoltaikforschung findet. Während man sich im Jahrzehnt zuvor darauf konzentriert hatte, die Herstellungskosten der Zellen durch eine wirtschaftliche Optimierung der Produktionsprozesse zu senken, drängte die Photovoltaikforschung nun darauf, durch neue Verfahren den Wirkungsgrad der Solarzellen zu steigern. Man begründete dies mit wirtschaftlichen Gesichtspunkten, die sich aus der Anwendung ergaben: Je höher der Wirkungsgrad sei, desto weniger Modul- und Systemkosten würden anfallen. Der Beginn der photovoltaischen Arbeiten am ISE fiel mitten in diese Änderung des Forschungsansatzes. Das Freiburger Institut wurde entscheidend von ihm geprägt, trieb ihn seinerseits aber auch voran.[19]

Im Gegensatz zum Fluoreszenzkollektor und den Solarzellen begann das ISE bei der passiven Sonnenenergienutzung und den Photovoltaikgeneratoren schon in seiner Anfangsphase, anwendungsorientierte Forschungsansätze zu entwickeln. Die passive Sonnenenergienutzung war in den 1970er Jahren vor allem von bauphysikalischen Forschungseinrichtungen aufgegriffen worden, da sie eine enge Verwandschaft zu deren traditionellen Arbeitsgebieten aufwies. So hatten sich die Forscher am Fraunhofer-Institut für Bauphysik in Stuttgart (IBP) diesem Forschungsfeld kurz nach der Ölpreiskrise von 1973 zugewandt. Zunächst legte das IBP seinen Schwerpunkt auf die Wärmeübertragung durch Fenster. 1983 hatte das Institut aber auch schon begonnen, sich mit der Wärmeübertragung in Dämmelementen zu beschäftigen, die

---

18 FhG, ISE, Altaktenbestand Räuber (AR), Kuratorium, Protokoll, Anlage zu Imbusch an Goetzberger/Räuber, 20.11.1980; FhG, ISE, AV, ASE, Anträge, Verträge, 1980/81, AB, 10, HIL, Voß an AEG Heilbronn, 31.3.1981; ebd., FhG, Lenz/Loeser an KFA, 18.3.1981.
19 Interview mit Rolf Buhs, 18.10.1995; Mener (1999: Kap.6); FhG, ISE, AV, Goetzberger, Korrespondenz, 1984/1985, KFA Jülich an Goetzberger, 24.5.1984; ebd., Brief von Goetzberger, 19.6.1984.

eine hohe Lichttransmission und eine geringe Wärmeemission aufwiesen (Künzel/Snatzke 1968: 315–318; Snatzke 1977: 261–262; FhG Jahresbericht 1978: 26).[20]

Spätestens 1982 stieg das Freiburger Institut in dieses Forschungsfeld ein. Die Forscher suchten nach Materialien, die eine möglichst hohe Durchlässigkeit für sichtbare Sonnenstrahlung, für die längerwellige Wärmestrahlung jedoch einen möglichst niedrigen Transmissionsgrad besaßen. Aus solchem Material sollten Bauelemente zur Wärmedämmung von Gebäuden entwickelt werden (FhG 1982: 20–21). Die Kuratoriumsmitglieder drängten darauf, bei dem geplanten Projekt, das man beim Forschungsministerium beantragen wollte, mit dem IBP zu kooperieren. 1984 begann das vom BMFT geförderte Projekt »Legis«, in dem das ISE gemeinsam mit dem IBP die Weiterentwicklung transparenter Dämmstoffe zur passiven Sonnenenergienutzung vorantrieb (FhG 1984: 39–40, 42, 44).[21]

Anfangs lag der Schwerpunkt darauf, die meßtechnische Kompetenz zu erwerben, um die Leistungsfähigkeit der Materialien im praktischen Betrieb ermitteln zu können. Daneben nahmen die Freiburger Forscher aber auch schon die architektonische, bauphysikalische oder ästhetische Integration der sogenannten transparenten Wärmedämmung in das Gebäude in Angriff (FhG 1984: 39–42, 44; FhG 1985: 34–38). Diese Ausrichtung des Projekts wurde dadurch beeinflußt, daß 1983 noch während seiner Vorbereitungsphase eine Kontroverse zwischen dem ISE und der Forschungsgruppe von Karl Gertis entbrannt war, der 1984 das Fraunhofer-Institut für Bauphysik übernahm. Gertis und seine Mitarbeiter kritisierten besonders, daß die Freiburger bei ihren Messungen Effekte vernachlässigt und damit ungenau gemessen hätten.[22]

---

20 FhG, ISE, AW, Projekte Legis WJP, E. Boy/K. Bertsch /A. Frangoudakis: Temperaturabhängige Lichtdurchlässigkeit von Baumaterialien, IBP-Bericht SA 02/83, S. 7–8, 20, 22–28.
21 FhG, ISE, AR, Kuratorium, Protokoll der 3. Sitzung des Kuratoriums, 18.1.1983.
22 FhG, ISE, AW, Legis, Berichte, Öffentliche Arbeiten, Teil 2, Zwischenbericht zum Forschungsvorhaben 03E-8411-A Entwicklung eines lichtdurchlässigen energiegewinnenden Isolationsmaterials für die Anwendung im Hochbau ..., Berichtszeitraum v. 1.1.1985–30.6.1985, S. 5, 8–31; FhG, ISE, AW, Projekte, Legis WJP, Eberhard Schreiber/Uwe Heim/Elmar Boy: Zwischenbericht. Wärmetechnisches Verhalten transparenter Dämmschichten an Gebäudefassaden – Vergleich Messung, Rechnung, IBP-Bericht, GB 14/1986, S. 4–10. – Zur Kontroverse s. die Korrespondenz in FhG,

Neben der passiven Sonnenenergienutzung entwickelte das Institut auch im Bereich der photovoltaischen Systemtechnik anwendungsorientierte Forschungsansätze. In diesem Gebiet lag das Hauptziel der Freiburger Forschungen schon bald darauf, das Zusammenwirken der Untersysteme des Photovoltaikgenerators im kontinuierlichen Betrieb und die mannigfaltigen Anforderungen des praktischen Gebrauchs kennenzulernen. Hierbei konnte man prinzipiell zwei Wege verfolgen: Während der eine darin bestand, an das öffentliche Netz gekoppelte Photovoltaikgeneratoren zur Stromversorgung einzelner Häuser zu entwickeln, führte der andere zu netzfernen Generatoren, die Wohnhäuser oder kleinere Stromverbraucher wie etwa Leuchtbojen versorgten. Goetzberger hielt die netzgekoppelten Photovoltaikgeneratoren wegen ihrer künftigen Anwendungsmöglichkeiten für ein vielversprechenderes Arbeitsgebiet als die netzfernen Anlagen. Der Beraterkreis vom Oktober 1980 bestärkte ihn in dieser Haltung. In der Folgezeit bemühte sich das ISE daher zunächst um die an das Stromnetz angeschlossenen Anlagen. Nachdem ein erster Kooperationsversuch mit dem Badenwerk gescheitert war, begann das Institut Ende 1981 in Zusammenarbeit mit den Münchner Stadtwerken, einen solchen Photovoltaikgenerator mit einer Leistung von bis zu 4,5 KW zu entwickeln. 1983 wurde die Anlage eingeweiht (FhG 1983: 35).[23]

Im weiteren Verlauf der 1980er Jahre entwickelte das ISE in diesem Bereich aber keine größeren Aktivitäten mehr. Noch am Ende jenes Jahrzehnts, als sich in Wissenschaft, Industrie und Öffentlichkeit immer mehr Interesse an netzgekoppelten Photovoltaikgeneratoren zeigte, lehnte Goetzberger eine intensivere Beschäftigung damit ab, da sich mittelfristig keine größeren Ab-

---

ISE, AV, Goetzberger, Korrespondenz A–Z, 1984/85, insbes. Gertis an ISE, 18.7.1983 u. 29.8.1983; Goetzberger an Gertis, 19.6.1984.

23 FhG, ZA 521, Goetzberger/Räuber: Solare Energiesysteme, S. 38; FhG, ISE, AR, Kuratorium, Protokoll, Anlage zu Imbusch an Goetzberger/Räuber, 20.11.1980; FhG, ISE, AV, ASE, Anträge, Verträge, 1980/1981, Ab.10, HIL, Fraunhofer-Institut für Systemtechnik, Fraunhofer-Gesellschaft, Arbeitsgruppe für Solare Energiesysteme, F. Jäger/A. Goetzberger/J. Schmid: Photovoltaik-Haus. Durchführbarkeitsstudie für netzverbundene Photovoltaiksysteme zur Elektrizitätsversorgung von Gebäuden. Projektvorschlag für das Badenwerk, Karlsruhe, März 1981, S. 2–3; Interview mit Adolf Goetzberger, 29.8.1995; FhG, ZA 521, Netzgekoppeltes Photovoltaik-System zur Elektrizitätsversorgung von Wohngebäuden, Projektbeschreibung, o.D, S. 1–2, Anlage zu Goetzberger an Keller, 16.12.1981.

satzmöglichkeiten für diese Technik ergeben würden.[24] Stattdessen konzentrierten sich die Forscher am ISE schon bald nach der Institutsgründung darauf, photovoltaische Systeme für kleinere netzferne Geräte wie etwa Meßeinrichtungen zu entwickeln und praktisch zu erproben. Spätestens 1982 begannen auch die Arbeiten an Photovoltaiksystemen für nicht an das Stromnetz angeschlossene Wohnhäuser (FhG 1982: 43).[25]

Eine wesentliche Ursache für diese Verlagerung des Arbeitsschwerpunkts waren die Erfahrungen, die das Institut bei der Durchführung des Projekts in München gewonnen hatte. Schon auf den ersten beiden Kuratoriumssitzungen war umstritten, ob in dem Bereich der netzgekoppelten Generatoren Anwendungsmöglichkeiten vorhanden seien, die ein Engagement der Forschung aussichtsreich erscheinen ließen. Vor allem der Vertreter eines Energieversorgungsunternehmen argumentierte, daß sich in absehbarer Zeit keine lohnenden Märkte für diese Technik ergeben würden. Die Einsparungsmöglichkeiten durch photovoltaisch erzeugten Strom seien so gering, daß man nicht mehr als 4 bis 7 Pfennig pro KWh als Einspeisevergütung zahlen könne. Ursache hierfür sei, daß Photovoltaikanlagen wegen der Schwankungen der Sonnenstrahlung keine Kraftwerks- oder Netzkapazitäten ersetzen könnten, sondern daß sie besonders bei Mittellastkraftwerken die Auslastung und damit auch den Wirkungsgrad verringern würden. Netzgekoppelte Photovoltaikgeneratoren seien also in absehbarer Zeit unwirtschaftlich. Im Verlauf des Münchner Projekts wurde diese Ansicht bestätigt.[26]

In der Verlagerung des Arbeitsschwerpunkts hin zu netzfernen Photovoltaiksystemen wurde das ISE auch durch die EG bestärkt. Deren drittes Energieforschungsprogramm 1983–1987 sah vor, im Bereich der Photovoltaik die Entwicklung netzferner Photovoltaiksysteme von der photovoltaisch versorgten Leuchtboje bis zum Generator für Häuser ohne Netzanschluß zu

---

24 FhG, ISE, AV, Korrespondenz Goetzberger, 1987–88, A–H, Brief von Goetzberger, 6.12.1988.
25 FhG, ISE, AV, Korrespondenz Goetzberger, 1984/85, Evers an Goetzberger, 15.3.1984; FhG, ISE, Altaktenbestand Bopp (AB), Ordner Historie, Georg Bopp: Kurzer chronologischer Überblick des EG Projektes SE 134/83 PV mit BHKW, 12.8.1988.
26 FhG, ISE, AR, Kuratorium, Protokolle der 1. u. 2. Sitzung des Kuratoriums, 10.12.1981 u. 11.6.1982; FhG, ZA 522, Bewertung von Solarstrom aus dezentralen photovoltaischen Anlagen, Vortrag vom 11.6.1982; ebd., Kommentar zum Vortrag, 2.2.1983; FhG, ISE, AB, PV-Haus, Literatur, Berichte, Presseartikel, Brief von Bopp, 10.7.86; ebd., Brief der Stadtwerke München, 21.1.1986.

fördern. Das Freiburger Institut konzentrierte sich deshalb auf den Anwendungsbereich, für den sich hier eine Finanzierungsmöglichkeit abzuzeichnen schien.[27]

Bei der weiteren Arbeit an Photovoltaikgeneratoren für netzferne Häuser stellte die Verarbeitung der im Praxisbetrieb gewonnenen Erfahrungen einen zentralen Arbeitsbereich dar. Entgegen der ursprünglichen Erwartungen mußten insbesondere im Bereich der Untersysteme Komponenten, die zur Stromumwandlung dienten, weiterentwickelt werden, damit sie im kontinuierlichen Betrieb bestehen konnten. So wurden das Ladegerät verbessert und die Batterien an die Geschwindigkeit der Ladezyklen angepaßt (FhG 1984: 38–39). Stärker als anfänglich vermutet, mußten die Freiburger Forscher auch Komponenten des Photovoltaikgenerators an die im Anwendungsbereich bestehenden technischen Strukturen adaptieren. Zunächst waren sie davon ausgegangen, im Haushalt möglichst nur Gleichstromverbraucher zu verwenden, um im Photovoltaikgenerator Umwandlungsverluste durch den Wechselrichter zu vermeiden. Da die auf dem Markt vorhandenen sparsamen Haushaltsgeräte aber zumeist Wechselstromverbraucher waren, verlegten sich die Forscher darauf, sparsame Wechselstromverbraucher anzuschaffen und daneben die Wechselrichter weiter zu optimieren.[28]

Neue Finanzquellen: Auftragsforschung für die Großindustrie, Photovoltaikforschung für den Staat und Energieforschung nach Tschernobyl

Während die Freiburger Wissenschaftler noch dabei waren, vielversprechende, an Problemen der Anwendung orientierte Forschungsansätze zu

---

27 FhG, ISE, AB, EG 06/81–12/83, Verträge, Korrespondenz, Anträge, 54. Mitteilung der EG-Kommission, Januar 1983, Anhang I–3; ebd., Draft, Third Energy R&D-programme (1983–1987/1988), Solar Energy R&D.
28 FhG, ISE, AB, EG 12/83 bis 4/86, Verträge, Korrespondenz, Anträge Vorhaben Nr.SE 84/84, Motor-Generator gestütztes PV-System für Wohnbauten im Inselbetrieb, Anhang I, S. 9, 25; FhG, ISE, AB, Abschlußbericht, Photovoltaikanlage in Verbindung mit einem Klein-Blockheizkraftwerk (1991), S. 9–10, 24, 26; FhG, ISE, AB, Protokolle, Rappeneck, Zusammenfassung der Systemuntersuchungen und Meßergebnisse »Rappenecker Hof« 1988, S. 1–3, 6, 8–9, 13–15.

entwickeln,[29] wurden ihre Arbeiten durch die finanzielle Lage des Instituts gefährdet, da es der Forderung nach einer deutlichen Industriebeteiligung nicht gerecht wurde. 1982 und 1983 betrugen die Industrieerträge des ISE weniger als 10% des jeweiligen Betriebshaushalts (Tabelle 2).

Tab. 2: Projektförderung (Bund/Länder) und Wirtschaftsaufträge des ISE 1980-96

Jahr	A (in TDM)	B (in TDM)	C (in %)	D (in TDM)	E (in %)
1980	288	180	62,5	34	11,8
1981	1.925	1.064	55,3	225	11,7
1982	2.856	1.519	53,2	209	7,3
1983	3.480	1.410	40,5	301	8,7
1984	4.376	1.886	43,1	1.108	25,3
1985	5.633	2.382	42,3	2.010	35,7
1986	7.468	3.746	50,2	2.613	35,0
1987	9.811	6.432	65,6	2.232	22,8
1988	11.340	6.899	60,8	2.074	18,3
1989	14.007	10.710	76,5	1.277	9,1
1990	17.230	13.631	79,1	1.152	6,7
1991	18.722	13.574	72,5	1.632	8,7
1992	20.810	13.077	62,8	2.492	12,0
1993	21.150	12.803	60,5	2.806	13,3
1994	22.951	10.361	45,1	2.878	12,5
1995	25.112	11.502	45,8	4.364	17,4
1996	25.977	12.348	47,5	4.553	17,5

A: Betriebshaushalt der ISE; B: Projektförderung Bund/Länder des ISE; C: Projektförderung Bund/Länder in % des Betriebshaushalts; D: Wirtschaftsaufträge des ISE; E: Wirtschaftsaufträge in % des Betriebshaushalts

Quelle: Fraunhofer-Gesellschaft, Zentralverwaltung, München, Abteilung für Forschungs- und Budgetplanung

---

29 1997 erhielt der ehemalige Institutsleiter Goetzberger für seine Arbeiten gleich drei internationale wissenschaftliche Auszeichnungen (FhG 1997: 8).

Die im Leistungsbereich Vertragsforschung der FhG zusammengeschlossenen Institute deckten dagegen im selben Jahr durchschnittlich 24,4 % ihres Haushalts durch Industrieerträge ab (FhG, Jahresbericht 1983: 46–47). Goetzberger schienen die finanziellen Probleme so gravierend, daß er seinem Kuratorium 1984 vorschlug, die Forschungsarbeiten an Galliumarsenidzellen einzustellen. Er ließ den Gedanken nur auf den Widerspruch der Kuratoriumsmitglieder hin fallen.[30]

In dieser mißlichen finanziellen Lage kam in einem ersten Schritt Hilfe aus der Industrie. 1983 benötigte die Siemens AG Unterstützung aus Freiburg: Da der Konzern überlegte, sein Engagement in der Solartechnik zu reduzieren und die Solarmodulfertigung an eine Tochterfirma auszulagern, drohten die im zentralen Forschungsbereich durchgeführten Vorhaben auf dem Gebiet der Photovoltaik gestrichen zu werden. Um wichtiges Know-How nicht zu verlieren, schlug das Forschungsmanagement des Unternehmens vor, die Entwicklung neuer Verfahren zur kostengünstigen Herstellung von Silizium für Solarzellen als einen Forschungsauftrag an das ISE abzugeben. Dieses übernahm das Projekt 1984 als einen von Siemens finanzierten Unterauftrag. Das Unternehmen wiederum bekam dafür einen Zuschuß vom BMFT. Dieser Unterauftrag half dem Freiburger Institut aus der schlimmsten finanziellen Klemme (FhG 1984: 1, 13).[31]

In der zweiten Hälfte der 1980er Jahre führte dann eine Änderung der staatlichen Forschungspolitik zur Stabilisierung der Institutsfinanzen. Insbesondere für die Photovoltaikforschung stieg der Gesamtbetrag der staatlichen Förderung stark an. Vier Punkte waren dafür verantwortlich:

1. Schon vor Beginn der christlich-liberalen Koalition hatte das BMFT im Bereich der Sonnenenergieforschung vor allem auf die Photovoltaik gesetzt. Dieser Kurs wurde unter Minister Riesenhuber fortgeführt.
2. Da sich die Regierung von einer direkten Industrieförderung über Forschungsverträge zurückzog und vermehrt auf Verbundprojekte setzte, in denen Industrie und Wissenschaft kooperierten, standen mehr Mittel für wissenschaftliche Einrichtungen bereit.

---

30 FhG, ISE, AR, Kuratorium, Protokoll der 4. Sitzung des Kuratoriums, 19.1.1984.
31 FhG, ZA 522, Aktennotiz, Besprechung über Zusammenarbeit Siemens/ISE auf dem Gebiet der Photovoltaik am 18.5.1983.

3. Die Bundesregierung sah sich durch die öffentliche Reaktion auf den Störfall in Tschernobyl stark unter Druck gesetzt. Diesen wollte sie unter anderem durch einen Ausbau der Photovoltaikförderung abfangen.
4. Schließlich erhielt die Diskussion um den Treibhauseffekt und das CO_2 immer mehr Gewicht, so daß sich das BMFT veranlaßt sah, mit dem Ausbau einer umweltfreundlicheren Technologie zu reagieren.[32]

Das für Sonnenenergie zuständige Referat des BMFT drängte demzufolge seit 1985 auf einen Ausbau der Forschungen des ISE. Das Institut nahm die Chance wahr. Es nützte die Gelder aus Bonn zwar auch dazu, die Solarzellenforschung auszubauen. Neben der Entwicklung der Galliumarsenidzellen legten die Freiburger den Schwerpunkt ihrer Arbeiten darauf, in Kooperation mit der Industrie ihre Bemühungen zur Optimierung des Wirkungsgrads von Siliziumsolarzellen zu steigern (FhG 1985: 28–29, 31).[33]

Zunächst konzentrierte sich das ISE aber auf seine Aktivitäten im Bereich der photovoltaischen Systemtechnik für netzferne Kleinanwendungen. Das Institut wollte zusammen mit kleinen und mittelständischen Unternehmen Produkte entwickeln, in die die Nutzung eines Photovoltaikgenerators integriert war. Diese Aktivitäten wurden als Teil einer umfassenden Strategie betrachtet, mit der über netzferne Anwendungen ein zusätzliches Marktpotential erschlossen und so eine Kostenreduktion bei der Photovoltaikherstellung ermöglicht werden sollte. Dadurch würden die Hersteller wiederum auf neuen Märkten konkurrenzfähig werden. Dieser Ansatz des ISE fand rasch Resonanz. Bis 1988 hatte das Institut 22 Kooperationsverträge mit Industrieunternehmen abgeschlossen. Bis 1990 erhöhte sich die Zahl der Projekte auf 28. Sie reichten von der photovoltaisch versorgten Hausnummernbeleuchtung bis zum solarbetriebenen Staubsauger. Neben den konkreten Entwicklungsvorhaben legten die Freiburger Forscher zunehmenden Wert auf eine Beratung interessierter Firmen. Denn die fachwissenschaftliche Diskussion der Solarforschung war mittlerweile so komplex geworden, daß sie vie-

---

32 Mener (1999: Kap.6).
33 FhG, ZA 522, Weiterentwicklung des ISE, Bericht über ein Gespräch mit Herrn Dr. Klein im BMFT, 16.1.1985; FhG, ISE, AV, Kuratorium, Bernhard Voß: Zehn Jahre Forschung und Entwicklung im ISE an Solarzellen aus reinem Silizium. Beilage zum Protokoll der 10. Sitzung des Kuratoriums, 27.6.1990.

len Firmen nicht die benötigte praxisrelevante Hilfestellung bot, sondern sie eher abschreckte.[34]

Bei der photovoltaischen Systemtechnik für Inselhäuser wurden die neuen Möglichkeiten, die sich aus der verstärkten Förderung aus Bonn ergaben, in Freiburg erst relativ spät genutzt. Diskussionen über ein Anschlußvorhaben für die 1982 in diesem Bereich begonnenen Arbeiten lassen sich erst ab 1987 nachweisen. Hauptursache für die Verzögerung zwischen dem ersten Drängen des BMFT im Jahr 1985 und dem Beginn eines Anschlußvorhabens auf dem Gebiet der netzfernen Häuser im Jahr 1989 war der schon erwähnte Lernprozeß bei dem Projekt zur Entwicklung eines Photovoltaikgenerators für netzferne Häuser. Erst 1986 hatte das ISE, mittlerweile mit einem neuen Partner, ein Konzept für dieses Vorhaben gefunden, das sich auch verwirklichen ließ. Nun konnte es an die Planung für ein Anschlußvorhaben gehen. In einem vom BMFT geförderten Projekt installierte das ISE dann von 1989 bis 1993 in 17 nicht an das Stromnetz angeschlossenen Anwesen Photovoltaikgeneratoren, um Erfahrungen in deren Dauerbetrieb zu sammeln und diese in Weiterentwicklungen umzusetzen.[35]

Der Schwerpunkt der Arbeiten lag nun noch stärker als zuvor darauf, die Anlagen im praktischen Betrieb kennenzulernen, gegebenenfalls die Generatoren weiterzuentwickeln und Hilfestellung bei ihrer Vermarktung zu leisten. So unterstützte das ISE im Rahmen dieses Projekts ein Unternehmen,

---

34 FhG, ISE, AB, PV-Haus, Literatur, Berichte, Presseartikel, A. Goetzberger: Wachstum durch Photovoltaik, 29.9.1985, S. 5–6; FhG, ISE, Aktenbestand Roth, Werner Roth u. a.: Photovoltaische Energieversorgung für Geräte im kleineren und mittleren Leistungsbereich, Abschlußbericht, Forschungsvorhaben 0328689A, Bundesminister für Forschung und Technologie, 1991, S.1–2, 27–33, 168–234; ebd., W. Roth: Zwischenbericht zum Forschungsvorhaben. Berichtszeitraum 1.1.88–31.12.88, S. 5; ebd., Zwischenbericht zum Förderungsvorhaben Photovoltaische Energieversorgung von Geräten im kleinen und mittleren Leistungsbereich, Berichtszeitraum 1.1.89–31.12.89, S. 6; ebd., W. Roth: Zwischenbericht zum Förderungsvorhaben. Photovoltaische Energieversorgung von Geräten im kleinen und mittleren Leistungsbereich, Berichtszeitraum 1.1.90–31.12.90, S. 5.
35 FhG, ISE, AB, Anträge, Inselbetrieb, Häuser, 49, Schmid an EVS, 15.10.1987; FhG, ISE, AB, Bopp/Schmid: Photovoltaische Energieversorgung von Inselsystemen. Abschlußbericht zum BMFT-Forschungsvorhaben 328998 A, 1994, S. 1–4.

das ebenfalls in zwölf Demonstrationsobjekten Photovoltaikgeneratoren im Inselbetrieb testete.[36]

Das Reaktorunglück von Tschernobyl hatte großen Einfluß auf den Ausbau der Freiburger Forschungen. Das ISE konnte nach dem Kraftwerksunfall Projekte durchführen, die zuvor wegen mangelnder staatlicher Unterstützung auf Eis gelegen hatten. Das zeigt das Beispiel der Freiburger Forschungsvorhaben im Bereich der passiven Sonnenenergienutzung. Das ISE hatte sich schon 1984 beim BMFT um die Genehmigung eines Anschlußvorhabens bemüht, in dem es die im Projekt »Legis« gewonnenen Kenntnisse über transparente Dämmstoffe weiterentwickeln und auf andere Anwendungen wie etwa Deckgläser von Kollektoren übertragen wollte. Das Projekt wurde erst 1986, nach Tschernobyl, genehmigt.[37]

Deutlich wird der Einfluß Tschernobyls auch im Falle des von Goetzberger vorangetriebenen Projekts eines energieautarken Solarhauses. Schon in der Gründungsphase des Instituts hatte er die Idee verfolgt, ein Haus zu entwickeln, dessen Energieversorgung allein auf Sonnenenergienutzung und solar erzeugtem Wasserstoff beruht. Obwohl die Idee zunächst keinen großen Widerhall gefunden hatte, bildete sie den Hintergrund der am ISE durchgeführten Arbeiten zur Wasserstoffnutzung (FhG 1984: 53). Nach Tschernobyl ergriff Goetzberger erneut die Initiative und schlug vor, Projektmittel zur Entwicklung eines solchen Hauses zu beantragen. Schon im August 1986 begann das ISE, Gelder für das Vorhaben zu akquirieren. 1992 war das Ziel verwirklicht. Das energieautarke Solarhaus in Freiburg konnte eingeweiht werden (FhG 1992: 77–82).[38]

---

36 FhG, ISE, AB, Bopp/Schmid: Photovoltaische Energieversorgung von Inselsystemen, Abschlußbericht, BMFT-Forschungsvorhaben 328998 A, 1994, S.1–2, 5–8, 17–19, 21, 94–102; FhG, ISE, AB, Anträge, Inselbetrieb, Häuser, 49, A. Goetzberger/J. Schmid: Vorhabensbeschreibung zum Förderungsvorhaben BMFT/KFA – PLE Untersuchung und Optimierung von Photovoltaikanlagen zur elektrischen Energieversorgung von Inselsystemen (1988/89), S. 3–12; ebd., Arbeitsprogramm und technische Beschreibung (1989), S. 1.

37 FhG, ISE, AW, Solarapertur I, Wittwer an KFA Jülich, 20.12.1984; ebd., Transparente Wärmedämmstoffe, Anlage zu Wittwer an KFA Jülich, 20.12.1984, S.1–3; ebd., KFA Jülich an Wittwer, 22.1.1985; ebd., Entwicklung und Einsatz transparenter wärmedämmender Materialien (TRAMA), Anlage zu Wohler/Loeser an KFA, 17.3.1986, S. 1–6, 10–13; ebd., KFA Jülich an FhG Zentralverwaltung, 7.11.1986.

38 FhG, ZA 521, Aktennotiz, Projektleitung Energieforschung, KFA Jülich, 23.1.1981; Interview mit Adolf Goetzberger, 29.8.1995; FhG, ISE, AR, ILA, Protokoll der ILA-

Grenzen des Ausbaus:
Industrieorientierte Technikentwicklung ohne Markt

Die verbesserte Auftragslage des Instituts führte zu einer Stabilisierung seiner finanziellen Situation. Die Einnahmen aus Wirtschaftsaufträgen und aus Forschungsprojekten des Bundes sowie der Anteil der Wirtschaftserträge am Betriebshaushalt des Instituts stiegen an (Tabelle 2).

Allerdings lernte das ISE schon im Zusammenhang mit dem Ausbau der Photovoltaikforschungen, den das BMFT 1985 vorgeschlagen hatte, die Grenzen dieses Wachstums kennen. Als die Freiburger das umfangreiche, vom BMFT finanzierte Projekt zur Entwicklung photovoltaischer Kleingeräte planten, drohte ein Konflikt mit der Finanzverfassung der FhG, die einen deutlichen Anteil an Industrieerträgen verlangte. Die Zentralverwaltung der Gesellschaft drängte deshalb darauf, die Stellen des Instituts nicht in dem vom ISE gewünschten Maß auszubauen, sondern nach anderen Wegen zu suchen, um der plötzlichen Nachfrage eines staatlichen Auftraggebers nach zusätzlichen Forschungsleistungen nachzukommen. 1986 einigten sich die Zentralverwaltung und das ISE schließlich auf eine Lösung, die zwei Jahre zuvor im Zusammenhang mit der Errichtung eines neuen Mikroelektronikinstituts in Erlangen entwickelt worden war. Dort hatte die FhG eine Befristete Wissenschaftliche Arbeitsgruppe (BWA) eingerichtet, durch die für ein neues Arbeitsfeld zeitlich begrenzt Stellen zur Verfügung gestellt wurden. Diese wurden nur aus Projektmitteln finanziert und wirkten sich nicht auf die Höhe der vom Bund und den Ländern zu zahlenden Grundfinanzierung aus. Die BWA war für die FhG also ein Instrument, um trotz der eingrenzenden Vorgaben des Fraunhofer-Modells flexibel in neue Forschungsgebiete expandieren zu können, in denen sie noch keine stabile Nachfrage von staatlichen oder industriellen Auftraggebern sah und in denen sie sich deshalb noch nicht so stark engagieren wollte, daß sie mit dem Bund über eine Erhöhung der Grundfinanzierung verhandelte.[39]

Die Zentralverwaltung und das Freiburger Institut hofften, das Problem der fehlenden Industrieerträge durch die BWA vorerst unter Kontrolle zu

---

Sitzung, 30.7.1986; FhG, ZA 523, A. Goetzberger: Projektantrag. Energieautonomes Solarhaus, 28.8.1986.
39 FhG, ZA 523, Syrbe an Goetzberger, 30.6.1986; FhG, ZA 36, Bericht des Vorstandes vor dem Senat am 24.10.1984.

haben. 1986 freute sich der Vertreter der Zentralverwaltung auf der Kuratoriumssitzung, daß der Betriebshaushalt des ISE im Vorjahr zu 79% aus eigenen Erträgen bestanden habe. Außerdem liege das ISE »auch beim Anteil der Industrieeinnahmen mit fast 40% [...] in der oberen Hälfte der FhG-Institute«. Goetzberger hoffte ebenfalls, daß die BWA »die Situation etwas entspannt«. Die Zufriedenheit, die die Zahlen vermittelten, war allerdings trügerisch. Die Industrieerträge des ISE bestanden in dieser Phase zumeist aus Projekten, die das BMFT in den entsprechenden Unternehmen mit mindestens 50% förderte. Deshalb waren die Industriegelder eigentlich verkappte Aufträge des Forschungsministeriums und somit kein Garant für eine Industrieorientierung des ISE. Diese Schwierigkeit fiel zunächst nur dem Vertreter des BMFT im Kuratorium des ISE auf. Die Zentralverwaltung vertraute dagegen optimistisch den bloßen Zahlen.[40]

Seit Ende 1987 verließ sich die FhG-Zentrale aber nicht mehr auf eine äußere Arithmetik, sondern drängte, bei der Finanzierung des ISE einen ausreichenden Industrieanteil sicherzustellen. Als Druckmittel benutzte sie wie schon bei der BWA die Stellenzuteilung an das Institut. Die Zentralverwaltung argumentierte, daß sie ohne eine Steigerung der Industrieerträge des Instituts die vom ISE gewünschte Stellenerhöhung nicht durchführen könne, die die Freiburger wiederum zur Bearbeitung der anstehenden öffentlichen Projekte benötigten. Um den Druck der Zentrale zu verstehen, muß man fünf Faktoren berücksichtigen.

Erstens drohte Anfang 1989 der Auftrag von Siemens auszulaufen, so daß das Institut in Gefahr war, einen großen Teil seiner Industrieerträge zu verlieren. Dies trat dann auch tatsächlich ein. Zweitens versuchte das ISE in jenen Jahren, stärker in die Erforschung der Wasserstoffnutzung einzusteigen, einen Forschungsbereich, der nach Tschernobyl vor allem durch öffentliche Aufträge gefördert wurde. Deshalb war zu befürchten, daß der Anteil der Industrieerträge am Betriebshaushalt des ISE weiter verringert werden würde. Die Haltung der Zentralverwaltung hing drittens damit zusammen, daß in der zweiten Hälfte der 1980er Jahre der Konkurrenzdruck in der Solarforschung anstieg. 1986 entstand in Niedersachsen das Institut für Solarenergieforschung in Hameln (ISFH). Zwei Jahre später wurde das Stuttgarter Zentrum für Sonnenenergie und Wasserstofforschung gegründet, an

---

40 FhG, ISE, AR, Kuratorium, Protokoll der 6. Sitzung des Kuratoriums, 4.6.1986.

dem mehrere Industrieunternehmen, Stuttgarter Universitätsinstitute sowie die Deutsche Forschungsanstalt für Luft- und Raumfahrt beteiligt waren. Unter dem Eindruck dieser Konkurrenzsituation drängte die Zentralverwaltung der FhG das ISE, sich besonders beim Ausbau der Wasserstoffforschungen zurückzuhalten, da deren Finanzierung über die damals anstehenden staatlichen Forschungsaufträge hinaus unsicher schien.[41]

Viertens übernahm das ISE ein weiteres großes Forschungsprojekt von der Industrie. 1988 sah sich der Halbleiterhersteller Wacker Chemitronic gezwungen, wegen der Schwierigkeiten am Halbleitermarkt sein Engagement auf dem Gebiet der Photovoltaik zu reduzieren. Das Unternehmen mußte sich deshalb aus einem vom BMFT finanzierten Projekt zurückziehen, in dem Verfahren zur Herstellung kostengünstigen Siliziums für Solarzellen entwickelt worden waren. Das ISE führte die Entwicklung ab 1989 als einen von Bonn finanzierten Auftrag fort. Dadurch verringerte sich der Anteil der Industrieerträge des ISE weiter (FhG 1989, S.13, 18–19, Tabelle 2).[42]

Fünftens gilt es, Veränderungen zu berücksichtigen, die die Fraunhofer-Gesellschaft als ganzes betrafen. Auch die Zentrale der Gesellschaft sah die vom ISE angeführte Notwendigkeit, ausreichende Mittel für Arbeitsgebiete zur Verfügung zu haben, bei denen sich noch kein Markt etabliert hatte. Da aber das BMFT am Ende der 1980er Jahre darauf drängte, den Gesamtumfang der Fördermittel des Bundes für die FhG zurückzufahren und deren Wirtschaftserträge zu erhöhen, besaß die Gesellschaft wenig Handlungsspielraum. Sie sah sich mit dem Problem konfrontiert, daß die jeweiligen Ansprechpartner der Zentrale und des ISE im BMFT eine unterschiedliche Politik verfolgten. Während das für das ISE zuständige Referat forderte, die staatlich finanzierte Solarforschung auszubauen, drängte der Ansprechpartner der Zentralverwaltung darauf, den Anteil der Industriefinanzierung am Fraunhofer-Gesamthaushalt zu erhöhen.[43]

Das ISE versuchte zunächst, die Situation der Münchner Zentrale zu berücksichtigen. Die Freiburger nahmen das auch von der Verwaltung in München diskutierte Argument in Anspruch, daß die Arbeit des ISE durchaus

---

41 FhG, ZA 523, Syrbe an Goetzberger, 19.11.1987; FhG, ISE, AR, Protokoll der 8. Sitzung des Kuratoriums, 16.6.1988, Beiblatt 2; FhG, ISE, Altaktenbestand Eyer (AE), Protokoll, 4.4.1989.
42 FhG, ZA 523, Aktennotiz, 16.9.1988.
43 FhG, ISE, AV, Protokoll der 8. Sitzung des Kuratoriums, 16.6.1988.

industrierelevant sei, die Unternehmen wegen des fehlenden Marktes für Solartechnik aber noch keine Gelder für Forschungsaufträge aufbrächten. Das Forschungssystem müsse hier also gewissermaßen Vorleistungen erbringen. Die Wirtschaftsorientierung sollte deshalb nicht nur über den quantifizierten Industrieanteil an der Institutsfinanzierung gemessen werden. Vielmehr müßten zusätzliche Kriterien für die Wirtschaftsrelevanz der eigenen Forschungen eingeführt werden. Die Zentralverwaltung blieb aber bei dem Kriterium, an dem die FhG als ganzes vom BMFT beurteilt wurde und koppelte einen eventuellen Stellenausbau am ISE an einen Anstieg seiner Industrieerträge. Daraufhin griffen die Freiburger zu anderen Mitteln. Sie schlugen vor, eine eigene GmbH zu gründen und die anstehenden öffentlichen Forschungsprojekte über diese Firma abzuwickeln, um so freie Hand bei der Stellenplanung zu haben. Erst nachdem diese zusätzliche Option ins Spiel gebracht worden war, fanden die Zentralverwaltung und das Institut zu einem Kompromiß: Das ISE erhielt einen begrenzten Stellenzuwachs und bemühte sich zugleich intensiv um weitere Wirtschaftsaufträge.[44]

Die Situation entschärfte sich erst Anfang der 1990er Jahre. Nach der Wiedervereinigung änderte sich die Haltung der Bundesregierung. Im Zusammenhang mit den neuen finanziellen Belastungen stellte sie das Ausmaß der Förderung regenerativer Energien in Frage. Zugleich liefen größere, überwiegend staatlich finanzierte Projekte aus, die noch Ende der 1980er Jahre für eine wahre Auftragsflut am ISE gesorgt hatten. Beispiele sind der Abschluß der Arbeiten am energieautarken Solarhaus im Jahr 1992 oder die Beendigung der Arbeiten am Gießverfahren für Silizium, die man von Wacker übernommen hatte, zu Beginn des nächsten Jahres (FhG 1992: 16, 47, 77, 82–83). Dem ISE erschien diese Entwicklung schon Ende 1991 besonders bedrohlich (FhG 1992: 1). Man sah sich in Freiburg gezwungen, die eigenen Forschungen zu reduzieren und auf Schwerpunkte zu konzentrieren. Gleichzeitig ging Goetzberger mit der Warnung an die Öffentlichkeit, die zurückgehende Förderung durch das Forschungsministerium gefährde das ISE (FhG 1993: 6). Dieses Engagement des 1993 ausscheidenden Instituts-

---

44 FhG, ZA 523, ISE, Strategiegespräch und vorbereitendes Finanzgespräch für 1990, 5.7.1989, S. 1.3, 1.7, 2.14; ebd., Syrbe an Goetzberger, 25.7.1989, 12.2.1990 u. 30.5.1990; ebd., Aktennotiz, 2.2.1990; FhG, ISE, AV, Kuratorium, Protokoll der 9. Sitzung des Kuratoriums, 2.11.1989; FhG, ISE, AV, ILA, ILA-Sitzung, 6.7.1989; Interview mit Adolf Goetzberger, 29.8.1995.

leiters trug sicher dazu bei, daß die befürchtete Entwicklung nicht eintrat: Die Erträge aus der Vertragsforschung für das BMFT gingen zwar zurück, konnten aber durch vermehrte Wirtschaftsaufträge und eine Erhöhung der Grundfinanzierung ausgeglichen werden. Die Steigerung der Wirtschaftsaufträge, die das ISE unter Goetzbergers Nachfolger Joachim Luther erfolgreich fortführte (Tabelle 2), wurde neben dem Aufschwung auf den Märkten für thermische und photovoltaische Sonnenenergienutzung (Stryi-Hipp 1995: 82–84; Hielscher 1995: 43–46) auch dadurch begünstigt, daß die Firmen auf diesem Markt unter starkem Kostendruck standen und somit möglichst viele FuE-Aktivitäten auslagern mußten.[45]

Fazit

Abschließend läßt sich festhalten, daß das Fraunhofer-Modell das in den »langen« siebziger Jahren entstandene Leitbild einer stärkeren Verzahnung von Wissenschaft und Markt erfolgreicher als alle anderen Formen der Forschungsorganisation umsetzte, die die Bonner Regierung in jener Zeit einrichtete. Allerdings gilt dies nur für schon bestehende Märkte. Bei Märkten, die sich erst entwickeln, bietet die Betonung der Industrieerträge im Rahmen des Fraunhofermodells zwar auch Vorteile. Die Institute sind gezwungen, aktiv auf die Industrie zuzugehen und ihre Kenntnisse in den Markt zu transferieren. Durch diesen Druck trug das ISE dazu bei, daß sich der Markt für photovoltaische und thermische Solaranlagen in den 1990er Jahren deutlich stärker als zuvor entwickelte.

Das Erfolgsmodell der FhG stößt bei der Erschließung neuer Märkte aber auch an seine Grenzen. Während die Finanzverfassung der Gesellschaft einen deutlichen Anteil an Industrieerträgen forderte, hielt sich die Industrie zurück, weil sie noch keine Vermarktungsmöglichkeiten sah. Die großen, von der Industrie finanzierten Forschungsaufträge, die das Institut zwischen 1984 und 1988 erhielt, ändern an diesem Bild nichts wesentliches. Denn diese

---

45 FhG, ISE, AE, SP 152–314, Verwaltungsgespräch, 12.11.1991; FhG, ISE, AV, Kuratorium, Protokoll der 12. Sitzung des Kuratoriums, 24.6.1992.

Aufträge waren faktisch vom BMFT mitfinanzierte Projekte, aus denen sich die Industrie nach einigen Jahren zurückzog.

Die fehlende Industrienachfrage begrenzte die Möglichkeiten des ISE, die von staatlicher Seite gewünschten Forschungsleistungen in vollem Umfang zu erbringen. Diese Grenzen des Erfolgsmodells werden an den folgenden drei Punkten besonders deutlich

1. an den Überlegungen des Instituts, laufende Forschungsprojekte einzustellen,
2. an dem Stellenmangel des Instituts, und
3. an der Begrenzung geplanter Forschungsprojekte.

Die Situation entspannte sich erst, als sich Anfang der 1990er Jahre die Realität dem Fraunhofer-Modell anpaßte: Bonn schränkte die Förderung der Solarforschung ein, während die Nachfrage der Industrie nach Forschungsleistungen im Zusammenhang mit dem Aufschwung am Solarmarkt anstieg.

Alexander Gall

Von »IBM« zu »Silicon Valley«. Leitbilder der Forschungspolitik zur Mikroelektronik in den siebziger und achtziger Jahren

Wenn man Forschung als Investition in die Zukunft begreift, deren Ergebnisse von Unsicherheit gekennzeichnet sind,[1] dann gilt dies um so mehr von staatlicher Forschungsförderung. Vorstellungen von Zukunft, also Visionen oder – auf zeitlich näher liegende und konkretere Dimensionen übertragen – Leitbilder, spielen eine wesentliche Rolle, wenn der Staat den Rahmen für die Entstehung von neuem Wissen und neuer Technologie setzt. Leitbildern kommt dabei schon deshalb erhebliche Bedeutung zu, weil sie durch die Vorgabe eines erstrebenswerten und für realisierbar gehaltenen Ziels Orientierung schaffen sowie über fach- und milieuspezifische Grenzen hinweg Verständigung ermöglichen.[2] Besonders deutlich wurde der Zusammenhang von Zukunftsvorstellungen und Forschungspolitik bei der Gründung des sogenannten Atomministeriums im Jahr 1955, die nicht von ungefähr in eine Phase fiel, in der die Visionen vom künftigen »Atomzeitalter« ihren Höhepunkt erreicht hatten (Rusinek 1996: 103–109).

---

1 »Unsicherheit« oder »Risiko« gilt aus der wohlfahrtstheoretischen Perspektive der Volkswirtschaft als eines der wesentlichen Argumente für die staatliche Förderung von FuE, vgl. Bruder/Dose (1986: 17–19); Klodt (1995: 14–17).
2 Zum Konzept der Vision vgl. Trischler/Dienel (1997: 15–22); zu dem des Leitbildes Dierkes u. a. (1992: 41–58).

Auch bei der staatlichen Förderung der Mikroelektronik kam den Vorstellungen, die sich Politiker, Beamte, Unternehmer und Wissenschaftler von deren Zukunft in Deutschland machten, eine nicht zu unterschätzende Bedeutung zu. Während aber die Visionen vom Atomzeitalter in den 1950er Jahren wenig mit dem damaligen Stand der zivilen Kerntechnik gemein hatten, konnten Mikroelektronik und Datenverarbeitung Ende der 1960er Jahre bereits die ersten kommerziellen Erfolge feiern, wenn auch nur auf der anderen Seite des Atlantiks. Dies spiegelte sich nicht zuletzt in der Diskussion um die »technologische Lücke«, die der bundesdeutschen Forschungspolitik wohl den entscheidenden Anstoß gab, auf diesem Gebiet tätig zu werden (Bähr 1995; Stoltenberg 1971: 252–260). Doch nicht nur die Impulse für die politische Initiative kamen aus den USA, sondern mit *IBM* auch gleich das entsprechende Leitbild, das der deutschen Politik bis zum Ende der 1970er Jahre als Orientierung diente. Auch in der »zweiten Phase« der bundesdeutschen Forschungspolitik zum Thema Mikroelektronik – so die im folgenden vertretene These – lieferten die USA das beherrschende Vorbild, das nun aber nicht mehr *IBM*, sondern *Silicon Valley* hieß. Dieser Wandel am Ende der 1970er Jahre hatte mehrere Voraussetzungen: Mit den Bundesländern ergriffen neue Akteure mit neuen Zielen die Initiative in der Forschungspolitik zur Mikroelektronik. Anstelle einzelner Großunternehmen standen nun Regionen im Vordergrund, in denen die Konzentration von Forschungsressourcen und mittelständischen Technologieunternehmen neue Wachstumsschübe auslösen sollte. Der Versuch, das Leitbild *Silicon Valley* umzusetzen, provozierte eine Eigendynamik, die schließlich in einem regionalen Wettlauf um herausragende Forscher und um die Gründung von Forschungsinstituten der Fraunhofer-Gesellschaft (FhG) mündete.

IBM als Leitbild

Als das Bundesforschungsministerium in Reaktion auf die »technologische Lücke« 1967 das erste Förderprogramm zur Datenverarbeitung beschloß, verfolgte es eine doppelte Strategie: Zum einen sollte die Entwicklung von Datenverarbeitungsprogrammen für Verwaltungsaufgaben gefördert werden, um über die Nachfragemacht der öffentlichen Hand einen exklusiven Markt für die deutschen Rechnerhersteller zu schaffen. Diese Pläne mündeten 1968 in die Gründung der Gesellschaft für Mathematik und Datenverarbeitung als Großforschungseinrichtung (Wiegand 1994: 59–83). Zum anderen erhielten die deutschen Computer- und Halbleiterunternehmen, allen voran Siemens und AEG Telefunken, durch die direkte Förderung ihrer Forschungsprojekte in erheblichem Umfang finanzielle Unterstützung. Der Anteil der industriellen Förderung machte während des ersten Förderprogramms zur Datenverarbeitung von 1967 bis 1970 knapp 70% und während des zweiten und dritten Förderprogramms von 1971 bis 1979 knapp 40% des jeweiligen Fördervolumens aus. Allein auf Siemens entfielen in diesem Zeitraum rund eine Milliarde DM an Fördergeldern. So, wie im gesamten Förderprogramm, lag der Schwerpunkt auch in dessen Teilgebiet Mikroelektronik im industriellen Bereich. Insgesamt gesehen war das Datenverarbeitungs-Förderprogramm nicht nur von einer Industrie-, sondern auch von einer Technologielastigkeit gekennzeichnet.

In beiden Fällen trafen sich die Interessen der Unternehmen mit denen des Bundesforschungsministeriums. Hätten die Beteiligten die Wettbewerbsschwäche der deutschen Unternehmen nicht auf technologische Rückstände zurückgeführt, sondern auf mangelnde Finanzkraft, unzureichende Vertriebsmethoden oder Managementfehler, dann wäre die Förderung in die Domäne des Wirtschaftsministeriums gefallen. Aufgrund ordnungspolitischer Bedenken hätte sich das liberal geführte Wirtschaftsministerium aber wohl allenfalls zu einer äußerst zurückhaltenden Unterstützung bereit gefunden. Die Konzentration auf wenige Großunternehmen versprach ebenfalls Vorteile für beide Seiten: einen geringeren Verwaltungsaufwand und eine überschaubare Zahl von Ansprechpartnern für das Ministerium, höhere Förderanteile sowie eine systematischere Ausrichtung des Programms an den eigenen Interessen für die besagten Unternehmen (Stucke 1993: 182–215).

Diese Politik stand nicht zuletzt unter dem Eindruck des Erfolges von *IBM*, dem damaligen Weltmarktführer. Durch die gezielte Förderung der heimischen Großunternehmen versuchte man, ein Pendant zu dem bewunderten Vorbild zu schaffen. Dies galt in ähnlicher Weise für die deutschen Unternehmen, die durch die Entwicklung von Universalrechnern mit *IBM* auf den Märkten konkurrierten, auf denen der amerikanische Computergigant seine größten Stärken besaß. Die Alternative, neue Märkte zu erschließen, wurde demgegenüber kaum verfolgt (vgl. Bähr 1995: 120; Stucke 1993:

189).[3] Verstehen läßt sich die Strategie von Unternehmen und Forschungsministerium daher als Ergebnis eines industriepolitischen Denkens, in dessen Hintergrund *IBM* als Leitbild stand. Eine vergleichbare Entwicklung läßt sich im übrigen Europa beobachten. Aber ebenso wie in Deutschland ging auch dort der *clash of the titans* zuungunsten der Unternehmen aus, die als nationale »Champions« gegen *IBM* antreten sollten (Flamm 1990: 233).

Bis Mitte der 1970er Jahre änderte sich an der Politik des Bundesforschungsministeriums wenig. Erst als man mit zunehmender Mittelknappheit zu kämpfen hatte und unter verschärften Legitimationsdruck geriet, zeichnete sich mit dem neuen Konzept von »Forschungspolitik als Strukturpolitik« eine Wende ab (Hauff/Scharpf 1975). Die direkte Technologieförderung, von der die Großunternehmen in erster Linie profitiert hatten, blieb jedoch trotz dieser programmatischen Revision bis zum Ende der 1970er Jahre weitgehend unangetastet. Lediglich innerhalb des Förderprogramms wurden die Schwerpunkte zugunsten einer größeren Anwendungsorientierung verschoben. Als am Ende des dritten Datenverarbeitungsprogramms 1979 die deutschen Halbleiterunternehmen dem Ziel internationaler Wettbewerbsfähigkeit kaum näher gekommen waren, gestand man sich im BMFT das Scheitern dieser Politik ein (Stucke 1993: 199).

Forschungspolitik zwischen Bund und Ländern

Die Forschungspolitik war in den 1970er Jahren von einer in der Geschichte der Bundesrepublik bis dahin unbekannten Dominanz des Bundes über die Länder geprägt, die sich in dieser Zeit stark in der Bildungspolitik engagierten, gleichzeitig aber allgemein einen schwindenden politischen Gestaltungsspielraum hinzunehmen hatten (Jäger 1987: 56–58; Thränhardt 1996: 173-174, 199). Vorangegangen war 1969 die Aufnahme des Artikels 91 b in das Grundgesetz, durch den die bundespolitische Forschungsförderung

---

3 Auch der Forschungsbericht zur Datenverarbeitung, in dem das Datenverarbeitungsprogramm des BMFT von 1967 bis 1979 von einer Arbeitsgemeinschaft, bestehend aus SRI International und Arthur D. Little, evaluiert wurde, zeigt, wie sehr IBM die Maßstäbe für die Politik des BMFT lieferte, siehe SRI International/Arthur D. Little (1982).

rechtlich abgesichert wurde. In der Folge übernahm der Bund die Initiative bei der Neuordnung des bundesdeutschen Wissenschaftssystems. Mit der »Rahmenvereinbarung Forschungförderung« wurde 1975 die Konsequenz aus der Grundgesetzänderung gezogen und das Verhältnis zu den Ländern auf eine neue Grundlage gestellt.

Eines der wichtigsten Ergebnisse dieser Umbruchphase war eine durchgreifende Reform der Fraunhofer-Gesellschaft, die sich damit endgültig als ›vierte Säule‹ im bundesdeutschen Forschungssystem etablieren konnte. Dabei hatten die Länder, die ursprünglich den Ton in der Münchner Gesellschaft angegeben hatten, aus der Defensive reagiert. Daran änderte sich auch 1977 nichts, als die neuen Regelungen für die FhG in Kraft traten. Sie setzten bei deren Finanzierung vielmehr auf einen rigiden Sparkurs, der das Ende aller Ausbaupläne zu bedeuten schien (Trischler/vom Bruch 1999: 136). Die forschungspolitische Abstinenz der Länder beschränkte sich in der ersten Hälfte der 1970er Jahre jedoch nicht auf die FhG; Volker Hauff und Fritz Scharpf, die beiden Väter einer strukturpolitisch motivierten Forschungspolitik, kritisierten die Bundesländer in ihrer programmatischen Schrift zur »Modernisierung der Volkswirtschaft« vielmehr für ihre Tendenz zu einer strukturkonservativen Regionalpolitik. Deren bisher üblichen Instrumente führten eben nicht zu einer Ansiedlung von Unternehmen aus den Wachstums-, sondern aus den Krisenbranchen, die sich dem Kostendruck in den entwicklungsstarken Regionen nicht mehr gewachsen zeigten (Hauff/Scharpf 1975: 42-43).

Zumindest auf programmatischer Ebene begann sich hier in der zweiten Hälfte der 1970er Jahre ein Wandel abzuzeichnen. Als Vorreiter legte Baden-Württemberg 1977 ein spezielles Programm für eine mittelstandsorientierte und strukturpolitisch motivierte Forschungs- und Technologiepolitik auf. Diesem Beispiel folgten bald Nordrhein-Westfalen sowie etwas später Niedersachen, Berlin und Bayern (Weitkamp 1991: 43, 150, 189, 281; Bickenbach/Canzler 1989; Buchholz 1990; Fleck 1991: 163–165). Auch zu Beginn der 1980er Jahre waren es diese Bundesländer, die sich forschungspolitisch besonders exponierten und in teilweise heftige Konkurrenz zueinander traten.

Der forschungspolitische Wettlauf der Bundesländer war wesentlich von der Diskussion um das sogenannte »Süd-Nord-Gefälle« geprägt. Dieses Schlagwort diente seit Mitte der 1970er Jahre dazu, die wachsende Diskrepanz zwischen den wirtschaftlich prosperierenden süddeutschen und den im Vergleich zurückbleibenden norddeutschen Ländern zu beschreiben. Aber auch bei der Verteilung von Forschungsinstituten und -mitteln existierte eine Benachteiligung des Nordens. Während sich jedoch die Ergebnisse einer jahrzehntelangen ökonomischen Entwicklung nicht ohne weiteres umkehren ließen, konnte man die Standortentscheidung über neue Forschungsinstitute vergleichsweise einfach beeinflussen und wenigstens in diesem Punkt auf Ausgleich drängen (Sinz/Strubelt 1986; für die 1980er Jahre s. a. Sternberg 1995: 205–211).

Im Hinblick auf die von Hauff und Scharpf beklagten Defizite in der Regionalpolitik schien sich mit der Schlüsseltechnologie[4] »Mikroelektronik« eine besondere Chance zu bieten, überkommene Industrie- und Beschäftigungsstrukturen grundlegend zu modernisieren. Die Kurzformel, die hinter diesen Hoffnungen stand, hieß *Silicon Valley*. Nach dem Zweiten Weltkrieg hatten sich eine Vielzahl von Halbleiterfirmen im agrarisch geprägten *Santa Clara County* südlich von San Francisco angesiedelt und es in eine einzigartige Industrielandschaft verwandelt. Bereits Mitte der 1930er Jahre hatten sich durch die Initiative von Frederick Terman, Professor für Elektrotechnik an der *Stanford University*, enge Beziehungen zwischen jungen Elektronikunternehmen und der privaten Elite-Universität gebildet. Die Gründung der *Hewlett-Packard Company* 1937, bei der Terman zwei seiner Studenten vielfach unterstützte, gilt deshalb oft als der eigentliche Beginn des Phänomens *Silicon Valley*. Um die Verbindungen zu den regionalen Unternehmen weiter auszubauen, gründete Terman Anfang der 1950er Jahre den *Stanford Industrial Park*, der Vorbild für weitere Gründungen innerhalb und außerhalb der Vereinigten Staaten wurde. Damit bestanden neben der attraktiven geographischen Lage schon wesentliche Voraussetzungen für den späteren Aufstieg der Region. Vor allem aus der 1957 gegründeten Firma *Fairchild Semiconductor* entstanden durch weitere Teilungen und Fusionen in den folgenden 20 Jahren annähernd 100 Firmen, die sich alle in der Umgebung ansiedelten. Diese Entwicklung ging mit einer außergewöhnlich hohen Fluktuation der Arbeitskräfte einher, was den Aufbau persönlicher Netzwerke ebenso begünstigte wie die schnelle Diffusion von technischem Wissen. Die außerordentliche wirtschaftliche Dynamik des *Valley* lebte von den hochqualifizierten Absolventen der *Stanford University*, von risikofreudigen

---

4 Zum Konzept der Schlüsseltechnologie vgl. Roobeek (1990: 33–38, 57–60, 76–79), dort auch weiterführende Literatur.

Kapitalgebern, die häufig selbst aus der Halbleiterbranche stammten, vor allem aber von einer spezifischen Kultur aus Konkurrenz und Zusammenarbeit, die die ansässigen Unternehmen prägte (Saxenian 1994: 20–27; Morris 1990: 89–91; Eckert/Schubert 1986: 191–213).

Die hohe Konzentration von High-Tech-Betrieben im *Silicon Valley* ist nicht auf ein direktes staatliches Engagement zurückzuführen. Indirekt jedoch hing das Wachstum der Region in hohem Maße von der öffentlichen Hand ab, da vor allem das *Department of Defense* und die NASA in der *take-off*-Phase der Halbleiterindustrie bis Mitte der 1960er Jahre als die Hauptabnehmer von Transistoren und Integrierten Schaltungen auftraten. Mit den sinkenden Preisen für Halbleiter entwickelte sich ab Mitte der 1960er Jahre ein kommerzieller Markt, in dem die Nachfrage aus Computerentwicklung, Unterhaltungselektronik und Kommunikationstechnik dafür sorgte, daß das steile Wachstum der Mikroelektronikindustrie anhielt (Mowery/Rosenberg 1989: 137–147). Als die High-Tech-Region schlechthin erhielt das *Silicon Valley* weltweite Publizität, die in unzähligen Regionen technologie- und wirtschaftspolitische Initiativen zur Ansiedlung forschungsintensiver Unternehmen auslöste (Sternberg 1995: 98). In Deutschland führte dies auf kommunalpolitischer Ebene im Anschluß an den Aufbau des Berliner Innovations- und Gründerzentrums (BIG) im Jahr 1983 zu einer ganzen Gründungswelle von Technologieparks (Schneider/Siebke 1987), auf landespolitischer Ebene zur Auflage von Förderprogrammen, aber auch verstärkten Konkurrenz um Forschungsressourcen. Tatsächlich schien die Landespolitik der Flut von Presseartikeln über das *Silicon Valley*, die erst zu Beginn der 1980er Jahre einsetzte (Deutinger 1998: 30–32), mit der Auflage ihrer Förderprogramme gar einen Schritt voraus zu sein.

Mit *Silicon Valley* stand ein Modell bereit, das vor allem durch eine hohe Konzentration von Technologieunternehmen und Forschungsressourcen gekennzeichnet war und damit einer regionalen Strukturpolitik den Weg weisen konnte. Als der Ausbau der Universitäten, dessen Folgekosten die Länder finanziell stark belasteten, gegen Ende der 1970er Jahre weitgehend abgeschlossen war, erschien die Ansiedlung neuer Fraunhofer-Institute als wesentlicher Schlüssel zum Erfolg einer solchen Politik in der Bundesrepublik. Ihre wirtschaftsnahe und anwendungsorientierte Arbeitsweise weckte nicht nur Hoffnungen auf eine bloße Verbesserung des regionalen Images, sondern auch auf unmittelbare Effekte bei ansässigen Unternehmen oder auf sogenannte *spin-off*-Gründungen in der Umgebung. Im übrigen knüpfte diese Politik gleichsam an die bildungspolitische Offensive zu Beginn des Jahrzehnts an, da die FhG bei der Ansiedlung ihrer Institute größten Wert auf Hochschulnähe legte. Zudem besaßen die Fraunhofer-Institute für die Länder gerade in den Zeiten sich verringernder Finanzspielräume ein besonders attraktives Finanzierungsmodell. Im Idealfall finanzierten sie sich zu zwei Dritteln aus Wirtschaftserträgen und öffentlichen Projektmitteln. Nur das letzte Drittel der Betriebskosten, die sogenannte Grundfinanzierung, fiel als kontinuierliche staatliche Aufwendung an. Hier sowie bei Gebäuden und Ausstattung übernahm aber der Bund die Kosten zu 90% (Hohn/Schimank 1990: 171–231). Bei einer derart geringen Belastung des eigenen Budgets taten sich die Länder leicht, die Gründung immer neuer Institute zu fordern.

Aber es waren schließlich die Länder selbst, die diese für sie so vorteilhafte Regelung wenigstens teilweise außer Kraft setzten: Den Anstoß dazu hatte im Sommer 1978 die Frage des Bundesvertreters im »Ausschuß Fraunhofer-Gesellschaft« geliefert, ob sich die Länder vorstellen könnten, »in Einzelfällen zusätzliche Mittel« für Investitionen zur Verfügung zu stellen. Zunächst stieß dieser Vorschlag zwar auf den kollektiven Widerstand der Ländervertreter, aber mit dem Hinweis auf die in den »Rahmenvereinbarungen« durchaus vorgesehene Ausnahmemöglichkeit für Sonderleistungen (Art. 6, Abs. 1) brachen Niedersachsen und dann Nordrhein-Westfalen aus der gemeinsamen Front aus und boten dem Bund eine fünfzigprozentige Beteiligung an den Investitionskosten an. Auf der einen Seite standen damit zwei Länder, die nicht nur in besonderem Maße mit ökonomischen Strukturkrisen zu kämpfen hatten, sondern auch auf die regionale Ungleichverteilung bei den Fraunhofer-Instituten verweisen und daher mit einigem Recht Nachholbedarf anmelden konnten. Auf der anderen Seite warnten Baden-Württemberg und zuletzt Bayern allein vor dem präjudizierenden Charakter der Sonderfinanzierungen, durch den die Länder in einen Wettbewerb gezwungen werden könnten, an dessen Ende sie die Investitionskosten womöglich zu 100% tragen müßten. Zugleich schnitten beide Länder aber bei der Verteilung von Forschungseinrichtungen überproportional gut ab und konnten eine vergleichsweise positive Wirtschaftsbilanz vorlegen. Doch auch die Appelle aus Bayern änderten letztlich nichts mehr daran, daß sich bei den anschließenden Standortentscheidungen die kurzfristigen Interessen einzelner

Länder Bahn brachen und damit genau der Wettbewerb in Gang gesetzt wurde, vor dem zuvor so nachdrücklich gewarnt worden war.[5]

Ende der 1970er Jahre existierten damit vier wesentliche Voraussetzungen, die zu einer Änderung der forschungspolitischen Situation im Bereich der Mikroelektronik führten:

1. Die industrie-orientierte Politik des BMFT war offensichtlich gescheitert.
2. Die Länder begannen, Forschung und Technologie als Mittel der Strukturpolitik zu entdecken.
3. Die Möglichkeit, einen höheren Anteil an den Bau- und Ausstattungskosten für neue Fraunhofer-Institute zu übernehmen, schuf eine konkurrenzträchtige Situation zwischen den Bundesländern.
4. Das Schlagwort vom »Süd-Nord-Gefälle« wirkte als politischer Katalysator.

Der forschungspolitische Wettlauf der Bundesländer

Auf zwei Institutsgründungen, die beispielhaft für die Wende in der Entwicklung seit Ende der 1970er Jahre stehen und wesentlich zu ihrer Dynamik beitrugen, soll im folgenden näher eingegangen werden.

Im Zuge des »Ruhrprogramms« hatte die nordrhein-westfälische Landesregierung ein Mikroelektronik-Forschungsinstitut für Duisburg vorgesehen. Ganz im Sinne des sozialdemokratischen Kurswechsels in der Forschungspolitik standen für die Landesregierung strukturelle Verbesserungen in einer von der Strukturkrise besonders betroffenen Region im Vordergrund ihrer Zielsetzung. Die inhaltliche Konzeption überließ sie dagegen dem BMFT und der FhG, die auch als Trägerorganisation vorgesehen war. Während das

---

5 IfZ, ED 721/208: Rahmenvereinbarung zwischen Bund und Ländern über die gemeinsame Förderung der Forschung nach Artikel 91 b GG (Rahmenvereinbarung Forschungsförderung; Ausführungsvereinbarungen zur Rahmenvereinbarung Forschungsförderung über die gemeinsame Förderung der Fraunhofer-Gesellschaft (Ausführungsvereinbarungen FhG); FhG, ZA 22, Protokolle der Sitzungen des Ausschusses FhG vom 22.6.1978 bis 22.5.1980; FhG, ZA 243, Bayerisches Staatsministerium für Wirtschaft und Verkehr (BStWV) an den Bundesminister für Forschung und Technologie u . a ., 1.8.1979.

BMFT systematisch vorging und die Verbesserung von Testverfahren und Zuverlässigkeit Integrierter Schaltungen sowie den Entwurf von Schaltungen als künftige Aufgabenfelder identifizierte, konzentrierte sich die FhG auf die Suche nach einem qualifizierten Institutsleiter. Mit dem Aachener Professor für Theoretische Elektrotechnik Walter Engl bot sich ein international renommierter Fachmann an, der nicht nur über viel Erfahrung mit Drittmittelprojekten verfügte, sondern auch über ein relativ gut ausgestattetes Hochschulinstitut.[6] Der Präsident der FhG Heinz Keller schlug dem nordrhein-westfälischen Wissenschaftsministerium deshalb vor, das Institut nicht in Duisburg zu errichten, sondern an das Hochschulinstitut in Aachen anzugliedern. Er hob in diesem Zusammenhang nicht nur die finanziellen und zeitlichen Vorteile der Aachener Lösung hervor, sondern verwies vor allem auf das Problem, für Duisburg qualifiziertes Führungspersonal zu gewinnen.[7]

Diesem Vorschlag folgte ein Entscheidungsprozeß, der sich weit über ein Jahr hinzog und neben dem Landesministerium für Wissenschaft und Forschung (MWF) schließlich auch den Düsseldorfer Landtag intensiv beschäftigte. In der internen Diskussion schälten sich dabei drei Argumentationsstränge heraus, um die ursprüngliche Standortentscheidung zu legitimieren. Zunächst wurde festgehalten, daß nur bei einer Gründung in Duisburg die erhofften strukturpolitischen Auswirkungen auf das Ruhrgebiet zu erwarten seien und daß nur dann eine Finanzierung durch das Ruhrprogramm erfolgen könne. Dabei wurde auch auf ein »Süd-Nord-Gefälle« innerhalb Nordrhein-Westfalens hingewiesen. Wenn man aber, wie der neue Wissenschaftsminister Schwier vor dem Landtag ausführte, als wesentlicher Mitfinanzierer von MPG und FhG auf einen strukturellen Ausgleich unter den Bundesländern dränge, dann müsse man »dieses Prinzip [...] auch innerhalb des Landes gelten lassen, in dem sich über viele Jahre hinweg eine ähnliche Entwicklung vollzogen« habe. Schließlich meinten einige Referenten in dem Vorschlag, Engls Hochschulinstitut auszubauen, eine »kleine Lösung« zu erblicken, die ihren – fast schon verschwörungstheoretischen – Mutmaßungen zufolge eine

---

6 FhG, ZA 526, Jochimsen an Keller, 16.8.1979; FhG, ZA 527: Notiz Imbusch, 6.9.1979; Vertrauliche Information des BMFT an Keller u. Imbusch, 14.9.1979; Jochimsen an Keller, 26.3.1980; Keller an Jochimsen, 11.4.1980; Notizen Imbusch, 18.6.1980, 18.8.1980; FhG, ZA 492, Notizen Imbusch, 4.8.1980, 27.2.1981.
7 FhG, ZA 527, Keller an Schwier, 28.10.1980.

»›große‹ Lösung für Süddeutschland« nach sich ziehen würde.[8] Selbst die Stellungnahme des BMFT als künftiger Hauptfinanzier brachte den langwierigen Entscheidungsprozeß in Düsseldorf kaum voran. Das BMFT vertrat nämlich den Standpunkt, daß die Aachener Lösung zwar vorzuziehen sei, aber auch wenig gegen eine Gründung in Duisburg spreche, wenn Nordrhein-Westfalen die Baukosten voll und die Labor- und Geräteinvestitionen zur Hälfte trage.[9] Es sollte noch bis zum Jahresbeginn 1982 dauern, bis in Düsseldorf endlich die Entscheidung fiel, an der ursprünglichen Standortwahl festzuhalten. Da Engl jedoch einen Wechsel nach Duisburg ablehnte, mußte ein neuer Institutsleiter gefunden werden.

Im Sommer 1982 favorisierten die FhG und das Düsseldorfer Wissenschaftsministerium daraufhin den Stuttgarter Professor für Netzwerk- und Systemtheorie, Ernst Lüder.[10] Obwohl die Verhandlungen mit Lüder schon weit fortgeschritten waren und obwohl Baden-Württemberg im »Ausschuß FhG« sowie im Senat der FhG der Duisburger Institutsgründung zugestimmt hatte, unterbreitete das baden-württembergische Ministerium für Wirtschaft, Mittelstand und Verkehr (MWMV) Lüder den Vorschlag, ihm in Stuttgart ein vergleichbares Institut aufzubauen. Im Wirtschaftsministerium spielte man nun eine Reihe von Möglichkeiten durch, die auch den Versuch einschlossen, die Gründung des geplanten Fraunhofer-Instituts von Duisburg nach Stuttgart umzulenken, scheiterte damit aber am entschiedenen Widerstand der FhG.[11] Die Planungen standen dabei unter einem enormen Zeitdruck, der für konzeptionelle Arbeit nicht viel Spielraum ließ. »Der Personal-, Raum- und Finanzbedarf ist derselbe wie für das in Duisburg [...] geplante Institut für

---

8 HStA D, NW 431/63, Vermerk MWF II B 3 – 9003, 31.10.1980; HStA D, NW 574/63, Mitteilung Pressereferat, 23.1.1981; HStA D, NW 431/94, Landtag NRW, Ausschuß für Wissenschaft und Forschung, 20. Sitzung, 2.12.1981; FhG, ZA 527, MWF an Keller, 27.11.1980.

9 BMFT-Registratur 3630/9, Vermerk BMFT Ref. 214, Anlage 4, 27.2.1981; FhG, ZA 527, Vermerk BMFT Ref. 423, 20.3.1981; HStA D, NW 431/63, von Bülow an Schwier, 6.4.1981.

10 FhG, ZA 526: Imbusch an Maier-Bode, MWF, 13.12.1982; Vermerk Bube, 10.2.1983; FhG, ZA 528, Kurz-Chronik der Gründung des IME, 11.8.1983.

11 MWMV-Registratur Forschung allg. Sonderband IMS, Stuttgart, III 8000 (1) [im folgenden: Sonderband IMS 1]: Vermerke des Regierungsbeauftragten für Technologietransfer für den Herrn Ministerpräsidenten, 16.2. u. 26.2.1983; Vermerk, 16.3.1983; Vermerk Kanzler der Universität Stuttgart, 9.3.1983; FhG, ZA 528, Keller an Späth, 17.3.1983.

Mikroelektronik der Fraunhofer-Gesellschaft«, hieß es deshalb lapidar in einer Zwischenversion des Stuttgarter Konzepts. Auch thematisch hielt man sich mit einem »Test- und Designzentrum«, zu dem allerdings noch ein Technologiebereich kommen sollte, eng an das Duisburger Vorbild. Vom Fraunhofer-Modell wurde schließlich noch die Aufteilung in öffentliche Grundfinanzierung einerseits und Einnahmen aus Wirtschaftserträgen sowie Projektmitteln andererseits übernommen. Lüders Verbleiben wurde in Stuttgart so hohe Priorität eingeräumt, daß sich sogar Ministerpräsident Lothar Späth persönlich in die Verhandlungen einschaltete. Insgesamt wollte die Stuttgarter Landesregierung knapp 60 Mio. DM für Gebäude und Ausstattung sowie 9 Mio. DM an jährlichen Betriebskosten für die Anlaufphase zur Verfügung stellen.[12]

Während die baden-württembergische Landesregierung den Verbleib Lüders und den Aufbau eines »Institutes für Mikroelektronik« nach äußerst kurzer und pragmatischer Planungsphase als Erfolg verbuchen konnte, ging für Nordrhein-Westfalen und die FhG die Suche nach einem geeigneten Institutsleiter weiter. Die finanziellen Aufwendungen beider Bundesländer und die politischen Spannungen, die Baden-Württemberg für diesen Erfolg in Kauf genommen hatte,[13] führten den übrigen Landesregierungen nachdrücklich das Potential vor Augen, das in regionalen Forschungseinrichtungen und herausragenden Wissenschaftlern zu liegen schien. Als die FhG bei einzelnen Forschern aus Bayern und Niedersachsen anfragte, ob sie zu einem Wechsel nach Duisburg bereit wären, reagierten die jeweiligen Bundesländer dementsprechend mit sofortigen Bleibeverhandlungen.[14] Angesichts der sich hier entwickelnden Dynamik entbehrte es nicht einer gewissen Logik, daß mit dem Dortmunder Professor Günter Zimmer schließlich ein nordrhein-westfälischer Wissenschaftler die Leitung des Duisburger Instituts übernahm.

---

12 MWMV-Registratur Sonderband IMS 1: Ministerium für Wissenschaft und Kunst an das Staatsministerium, 16.3.1983; MWMV an Lüder, 25.3.1983; Gesellschaft für Mikroelektronik in Stuttgart (Zitat).
13 FhG, ZA 528: Keller an Späth, 17.3.1983; Rau an Späth, 22.3.1983; Schwier an Engler, 11.4.1983; Schwier an Lüder, 11.4.1983; Information der Landesregierung NRW, 22.4.1983; *Stuttgarter Nachrichten*, 23.4.1983, »Bundesligaspielregeln in der Wissenschaftspolitik«.
14 FhG, ZA 528: Keller an Maier, 19.5.1983; Maier an Keller, 14.6.1983; Keller an Maier, 29.7.1983; Notiz Imbusch, 10.11.1983; Musmann an Syrbe, 14.11.1983; Syrbe an Meier-Bode, MWF, 22.11.1983.

Auch im niedersächsischen Wirtschaftsministerium war man unterdessen nicht untätig geblieben und arbeitete an Plänen für den Aufbau eines Instituts für angewandte Mikroelektronik (IAM) in Braunschweig. Wie die Institute in Stuttgart und Duisburg sollte es sich in erster Linie an kleine und mittlere Unternehmen richten. Allerdings war es eher als Service- denn als Forschungseinrichtung konzipiert.[15]

In Bayern gaben die Versuche der FhG, den Erlanger Professor für technische Elektronik, Dieter Seitzer, nach Duisburg zu holen, letztlich den Anstoß für die Erweiterung der eigenen Ressourcen. Wenige Jahre zuvor hatte sich der Freistaat noch praktisch desinteressiert gezeigt, als das Münchner Fraunhofer-Institut für Festkörpertechnologie (IFT) Pläne für ein kommerziell betriebenes Maskenzentrum vorgelegt hatte, dessen Zielgruppe ebenfalls kleine und mittlere Unternehmen waren.[16] Nun hielt der »Wirtschaftsbeirat der Union« dem Wirtschaftsministerium (BStMWV) die damaligen Versäumnisse vor und warnte vor einem Verlust der bayerischen Führungsposition in der Mikroelektronik, die dem Freistaat bereits den Titel eines deutschen *Silicon Valley* eingebracht hätte. Mahnend verwiesen der Wirtschaftsbeirat und die IHK-Nürnberg auf die beispielhaften Mikroelektronik-Aktivitäten von Nordrhein-Westfalen, Baden-Württemberg und Niedersachsen.[17] Die Aufforderung an das Bayerische Wirtschaftsministerium, endlich die Initiative zu ergreifen, kam aber nicht nur aus den Kreisen von Wirtschaft und Politik. Auch Seitzer selbst war überaus interessiert, die Zusammenarbeit mit den mittelständischen Firmen auszuweiten, die er bisher über die Kontaktstelle für Forschungs- und Technologietransfer seines Lehrstuhls abgewickelt hatte.[18] Im Vergleich zu den Instituten in Duisburg oder Stuttgart waren technologisch vergleichsweise geringe Investitionen erforderlich, da Seitzer

---

15 FhG, ZA 535, Aufgabenkonzept eines Instituts für angewandte Mikroelektronik, 6.12.1982; FhG, ZA 528, Notiz Imbusch, 10.11.1983; VDE/VDI-Gesellschaft Mikroelektronik (1990: 12-13); vgl. auch Weitzel (1987: 70–75).

16 Dazu der Bestand FhG, ZA 90, zusammenfassend auch FhG, ZA 35, Bericht des Vorstandes vor dem Senat, 20.4.1983.

17 *SZ* Nr. 157, S. 17 (12.7.1983); FhG, ZA 91, Wirtschaftsbeirat der Union, Ausschuß für Forschung und Entwicklung: »Mikroelektronik in Bayern 1983. Notwendige Maßnahmen der Staatsregierung zur Sicherung der Zukunft der Mikroelektronik in Bayern«, November 1983.

18 FhG, ZA 537, Erweiterung der Überlegung zum Aufbau eines »Außeninstituts für integrierte Systeme und Schaltungen«, 20.8.1983.

zur Fertigung kundenspezifischer Schaltungen den Weg über sogenannte *Gate-Arrays* wählte. Das sind standardisierte Chips, bei denen nur die Verbindungen der letzten Schicht entsprechend den Anforderungen des jeweiligen Kunden gestaltet werden. Aus der Perspektive Bayerns hätte die Gründung eines neuen Fraunhofer-Instituts in Erlangen die ideale Lösung dargestellt. Die FhG lehnte aber ab und verwies auf die Priorität des Duisburger Instituts, für das zu diesem Zeitpunkt noch immer kein Leiter gefunden war.[19]

Nachdem die grundsätzliche Entscheidung gefallen war, Seitzers Universitätsinstitut auszubauen, stand man im Bayerischen Wirtschaftsministerium vor drei Aufgaben zugleich: Das künftige Institut bedurfte einer Konzeption, die das FhG-Modell bereits weitgehend antizipierte. Sämtliche bayerische Mikroelektronik-Aktivitäten – neben Seitzers Institut besonders das IFT und die Technische Universität in München – sollten systematisch geplant und aufeinander abgestimmt werden. Und schließlich mußte der Aufbau eines weiteren mikroelektronischen Forschungsinstituts vor allem gegenüber dem Bund gerechtfertigt werden, wenn man nicht von vornherein jede Aussicht auf eine spätere Übernahme in die FhG verspielen wollte. Da sich die Institute in den anderen Bundesländern ebenfalls alle in der Planungs- oder Aufbauphase befanden, war nämlich keineswegs klar, ob für Erlangen überhaupt noch Bedarf bestand. In dem ersten Konzept des Wirtschaftsministeriums zur »Intensivierung der Mikroelektronik-Forschung und -Entwicklung in Bayern« wurde daher nicht nur der zeitliche Vorsprung der bayerischen Initiative gegenüber den Projekten der anderen Länder ins Feld geführt, sondern auch die Benachteiligungen, die den bayerischen mittelständischen Unternehmen erwachsen würden, wenn ihnen keine Forschungseinrichtungen vor Ort zu Verfügung stünden.[20]

Um die FhG davon zu überzeugen, in Erlangen wenigstens in absehbarer Zeit ein Forschungsinstitut zu errichten, setzte der Freistaat alle Hebel in Bewegung. Das Wirtschaftsministerium stellte großzügige Sonderfinanzierungen in Aussicht und beauftragte im Dezember 1983 eine Expertenkommission, die die beabsichtigten Maßnahmen argumentativ abstützen sollte.

---

19 FhG, ZA 537, Vermerk BStMWV -V/5a- , 26.10.1983.
20 FhG, ZA 537, BStMWV: Intensivierung der Mikroelektronik-Forschung und -Entwicklung in Bayern, 25.11.1983.

Die Ergebnisse der Kommission, in der die FhG ebenfalls angemessen vertreten war, ließen dann auch nichts zu wünschen übrig: Wenn der Freistaat seine führende Stellung in der Mikroelektronik-Industrie und -Forschung verteidigen wolle, seien »rasche und wirksame Maßnahmen der Bayerischen Staatsregierung« erforderlich, da »andere Bundesländer durch eigene intensive Förderungsmaßnahmen in den Wettbewerb um personelle Ressourcen von Wissenschaft und Forschung« eingegriffen hätten. Zu den Maßnahmen, die die Kommission für den außeruniversitären Bereich vorschlug, zählte neben dem von der FhG schon lange geforderten Neubau für das Münchner IFT auch die hoch willkommene Empfehlung, eine »FhG-Abteilung für Schaltungstechnik in Erlangen« einzurichten.[21] Wohl am überzeugendsten dürfte aber das Argument des Wirtschaftsministeriums gewirkt haben, daß die Koordination für den gesamten Mikroelektronik-Forschungsbereich innerhalb Bayerns und über die Landesgrenzen des Freistaates hinaus am besten bei der FhG aufgehoben sei.[22]

Während dies alles für eine Eingliederung von Seitzers Aktivitäten in die FhG zu sprechen schien, blieben bei der Münchner Forschungsgesellschaft, die die Planungen von Beginn an begleitet hatte, erhebliche Bedenken bestehen. Denn aus ihrer Sicht entsprachen Seitzers Konzepte nicht den Anforderungen, die das BMFT an die Förderung von wissenschaftlichen Einrichtungen stellte. Damit fehlten aber auch die Voraussetzungen für die Finanzierung eines Fraunhofer-Instituts, das über die Erträge aus der Wirtschaft hinaus zum überwiegenden Teil auf Grundfinanzierung und Forschungsprojekte aus dem Bonner Ministerium angewiesen war. Die entscheidenden Defizite des Konzeptes lagen zunächst in der übergroßen Anwendungsorientierung und dem Mangel eines eigenständigen Forschungsfeldes. In der überarbeiteten Fassung krankte es an einer zu einseitigen Konzentration auf eine

---

21 FhG, ZA 91, Denkschrift zur Intensivierung der Mikroelektronik-Forschung, -Entwicklung und -Anwendung in Bayern (Februar 1984). Daß die Vorschläge zur außeruniversitären Forschungsförderung nicht zuletzt die Prioritäten der FhG widerspiegelten, geht aus einem weiteren Papier hervor, mit dem die FhG den Forderungen des Wirtschaftsministeriums nachkam, ihre Vorstellungen über ihre künftige Präsenz im Freistaat auch im allgemeinen darzulegen: FhG, ZA 88, Vorlage der FhG zum Gespräch am 29.2.1984 mit dem Bayerischen Staatsminister für Wirtschaft und Verkehr Herrn Anton Jaumann, 22.2.1984.
22 FhG, ZA 537, Vermerk BStMWV -V/5a-, 26.10.1983, BStMWV: Intensivierung der Mikroelektronik-Forschung und -Entwicklung in Bayern, 25.11.1983.

regionale Klientel. Fördermittel des BMFT stehen aber nur Einrichtungen von überregionaler Bedeutung zur Verfügung.[23] Nicht zuletzt setzte der FhG die mittelfristige Finanzplanung bei der Aufnahme und Gründung neuer Institute Grenzen. Das letzte Wort hierzu fiel aber nicht in München, sondern in Bonn.[24]

Als sich ein Förderverein aus Mitgliedern der IHK-Nürnberg konstituierte, der für eine Übergangszeit nicht nur die Rechtsträgerschaft übernehmen wollte, sondern auch in Aussicht stellte, das künftige Institut in der Anfangsphase mit Sach- und Geldspenden zu unterstützen und anschließend kontinuierlich zu fördern, empfahl auch die FhG dem Bayerischen Wirtschaftsministerium, das Projekt zu bewilligen, das inzwischen unter dem Namen »Zentrum für Mikroelektronik und Informationstechnik (ZMI)« firmierte. Aus der Sicht der FhG bedurfte es für die endgültige Integration des Erlanger Instituts – das ZMI stellte ja eher eine Zwischenlösung dar – noch weiterer Abstimmungen mit Seitzer im Rahmen des »Bayerischen Gesamtkonzeptes Mikroelektronik« sowie mit ihren Zuwendungsgebern.[25]

Im BMFT stieß die Aufnahme des ZMI in die mittelfristige Grundfinanzierung aber ebenso auf Bedenken wie seine wissenschaftliche Ausrichtung, deren überregionale Bedeutung nicht gesichert schien. Dahinter standen allgemeinere, über den aktuellen Anlaß hinausreichende Erwägungen: Angesichts der vielfältigen regionalpolitischen Aktivitäten befürchteten die Bonner Forschungspolitiker ein künftiges Überangebot mikroelektronischer Forschung in der Bundesrepublik. Außerdem schien die FhG von dem als notwendig erachteten Konsolidierungskurs abzukommen.[26] Um den Bedenken des BMFT Rechnung zu tragen, entwickelte die FhG das Modell der befristeten wissenschaftlichen Arbeitsgruppe (BWA): Sie sollte eine Überforde-

---

23 FhG, ZA 537, Notiz Imbusch, 9.1.1984; FhG, ZA 91: Schillalies, FhG an Lendrodt, BStMWV, 7.6.1984; Jaumann an Riesenhuber 30.7.1984; Aktennotiz, Wiese über ein Gespräch mit Knoerich, 19.9.1984.
24 FhG, ZA 91, Syrbe an Jaumann, 24.7.1984.
25 FhG, ZA 537: Seitzer an Imbusch, 12.1.1984; BStMWV an FhG, 26.1.1984; Förderkreis für den Ausbau der Mikroelektronik an der Friedrich-Alexander-Universität Erlangen-Nürnberg e.V.: Absichtserklärung zur Errichtung eines »Zentrums für Mikroelektronik und Informationstechnik (ZMI)«, 23.1.1984; Vorstand FhG an BStMWV, Jasper, 6.2.1984.
26 BMFT-Registratur 3630/9, *Briefing-paper* betr. Besuch Präsident Syrbes beim Staatssekretär am 13.3.1984, 9.3.1984.

rung der erfolgsabhängigen Grundfinanzierung vermeiden und eine Option schaffen, um auf die unterschiedlichen Haushaltssituationen von Bund und Ländern flexibel reagieren zu können. Das auf fünf Jahre angelegte Modell der Arbeitsgruppe sei damit besonders für den Aufbau von FuE-Kapazitäten geeignet, die »thematischen, zeitlichen oder regionalen Einschränkungen« unterlägen. Zusammen mit der Zusage Bayerns, die Arbeitsgruppe für Integrierte Schaltungen (AIS), wie das ZMI nach der Eingliederung in die FhG heißen sollte, »befristet und projektbezogen« aus Landesmitteln zu fördern, vermochten diese Argumente schließlich die Widerstände in Bonn zu überwinden.[27]

Der Kompromiß zwischen Freistaat, BMFT und FhG verschob das Problem allerdings nur bis zu dem Zeitpunkt, an dem die AIS in die gemeinsame Bund-Länder-Finanzierung aufgenommen werden sollte. Während die Richtlinien der FhG grundsätzlich die Auflösung einer befristeten wissenschaftlichen Arbeitsgruppe (BWA) nach Ablauf der fünfjährigen Probephase vorsahen und eine Überführung in ein vollwertiges Fraunhofer-Institut ausdrücklich von einer fachlichen und finanziellen Überprüfung abhängig machten, betrachtete der Freistaat die anstehende Evaluierung angesichts der beträchtlichen Vorlaufinvestitionen als bloße Formsache. Mit immerhin 43 Mio. DM hatte das Wirtschaftsministerium bis 1990 den Ausbau des Mikroelektronik-Schwerpunktes in Erlangen gefördert, wenn man die Abteilung für Bauelementetechnologie unter Heiner Ryssel, die 1985 ebenfalls als AIS-B eingegliedert wurde, sowie Klaus Müller-Glasers Lehrstuhl für Rechnergestützten Schaltungsentwurf hinzurechnet. Im Grunde wiederholte sich damit die Konstellation, die in der Mitte der 1980er Jahre bestand: Bayern bestand auf der vollständigen und umgehenden Aufnahme aller Erlanger Mikroelektronik-Einrichtungen in die gemeinsame Grundfinanzierung. Die FhG sah sich hingegen finanziell außerstande, den quantitativ bereits den Rahmen ei-

---

27 FhG, ZA 537: Überlegungen zur Gründung einer selbständigen FhG-Abteilung für Schaltungstechnik in Erlangen am FhI für Festkörpertechnologie, München, 15.5.1984; Strauß an Braun, 10.8.1984; Syrbe an Jaumann, 2.10.1984; Syrbe an Riesenhuber, 2.10.1984; Riesenhuber an Jaumann, 19.10.1984; Regelungen für Befristete wissenschaftliche Arbeitsgruppen (BWA) in der FhG, 10.12.1984; FhG, ZA 36, Bericht des Vorstandes vor dem Senat, 24.10.1984; BMFT-Registratur 3630/9, *briefing-paper* betr. Gespräch M[inister] mit der CSU-Fraktion des Bayerischen Landtages und der Bayerischen Staatsregierung, 14.11.1985.

nes Fraunhofer-Instituts sprengenden Gesamtkomplex zu übernehmen, der ihr zudem »fachlich durchaus nicht kohärent« erschien. Das BMFT vermißte schließlich immer noch einen überzeugenden Nachweis für die überregionale Bedeutung der AIS und blieb ansonsten wegen des engen Spielraums der Bund-Länder-Finanzierung in der Reserve. Auf der Senatssitzung im Oktober 1988 beschloß die FhG, aus Seitzers Abteilung das Institut für Integrierte Schaltungen (IIS-A) zu gründen und die Laufzeit von Ryssels Abteilung um weitere fünf Jahre zu verlängern. Müller-Glasers Lehrstuhl fiel dagegen dem angestrebten Kompromiß zum Opfer und schied aus dem Verbund aus.[28]

Schon bei der Suche nach diesem Kompromiß war das Engagement, mit dem das BMFT und die FhG die europäische JESSI-Initiative[29] vorbereiteten, im Bayerischen Wirtschaftsministerium auf Mißfallen gestoßen und hatte den Eindruck erweckt, daß die Erlanger Mikroelektronik-Einrichtungen zugunsten eines in Schleswig-Holstein geplanten ›JESSI-Institutes‹, dem späteren Fraunhofer-Institut für Silizium-Technologie (ISIT), benachteiligt würden.[30] Doch JESSI bereitete den Münchnern noch weitere Probleme: Als Ryssel 1989 vorübergehend einen Wechsel ans ISIT zu seinem ehemaligen Kollegen Anton Heuberger in Betracht zu ziehen schien, glaubte man im Wirtschaftsministerium, der drohenden Abwanderung in ein anderes Bundesland sofort vorbauen zu müssen. Das Wirtschaftsministerium und die FhG beschlossen, Ryssels Abteilung in Erlangen (AIS-B) forciert auszubauen und die dafür notwendigen Mittel durch eine Umwidmung der bisher für den Neubau von Seitzers Abteilung (IIS-A) bewilligten Sonderfinanzierung zu beschaffen. Umstritten blieb allerdings die Beteiligung des Bundes, der sich außerstande sah, seinen fünfzigprozentigen Anteil zu erbringen. Als sich keine Einigung abzeichnete, setzte der Freistaat den Bund massiv unter

---

28 FhG, ZA 88, Imbusch an Lentrodt, 12.2.1988; FhG, ZA 538: Nachricht BMFT-Ref. 415 an Ref. 214, 26.8.1988; Materialien für die Sitzung des Senats der FhG am 19. Oktober 1988 in Aachen; FhG, ZA 38, Niederschrift über die Sitzung des Senats der FhG am 19. Oktober 1988 in Aachen; BStMWV-Registratur 3622-6349/88, Imbusch an Lentrodt, Anlage 2, 21.11.1988; Vermerk Lentrodt, 3.2.1988.
29 *Joint European Submicron Silicon*. Ziel war es, den Rückstand Europas in der Mikroelektronik gegenüber Japan und den USA durch eine gemeinsame europäische Initiative aufzuholen. Der Start wurde für 1989 erwartet, das Ende der Anlaufphase für 1993; vgl. Grande/Häusler (1994: 288–315), Felder (1993: 35–47).
30 FhG, ZA 189, Tandler an Riesenhuber, 13.7.1988.

Druck, indem er seine Zustimmung zur Gründung des ISIT an dessen Entgegenkommen bei der Neubaufinanzierung in Erlangen knüpfte. Überwunden wurde die wechselseitige Blockade schließlich durch die Bereitschaft Bayerns, dem Bund für seinen Finanzierungsbeitrag bis zum Jahr 1996 Aufschub zu gewähren.[31]

Resümee

Zusammenfassend läßt sich sagen, daß Ende der 1970er Jahre einzelne Bundesländer begannen, zumindest programmatisch Forschung und Technologie als Mittel der Strukturpolitik zu entdecken. Die FhG mit ihrer überwiegend vom Bund getragenen Finanzierungsstruktur sowie ihrem anwendungsorientierten Forschungsprogramm mußte den Ländern dabei als idealer Verbündeter erscheinen. Die sich zeitgleich herausbildende Praxis, von dem ursprünglich festgelegten Finanzierungsschlüssel abzugehen und höhere Anteile bei den Bau- und Ausstattungskosten zu übernehmen, schuf für die Länder einen günstigen Ansatzpunkt, um die Standortentscheidung bei der Gründung neuer Fraunhofer-Institute im eigenen Sinne zu beeinflussen. In der daraus erwachsenden Konkurrenz um Forschungseinrichtungen sorgte das Schlagwort vom »Süd-Nord-Gefälle« für eine zusätzliche Politisierung.

Schon zu Beginn der 1980er Jahre eskalierte die Situation, als Baden-Württemberg eigens ein Forschungsinstitut in Stuttgart aufbaute, um einen vielversprechenden Wissenschaftler nicht an das Fraunhofer-Institut in Duisburg abwandern zu lassen. Die Konkurrenz um die wenigen Wissenschaftler, die zur Leitung eines Instituts geeignet schienen, blieb seitdem bis zum Ende der 1980er Jahre eines der bestimmenden Elemente in der Forschungspolitik der Bundesländer. Angesichts der ungewöhnlichen Stuttgarter Institutsgründung möchte man hier fast von der Einführung des »Harnack-Prinzips« in der angewandten Forschung während der 1980er Jahre sprechen (vgl. zu den Wurzeln, Mechanismen und Grenzen des Harnack-Prinzips Vierhaus

---

31 BStMWV-Registratur 3622-6349/88, Vermerk Lentrodt, 3.2.1988; FhG, ZA 538: Vorstandsvorlage zur Sitzung am 3. Juli 1989, 27.6.1989; Lang an Syrbe, 4.12.1989; Riesenhuber an Lang, 18.12.1989; Kurzniederschriften über die 40. u. 41. Sitzung des Ausschusses FhG vom 24.10.1989 bzw. 25.1.1990 (laufende Vorgänge der FhG).

1996; Laitko 1996). Daß der Aufbau mehrerer Institute innerhalb weniger Jahre nicht an einem Mangel an qualifiziertem Führungspersonal scheiterte, lag nicht zuletzt an den Ressourcen, über die die FhG selbst verfügte: Allein drei der insgesamt sieben heute amtierenden Leiter der Mikroelektronik-Institute stammen aus dem Münchener IFT.

Das wesentlich vom forschungspolitischen Wettlauf der Länder ausgelöste Wachstum der FhG in den 1980er Jahren fand eine seiner Grenzen in der vom Bund getragenen Grundfinanzierung, deren Zuwachs damit nicht Schritt hielt. Als die Übernahme des Erlanger Zentrums für Mikroelektronik und Informationstechnik (ZMI) in die FhG genau an diesem Punkt zu scheitern drohte, geriet die FhG zwischen die Fronten von Bundes- und Landespolitik. Mit dem Modell der befristeten wissenschaftlichen Arbeitsgruppe (BWA) versuchte sie daraufhin, den engen Spielraum der bundespolitischen Grundfinanzierung zu erweitern, um die gestiegene Investitionsbereitschaft der Bundesländer auch weiterhin für Institutsgründungen und Übernahmen nutzen zu können. Für die Länder wiederum stellte die Koordinationsfunktion der FhG-Zentrale eines der wesentlichen Argumente dar, bestehende Institute oder beabsichtigte Institutsgründungen in die Münchner Forschungsgesellschaft zu integrieren. Bei der mikroelektronischen Forschung lag der landespolitische Appell an dieses Koordinationspotential besonders nahe, da auf diesem Sektor außerhalb der FhG keine nennenswerte institutionelle Konkurrenz existierte. Diese sich letztlich selbstverstärkende Entwicklung führte am Ende der 1980er Jahre praktisch zur ›Alleinherrschaft‹ der FhG in der außeruniversitären Mikroelektronik-Forschung in Deutschland.

Für die FhG hatte das Wachstum der 1980er Jahre ambivalente Folgen: Einerseits schuf es überaus günstige Voraussetzungen, um kleinen und mittleren Unternehmen den Einstieg in die Mikroelektronik zu erleichtern. Sowohl das gescheiterte Maskenzentrum in München Ende der 1970er Jahre als auch die Fraunhofer-Institute in Duisburg und Erlangen sowie die Landesinstitute in Stuttgart und Braunschweig wandten sich dezidiert an den Mittelstand. Da das Fraunhofer-Modell Forschungsaufträge aus der Wirtschaft als festen Bestandteil der Finanzierung vorsah, mußten sich die Institute bei ausbleibenden Aufträgen selbst aktiv darum bemühen. Je mehr Forschungsinstitute um die begrenzten Projektgelder von Bund und Ländern konkurrierten, desto größer wurde der Zwang, auf dem Markt Forschungsaufträge aus der Wirtschaft zu akquirieren. Insofern brachte diese Entwicklung die FhG ihrem Ziel der Mittelstandsförderung in der Mikroelektronik ein gutes Stück näher und kann als Erfolg der angebotsorientierten Politik begriffen werden. Andererseits führte diese gegen Ende der 1980er Jahre in eine Situation, in der sich ein Überangebot an mikroelektronischem Forschungspotential abzeichnete. Akut wurde dieses Problem schließlich bei der Gründung des Fraunhofer-Instituts für Siliziumtechnologie in Schleswig-Holstein und der Integration ehemaliger Forschungseinrichtungen der DDR in die gesamtdeutsche Forschungslandschaft nach der Wiedervereinigung (vgl. Trischler/vom Bruch 1999: 203-211, 344-346).

II. BIG SCIENCE – BIG MACHINES:
GROSSFORSCHUNG ALS PROJEKTWISSENSCHAFT

Helmuth Trischler

Einführung

Wenn wir danach fragen, was »Big Science« ist, dann läßt sich als erste, naheliegende Antwort geben, daß die Großforschung im wörtlichen Sinne durch Größe charakterisiert ist. Das Kriterium der Größe umschließt mehrere Ebenen: geographisch die Erstreckung auf große Areale mit Auswirkungen auf die wissenschaftlich-technische und wirtschaftliche Entwicklung ganzer Regionen; ökonomisch die Durchführung von Projekten, die Millionen- und Milliardenbeträge verschlingen; organisatorisch die Teamstruktur und multidisziplinäre Zusammensetzung der Arbeitsgruppen; funktional die Ausrichtung auf konkret definierte Großprojekte; (inter)national in der Kooperation von Wissenschaftlern, die sich in Sprache, Ausbildung, Forschungsstil und kultureller Tradition unterscheiden; schließlich technisch die Bedeutung von Großgeräten für den wissenschaftlichen Erkenntnisprozeß und die Ergebnisproduktion.

Die Großforschung hat viele Gesichter. Nicht in jeder Großforschungseinrichtung, nicht bei jedem Großforschungsprojekt stehen Großgeräte im Mittelpunkt. Und dennoch ist das letztgenannte Kriterium besonders augenfällig: Großbeschleuniger der Elementarteilchenphysik in Genf, Hamburg oder im kalifornischen Stanford, die in Ringkonfigurationen einen Umfang von zwei

Dutzend und mehr Kilometern annehmen können; Kernforschungs- und Fusionsreaktoren in Kalkar, Hamm-Uentrup, Garching oder im englischen Culham, die in Bau und Betrieb mehrere Milliarden DM verschlingen; Windkanäle in Porz/Wahn bei Köln, Göttingen oder im niederländischen Noordoostpolder, deren Energiebedarf gewaltig ist. Nicht wenige der erwähnten Orte sind nur deshalb überregional, ja international bekannt, weil sie als Standorte von monströsen Forschungsgeräten dienen.

Wie sehr der Blick auf wissenschaftliche Großgeräte unser Verständnis von Großforschung prägt, hat der amerikanische Wissenschaftssoziologe Derek de Solla Price bereits in den 1960er Jahren aufgezeigt. Seine These lautet, die Vorgeschichte der modernen »big science« habe schon in der Frühen Neuzeit begonnen (Price 1974: 15). Wenn Großforschung nicht einem deus ex machina gleichend zur Mitte des 20. Jahrhunderts plötzlich entstanden, sondern in einem langen historischen Prozeß allmählich gewachsen ist, so ist dies für unsere Thematik in einer zweiten Richtung von Interesse. Denn dem von Price formulierten und von anderen Wissenschaftsforschern weiterentwickelten Gesetz des exponentiellen Wachstums der Parameter wissenschaftlichen Arbeitens kann eine konstitutive Bedeutung für die Herausbildung von Großforschung zugeschrieben werden. In der Luftfahrtforschung läßt sich der säkulare Trend zum Größenwachstum für den Windkanal als wichtigstem research tool exemplarisch nachweisen. Bis in die 1950er Jahre wuchs die Antriebsleistung der Kanäle um den Faktor 10 in Perioden von etwa 12 Jahren, bevor aus technischen Gründen eine Stagnation eintrat. In der Hochenergiephysik stieg die Teilchenenergie in der Beschleunigerentwicklung seit den Anfängen um 1930 um den Faktor 10 in einem Zeitraum von sieben bis acht Jahren an (Ritter 1992: 48–51).

In der Großforschung fungieren Großgeräte nicht nur als Forschungsmittel, mit deren Hilfe wissenschaftliche Erkenntnisse erzielt und im Experiment validiert werden können; sie bilden auch das Ergebnis von wissenschaftlichen Projekten. Mit Kernreaktoren und Fusionsreaktoren lassen sich auch fundamentale Erkenntnisse über den Aufbau der Materie gewinnen. Letztlich aber haben Kernforschung und Fusionsforschung das Hauptziel, Reaktoren zu entwickeln, die einen gewichtigen Beitrag zur Energieversorgung leisten sollen. Großforschung ist demzufolge projektorientiert. Sie richtet sich auf konkrete, mittel- bis langfristig angelegte Vorhaben aus, an deren Ende häufig wiederum Großgeräte stehen, die dann jedoch auf den Markt zielen.

Aus dieser Projektorientierung leitete Wolf Häfele seinen Versuch ab, den noch nicht unter der begrifflichen Flagge der Großforschung segelnden bundesdeutschen Reaktorstationen eine eigene Identität zu geben. Häfele war während seines Forschungsaufenthalts 1959/60 am von Alvin Weinberg geleiteten Nationallaboratorium in Oak Ridge, einer der aus dem Manhattan-Project hervorgegangenen Großforschungseinrichtungen der USA, mit den Charakteristika und Arbeitsweisen von »big science« bekannt geworden. Unmittelbar nach seiner Rückkehr nach Deutschland setzte er mit dem Karlsruher Projekt des Schnellen Brüters als Antwort auf die »amerikanische Herausforderung« eines der spektakulärsten Großforschungsvorhaben in der bundesdeutschen Geschichte in Gang. Weniger erfolgreich war sein Vorschlag, diese Art der langfristig angelegten, um Großgeräte zentrierte Forschungsvorhaben als »Projektwissenschaften« zu bezeichnen. Vielmehr war es die von Wolfgang Cartellieri, dem ehemaligen Staatssekretär im Bundesforschungsministerium, als Antwort auf Häfele angeregte Eindeutschung von big science als Großforschung, die an der Wende von den 1960er zu den 1970er Jahren im forschungspolitischen Raum Fuß faßte (Häfele 1963; Cartellieri 1967).

In jener Phase, dem Beginn der »langen« siebziger Jahre, galt die Großforschung der Bundesregierung als forschungspolitischer Hoffnungsträger. In rascher Folge wurden neue Einrichtungen gegründet, nunmehr nicht nur für die Kern- und Elementarteilchenforschung, sondern auch für »Zukunftstechnologien« wie Informatik und Raumfahrt. Zum selben Zeitpunkt liefen bei den zur Mitte der 1950er Jahre gegründeten Kernforschungszentren die ursprünglichen Projekte aus. Um nicht Gefahr zu laufen, an Profil zu verlieren, im schlimmsten Falle gar geschlossen zu werden, mußten sie sich auf die Suche nach neuen Aufgabenfelder begeben.

Als Vorbild für die bald unter dem Begriff »Diversifizierung« firmierenden Bestrebungen zur Umorientierung der Kernforschungszentren in Richtung der »Neuen Technologien« konnten wiederum die amerikanischen Nationallaboratorien dienen. Die Befürchtung, in der Öffentlichkeit als »expensive monuments to yesterday's problems« zu gelten, hatte die amerikanischen Nuklearforschungszentren bereits in den frühen 1960er Jahren veranlaßt, sich aus der finanziellen Abhängigkeit von der Atomic Energy Commission zu lösen. Erneut war es das Forschungszentrum Oak Ridge mit dem Vordenker der Großforschung, Alvin Weinberg, als treibende Kraft, das voranging und sich Bereiche wie die Meerwasserentsalzung, die Umweltforschung und auch die »life sciences« erschloß (Teich/Lambright 1976: 447; vgl. Seidel 1986).

Das amerikanische Beispiel einer breiten Diversifizierung wurde in der Bundesrepublik nicht nur positiv aufgenommen. Das Bundesforschungsministerium hielt »seine« Kernforschungszentren 1969 dazu an, bei der »Diversifikation« darauf zu achten,

»daß sie sich organisch aus dem bisherigen Arbeitsprogramm entwickelt, nicht nur die Konservierung an sich überlebter Arbeitseinheiten bezweckt und von Anfang an mit gleichlaufenden Entwicklungen bei anderen Kernforschungseinrichtungen, anderen Forschungsstätten und der Industrie koordiniert ist« (zit. nach Reuter-Boysen 1990: 161).

In den »langen« siebziger Jahren sah sich die bundesdeutsche Großforschung mithin vor die Aufgabe gestellt, einen Weg zu finden zwischen der Scylla, als überholte »Forschungsruinen« und damit im förderpolitischen Raum als zukunftsunfähig zu gelten, und der Charybdis, zum »Gemischtwarenladen« zu verkommen. An der Spitze segelte die GKSS, die am unmittelbarsten von dem Problem der Suche nach einer neuen Position im bundesdeutschen Innovationssystem betroffen war. Die 1956 in Geesthacht bei Hamburg gegründete Einrichtung hatte sich in Anlehnung an die in den USA bereits unmittelbar nach dem Zweiten Weltkrieg einsetzende Entwicklung von Nuklearschiffen der Aufgabe verschrieben, ein kernenergiegetriebenes Handelsschiff zu entwickeln und zu bauen. Im Jahr 1968 lief die »Otto Hahn« vom Stapel, und die Gründungsaufgabe der GKSS war erfüllt (Renneberg 1995). Luciene Fernandes Justo analysiert die Bemühungen der GKSS, jenseits der in ihrem Namen festgeschriebenen Kernforschung für die Schifffahrt ein neues Forschungsprofil zu finden, ohne die angestammten Forschungspfade völlig zu verlassen. Sie kommt zu dem Schluß, daß es der GKSS weitgehend gelang, einen selbständigen Kurs zu segeln. Ein Wechsel in der Geschäftsführung Ende des Jahres 1971 erleichterte den Kurswechsel weg von der Nuklearforschung. Das neue, bis Mitte der 1970er Jahre profilbildende Feld der Reaktorsicherheitsforschung entsprach zudem der Vorgabe des Bundes, die Diversifizierung solle sich organisch aus dem gewachsenen Forschungsprogramm entwickeln. Die Reaktorsicherheitsforschung verschaffte der GKSS eine willkommene Atempause auf der Suche nach der

Lösung des Problems, ein langfristig stabiles Spektrum von Forschungsfeldern zu finden. Das Problem selbst war freilich nur aufgeschoben und, wie die Entwicklung seit den späten 1970er Jahren zeigt, beschäftigt die Einrichtung in Geesthacht bis heute.

Das Gegenstück zum Kernforschungszentrum Karlsruhe mit Wolf Häfele als Vordenker und dem »Schnellen Brüter« als öffentlichkeitswirksamem Großprojekt war die ebenfalls 1956 gegründete Kernforschungsanlage Jülich (KFA) mit dem Reaktorplaner Rudolf Schulten und seinem Projekt eines Thorium-Hochtemperatur-Reaktors. Das diesem Projekt zugrundeliegende Konzept eines Reaktors mit kugelförmigen Brennelementen war in den 1950er Jahren insofern besonders attraktiv, als es der bundesdeutschen Kerntechnik für einmal einen Vorsprung vor den USA zu sichern schien. Während die deutsche Wissenschaft nicht nur in der Kernforschung, sondern in der gesamten Forschungslandschaft immer nur auf die amerikanische Herausforderung reagierte, schien sie hier einen zeitlichen Vorsprung zu haben. Da der Hochtemperatur-Reaktor lange Zeit nicht die Funktion eines im Innen- und Außenraum der KFA akzeptierten Leitprojekts der Großforschungseinrichtung hatte, sind die »langen« siebziger Jahre von der Suche nach zukunftsträchtigen Alternativprojekten geprägt. Bernd A. Rusinek kann zeigen, daß die Suche der KFA zwischen Himmel und Erde einerseits denkbar breit angelegt war, andererseits aber den nuklearen Sektor nicht überschritt. Das Projekt eines Weltraumreaktors schien im Zeichen des beginnenden Raumfahrtzeitalters besonders vielversprechend. Die Kurzlebigkeit der Raumfahrteuphorie holte die KFA jedoch buchstäblich vom Himmel auf den Boden der Erde zurück. Als das Projekt 1972 eingestellt wurde, bedeutete dies auch das Ende der Hoffnungen, mit den USA gleichberechtigt kooperieren zu können.

Weit mehr noch als in der nuklearen Großforschung steht in der Fusionsforschung das Großgerät im Mittelpunkt der wissenschaftlichen Arbeit. Nach einer Anlaufphase grundlagenorientierter Forschung ging das Max-Planck-Institut für Plasmaphysik (IPP) in den »langen« siebziger Jahren zum Bau von Großgeräten über, mit denen die Machbarkeit der Fusion Schritt für Schritt nachgewiesen werden sollte. Ingrid von Stumm untersucht, wie das Bundesforschungsministerium seiner Aufgabe nachkam, als politisch verantwortlicher Akteur den Prozeß des Übergangs zu einem großexperimentellen Kurs zu steuern. Sie kann zeigen, daß sich die Fusionsforschung als ausgesprochen steuerungsresistent erwies. In der Selbstdefinition als anwendungsorientierte Grundlagenforschung entzog sich das IPP der gängigen Einteilung in forschungspolitische Schemata. Erst als sich das Bundesforschungsministerium in den 1970er Jahren ein fachwissenschaftliches Beratungsgremium für Kernfusion beiordnete, war die Bonner Politik in der Lage, sich ein eigenes Urteil über die wissenschaftlich-technische und finanzielle Sinnhaftigkeit der vorgeschlagenen Großexperimente zu bilden. Als das IPP in den 1970er Jahren in das für sie neue Gebiet der Tokamak-Forschung einstieg, reagierte das Institut auf amerikanische und sowjetische Konzepte für diesen Typus wissenschaftlicher Großexperimente, der auch heute noch, an der Wende zum 21. Jahrhundert, die Fusionsforschung bestimmt. Im Vertrauen auf das Expertenwissen der Gutachter trug Bonn diesen wissenschaftlichen Kurswechsel des IPP mit trotz der ungleich höheren Kosten, die das neue Großgerät ASDEX im Vergleich zu den bisherigen Experimenten der Wendelstein-Serie verursachte.

Luciene Fernandes Justo

Großforschung im Kontext: Die GKSS und ihre forschungspolitischen Ziele in den siebziger Jahren

Einleitung

Mit der Inbetriebnahme der »Otto Hahn«[1] im Jahre 1968 hatte die Gesellschaft für Kernenergieverwertung in Schiffbau und Schiffahrt (GKSS) ihre erste Aufgabe erfüllt: die Entwicklung, den Bau und den Betrieb eines Nuklearschiffes. Damit war ein erster Abschnitt in der Entwicklung des Kernenergieschiffsantriebs und ein wichtiges Ziel des Deutschen Atomprogramms erreicht. Vom wirtschaftlichen Durchbruch des Kernenergieantriebs konnte aber noch keine Rede sein, denn von der kommerziellen Einführung in der Schiffahrt war man noch weit entfernt. Das Problem lag nicht allein in der Wirtschaftlichkeit des nuklearen Antriebs im Vergleich zu anderen Antriebsarten. Notwendig waren auch Verbesserungen auf dem Gebiet der Maschinen- und Sicherheitstechnik (Kollisionsschutz), die für die Verhandlungen um eine Anlaufgenehmigung für ausländische Häfen sehr wichtig waren.

---

1 Die »Otto Hahn« war 172,05 m lang und hatte eine Breite auf Spanten von 23,40 m. Sie wurde als Forschungsschiff mit einer maximalen Antriebsleistung von 11.000 Wellen-PS gebaut. Ihr Reaktor war ein Fortschrittlicher Druckwasserreaktor (FDR) mit einer thermischen Leistung von 38 MW. Er wurde von der Deutschen Babcock & Wilcox und Interatom geliefert. Ausführlicher dazu z. B. in GKSS (1976: 13–24).

Wirtschaftspolitisch gesehen sollte der deutsche Vorsprung vor den anderen Ländern auf dem Gebiet des nuklearen Schiffsantriebs auch für die Zukunft gesichert werden; eine kommerzielle Einführung dieses Antriebs in der Schiffahrt sollte die internationale Konkurrenzfähigkeit der deutschen Werft- und Reaktorindustrie und der Reedereien verbessern. Zudem, so war intendiert, würde die »Otto Hahn« den hohen Stand der deutschen Entwicklung und industriellen Fertigung auf einem modernen und zukunftsträchtigen Gebiet der Technik in aller Welt zeigen und damit für die deutsche Wirtschaft werben.

Die GKSS wurde am 18. April 1956, ca. ein Jahr nach der Souveränitätserklärung, gegründet (Renneberg 1995), die u. a. vorsah, den Rückstand der deutschen Wissenschaft im Bereich Kernforschung und -technik aufzuholen.[2] Zu diesem Zeitpunkt waren bereits die Kernforschungszentren Jülich und Karlsruhe im Aufbau begriffen, deren primäres Ziel die Grundlagenforschung war. Im norddeutschen Raum hatte sich eine Interessengemeinschaft aus Industrie und Wissenschaft gebildet, die unter dem Namen »Studiengesellschaft für Kernenergieverwertung in Schiffahrt und Industrie e.V.« (KEST) durch ihr schiffbauliches Vorhaben die »Prestige«-Atomforschung auch in Norddeutschland etablieren wollte. Die KEST konnte sich durchsetzen und aus ihr heraus entwickelte sich die GKSS. Mitglieder der Gesellschaft waren ursprünglich Unternehmen der privaten Wirtschaft, die politisch von den vier Küstenländern (Hamburg, Schleswig-Holstein, Bremen und Niedersachsen), dem Verkehrs- und dem Atomministerium unterstützt wurden. Finanziert wurde die GKSS durch den Bund, die vier Küstenländer, Euratom und Gesellschafter der privaten Wirtschaft. Letztere stiegen frühzeitig aus der Finanzierung der GKSS aus – insbesondere wegen der Langfristigkeit und des Erfolgsrisikos des Projekts »Kernenergieschiffsantrieb«. Daraufhin traten 1960 der Bund und die Küstenländer als Gesellschafter der GKSS auf. Die öffentlichen Gesellschafter schlossen einen Konsortialvertrag, der festlegte, daß der Bund 60 % des Budgets der GKSS tragen sollte und die übrigen 40 % von den vier Küstenländern zu gleichen Teilen beigesteuert werden sollten. Mit der Aussicht auf eine baldige Fertigstellung der »Otto Hahn« und der Absicht, die Forschungseinrichtungen der GKSS auch weiter

---

2 Frau Monika Renneberg möchte ich für die wertvollen Diskussionen über die Geschichte der GKSS herzlich danken.

zu nutzen, wurde bereits ab 1966 auf Ebene der öffentlichen Gesellschafter über die weitere Zukunft der GKSS diskutiert. Dabei stand die Frage im Vordergrund, wie das Forschungszentrum und seine Einrichtungen zusätzlich genutzt und inwieweit eine weitere Finanzierung ab 1970, nach Ablauf des alten Konsortialvertrages, gewährleistet werden könnten.

Im weiteren Verlauf dieser Diskussion spielten 1969 drei Faktoren eine entscheidende Rolle: erstens der Wunsch der GKSS selbst, ihre Arbeit auf dem Gebiet der Nuklearforschung fortzuführen und auszuweiten; zweitens der Wunsch der öffentlichen Hand, sowohl die Entwicklung des Kernenergieantriebs weiterhin zu fördern als auch die Forschungsstruktur im norddeutschen Raum und insbesondere auch die Forschungsmöglichkeiten der Hochschulen zu verbessern, was zu dem im Rahmen des Finanzreformgesetzes[3] vorgesehenen Hochschulausbau bedeutend beitragen würde; drittens die Finanzierungslösung für die deutsche Großforschung mit der Festlegung des Verteilungsschlüssels zwischen Bund und Sitzland auf 90:10% und die damit verbundenen Steuerungs- und Kontrollansprüche des Bundes. Die Debatte um diese Faktoren fand 1972 ihren ersten Abschluß mit der Unterzeichnung eines zweiten Konsortialvertrages, der u.a. die Erweiterung der Forschungsaufgaben der GKSS und die Zusammenarbeit mit norddeutschen Hochschulen vorsah.

Hier soll gezeigt werden, daß sich die GKSS während der 1970er Jahre nicht passiv als Instrument zur Umsetzung forschungspolitischer Ziele des Bundes entwickelt hat. Sie hat vielmehr, ohne die vom Bund gestellten Forschungsprogramme zu vernachlässigen, ihre forschungspolitischen Ziele zu einem erheblichen Teil selbst hergeleitet und durchgesetzt. Dieser Schluß ergibt sich aus einer Betrachtung der Debatte, die Ende der 1950er Jahre begann und während der 1970er Jahre zu einer allmählichen Ablösung des Forschungsschwerpunktes »Kernenergieschiff« und zur Diversifizierung der Aufgaben hin zu weiteren Forschungsbereichen führte. Die Diversifizierung ist vor dem Hintergrund der Interessenskonflikte zwischen Bund, Ländern und privater Wirtschaft sowie der GKSS-eigenen Interessen zu sehen. Die Haltung der GKSS wird insbesondere durch ihre Geschäftsführung darge-

---

3 21. Gesetz zur Änderung des Grundgesetzes vom 12. Mai 1969. Mehr über die Folge der Grundgesetzänderung siehe z. B. Müller (1990).

stellt, die maßgeblich die Entwicklung der GKSS während der 1970er Jahre gestaltet und bestimmt hat.

Die Debatte der späten sechziger Jahre

Das Bundesministerium für wissenschaftliche Forschung (BMwF) mit Gerhard Stoltenberg (CDU) als Forschungsminister war zwar noch 1969 davon überzeugt, daß die GKSS ein Forschungs- und Erprobungsprogramm für die »Otto Hahn« sowie ein Arbeitsprogramm zur Weiterentwicklung von Schiffsreaktoren durchführen sollte. Sie sollte sich von diesen Gebieten aber in dem Maße zurückziehen, wie sich die Reaktorbauindustrie, die Werften und Reedereien darin engagierten. Im Zuge der Reform der Forschungslandschaft wurde von der Bund-Länder-Kommission für Fragen der Hochschul- und Wissenschaftsfinanzierung beschlossen, den Bundesanteil für die Großforschung ab 1970 von 60 auf 90 % zu erhöhen. Damit war der Wunsch des BMwF verbunden, die GKSS »stärker als bisher in sein Förderprogramm einzubeziehen.«[4] Das bedeutete für die GKSS eine klare Ausrichtung auf die Forschungspolitik der Großen Koalition. Unter anderem war damit eine Diversifizierung der Aufgaben der GKSS in Richtung auf eine Verbesserung der gesellschaftlichen und technisch-wirtschaftlichen Entwicklung verbunden. Dabei forderte das BMwF ausdrücklich eine enge Zusammenarbeit der GKSS mit norddeutschen Hochschulen. Zudem sollte die Zusammenarbeit mit der Industrie aufrechterhalten werden. Die neuen Aufgaben sollten in dem Konsortialvertrag zwischen dem Bund und den vier Küstenländern für die Zeit ab 1970 festgelegt werden.

Diesen Forderungen stellte sich die GKSS entgegen. Prinzipiell wollte sie nicht ein Forschungszentrum des Bundes werden, sondern industrieähnlich agieren. Darüber hinaus war die GKSS vom zukünftigen Durchbruch des Kernenergieschiffsantriebs überzeugt, wie sich der damalige kaufmännische Geschäftsführer der GKSS, Manfred von zur Mühlen, ausdrückte. Er befürchtete ferner, daß mit der Diversifizierung der Aufgaben der Gesellschaft die bisherigen Arbeiten vernachlässigt würden. Unter der Bedingung einer

---

4 Bundesarchiv (BAK) B138/5804, 5.3.1969, Niederschrift über die Besprechung zwischen dem Bund und den norddeutschen Küstenländern am 28.2.1969 im BMwF.

Diversifizierung als notwendige Voraussetzung, um die Finanzierung der Gesellschaft sicherzustellen, sollten seines Erachtens nur die Gebiete der Reaktor- und der Schiffbauforschung in Frage kommen. Die Schiffsreaktorentwicklung müsse hingegen zentrales Kernstück der Gesellschaft bleiben, da die GKSS nur dafür personell und technisch ausgerüstet sei.[5] Die GKSS stützte ihre forschungspolitischen Argumente auf das schon beschlossene 3. Deutsche Atomprogramm[6] für den Zeitraum 1968 bis 1972, das den Bau eines zweiten Atomschiffes vorsah. Diese Argumentation war nur deshalb möglich, weil sich der damalige Leiter des Instituts für Reaktorphysik und Mitgründer der GKSS, Erich Bagge, zuvor persönlich für das 3. Deutsche Atomprogramm eingesetzt hatte.[7] Es war geplant, ein Demonstrationsschiff zu bauen, das die Wirtschaftlichkeit des Kernenergieantriebs für die Handelsschiffahrt beweisen sollte. Außerdem würde ein solches Projekt dazu führen, daß sich die GKSS langfristig auf dem Gebiet der Entwicklung des Kernenergieantriebs betätigen konnte.

Im Rahmen der Diskussion über den zweiten Konsortialvertrag waren sich Bund und Länder darin einig, daß die GKSS ihre zukünftige Aufgabenstellung klar definieren müsse. Außerdem sollte eine Gutachterkommission bestellt werden, um die zusätzlichen Forschungsmöglichkeiten der Gesellschaft zu prüfen. Sie sollte einen Bruch zwischen den alten und den künftigen Aufgaben der GKSS vermeiden. Insbesondere die SPD-regierte Hansestadt Hamburg, die durch ihre Behörde für Wirtschaft und Verkehr in der GKSS vertreten war, teilte deren Meinung: »Der Schwerpunkt der Kommissionsarbeit müsse auf der Sondierung neuer Forschungsaufgaben im großen Gebiet der Nuklearforschung liegen«.[8] Doch gerade mit dieser Fokussierung allein auf das Gebiet der Nuklearforschung konnten sich die Hamburger gegenüber den anderen Küstenländern und dem Bund nicht durchsetzen. Das wäre nicht im Einklang mit der damaligen Forschungspolitik der Großen

---

5   Hamburger Staatsarchiv (STAHH), BWV II, 371-16II, Abl. 1980, 9366/Bd. 1.
6   Das 3. Deutsche Atomprogramm wurde am 13.12.1967 vom BMwF vorgelegt. Sein Inhalt, staatliche Forschungsförderung in den Bereichen Kerntechnik und Kernforschung, wurde wesentlich aus den Arbeiten der Deutschen Atomkommission (DAtK) entwickelt, Weiss (1994: 257–259).
7   Erich Bagge fungierte als Vertreter der GKSS in der DAtK.
8   Wie Anm. 4.

Koalition gewesen, die eine Diversifizierung der Großforschungszentren in Richtung auf anwendungsorientierte, nicht-nukleare Aufgaben vorsah.

Das Diskussionspapier

Die Geschäftsführung der GKSS entwickelte unter Berücksichtigung der Forschungspolitik der Großen Koalition eine mögliche Aufgabenstellung, wie sie die Gesellschafter der öffentlichen Hand forderten. Ihr Diskussionspapier (GKSS 1969) sollte als Empfehlung für die Beratungen der Gutachterkommission dienen, die vom Bund und den Ländern berufen wurde. Das Papier präsentierte nur die »Meerwasserentsalzung« als einziges Gebiet außerhalb des kerntechnischen Bereiches. Als zusätzliche mögliche Arbeitsgebiete innerhalb der Kerntechnik wurden die Weiterentwicklung des Schiffsantriebs hin zum Demonstrationsschiff, die Hochtemperaturreaktor-Technik, die Weiterentwicklung von Leichtwasserreaktoren, die experimentelle Reaktorsicherheit und der Einsatz der Kernenergie in Ozeanographie und Meerestechnik empfohlen. In der Einleitung dieses Diskussionspapiers gab die Geschäftsführung der GKSS zu verstehen, daß sie die Erweiterung der Aufgabengebiete auf nicht-nukleare Vorhaben selbst nicht geplant habe. Dies sei lediglich Wunsch der Gesellschafter der öffentlichen Hand gewesen.

Die genannten Forschungsgebiete berücksichtigten zwar die Grundlinien der Forschungspolitik der Großen Koalition, waren jedoch aus dem Kompetenzbereich der GKSS hervorgegangen. Dies galt selbst für das Gebiet der Meerwasserentsalzung, da in Geesthacht schon auf dem Gebiet der chemischen Verfahrenstechnik, ferner der Wasserchemie und an Korrosionsproblemen gearbeitet worden war. Dieser Forschungsbereich erregte insbesondere das Interesse des Ministeriums für Wirtschaft und Verkehr des Landes Schleswig-Holstein. Es war der Meinung, daß das Gebiet der Meerwasserentsalzung »zunehmend an wirtschaftlicher Bedeutung gewinnen würde«,[9] vor allem im Hinblick auf die Versorgung trockener Gebiete in den Ländern der sogenannten Dritten Welt. Darüber hinaus hatte die Bundesregierung

---

9 Wie Anm. 4

bereits 1967 ihr Interesse bekundet, das Gebiet der Meeresforschung zu fördern (Stoltenberg 1968: 24).

Die Gutachterarbeiten und ihre Folgen

Die Gutachterkommission[10] wurde Anfang April 1969 durch das BMwF berufen. Sie führte insbesondere Gespräche mit Unternehmen der kerntechnischen Industrie, den Werften, den Reedereien und Instituten norddeutscher Universitäten (Berlin, Braunschweig, Clausthal, Göttingen, Hamburg, Hannover, Kiel) und diskutierte auch mit der Geschäftsführung und den Mitarbeitern der GKSS. Die Kommission ging von der kommenden Wirtschaftlichkeit der Kernenergieschiffe aus, auch wenn sie keine genaue zeitliche Voraussage treffen konnte. Mit der »Problematik« des im 3. Deutschen Atomprogramm vorgesehenen nuklearen Demonstrationsschiffes konnte sie sich aus Zeitmangel nicht umfassend beschäftigen. Sie war jedoch überzeugt, daß sich die GKSS mit der Durchführung eines Basisprogramms zur langfristigen Fortentwicklung des Kernenergieschiffsantriebs beschäftigen und damit die Grundlage für die Realisierung dieses Schiffes schaffen müsse. Der Bau und Betrieb des Demonstrationsschiffes sollte dann an die privaten Reedereien, die Werften und die kerntechnische Industrie übergeben werden, jedoch unter Einbeziehung der wissenschaftlichen Kompetenz der GKSS. Darüber hinaus gehöre auch die Fortentwicklung der »Otto Hahn« zu diesem Basisprogramm. Damit stand zu erwarten, daß der Schwerpunkt »Kernenergieschiff« weiter das Hauptgebiet der GKSS bleiben würde.[11]

Die von der Gesellschaft vorgeschlagenen Arbeiten auf dem Gebiet der Hochtemperaturreaktor(HTR)-Entwicklung und der Meerwasserentsalzung wurden berücksichtigt. Die GKSS galt als geeigneter Träger für den Bau und den Betrieb einer Küstenstation zur Erprobung von Entsalzungsanlagen,

---

10 Angehörige der Gutachterkommission: die Professoren K. H. Beckurts, Karlsruhe (Vorsitz); O. Krappinger, Hamburg; W. Kroebel, Kiel; B. Liebmann, Jülich; H. Neuert, Hamburg; W. Oldekop, Braunschweig; H. U. Roll, Hamburg; D. Schmidt, Karlsruhe und als BMwF-Vertreter J. Rembser.
11 Gutachten der Kommission zur künftigen Aufgabenstellung der Gesellschaft für Kernenergieverwertung in Schiffbau und Schiffahrt mbH (Gutachten), Oktober 1969, S. 3–10.

insbesondere für eine Station an der deutschen Nordseeküste. In bezug auf die experimentelle Reaktorsicherheitsforschung waren die meisten Vorschläge der GKSS bereits im Battelle-Institut in Frankfurt a.M., bei AEG/Telefunken oder bei Siemens seit einiger Zeit erforscht.[12] Daher wären nur die Druckabbauversuche auf dem Gebiet der Reaktorsicherheit für Kernenergieschiffe eine sinnvolle Ergänzung für die GKSS.[13]

In der Meeresforschung sollte die GKSS immerhin eine theoretische Studie erstellen,[14] obwohl sich das Fachreferat für Meeresforschung des BMwF gegen ihre Einbeziehung in die Aufgaben der Meerestechnik ausgesprochen hatte. Es konstatierte in seiner Stellungnahme zum »Diskussionspapier«, daß keine der vorgeschlagenen Arbeiten eine Einschaltung der Gesellschaft in die Aufgaben der Meerestechnik begründe:

»Vielmehr kann davon ausgegangen werden, daß die Aufgaben, die aus der möglichen Anwendung der Kernenergie in Meeresforschung und Meerestechnik resultieren werden, teils von Institutionen der Meeresforschung selbst, teils von der Industrie ausreichend wahrgenommen werden können.«[15]

In der Leichtwasserreaktoren-Forschung sah die Kommission keine Perspektive für die GKSS, ebensowenig in einem breiter angelegten Reaktorsicherheitsprogramm.[16] Für die Weiterentwicklung der stationären Leichtwasserreaktoren müsse die Initiative von der Industrie selbst ausgehen, die schon Erfahrung auf diesem Gebiet gesammelt habe. Sofern staatliche Mittel dafür aufgewendet würden, sollten diese direkt der Industrie übertragen werden.[17] Außerdem empfahl die Kommission eine Verstärkung der »anwendungsorientierten Grundlagenforschung«, vor allem im Hinblick auf die Zusammenarbeit mit den Hochschulen.[18] Diese wissenschaftlich-politische Empfehlung war von vornherein klar, weil die Länder die Zusammenarbeit mit

---

12 BAK, B138/5804, 27.6.69: Ergebnisniederschrift der 3. Sitzung der Gutachterkommission für die künftige Aufgabenstellung der GKSS (Ergebnisniederschrift der 3. Sitzung), 18.6.1969.
13 Gutachten, S.11.
14 Ebd.
15 BAK, B138/5804, 6.6.1969, Vermerk über die Gutachterkommission.
16 Gutachten, S. 10.
17 BAK, B138/5804, Ergebnisniederschrift der 2. Sitzung, 22. und 23.5.1969.
18 Gutachten, S. 11.

den Hochschulen als Bedingung für die Fortsetzung der Mitfinanzierung der GKSS gestellt hatten. Unter »anwendungsorientierter Grundlagenforschung« verstanden der Bund und die Länder in diesem Fall vor allem Arbeiten zur Nutzung der Strahlrohre des Forschungsreaktors Geesthacht-1 und zur Entwicklung der Methode der Neutronenaktivierungsanalyse,[19] die zur zerstörungsfreien Materialanalyse verwendet werden kann.

Wenn man bedenkt, daß sowohl die GKSS als auch der Bund und die betroffene private Wirtschaft gerade an einer weiteren Erforschung des Gebiets der Kernenergieschiffsantriebe hin zu ihrer Wirtschaftlichkeit interessiert waren, überrascht es keineswegs, dieses Gebiet an der Spitze der Prioritätenliste des Gutachtens zu finden. Es sollte mindestens bis zur Entscheidung für den Bau des Demonstrationsschiffs fortgeführt werden und ca. 50% des wissenschaftlich-technischen Forschungspersonals der GKSS beschäftigen. Damit war auf der einen Seite die Weiterfinanzierung der bisherigen Aufgaben der GKSS gesichert; auf der anderen Seite öffnete sie sich dem Aufbau eines Forschungszentrums im norddeutschen Raum und der Umsetzung forschungspolitischer Ziele des Bundes in dieser Region. Die GKSS bedauerte allerdings die restriktiven Äußerungen der Gutachter zu »Leichtwasserreaktoren« und zur »experimentellen Reaktorsicherheitsforschung«.[20]

Die Diskussion über die Ergebnisse des Gutachtens begann nach der Regierungsübernahme durch die sozialliberale Koalition im Oktober 1969. Das BMwF wurde in Bundesministerium für Bildung und Wissenschaft (BMBW), mit Hans Leussink (parteilos) als Bundesminister, umbenannt. Dies ging einher mit einer Zentralisierung von Bildung, Wissenschaft und Forschung auf Bundesebene, die freilich bereits in der Ära der Großen Koalition wurzelte (Szöllösi-Janze 1990: 208–223). Ende 1969 konnte sich das BMBW ein Förderprogramm für das Demonstrationsschiff nach dem Vorbild der Demonstrationskraftwerke Gundremmingen, Lingen und Obrigheim[21]

---

19 BAK, B138/5778(2), Ergebnisvermerk einer Referentenbesprechung am 10.11.1969 über die Folgerung aus dem Gutachten über die künftige Aufgabenstellung der GKSS, 2.12.1969.
20 GKSSArch, Stellungnahme der Geschäftsführung und der Institutsleitungen der GKSS zum Gutachten der Kommission zur künftigen Aufgabenstellung der Gesellschaft vom Oktober 1969.
21 Die drei Demonstrationskraftwerke mit Leichtwasserreaktoren wurden »durch das Eigenkapital des Bauherrn und durch staatlich verbürgte Bankdarlehen« errichtet.

vorstellen. Außerdem waren sich Bund und Länder einig, daß sich die Durchführung eines Basisprogramms »Kernenergieschiff« für die Weiterentwicklung des Kernenergieschiffsantriebs mit den sicherheitstechnischen Aspekten der Schiffbauentwicklung befassen sollte.[22] Gleichen Wert legten sie auf die Weiterentwicklung des Schiffsreaktors selbst. Hierbei sollten die Probleme des Kollisionsschutzes berücksichtigt werden, denn die Sicherheit von kernenergiegetriebenen Schiffen war entscheidend für die Anlaufgenehmigung in ausländischen Häfen. Ohne die Lösung dieser Probleme würden sich Werften und Reeder gegenüber dem Bau eines zweiten Kernenergieschiffes verständlicherweise zurückhalten. Das bedeutete nicht, daß die Erfüllung dieser Voraussetzungen allein für den Bau eines solchen Schiffes ausreichen würde; es müßte »neben einem günstigen Baukostenvergleich mit herkömmlichen Schiffstypen auch eine um 10 % bessere Rendite« zu erwarten sein.[23]

Die Gesellschafter der öffentlichen Hand waren der Meinung, daß die Arbeiten auf dem Gebiet der Hochtemperaturreaktoren (HTR) noch mehr als die im Gutachten geschätzten 20 % des Forschungspersonals beschäftigen könnten. Auf diesem Gebiet sollte sich die GKSS voraussichtlich mit Bestrahlungsuntersuchungen von HTR-Brennstoffen und -Brennelementen mit Hilfe des Forschungsreaktors Geesthacht-2 und des Kernkraftwerks Schleswig-Holstein (KWSH) befassen.[24] Hinsichtlich der »Meerwasserentsalzung« und »Leichtwasserreaktorentwicklung« waren sie mit den Vorschlägen der Gutachterkommission einverstanden. Die Gesellschafter aus Industrie und Wirtschaft machten deutlich, daß sie an der GKSS interessiert seien, solange sie sich mit Aufgaben auf dem Gebiet des Kernenergieschiffs befasse. Darüber hinaus bekundeten die Gutehoffnungshütte für die

---

Zudem beteiligte sich der Bund mit Zuwendungen und am Betriebsrisiko, vgl. Keck (1984: 75–79).

22 Über die Sicherheitsprobleme von Atomschiffen wurde bereits bei der DAtK diskutiert; sie hatte mehrere »Lücken« im Sicherheitsbericht der »Otto Hahn« feststellen können, Radkau (1983: 158).

23 Wie Anm. 19.

24 BAK, B138/5782, Niederschrift der Besprechung vom 20.11.1969 über die neue Aufgabenstellung und die Neuregelung der gesellschaftsrechtlichen Verhältnisse bei der GKSS, 12.12.1969.

Forschungen auf dem Gebiet der Hochtemperaturreaktoren und Siemens an der Meerwasserentsalzung Interesse.[25]

Diversifizierung und Organisation

Für die Übernahme der neuen Aufgaben wurde ab 1970 eine Anlaufperiode von zwei Jahren angesetzt, in deren Verlauf erst über die Gewichtung der verschiedenen Gebiete entschieden werden sollte. Doch die Anlaufperiode wurde in dieser Hinsicht nicht genutzt. Vielmehr war die Gewichtung der Aufgabengebiete das Ergebnis eines kontinuierlichen Prozesses in den 1970er Jahren. Die Entwicklung dieses Prozesses zwischen 1972 und 1982 wird im Hinblick auf den Mittelaufwand pro Schwerpunkt (ohne Stillegungsaufwand) in Abb. 1 gezeigt.

Ende 1969 stellte sich das BMBW eine relativ einfache Diversifizierung des Forschungspersonals vor. Es war der Ansicht,

»daß einem personellen Immobilismus kostensparend durch Umsetzungen innerhalb und zwischen den Forschungseinrichtungen entgegengewirkt werden könne. Dagegen spreche auch nicht der immer wieder von den Wissenschaftlern geäußerte Einwand, daß dies an der hohen Spezialisierung des Personals scheitere. Dem könne durch Umschulungsmaßnahmen begegnet werden.«[26]

Die Umsetzung dieser Vorstellung während der 1970er Jahre war kein plötzlicher Umbruch, sondern vielmehr ein langsamer, stetiger Wandlungsprozeß. Die betroffenen Mitarbeiter der GKSS arbeiteten sich erfolgreich in neue Aufgabenbereiche ein. »Umschulungsmaßnahmen« waren insofern nicht erforderlich.[27]

---

25 Ebd., Niederschrift über die Sitzung des Arbeitsausschusses Kernenergie des Bundes und der norddeutschen Küstenländer am 21.11.1969.
26 BAK, B138/5778 (2), Niederschrift über die Besprechung vom 13.10.1969 im BMBW.
27 Gespräche mit W. Jager (GKSS-Prokurist) und W. Heisch (GKSS-Mitarbeiter des Planungsstabs) am 14.10.1998.

174 *Big Science – Big Machines: Großforschung als Projektwissenschaft*

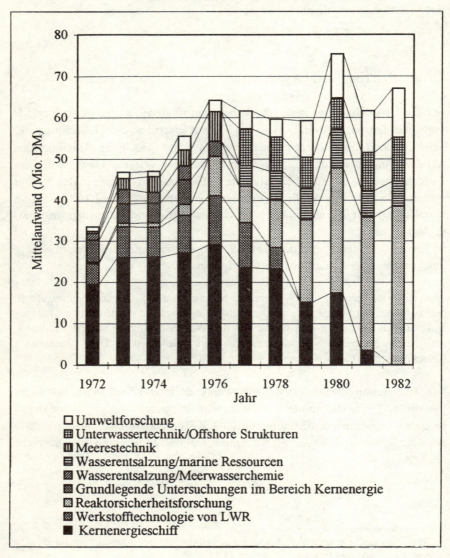

Abb. 1: Einsatz der Finanzmittel pro Schwerpunkt

Quelle: GKSS-Programmbudget von 1973 bis 1983

Der Anfang der Diversifizierung innerhalb der GKSS entwickelte sich aus alten Aufgabenstellungen heraus. Ein Beispiel dafür war der Bereich der Neutronenaktivierungsanalyse, die ursprünglich zur Materialuntersuchung verwendet wurde und später auch in dem Forschungsschwerpunkt »Umweltforschung« für Schadstoffanalysen küstennaher Gewässer Verwendung fand. Ein weiteres Beispiel war das Projekt »Meerwasserentsalzung«, das aus der »Wasserchemie« und »Verfahrenstechnik« hervorging. Innerhalb eines Zeitraums von zehn Jahren wurde die Membrantechnik zur Meerwasserentsalzung entwickelt und die daraus resultierende Technologie an die anwendende und herstellende Industrie überführt. Nach dem Abschluß der Arbeiten wurde das Projekt »Meerwasserentsalzung« 1982 beendet. Das davon betroffene Personal konnte allerdings das Verfahren unter dem Forschungsschwerpunkt »Umweltforschung« in den Teilvorhaben Gasseparation, Pervoration und Elektrodialyse weiterentwickeln (GKSS 1984: 79).

Der Forschungsschwerpunkt »Kernenergieschiffsantrieb« umfaßte das Projekt »Kernenergieschiff« und ein gleichnamiges Basisprogramm, das seinerseits aus den Forschungsprogrammen »Otto Hahn« und »Entwicklung nuklearer Schiffe« bestand. Das Projekt »Kernenergieschiff« wurde Mitte 1976 beendet, und die daraus resultierenden Ergebnisse trugen entscheidend dazu bei, die »Otto Hahn« stillzulegen[28] und damit den Forschungsschwerpunkt »Kernenergieschiffsantrieb« aufzulösen. Eine »Migration« des Forschungspersonals dieses Schwerpunktes war die Folge, insbesondere in Richtung der »Reaktorsicherheitsforschung« und »Unterwassertechnik«. Die Diversifizierung des Personals im Forschungs- und Entwicklungsbereich zwischen 1972 und 1982 wird in Abbildung 2 dargestellt. Eine konkrete Zahl von Ab- bzw. Neuzugängen beim Personal läßt sich nicht feststellen. Offensichtlich gab es aber keine wesentliche Mitarbeiterfluktuation, zumal der Arbeitsmarkt für Kernenergiespezialisten begrenzt war.[29]

---

28 Zum Kernenergieschiff und zur Diskussion um die Stillegung der »Otto Hahn« s.u.
29 Gespräche mit W. Jager und W. Heisch am 14.10.1998.

Abb. 2: Diversifizierung des Personals im Forschungs- und Entwicklungsbereich

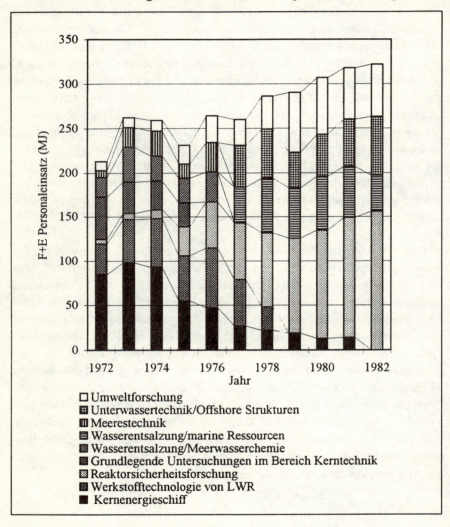

Quelle: GKSS-Programmbudget von 1973 bis 1983

Auch wenn sich die Schwerpunkte »Unterwassertechnik« und »Reaktorsicherheitsforschung« aus dem Kompetenzbereich der GKSS entwickelten und letztere zum Teil bisherige, nicht-schiffbauliche Aufgaben aus dem Projekt »Kernenergieschiffsantrieb« einfach aufnahm, so waren doch zumindest für den Ausbau der »Unterwassertechnik« erstmals Ende der 1970er Jahre umfangreichere Einarbeitungen des betroffenen Personals in dieses neue Gebiet erforderlich.

In organisatorischer Hinsicht wurde der Beginn des Diversifizierungsprozesses von Umstrukturierungen der GKSS und einem Wechsel der Geschäftsführung begleitet. Die erste Umstrukturierung wirkte schon ab August 1969. So wurden im Rahmen der zwei bestehenden Institute »Reaktorphysik« und »Kernenergieschiffsantriebe« fünf neue Fachbereiche gebildet: Reaktorphysik, Reaktortechnologie, Neutronenphysik, Reaktoranlagen und -komponenten sowie Reaktortechnik. Die zentralen Dienste der GKSS wurden in einem Technikum zusammengefaßt.[30] Der damalige wissenschaftlich-technische Geschäftsführer, Hans Schmerenbeck, zog sich Ende 1969 aus Altersgründen von seiner Funktion in der GKSS zurück. Sein Nachfolger Erich Schröder nahm im Juli 1970 seine Arbeit auf.

Manfred von zur Mühlen gab Ende November 1971 seine Funktion als kaufmännischer Geschäftsführer nach über 13jähriger Tätigkeit auf. Zwar nannte er keine Gründe für diese Entscheidung[31], doch kann vermutet werden, daß sein Entschluß in Zusammenhang mit den Veränderungen in der GKSS steht. Allerdings hielt er als Mitglied des Aufsichtsrates die Verbindung zur GKSS.[32] Erst 1973 wurde seine Stelle durch die Ernennung von Claus Waldherr erneut besetzt. In der Zwischenzeit fand in der GKSS eine weitere Umstrukturierung statt: Sie wurde in zwei Zentralabteilungen (Forschungsreaktoren und Technikum) und drei Institute (Physik, Werkstofftechnologie und Anlagentechnik) gegliedert. Diese Institute gingen aus den fünf bestehenden Fachbereichen hervor.

---

30 GKSSArch, GKSS-Geschäftsanweisung für die Abwicklung der Aufgaben der Gesellschaft, 15.8.1969.
31 GKSSArch, von zur Mühlen an Geyer, 15.7.1971.
32 Von zur Mühlen wurde zum Mitglied des Aufsichtsrats der GKSS gewählt nach §8,2e des Gesellschaftsvertrages.

Die in den *Leitlinien*[33] des BMBW vorgesehene kollegiale Leitung sollte im Rahmen der von der sozialliberalen Koalition geforderten Demokratisierung der Großforschungseinrichtungen auch in der GKSS eingeführt werden. Im Institut für Physik war das unproblematisch, weil dieses aus zwei bereits existierenden Instituten hervorgegangen war und dadurch schon zwei Leiter hatte. Im Institut für Werkstofftechnologie wurde die kollegiale Leitung erst 1974 und im Institut für Anlagentechnik erst 1978 eingeführt. Diese Verzögerung stand nicht nur im Zusammenhang mit Konflikten um die Demokratisierung der Binnenstrukturen und wissenschaftlichen Entscheidungsprozesse, sondern auch mit dem Wunsch des Bundes, ein gemeinsames Verfahren der GKSS mit den norddeutschen Universitäten zur Berufung von Wissenschaftlern in leitende Positionen zu etablieren. Mit diesem Wunsch wollte der Bund die Zusammenarbeit zwischen der GKSS und den norddeutschen Universitäten fördern. Ein gemeinsames Berufungsverfahren konnte allerdings in den 1970er Jahren nicht realisiert werden. Problematisch war nicht nur das mangelnde Engagement der GKSS, sondern auch die vertragliche Regelung einer derartigen Berufung, da die vier Küstenländer unterschiedliche Rechtsauffassungen dazu hatten. Zudem war es nicht einfach, überhaupt qualifizierte Forscher zu finden.

Das Projekt »Kernenergieschiff«

Erst am Ende des festgelegten Zeitraumes des 3. Deutschen Atomprogramms, im November 1972, wurde das Projekt »Kernenergieschiff« zur Weiterentwicklung des Kernenergieschiffsantriebs durch den Aufsichtsrat genehmigt. Ziele waren die Untersuchung der technischen Realisierbarkeit eines nuklearen Container-Schiffes (NSC) und seiner Wirtschaftlichkeit sowie die Lösung der Probleme der Anlaufgenehmigung[34] für ausländische

---

33 Bundesminister für Bildung und Wissenschaft (1970), Leitlinien zu Grundsatz-, Struktur- und Organisationsfragen von rechtlich selbständigen Forschungseinrichtungen, Bonn.
34 Grundprobleme für ein Konzeptgenehmigungsverfahren bestanden z. B. in bezug auf das Notkühlsystem, Flugzeugabsturz, Havarie des Schiffes (Sinken, Stranden, Kentern). Vgl. GKSS (1975: 57).

Häfen. Das Projekt NSC 80 begann in Zusammenarbeit mit den Werften Bremer Vulkan, dem Reaktorhersteller Interatom und dem Reeder Hapag-Lloyd AG und sollte eine Antriebsleistung von 80.000 Wellen-PS (WPS) untersuchen. Kurze Zeit später wurde entschieden, daß auch eine Studie für eine Antriebsleistung von 240.000 WPS erstellt werden sollte. Dafür wurde das Projekt NSC 240 mit den gleichen Partnern wie beim NSC 80 und außerdem mit den Howaldtswerken-Deutsche Werft AG eingerichtet. Erst nach Erstellung dieser »Wirtschaftlichkeitsstudien« sollte die Entscheidung über den Bau eines oder mehrerer solcher Schiffe getroffen werden.

Das Projekt Kernenergieschiff NSC 80 ging auf ein Vorprojekt[35] zurück, das von der GKSS gemeinsam mit Hapag-Lloyd, den japanischen Reedereien Nippon Yusen Kaisha und Mitsui O. S. K. Lines, den Werften Bremer Vulkan, Hitachi Shipbuilding & Engineering, Ishikawajima-Harima Heavy Industries, Mitsubishi Heavy Industries, Japan Shipbuilding Research Association und den Reaktorherstellern Interatom und Japan Nuclear Ship Development Agency erarbeitet worden war (GKSS 1972: 110). Diese Arbeitsgruppe wurde gebildet, um eine Studie zum Vergleich von nuklearen und konventionellen Antrieben für Containerschiffe zu bearbeiten.

»Ziel dieser Untersuchungen ist die Absicherung der Arbeiten für ein Demonstrationsschiff hinsichtlich der quantitativen Bestimmung der Wirtschaftlichkeit von Kernenergieschiffen sehr großer Antriebsleistungen und die Vorbereitung der rein kommerziellen Phase der Kernenergieschiffe.«[36]

Aus Kostengründen und auch wegen des japanischen Know-hows war eine weitere Zusammenarbeit mit den Japanern und der Bau eines (oder mehrerer) Demonstrationsschiffe als Gemeinschaftsprojekt wünschenswert. Darüber hinaus hielt man ein Gemeinschaftsprojekt für vorteilhafter, um u.a. die Frage des Anlaufens von ausländischen Häfen sowie die Versicherungsfragen zu klären.[37] Trotz der Bemühungen von deutscher Seite, das Projekt »Kernenergieschiff« zu internationalisieren, wurde es nicht realisiert. Der Unfall bei der Inbetriebnahme des japanischen Nuklearschiffes »Mutzu« am 28.8.1974 führte zu einer negativen Beurteilung des Kernenergieschiffes in

---

35 Die Arbeiten begannen Ende 1970 und wurden Mitte 1972 beendet.
36 GKSSArch, GKSS-Bericht der Geschäftsführung, 16.11.1971.
37 STAHH, BWV II, 371-16II, Abl. 1980, 9379/Bd. 1, Vermerk vom 5.12.1972.

der öffentlichen Meinung Japans. Der Reaktor der »Mutzu« war wegen eines Konstruktionsfehlers nicht strahlendicht, und schon am »Anfang der umfangreichen geplanten Anfahr- und Leistungstests traten die ersten Schwierigkeiten auf.«[38] Die GKSS bemühte sich auch um eine Zusammenarbeit mit England. Doch schon in den 1950er Jahren hatte England, »die erfahrenste Seefahrernation unter den Atommächten«, sich mit dem Bau von Atomschiffen zurückgehalten. In den 1970er Jahren hielt England an seiner Position fest und lehnte eine Unterstützung nuklearer Handelsschiffe ab (vgl. Radkau 1983: 157, 159).

Die Studien für NSC 80 und 240 wurden 1975 bzw. 1976 vorgelegt. Die Arbeiten für das nukleare Containerschiff mit 80.000 WPS Antriebsleitung waren so weit gegangen, daß nun eine Konzeptgenehmigung für das NSC 80 durch die Reaktorsicherheitskommission erstellt werden konnte. Damit zeigte sich, daß dieser Schiffstyp hinsichtlich seiner Sicherheit dem damaligen internationalen Standard für Atomhandelsschiffe entsprach (Lettnin 1986: 18). Trotzdem wurde im Juni 1976 das Projekt »Kernenergieschiff« beendet, nachdem eine Bauentscheidung für das Demonstrationsschiff nicht getroffen werden konnte. Grund dafür waren insbesondere die Ergebnisse der »Wirtschaftlichkeitsstudie«, die angesichts der damaligen Ölpreise die Wirtschaftlichkeit des Kernenergieschiffes wegen zu hoher Bau- und Betriebskosten unter den absehbaren Bedingungen nicht nachweisen konnte. Außerdem war es sehr schwierig, Genehmigungen zum Anlaufen ausländischer Häfen zu erhalten, da es kein allgemeines internationales Haftungsrecht für Kernenergieschiffe gab. Die Schwierigkeiten galten insbesondere für die Südostasien-Route wegen der mißglückten Inbetriebnahme der »Mutzu«, die zunächst eine Genehmigung für japanische Häfen blockierte. Dabei waren »Rückwirkungen auf die Verhandlungen mit anderen Ländern im ostasiatischen Raum nicht auszuschließen«.[39]

---

38 GKSSArch, KEST, Bericht über die »Mutzu«, 1974.
39 STAHH, BWV II, 371-16II, Abl. 1980, 9379/Bd. 1, BMFT an BWV, 13.3.1975.

Weiterbetrieb oder Stillegung der »Otto Hahn«?

Noch im August 1976 machte der SPD-Bundesforschungsminister Hans Matthöfer optimistische Prognosen in bezug auf die nuklearen Schiffsantriebe:

»Der nukleare Schiffsantrieb hat vor allem den Vorteil, daß mit ihm besonders große Schiffe die Fähigkeit erhalten können, sehr lange unabhängig zu operieren. Der Bedarf an solchen Schiffen wird langfristig sicher erheblich sein«.[40]

Die öffentliche Finanzierung dieses langen Wartens wurde vom Bundesrechnungshof jedoch heftig in Frage gestellt. Er bezweifelte, ob angesichts der damaligen »angespannten Haushaltslage« bzw. »steigender Verpflichtungen auf anderen Gebieten, die Fortführung eines Vorhabens verantwortet werden kann, für das keine wirtschaftliche Realisierung erkennbar ist«. Darüber hinaus fragte er auch nach dem Sinn des Weiterbetriebs der »Otto Hahn«, wenn Projekte wie das NSC 80 nicht weitergeführt werden sollten.[41] Der Bundesrechnungshof zog die Notwendigkeit in Zweifel, einen dritten Reaktorkern für die »Otto Hahn« für weitere Versuche ab 1978 zu bestellen, wenn der zweite Kern abgebrannt sein sollte. Er war der Meinung, daß »Prestige-Gründe« allein den Weiterbetrieb der »Otto Hahn« nicht rechtfertigten.[42]

Die Diskussion verschärfte sich ab 1977, als drei Faktoren zusammentrafen: Erstens der Abschluß des Projektes »Kernenergieschiff« und die Prognose, daß der nukleare Schiffsantrieb erst in 15 bis 20 Jahren mit herkömmlichen Antrieben konkurrenzfähig werden könnte. Zweitens würde für den Weiterbetrieb der »Otto Hahn« die Anschaffung eines dritten Reaktorkerns erforderlich sein. Weil ein Kern aber nur eine Lebensdauer von maximal fünf Jahren hatte, wäre mit einem Kern allein die Übergangszeit bis zur möglichen Wirtschaftlichkeit nicht zu überbrücken. Drittens war der Bund nicht mehr

---

40 »Die ›Otto Hahn‹ auf letzter Fahrt«, Rede von H. Matthöfer im August 1976, abgedruckt in *Heidenheimer Zeitung*, 21.12.1976.
41 BAK, B196/107460, Bundesrechnungshof an BMFT, 8.10.1976.
42 Nach dem Abbrand des ersten Reaktorkerns wurde dieser im Winter 1972/73 gewechselt. Mit dem nachfolgenden Kern sollte die »Otto Hahn« bis 1978 betrieben werden können; für die Zeit danach sollte dann ein neuer Kern für den Schiffsreaktor bestellt werden. Wie Anm. 41.

bereit, ein Projekt wie die »Otto Hahn« allein zu finanzieren. Er wollte das Projekt aber weiter mitfinanzieren, wenn 50 % der »Otto Hahn«-Betriebskosten für vier Jahre einschließlich der Beschaffungskosten von insgesamt 60 Mio. DM für den dritten Reaktorkern seitens der Wirtschaft aufgebracht werden würden.[43]

Die SPD-regierten Küstenländer Bremen und Hamburg sowie das CDU/FDP-regierte Niedersachsen stimmten dem Bund zu. Sie waren der Meinung, daß die Höhe der Kosten dem Wert der zu erwartenden weiteren Forschungs- und Entwicklungsergebnisse auf der »Otto Hahn« nicht entspräche.[44] Dagegen argumentierte Jürgen Westphal, CDU-Wirtschaftsminister in Schleswig-Holstein, für den Weiterbetrieb der »Otto Hahn«. Er war der Auffassung, daß die Stillegung zum damaligen Zeitpunkt wirtschaftspolitisch falsch sei, denn damit würde die deutsche Wirtschaft international auf diesem Gebiet ihre Wettbewerbsfähigkeit verlieren. Insbesondere den Werften würde damit die Möglichkeit genommen, »mit einer Spitzentechnologie am Weltmarkt zu konkurrieren«. Angesichts der Bedeutung der Werftindustrie für die Wirtschaft im norddeutschen Raum könne dies nicht hingenommen werden.[45] Westphals Argumente fanden jedoch im Bundesforschungsministerium keine Zustimmung, das der Ansicht war, daß die bis dahin geleistete Arbeit zusammen mit den weiterführenden Projekten eine gute Basis für die deutschen Werften und die Reaktorindustrie darstellen, »um in Zukunft Schiffe mit Kernenergieantrieb anbieten zu können, wenn der Weltmarkt es erfordert.«[46]

Auch die Geschäftsführung der GKSS stimmte der Auffassung des Bundes zu, konnte sich allerdings mit ihren Beratungsgremien, dem Wissenschaftlich-Technischen Rat (WTR) und dem Technisch-Wissenschaftlichen Beirat (TWB) nicht einigen. Der WTR hielt den Weiterbetrieb der »Otto Hahn« über die Einsatzdauer des zweiten Kerns hinaus für sehr wichtig und erwartete davon »noch eine ganze Reihe wertvoller technischer und wissenschaftlicher Erkenntnisse«. Er räumte jedoch ein, daß es angesichts der damaligen angespannten Haushaltslage der GKSS und angesichts der höheren

---

43 GKSSArch, Protokoll der Sitzung des GKSS-Aufsichtsrates (AR), 23.11.1977.
44 STAHH, BWV II, 371-16II, Abl. 1982, 9373/Bd. 6, BWV, interne Korrespondenz, 2.12.1977.
45 Ebd., Westphal an Matthöfer, 25.1.1978.
46 Ebd., Schmidt-Küster an die zuständigen Behörden der vier Küstenländer, 4.11.1977.

Priorität der Forschungsschwerpunkte »Reaktorsicherheitsforschung« und »Meeresnutzung« nicht möglich sei, »den 3. Kern für die ›Otto Hahn‹ aus dem normalen Budget zu finanzieren«. Eine gesonderte Finanzierung seitens der Gesellschafter der öffentlichen Hand hätte der WTR sehr begrüßt.[47] In der Aufsichtsratssitzung Ende November 1977 äußerten sich die wissenschaftlich-technischen Mitarbeiter entschieden gegen eine Stillegung der »Otto Hahn«. Sie argumentierten mit der Langfristigkeit auch anderer Projekte sowie mit den eindeutigen Festlegungen des Bundes im Energie-Forschungsprogramm.[48]

Für Karl-Hartmann Necker, Vertreter der privaten Gesellschafter und Vorstandsmitglied der Hapag-Lloyd AG, die die »Otto Hahn« seit April 1977 bereederte, kam es nicht in Frage, »auf halbem Wege stehen zu bleiben«. Ein gemeinsamer Weg sollte zusammen mit der Industrie gefunden werden. Er würde sich bemühen, »innerhalb der deutschen Wirtschaft Mittel zu mobilisieren«. Außerdem sei die private Wirtschaft der Meinung, daß andere Staaten ihre entsprechenden Forschungen im militärischen Bereich fortsetzen würden. Ein Entwicklungsstopp in Deutschland würde zu einem Rückstand von 15 bis 20 Jahren führen. Gegenüber der Konkurrenz gerate Deutschland folglich ins Hintertreffen. Die Geschäftsführung der GKSS argumentierte dagegen, daß die Anschaffung nur eines neuen Reaktorkerns für die Überbrückung dieser Zeit nicht ausreiche. Eine Vielzahl weiterer Kerne wäre notwendig, doch solle der Weiterbetrieb der »Otto Hahn« nicht allein unter Berücksichtigung der Kosten für weitere Kerne betrachtet werden; schließlich sei die Versorgung von Schiffen mit konventionellem Brennstoff erwiesenermaßen günstiger. Die Geschäftsführung stützte ihren Vorschlag zur Stillegung der »Otto Hahn« auf die im Rahmen des Projektes »Kernenergieschiff« von der GKSS angefertigte »Wirtschaftlichkeitsstudie«. Darüber hinaus versuchte die Geschäftsführung, ihre Meinung auch vom Standpunkt des Forschungszentrums her zu begründen, denn die Wartezeit von 15 bis 20 Jahren sei nicht vorrangig mit wissenschaftlichen und technischen Problemen begründbar. Die Schwerpunkte in der Arbeit der Gesellschaft müßten vielmehr im Hinblick auf die Tragfähigkeit von For-

---

47 GKSSArch, Protokoll der 60. Sitzung des Wissenschaftlich-Technischen Rates der GKSS am 18.4.1977.
48 Ebd., 23.11.1977.

schungsarbeiten erfolgen. Die Geschäftspartner der Länder und der Wirtschaft hätten sich nun bereiterklärt,

»ihre Argumente für den Weiterbetrieb der ›Otto Hahn‹ unter Einbeziehung möglicher Reduktionen der Betriebskosten zusammenzustellen sowie langfristige Perspektiven hinsichtlich des Zeitpunktes der Realisierbarkeit eines Anschlußschiffes aufzuzeigen.«

Dies erfordere noch Zeit; deshalb, und weil »die nach dem Konsortialvertrag zwischen Bund und Ländern erforderliche Einvernehmlichkeit nicht habe hergestellt werden können«, müsse ein endgültiger Beschluß weiter verschoben werden. Dieser Beschluß wurde dann erst ein Jahr später getroffen.[49]

Der damalige WTR-Vorsitzende, Erich Bagge, forderte im Mai 1978 nicht nur den Weiterbetrieb der »Otto Hahn«, sondern auch den Bau eines Demonstrationsschiffes sowie die Beteiligung der Industrie:

»Es wird jetzt erforderlich sein, ähnlich wie in der Anfangszeit der Kerntechnik um 1955/56, von seiten der Industrie und Wirtschaft Initiativen und Aktivitäten zu entwickeln, die es den Bundesbehörden erleichtern, ihrerseits mitzuhelfen, um die Anschlußzeit bis zu den 1990er Jahren zu überbrücken« (Bagge 1978).

Ende 1978 wurde allerdings im Aufsichtsrat in der Diskussion um den Weiterbetrieb der »Otto Hahn« festgestellt, daß seitens der Wirtschaft eine Beteiligung von etwa 5 Mio. Mark zugesichert worden sei, was jedoch bei weitem nicht ausreichte. Während die Industrie bereit war, die Hälfte der Kosten für die Beschaffung des dritten Kerns zu übernehmen, blieb der Bund in seiner Position fest, eine Beteiligung der Industrie von 50 % an den Gesamtkosten des Weiterbetriebs zu fordern. Hier jedoch fühlte sich die Privatwirtschaft überfordert. Necker erläuterte, daß es sich hier

»nicht um ein kapitalistisches Eigeninteresse der Wirtschaft handele, sondern mehr um ein nationales Problem. Forschungs- und Entwicklungsvorhaben dieser Größenordnung könnten nicht allein von der Industrie durchgeführt werden, sondern seien vielmehr Sache der Gemeinschaft«.

---

49 Ebd.

Weiter argumentierte er mit einer zu erwartenden schnelleren Steigerung des Ölpreises oder einer Verknappung des Öls aufgrund politischer Einflüsse. Außerdem verwies er auf die Anstrengungen, die es die interessierte Wirtschaft angesichts der Wirtschaftslage insbesondere im Schiffbau gekostet habe, sich mit 5 bis 8 Mio. DM an den Kosten des dritten Kerns beteiligen zu können; es sei unmöglich, 30 Mio. DM zu mobilisieren. Darüber hinaus beruhe diese Beteiligung »auf der Prämisse, mit einem 3. Kern für die ›Otto Hahn‹ den Anschluß an ein Nachfolgeschiff zu finden«. Desweiteren hielt er die »Kontinuität der Arbeiten zum Nuklear-Antrieb« für nötig und wies auf die andernfalls drohenden negativen Konsequenzen für die Wirtschaft gegenüber dem Ausland hin.[50]

Mit ihren Argumenten konnte sich die Privatwirtschaft gegenüber dem Bund bzw. den Ländern nicht durchsetzen. Nachdem festgestellt worden war, daß für einen Weiterbetrieb der »Otto Hahn« ab 1979 keine Mittel mehr von der öffentlichen Hand zur Verfügung ständen, wurden bei Stimmenthaltungen der Vertreter der Wirtschaft sowie des GKSS-Personals[51] die Vorbereitungen für die Stillegung beschlossen. SPD-Bundesforschungsminister Volker Hauff informierte dann die Öffentlichkeit:

»Nennenswerte zusätzliche oder neue wirtschaftliche Erkenntnisse [...] sind aus dem Weiterbetrieb der ›Otto Hahn‹, die bisher 600.000 Seemeilen zurückgelegt und bisher 200 Mill. DM an Bau- und Betriebskosten verschlungen hat, nicht mehr zu erwarten.«[52]

Die »Otto Hahn«, das damals größte deutsche Forschungsschiff und der einzige zu der Zeit atomgetriebene Frachter der Welt, wurde 1979 stillgelegt, und damit endete auch das Projekt »Kernenergieschiffsantrieb«. Noch im selben Jahr wurde die GKSS in »GKSS-Forschungszentrum Geesthacht« umbenannt. Der Forschungsschwerpunkt »Kernenergieschiff« bestand noch bis 1981. Durchgeführt wurden unter anderem Studien über Seeverkehr und nuklear angetriebene eisbrechende Transportschiffe.

---

50 GKSSArch, AR, 15.12.1978, S. 13–14.
51 STAHH, BWV II, 371-16II, Abl. 1982, 9373/Bd. 9.
52 »Die ›Atom-Uhr‹ läuft ab«, in: *Hamburger Abendblatt*, 17.12.1978.

Schlußbemerkungen

Der konzeptionellen Neuorientierung der GKSS in den »langen« siebziger Jahren lag ein Bündel von Einflußfaktoren aus dem forschungspolitischen Raum zugrunde. Gleichwohl nutzte die Einrichtung ihren Handlungsspielraum, um eigene Vorstellungen über ihr künftiges Forschungsprofil zu realisieren.

Von besonderer Bedeutung erwies sich hierbei ein Wechsel in der Geschäftsführung, der mit einer veränderten Zielrichtung einherging. Während sich die »alte« Führung der GKSS Ende der 1960er Jahre noch sehr für die Fortführung der Forschungen zum Kernenergieschiff engagiert hatte, sprach sich die neue Geschäftsleitung in den 1970er Jahren vielmehr für eine Diversifizierung der Forschungsaufgaben zu Lasten dieses Schwerpunktes aus. Gerade weil sie keine historischen und persönlichen Bindungen an den Bau der »Otto Hahn« hatte, fiel es ihr leichter, sich in die Forschungspolitik des Bundes einzugliedern, den Prozeß der Diversifizierung einzuleiten und die GKSS Mitte der 1970er Jahre völlig aus dem Gebiet des Kernenergieschiffsantriebs zurückzuziehen. Auf der anderen Seite lag es aber nicht in ihrem Interesse, mit der Kernenergieforschung als Ganzer zu brechen. So verstand es die Gesellschaft in den 1970er Jahren, die erworbenen Kompetenzen aus dem ursprünglichen Programm »Kernenergieschiffsantrieb« unter neue Zielsetzungen zu stellen und eigenständige Projekte daraus zu entwickeln.

Das Gebiet der »Reaktorsicherheit« bot die Möglichkeit, inhaltlich und personell Arbeiten auf dem Gebiet der Kerntechnik fortzuführen. Im Rahmen der »Experimentellen Reaktorsicherheitsforschung« koordinierte die GKSS ab 1971 im Auftrag des BMBW zusammen mit dem Institut für Reaktorsicherheit e. V. Köln Großversuche zur Reaktorsicherheit deutscher Industriefirmen und Institute mit den skandinavischen Atomenergiebehörden. Die Versuche wurden am stillgelegten Kernkraftwerk Marviken in Schweden durchgeführt. In Geesthacht selbst wurden ab 1972 Arbeiten im Rahmen des »Forschungsprogramms zur Sicherheit von Leichtwasserreaktoren« der Bundesregierung aufgenommen. Damit konnte die GKSS ihre Kompetenz in diesem Bereich durchsetzen und so weiterentwickeln, daß sie nach dem Abschluß des Marviken-Projektes im Jahr 1976 die »Reaktorsicherheitsforschung« in Form eines Projekts zusammenfassen und weiterführen konnte.

Auf diese Weise erreichte die Gesellschaft ihr Ziel, sich langfristig im Bereich der Kernforschung weiter zu betätigen. Außerdem wurde damit eine weitere Basis für die GKSS geschaffen, ihre Existenz als Großforschungseinrichtung fortzusetzen.

Bernd-A. Rusinek

Zwischen Himmel und Erde: Reaktorprojekte der Kernforschungsanlage Jülich (KFA) in den »langen« siebziger Jahren

I.

1960 erhielt das nordrhein-westfälische Kernforschungszentrum Jülich einen neuen wissenschaftlich-technischen Geschäftsführer, mit dessen Erfahrungen aus der Industrie und Kontakten in die USA die Provisorien der ersten Aufbauphase seit 1957 ein Ende finden sollten. Bevor er seinen Vertrag unterschrieb, ließ er sich einen Termin bei Atomminister Siegfried Balke geben und erklärte, die geringen Neigungen des Bundes für die KFA Jülich seien nur zu bekannt, er werde nicht nach Jülich gehen, sollte er dort »langsam [...] ermordet« werden. Balke habe entgegnet. »Gehen Sie hin [...], es ist zu spät, man kann Jülich nicht mehr aufhalten.«[1]

Die Passage beleuchtet einen der wichtigsten Aspekte der KFA-Geschichte bis in die 1970er Jahre hinein: die Reserve des Bundes gegenüber ›Jülich‹. Die KFA Jülich war, wenn nicht gegen das Interesse der Bundesregierung, so doch an diesem Interesse vorbei gegründet worden. Balkes Äußerung, es sei »zu spät«, belegt sowohl, daß man sich mit Jülich abgefunden hatte, wie auch, daß diese Reserve noch vorhanden war.

Bei KFA-Mitarbeitern aller Ebenen herrschte bis zum definitiven Ende des Jülicher Thorium-Hochtemperatur-Reaktors (THTR) und des Karlsruher

---

1 Interview mit Alfred Boettcher, 13.11.1989

Schnelle-Brüter-Projekts und damit der geschwisterlichen Rivalität der beiden größten bundesdeutschen Forschungszentren und ihrer Flaggschiffe der Eindruck vor, vom Bund nur halbherzig gefördert zu werden: Karlsruhe sei eben das Lieblingskind des Bundes. Später, in den 1980er Jahren, wurde dieses Argument in Jülich genutzt und zugleich kräftig überzogen, um das Scheitern des THTR-Systems mit externen Ursachen zu erklären.

Für die Nachrangigkeit von Jülich gegenüber Karlsruhe gab es eine Reihe von Gründen. Politisch war die KFA durch ihren Initiator Leo Brandt eine SPD-Gründung. Folgt man den verschiedenen Äußerungen aus der KFA über die der Industrie zugedachten Rolle – sie müsse »rangeholt« und »angelernt« werden, sie solle in der Forschungseinrichtung nur wenig mitbestimmen können –, so ergibt sich im Kontrast zur Karlsruher Entwicklung eine eher sozialdemokratisch-planerische und industriedidaktische als entschieden marktwirtschaftliche Linie. Auf diese Linie gehörte eine umstrittene Interview-Äußerung des großen Reaktorplaners der KFA, Rudolf Schulten, die deutsche Industrie müsse »erzogen werden«.[2]

Schulten, der stets die wärmste Protektion von Leo Brandt genoß, war Konzipient des THTR-Systems, das in den 1970er Jahren auf breiter Front realisiert werden sollte. Das System baute auf dem in Jülich errichteten AVR-Reaktor[3] mit kugelförmigen Brennelementen auf, für den 1957 eine Reihe kommunaler Elektrizitätsversorgungsunternehmen unter Federführung der Stadtwerke Düsseldorf gewonnen werden konnte, und die zu diesem Zweck die AVR-GmbH gegründet hatten.

Mit der Entscheidung für die ›kleinen‹ Elektrizitätsversorgungsunternehmen entstand eine Front gegen den Stromgiganten Rheinisch-Westfälische Elektrizitätswerke AG (RWE). Die Bedeutung dieser Feindschaft, zu der auch ein heftiger Streit um die Stromlieferung für elektrifizierte Eisenbahnen beigetragen hatte, wobei RWE den Kürzeren zog (Rusinek 1991: 79 ff.), kann für den Hochtemperatur-Zweig der KFA-Geschichte schwerlich unterschätzt werden. Aber zunächst konnte sich der später für Jülich gewählte Hochtemperatur-Reaktor-Prototyp aufgrund dieser Frontstellung der Sympathie von SPD und Gewerkschaften erfreuen. Auch die Präsentation

---

2 Archiv des Forschungszentrums Jülich (KFA-Archiv), Öffentlichkeitsarbeit, IX, Boettcher an den Landespressechef beim Ministerpräsidenten, 19.1.1966.
3 AVR = 15 MWe-Kugelhaufenreaktor der Arbeitsgemeinschaft Versuchsreaktor.

des AVR-Reaktors auf der Zweiten Genfer Atomkonferenz von 1958 war erfolgreich. Als einer der wenigen vorgestellten Reaktortypen erregte der AVR dort großes Aufsehen (Deutscher Forschungsdienst 1958). Er wurde als deutscher Eigenbeitrag zur Kernenergie präsentiert und nicht als bloße Imitation amerikanischer Tendenzen und Vorbilder.[4] Zwar arbeitete man in Großbritannien und in den USA ebenfalls an Hochtemperatur-Reaktor-Projekten[5], aber die Deutschen schienen mit ihrer AVR-Konstruktion zunächst »einen Vorsprung von einem Dreivierteljahr« zu besitzen (Deutscher Forschungsdienst 1958), sich also auf der Überholspur zu befinden, anstatt hinterherzufahren und einen Rückstand aufholen zu müssen.

Dagegen war der Karlsruher Schnelle Brüter ein Herzstück der Imitationsphase als Kennzeichen der frühen bundesdeutschen Kernenergiepolitik, zudem eine Option der großen Elektrizitätsversorgungsunternehmen, allen voran der RWE. Karlsruhe war das Atomforschungszentrum des Bundes und die KFA in bezug auf die Bundesakzeptanz gleich einem Satelliten, dem es aufgrund technischer Störungen nur mit Mühe gelingt, auf dem Wege verschiedener Schüttelbewegungen die Sonnensegel auszufahren.

Die damit umschriebene Situation hatte Konsequenzen für die Stringenz der KFA-Entwicklung. So logisch nämlich der Dreistufenschritt der KFA erscheint – von der Amtshilfe der Düsseldorfer Stadtwerke bei der Errichtung zweier britischer Forschungsreaktoren ab 1958 über die Anbindung des AVR-Reaktors als von diesen Stadtwerken wesentlich getragenem Projekt an die KFA bis zum Ausbau dieses AVR-Konzepts als THTR-System – und nach außen dargestellt wurde, so bedroht war sie in Wirklichkeit. An internen Gegnern der AVR-THTR-Entwicklung hat es in Jülich nicht gefehlt: Die nordrhein-westfälische Landesregierung wehrte sich aus Haushaltsgründen lange gegen die Anbindung des AVR-Reaktors an die KFA; die den AVR und später den THTR errichtende Firmengemeinschaft BBC/Krupp war Musterbeispiel einer »Schönwetter-« und »Problemgesellschaft«, bei der sich die

---

4 Wenngleich eingeräumt werden mußte, daß in den USA bereits im Zweiten Weltkrieg ein Kugelhaufen-Core patentiert worden war. Allerdings stand dieses Patent lange unter Geheimhaltung (Interview mit Rudolf Schulten, 30.11.1989).

5 Entwicklung eines Hochtemperatur-Reaktors in Winfrith Heath in Südengland (DRAGON-Projekt, 20 MWth, von 1964 bis 1976 in Betrieb), US-Hochtemperatur-Reaktoren in Peach Bottom (42 MWe, in Betrieb 1967 bis 1974) und Fort St. Vrain (330 MWe, 1976 bis 1989).

beiden 50:50-Anteilseigner gegenseitig blockierten (Lotz 1978: 76); bei den Brennelementen setzten KFA, Industrie und bundesdeutsche Atompolitik auf eine *deutsche* Entwicklung, die es ja gegenüber den USA zu fördern galt, wogegen die AVR-GmbH entschieden dafür eintrat, ausgereiftere amerikanische Vorschläge einfach zu übernehmen[6], im Atomministerium und dessen Nachfolgehäusern war allein Joachim Pretsch ein verläßlicher Befürworter der Hochtemperatur-Linie.[7]

Die Entwicklung der KFA hin zu ihrem Flaggschiff, dem THTR-System, war also bedroht und unsicher. So ist denn für die KFA seit 1960 im Bereich der Entwicklung eine Suchbewegung nach zukunftsträchtigen, förderungswürdigen und öffentlichkeitswirksamen nukleartechnischen Projekten zu beobachten. Diese Reaktor-Projektierungen nahmen in Jülich Züge einer hektischen Betriebsamkeit an. Sie können auch als Umkehr des Verhältnisses von Mittel und Zweck gedeutet werden: Nach ihrem Gründungsimpuls war eine nukleare Großforschungseinrichtung wie die KFA das Mittel, um der Bundesrepublik den Anschluß an eine zukunftsverheißende Technologie zu ermöglichen und zugleich eine in allernächster Zeit befürchtete Energielücke zu schließen. Nach vollzogener Gründung hatte man das Mittel und fand sich in der Situation, einen Zweck suchen zu müssen. Dadurch sind Verlegenheitsvorhaben wie der hier zu beschreibende weltraumfähige Incore-Thermionik-Reaktor (ITR) erklärbar. Dieser ITR wird als Beispiel eines der vielen Jülicher Reaktor-Vorhaben präsentiert.

Die Suchbewegung kam in den 1970er Jahren an ihr Ziel. 1988, mit dem Stillegungsantrag für den THTR-300 in Hamm-Uentrup, dem Flaggschiff der

---

6 Das war die mit Entschiedenheit vertretene Position des Chefs der AVR-GmbH, niedergelegt in verschiedenen Briefen und Schriftsätzen, die stets in bissigen Bemerkungen über die deutsche kerntechnische Industrie gipfelten. (Siehe etwa: Bundesarchiv Koblenz (BAK), B 138/2728, Aktennotiz von Generaldirektor Engel, 11.6.1963; BAK, B 138/2250, Engel an Staatssekretär Cartellieri, 22.7.1963.) Als seinen Standpunkt hob dagegen der Staatssekretär des Bonner Ministeriums hervor, »daß bei der Förderung des AVR-Reaktors einschließlich der hierzu notwendigen Brennelementherstellung alle Beteiligten davon ausgingen, daß eine deutsche Entwicklung gefördert werden sollte. Diesem Ziel lag der Gedanke zu Grunde, daß in der internationalen Zusammenarbeit der Partner höher gewertet wird, der auch eigene Leistungen aufzuweisen hat« (BAK, B 138/2250, Cartellieri an Engel, 3.8.1963).

7 KFA-Archiv, Tageskopien Jan. 1969 bis 1970, Entwurf eines Nachrufes auf Pretsch für kfa-intern, undat. [August 1970].

nordrhein-westfälischen Großforschung, erwies sich dieses Ziel als verfehlt. Die Anstrengungen dieser Suchbewegung lassen sich vier miteinander verschlungenen Motiven zuordnen:

- Im Zusammenhang mit der ›Mobile-haften‹ Situation im THTR-Bereich sind immer neue Vorwärtskoppelungen des Hochtemperatur-Reaktor-Konzepts entworfen worden, um das Projekt durch Herausstreichen seines großen Entwicklungspotentials zu sichern;
- der auf nukleare Vielfalt abzielende Gründungsimpuls der KFA hat das Durchspielen sehr verschiedener Reaktorvarianten unterstützt;
- für alle Jülicher nukleartechnischen Projekte und darüber hinaus ist für weite Bereiche der nuklearen Grundlagenforschung stets die Konkurrenz zu Karlsruhe im Auge behalten worden;
- das Schielen nach den USA ist von Bedeutung, wogegen die Jülicher Anfangsphase von einer ausgesprochenen England-Orientierung geprägt gewesen war. Die beiden ursprünglichen Jülicher Großgeräte, »Dido« und »Merlin«, waren britische Forschungsreaktoren. Dagegen wurde in den 1960er Jahren unter dem Einfluß des Bundes und der Geschäftsführung Alfred Boettchers eine USA-Orientierung durchgesetzt.

Für die Jülicher Reaktorprojekte die Formel »Zwischen Himmel und Erde« zu verwenden, liegt aus drei Gründen nahe: *Erstens* bewegte sich die Jülicher Suche ganz buchstäblich zwischen Himmel und Erde, indem der im folgenden Abschnitt näher betrachtete ITR weltraumtauglich konstruiert werden sollte und es für den THTR Überlegungen gab, derartige Reaktoren innerhalb von Ballungszentren oder großen Industriekomplexen unterirdisch zu bauen – die umgebende Erde als Schutzmantel genutzt; *zweitens* beschreibt »Zwischen Himmel und Erde« das gesamte Spektrum der Suchbewegung, wobei als KFA-Projekte diverse Kleinreaktorstudien zu nennen wären, Flugzeugreaktoren, ITR, THTR-Zweikreisanlage, THTR-Einkreis-Anlage, diverse Thorium-Brüter-Studien, MHD-Reaktor[8] und Salzschmelzreaktor. Bedenkt man schließlich die Hoffnungen, die sich einst an die bundesdeutsche nukleare Großforschung geknüpft hatten (Rusinek 1993), so war *drittens* mit dem Ende des Karlsruher Schnellen Brüters und des Jülicher THTR der gesamte

---

8 MHD = Magneto-Hydrodynamik-Prozeß.

in den 1950er Jahren installierte nukleare Großforschungssektor vom Himmel auf die Erde gekommen

II.

Die Vorstellung vom »Himmel« kann im eigentlichen Sinne auf den Incore-Thermionik-Reaktor ITR bezogen werden.[9] Obwohl dieser Reaktor das erste wissenschaftlich-technische Projekt in Jülich war, für das der Bund massiv eintrat, nachdem sich die Bundesbeteiligung an der KFA einmal fest abgezeichnet hatte, ist das Reaktorprojekt für die Geschichte der KFA von ungleich geringerer Bedeutung als die THTR-Linie. Der ITR ist vielleicht das am wenigsten bekannte Reaktorvorhaben der bundesdeutschen Kernenergiegeschichte und inzwischen selbst in Jülich weitgehend vergessen. Aber der ITR besaß eine Pfadfinderfunktion für die projektförmige Organisation der Wissenschaften: Im Zusammenhang mit dem ITR wurden in der KFA die ersten großen Debatten über den Projektcharakter der Wissenschaft geführt. Für die bundesdeutsche Forschungsförderungspolitik und ihr atmosphärisches Umfeld ist das Schicksal des ITR von Bedeutung: Zum einen hatte Jülich mit dem ITR eine Perspektive gegeben und zugleich eine partnerschaftliche Zusammenarbeit mit den USA erreicht werden sollen. Als der ITR und damit der Versuch einer Zusammenarbeit mit den USA auf gleichem Fuße scheiterte, waren im Bonner Ministerium Stimmen zu hören, die von einer Niederlage der Gesamtstrategie des Hauses sprachen. Außerdem sollte mit dem ITR nicht nur Neuland auf dem Gebiet der Energieerzeugung betreten werden. Angestrebt wurde auch die Verknüpfung der utopischen Optionen »Atom-« und »Weltraumzeitalter« (Rusinek 1996b) sowie der Eintritt in die moderne Mediengesellschaft.

An dem Projekt des Weltraumreaktors ITR wurde von 1968 bis 1972 gearbeitet. Es hatte die Entwicklung und Errichtung eines erdgebundenen

---

9   Der ITR erzeugt aus freigesetzter Kernenergie unter Verwendung thermionischer Wandler als Core – deshalb *Incore*-Thermionik – elektrische Energie. Die erreichbaren Wirkungsgrade schätzte man 1971 auf 10 %; 25 % schienen unter Einsatz hoher Entwicklungskosten theoretisch möglich. Der Jülicher ITR war als kompakter thermischer Leistungsreaktor mit einer Leistung > 20 KWe konzipiert.

Versuchsreaktors zum Ziel, der zu einer flugfähigen Version weiterentwickelt werden konnte. In der KFA sollten mit dem ITR-Projekt eine Reihe wissenschaftlicher Anbahnungen früherer Zeit gebündelt und fortgeführt werden, so die Arbeiten auf dem Gebiet der thermionischen Energiewandlung[10] und die bereits in den 1950er Jahren begonnene lockere Kooperation mit der Deutschen Versuchsanstalt für Luftfahrt (DVL) auf dem Gebiet nuklearer Flugzeug- und Raketenantriebe. Das in den allerersten Plänen für die KFA konzipierte Institut für nukleare Flugzeugtriebwerke hatte in engstem Zusammenhang mit den Arbeiten der Deutschen Versuchsanstalt für Luftfahrt stehen sollen (Brandt 1956: 45). Eine zumindest lockere Kooperation setzte sich mit dem KFA-Projekt ITR fort. Die 1969 in Deutsche Forschungs- und Versuchsanstalt für Luft- und Raumfahrt (DFVLR) umbenannte Einrichtung, so der KFA-Vorstandsvorsitzende Karl-Heinz Beckurts im Januar 1971, bearbeite seit einigen Jahren verschiedene mit der Entwicklung und Verwendung von Incore-Thermionik-Reaktoren zusammenhängende Forschungsaufgaben, worüber die KFA durch ein Informationsaustauschgremium regelmäßig informiert werde.[11]

Es kennzeichnet die Jülicher Situation und damit die Suchbewegung der KFA im Kernenergie-Bereich, daß der Weltraumreaktor ITR nur *ein* Kleinreaktorprojekt gewesen ist. Ein erstes Kleinreaktorprojekt der KFA hatte sich 1960 in Zusammenarbeit mit der Firma Interatom ergeben. Bei diesem Kleinreaktor handelte es sich um eine natriumgekühlte Variante mit 15 MWe Leistung, den Kompakten Natriumgekühlten Kleinreaktor (KNK). Die Zusammenarbeit der KFA mit Interatom wurde jedoch bereits 1962 beendet, und die geplante »Kritische Anordnung« für den KNK, das heiße Experiment an einem dem fertigen Reaktor prinzipiell entsprechenden Core- und Kreislauf-Modell, wurde nicht in Jülich, sondern im Kernforschungszentrum Geesthacht realisiert, der Reaktor schließlich in Karlsruhe. Das war eine arge

---

10 Thermionische Energiewandlung geschieht durch Ausdampfen von Elektronen aus einer heißen Metallfläche (Emitter) und ihrer Kondensation auf einer kühlen Oberfläche (Kollektor). Man benötigt hierfür keine mechanischen Teile. Allerdings entsteht zwischen Emitter und Kollektor beim Elektronenübergang eine negative Raumladung, die den Übergang schnell stoppen würde. Daher ist der Zwischenraum mit elektrisch positivem Cäsiumdampf zu füllen, der zugleich eine größere Austrittsmenge von Elektronen bewirkt. Ein weiteres Problem ist die Entlüftung der Spaltgase.
11 KFA-Archiv, Tageskopien 1971 u. 1972, Beckurts an DFVLR-Geschäftsführer Niemeyer, 21.1.1971.

Niederlage für die KFA, zu der es aufgrund von Hemmnissen der nordrheinwestfälischen Landesregierung gekommen war, da diese befürchtete, von der kerntechnischen Industrie finanziell ausgenutzt zu werden. Solcher Vorbehalt zieht sich wie ein roter Faden durch die Politik des Landesfinanzministeriums gegenüber der KFA, und erst mit der Bundesbeteiligung trat eine Änderung ein. Die Schlappe der KFA bei der Zusammenarbeit mit Interatom besaß aber noch eine über den Kleinreaktor hinausgehende strategische Bedeutung: Interatom war schon deshalb ein wichtiger Partner, weil dieses Unternehmen 1957 als Tochter der Deutschen Maschinenbau-Aktien-Gesellschaft (Demag) und der amerikanischen Atomics International gegründet worden war; Atomics International gehörte zur North American Aviation, einer der wichtigsten US-Firmen auf dem Gebiet der Luft- und Raumfahrt. Mit Interatom zusammenzuarbeiten, bedeutete folglich, ein wissenschaftlich und forschungspolitisch wichtiges Netzwerk in die USA zu knüpfen.

Die Verhandlungen zwischen dem Bundesministerium für wissenschaftliche Forschung (BMBW) und der nordrhein-westfälischen Landesregierung über eine offizielle und rechtlich fixierte Beteiligung des Bundes wurden im Dezember 1967 abgeschlossen. Ab 1968 teilten sich Bund und Land den Zuwendungsbedarf der in eine GmbH umgewandelten KFA im Verhältnis von 50:50, ab 1970 von 75:25 und ab 1972 von 90:10. Es ist bezeichnend, daß die gemeinsam mit der Industrie durchgeführten Arbeiten an einem Weltraum-Reaktor in Jülich im unmittelbaren Zusammenhang mit der Bundesbeteiligung an der KFA begonnen wurden. Auf der Sitzung des Wissenschaftlichen Rates der KFA am 24. April 1967 wurden die Mitglieder darüber informiert, daß Nordrhein-Westfalen mit dem Bund in Verhandlungen über eine Beteiligung an der KFA stehe; in der Sitzung am 31. Mai 1967 wurde berichtet, Jülich sei vom Bund als Standort für einen Thermionik-Reaktor in Aussicht genommen worden.[12]

Ab 1962 hatte der Bund Forschungsarbeiten über das Problem thermionischer Energiewandlung gefördert. Auch die KFA war im Rahmen einer Arbeitsgruppe des Instituts für Technische Physik an den zunächst noch kleindimensionierten Arbeiten beteiligt gewesen. Im Wissenschaftlichen Rat der KFA war erstmals 1966 von einer Zusammenarbeit mit BBC und Euratom

---

12 KFA-Archiv, Akten der Hauptkommission des Wissenschaftlichen Rates (dort nach Sitzungsdaten abgelegt).

auf dem Gebiet der thermionischen Energiewandlung die Rede. Der Leiter des Instituts für Technische Physik gab bekannt, »daß sich für die KFA Möglichkeiten abzeichnen, bei einem vom Bund geplanten Thermionik-Projekt mitzuarbeiten«.[13]

Aufgrund einer Ministerentscheidung vom Dezember 1967 begann ein Programm zur Entwicklung und zum Bau eines Incore-Thermionik-Reaktors für Weltraumzwecke. Ein Firmenkonsortium aus BBC, Interatom und Siemens sollte den Reaktor in der KFA und mit Hilfe der KFA errichten. Mithin wurde die 1962 abgebrochene Zusammenarbeit mit Interatom auf dem Kleinreaktor-Gebiet wieder aufgenommen. Beteiligt war ferner das Institut für Kernenergetik der Universität Stuttgart. Die Bundesregierung förderte das ITR-Vorhaben nicht zuletzt, um eine Ausgangsposition für die Zusammenarbeit mit den USA auf dem Gebiet der Weltraumforschung zu erlangen.

Der KFA-Vorstandsvorsitzende Beckurts sah in der »Verständigung mit den Vereinigten Staaten« eine Voraussetzung für den Erfolg des ITR-Projekts. So bat er Bundeswissenschaftsminister Leussink, im Frühjahr 1971 in den USA zu sondieren, ob ein Programm für eine Zusammenarbeit bei der Entwicklung »einer Energieversorgungsanlage für Raumfahrzeuge mit einem Incore-Thermionik-Reaktor vereinbart werden« könne.[14] Bisher auf fachlicher Ebene geführte Gespräche zwischen deutschen und amerikanischen Stellen hätten »wegen der komplexen Situation in den Vereinigten Staaten und den in der Bundesrepublik noch ausstehenden Entscheidungen zu keinen konkreten Ergebnissen führen können.« Ziel der Sondierungen Leussinks sollte sein, die realen Möglichkeiten der Kooperation bei Bau und Betrieb des Reaktors sowie vor allem bei der anschließenden Entwicklung eines *flugfähigen* Reaktors zu erkunden. In der Entwicklung des Incore-Thermionik-Reaktors besaß die Bundesrepublik nach Auffassung von Beckurts einen Vorsprung von einigen Jahren, weil analoge Entwicklungen in den USA sich zunächst mit schnellen Thermionik-Reaktoren sehr viel höherer Leistung oder mit ganz anderen Systemen befaßt hätten. So sei in den USA der Wunsch nach einer Zusammenarbeit mit der Bundesrepublik ge-

---

13 KFA-Archiv, Hauptkommission des Wissenschaftlichen Rates, Sitzung vom 15.3.1966.
14 Hierzu wie zum Folgenden: BAK, B 196/3667, Beckurts an Leussink, 11.2.1971.- Der ausführliche Brief von Beckurts ist eine der wichtigsten Quellen für die angestrebte Zusammenarbeit mit den USA auf dem ITR-Sektor.

fördert worden. Derartige Wünsche hätten Vertreter der amerikanischen Atomenergiekommission und der United States Mission bei der Europäischen Gemeinschaft in Brüssel auch Wolf Häfele auf dessen USA-Reise vorgetragen, insbesondere sei er auf die Möglichkeit einer Zusammenarbeit des deutschen Konsortiums mit der Gulf General Atomic (GGA) angesprochen worden, die in den USA alle Arbeiten für den Incore-Thermionik-Reaktor koordiniere.

Zu dieser Zeit gab es zwischen den USA und der Sowjetunion auf dem Weltraumreaktor-Gebiet starke Konkurrenz. Während jedoch in den USA an eine *auch* militärische Nutzung der Weltraumreaktoren gedacht wurde und das Bestreben der Sowjetunion vor allem in diese Richtung tendierte, sollte der deutsche ITR in der Hauptsache Energie für Fernsehsatelliten liefern. Daneben hoffte man auf kommerzielle Anwendungsmöglichkeiten bei industriellen Fertigungsverfahren im Weltraum, etwa auf dem Gebiet der Metallurgie, sowie bei größeren interplanetarischen Missionen. In Gesprächen mit französischen Fachleuten tauchte zudem eine Verwendungsmöglichkeit »bei der Aufschließung von Untersee-Erdölfeldern« auf, wozu die Presse kommentierte, hier scheine Jacques Cousteau Pate gestanden zu haben.[15] Im Spektrum der Nutzungsmöglichkeiten reaktorbetriebener Satelliten für die 1980er und 1990er Jahren fehlten schließlich die Verkehrskontrolle und die Datenfernübertragung nicht.[16]

Fassen wir die *forschungspolitischen* Intentionen des Bonner Ministeriums bei der Förderung des ITR ins Auge, so sollte die Zusammenarbeit mit den USA endlich auf ein produktives Niveau gehoben werden. Sofern auch deutsch-französische Pläne ins Spiel kamen, waren sie zweite Wahl für den Fall, daß sich Probleme bei der deutsch-amerikanischen Kooperation ergeben sollten.

Als der ITR projektiert wurde, war die Pionierphase der bundesdeutschen Atomforschung auch hinsichtlich ihrer finanziellen Durchführung vorüber. Im Zeichen der »Planung« (Trischler 1990) ging man Forschungsvorhaben nun systematischer und mit größerer Haushaltsrücksicht an. Das ITR-Projekt wurde in drei Abschnitte gegliedert:

---

15 *Handelsblatt*, »Thermionik – Strom direkt aus Wärme gewinnen. Konferenz in Jülich – Ein deutscher Abgesang?«, 14.6.1972.
16 BAK, B 196/3671, DFVLR Braunschweig an KFA, 15.2.1972.

1. Projektierung und Entwicklung des terrestrischen Prototyps 1969–1970.
2. Errichtung des terrestrischen Prototyps 1971–1975.
3. Nachweis der Flugfähigkeit 1975–1983.

Ende 1970 war die erste Phase – Projektierung – abgeschlossen. Die KFA hatte vom Bund 21,5 Mio. DM erhalten, das Stuttgarter Institut für Kernenergetik 1 Mio. DM.

Am 15. Juni 1971 wurde in Jülich ein ITR-Core erstmals kritisch. Nun erwartete man die Entscheidung des Wissenschaftsmisteriums über den Bau eines terrestrischen Prototyps, also den Eintritt in die zweite Projektstufe. Diese Entscheidung indes zog sich dahin; denn bis August 1972 wurde im Bonner Ministerium um Einstellung oder Fortführung des Projekts gerungen. Die Auseinandersetzungen bezogen sich auf die Kostenentwicklung, die Marktchancen des ITR, ein allmählich offenbar werdendes Desinteresse der USA sowie am Rande auf die Solarzellentechnik als Konkurrent bei der Energieversorgung von Satelliten.

Mit dem Eintritt in die zweite Projektphase des ITR wären die Kosten in die Höhe geschnellt und hätten sich nach Schätzungen des Jahres 1971 auf 150 Mio. DM belaufen. Das war gegenüber dem ersten ITR-Programm von KFA und Firmenkonsortium eine Steigerung um mehr als 300%. Zunächst erschien diese Summe dem Bonner Ministerium aus übergeordneten forschungspolitischen Interessen noch vertretbar. In der dritten Phase – Nachweis der Flugfähigkeit unter Einbeziehung von Raketen, Testflügen und eventuellen Testverlusten – wären die Kosten aber raketengleich gestiegen. Überdies besaß die Bundesrepublik keinerlei Erfahrungen. Man hielt es von vornherein für ausgeschlossen, daß »die Phase 3 (Flugfähigmachung) technisch und finanziell ohne amerikanische Mitarbeit bewältigt werden« könne.[17] Das schloß vereinzelte Gedanken an einen Alleingang freilich nicht aus. So hieß es im Wissenschaftlichen Rat der KFA, man könne

»Raketen (AGENA) kaufen [...] oder die deutsche Raumfahrt werde in der Lage sein, selbst entsprechende Raketen zu entwickeln. [...] Die Amerikaner würden si-

---

17 BAK, B 196/3667, Vermerk, 28.1.1971.

cherlich entsprechende Raketen liefern, werden dann aber auch die Bedingungen diktieren.«[18]

Eine Studie von Messerschmidt-Bölkow-Blohm ging für diese dritte Phase von 900 Mio. DM aus, eine Schätzung, die schließlich auf bis zu 1,5 Milliarden nach oben korrigiert wurde. Die Flugfähigmachung des ITR, intern als »Probeschuß« bezeichnet,[19] hätte die Herstellung von 10 bis 15 Reaktoren verlangt. Noch Mitte 1972 war das Sicherheitsproblem bei eventuell zerstörenden Tests vollkommen ungelöst und die Frage der Rückführung von Satelliten mit ausgedienten Incore-Thermionik-Reaktoren aus dem Weltraum offen.[20] Was, wenn sie abstürzten, ohne in der Atmosphäre zu verglühen? Andererseits hätte erst der Flugfähigkeitsnachweis das ITR-Projekt erfolgreich erscheinen lassen, es sei denn, man modelte am Begriff des Erfolges.[21]

---

18 KFA-Archiv, Protokolle des Wissenschaftlichen Rates, Hauptkommission, Sitzung vom 11.5.1970.
19 KFA-Archiv, Tageskopien 1971 u. 1972: Beckurts an DFVLR-Geschäftsführung, 21.1.1971.
20 BAK, B 196/3671, Vermerk, »Gespräch mit Vertretern der USAEC über eine mögliche Zusammenarbeit beim ITR-Projekt am 8.6.1972 in Jülich«, 10.6.1972.
21 An solchen Definitionsanstrengungen hat es in der Großforschung gegenüber Zuwendungsgebern, Vertragspartnern und Öffentlichkeit nicht gefehlt. Im anwendungsorientierten Sektor der Großforschung hieß »Erfolg« bis Anfang der 1970er Jahre die Überführung eines Projekts in die industrielle Nutzanwendung und kommerzielle Ausmünzung. Dann aber klafften bei Reaktorprojekten Produktionsreife und industrielle Übernahmebereitschaft auseinander, und der Erfolg wurde »fast ausschließlich durch firmen- und marktpolitische Faktoren bestimmt«, wie Mitarbeiter des Rudolf Schultenschen Instituts in einem Beitrag ausführten, der ein hohes Maß an Industrieschelte enthielt (kfa-intern, 1/1972). »Erfolg« bedeutete von nun an, ein Projekt an die *Schwelle* der Produktionsreife zu führen, ob die »Industrie« das Produkt nun übernahm oder nicht. Da »Erfolg« in den Ingenieurs- und Naturwissenschaften ein im Zweifelsfall ebenso fluidaler Begriff ist wie »Grundlagen-« und »anwendungsorientierte Forschung« und es in Verträgen mit der Industrie um viel Geld ging, wurde im Vorfeld von Vertragsabschlüssen heftig diskutiert, was man unter »Erfolg« verstehen wolle. So hieß es im KFA-Aufsichtsrat über das Projekt eines Hochtemperatur-Einkreis-Reaktors: »Es gelte nunmehr, konkret festzulegen, was Mißerfolg bzw. Erfolg bedeute, damit es über diese Frage später keinen Streit geben könne« (KFA-Archiv, 24. Sitzung des Aufsichtsrates, 17.10.1980). In dem Brief von Minister v. Dohnanyi, worin er dem KFA-Vorstand den Abbruch des ITR-Projekts mitteilte, hieß es zur Problematik von »Erfolg«: »Der Abbruch des Projekts darf nicht als wissenschaftlicher Mißerfolg gewertet werden, sondern als Ergebnis wirksamer Kontrolle von Aufwand und Erfolg« (zit.n. kfa-intern, 11/1972). Intern wurde schließlich die eng mit der Pro-

Ob das ITR-Projekt in die zweite Phase überführt oder gestoppt werden sollte, darüber wurde im Ministerium für Bildung und Wissenschaft (BMBW) nach einer Formulierung von Staatssekretär Haunschild »heftig und außerordentlich kontrovers diskutiert«.[22] Während Haunschild und der Abteilungsleiter für Kerntechnik und Datenverarbeitung, Schmidt-Küster, vehement für den ITR eintraten, waren es Mitarbeiter derselben Abteilung, die den ITR schließlich zu Fall brachten. Sie hatten den Optimismus der Firmen und der KFA hinsichtlich der Flugfähigmachung und der Anwendungsmöglichkeiten des ITR schon sehr früh nicht teilen können. Nach ihrer Auffassung wurden die Reaktorsicherheitsprobleme *unter*schätzt, die wirtschaftlichen Aussichten dagegen *über*schätzt, da sich die USA bis dato noch nicht auf eine bestimmte Energieversorgungsart im Weltraum festgelegt hätten. Kurz: Man sah keinen Markt. Diese Auffassung der Dinge wurde durch Presseberichte im Anschluß an die dritte Internationale Thermionik-Konferenz bestätigt, die im Juni 1972 in Jülich stattgefunden hatte. Zur Frage eines ITR-Marktes führte das *Handelsblatt* nach der Konferenz aus, man mache etwas und verlasse sich darauf, »daß es dann irgendwie seinen Markt finden wird«.[23]

Seit Anfang 1971 setzten sich Mitarbeiter der Abteilung IV des BMBW für den Abbruch des Projekts ITR nach Phase 1 ein. Haunschild und Schmidt-Küster wandten sich zunächst dagegen und unternahmen »den Versuch [...], das Vorhaben durch eine enge Kooperation mit den USA zu retten«.[24] Einigkeit bestand im BMBW nur darüber, »daß eine Entscheidung rasch getroffen und ein ›Dahinsiechen‹ des Projektes vermieden werden sollte«.[25]

Die ITR-Kritiker im BMBW schätzten in Übereinstimmung mit Experten die voraussichtlichen ITR-Projekt-Gesamtkosten einschließlich flugfähigem Prototyp auf eine Milliarde DM – eine Summe, die noch astronomischer

---

jektförmigkeit von Großforschung verbundene und in den 1970er Jahren vielverwendete Parole von der »Erfolgskontrolle« nicht nur wegen ihrer Mißtrauensimplikation gegenüber den Mitarbeitern, sondern auch deshalb für ausgesprochen »unglücklich« gehalten, weil »der Erfolg von F+E-Vorhaben [...] in den meisten Fällen kaum bestimmbar« schien (kfa-intern, 4/1971).

22 BAK, B 196/3671, Vermerk des Staatssekretärs, 13.7.1972.
23 Wie Anm. 15
24 Wie Anm. 22.
25 BAK, B 196/3667, Vermerk, 13.5.1971.

schien, wenn man bedachte, daß nicht zuletzt wegen der auf ein halbes Jahr begrenzten Lebensdauer eines ITR-Cores keinerlei Wünsche der deutschen und amerikanischen Industrie vorlagen, den Weltraumreaktor kommerziell zu nutzen.[26] Die ersehnte Zusammenarbeit mit den USA kam nicht zustande. Stattdessen wurde der Titel ITR im US-Haushalt für 1972 einschneidend gekürzt.[27]

So war das frühere Argument dahingeschmolzen, daß »150 Mio. DM für den ITR, verbunden mit der begründeten Aussicht auf eine mögliche spätere wirtschaftliche Nutzung« akzeptabel seien, zumal im Vergleich mit Aufwendungen für die Hochenergiephysik, die für die nächsten fünf Jahre nahezu 1,5 Milliarden DM betragen sollten.[28]

Im Mittelpunkt der Überlegungen zum praktischen Einsatz des Incore-Thermionik-Reaktors stand der Fernsehempfang, obgleich alle bis 1971 eingesetzten Nachrichtensatelliten mit Sonnenzellen bestückt waren, die einige hundert Watt bis zu einem Kilowatt Energie erzeugten. Für das 1973 geplante »Sky Lab« der NASA waren Sonnenzellen mit einer Leistung von 12 kW vorgesehen. Für höhere Leistungen, wie man sie zu dieser Zeit für Fernsehsatelliten benötigte, mußten entweder verbesserte Sonnenzellen entwickelt werden, oder Incore-Thermionik-Reaktoren erhielten eine Chance. Um zu erträglichen Kosten für die Fernsehempfänger auf der Erde zu gelangen, wurde von einer elektrischen Leistung bis zu 200 kW im Satelliten ausgegangen.

Während die ITR-Befürworter an ihre Chance glaubten, schritt die Entwicklung der Sonnenzellen voran. Die Auseinandersetzung der ITR-Befürworter mit den Solar-Pionieren ist ein Beispiel dafür, wie eine ursprüngliche wissenschaftlich-technische Fortschrittlichkeit angesichts des nächsten Innovationsschrittes von anderer Seite fortschrittshemmend werden kann (Hughes 1991: 459 ff.).

Bereits auf dem European Space Symposion im Mai 1971 in Berlin hatte der deutsche Ingenieur und Solarzellen-Pionier Kurt Scheel auf erfolgreiche Versuche mit seinem Sonnensegel verweisen können. Das wurde von der Konkurrenz energisch bestritten, die zugleich bemüht war, seine Versuche

---

26 Ebd., Vermerk, 20.1.1972.
27 Ebd., Vermerk, 12.5.1971.
28 BAK, B 196/3671, Abteilungsleiter IV B an Minister über Staatssekretär, 10.7.1972.

öffentlich ins Lächerliche zu ziehen. Dennoch lief die Zeit für die Sonnenenergie. Amerikanische Experten machten im Juni 1972 in Jülich darauf aufmerksam, daß Sonnenzellen mittlerweile zu ernsten Konkurrenten des ITR geworden seien, namentlich auf dem Gebiet der Fernsehsatelliten.[29] AEG-Telefunken ließ zwei Monate später verlauten, die Firma beginne Entwicklungsarbeiten mit dem Ziel, Solarbatterien auf Silizium-Basis um den Faktor 100 zu verbilligen.[30]

Der FAZ-Wissenschaftsjournalist Kurt Rudzinski, der schärfste und zugleich wirkungsvollste publizistische Kritiker der bundesdeutschen Forschungsförderungspolitik im Kernenergiebereich, auf den sich die KFA im übrigen verlassen konnte (Rusinek 1996: 529–530), hielt in einem Kongreß-Bericht mit seiner Sympathie für die weiterentwickelten Sonnenzellen und seiner Aversion gegen den ITR nicht hinter dem Berge: Die Forschungsergebnisse des deutschen Solargeneratoren-Experten Scheel hätten auf amerikanischen Fachtagungen das lebhafteste Echo gefunden, in Deutschland aber bemühe er sich vergeblich um Förderung durch das Bonner Ministerium – obgleich die Entwicklungskosten seines Solargenerators nur einen Bruchteil jener des ITR ausmachen würden. Das Ministerium ziehe es eben vor, so brachte Rudzinski seine Kritik auf den Punkt, nicht das Gebiet der Solargeneratoren zu fördern, »sondern weiter alte Techniken Amerikas kopieren zu lassen.«[31] Auf den Rand eines ITR-kritischen Artikel Rudzinskis notierte ein Ministerialbeamter: »Hoffentlich lassen wir uns nicht von Rudz. beeinflussen.«[32] Rudzinski hatte in diesem Artikel unter anderem geschrieben:

---

29 Ebd., Vermerk, »Gespräch mit Vertretern der USAEC über eine mögliche Zusammenarbeit beim ITR-Projekt am 8.6.1972 in Jülich«, 10.6.1972.
30 Ebd., Vermerk, »Sonnenbatterien als Alternative zum ITR«, 23.8.1972.
31 Kurt Rudzinski, »Glücksspiel Thermionikreaktor. Gesicherte Grundlagen, kostspielige Entwicklung, fraglicher Nutzen für die Raumfahrt«, *FAZ*, 14.6.1972. Die USA und die Sowjetunion hielten an Weltraum-Reaktoren aufgrund einer militärischen Überlegung fest: Eine Atombombe, in der Nähe eines Satelliten im Weltraum gezündet, »Nähe« hier etwas anderes bedeutend als auf der Erde, würde Sonnensegel und Batterien zerstören; Reaktoren waren wesentlich hitzebeständiger (siehe: *Spiegel* 5, 1978, »Strahlendes Treibgut«, S. 171-172, sowie ebd., 9, 1978, »Katastrophenschutz – Am liebsten schweigen«, 41 ff.).
32 BAK, B 196/3667, Handschriftliche Notiz auf dem *FAZ*-Artikel Rudzinskis, »Direktempfang vom Fernsehsatelliten. Solargenerator oder Thermionik-Atombatterie als Energiequelle? Vom europäischen Weltraum-Symposium«, 2.6.1971.

»Nach den bisherigen Erfahrungen in der Bundesrepublik mit technischen Großprojekten zu urteilen, ist es allerdings leider durchaus wahrscheinlich, daß das wirtschaftlich aussichtloseste, dafür aber kostspieligste Projekt aufgegriffen werden wird.«[33]

Nachweislich trug Rudzinskis Kritik zur Aufgabe des ITR-Projekts bei. Im Ministerium wurde explizit hervorgehoben, daß

»Reaktionen der großen Tageszeitungen nach der Jülicher Thermionik-Konferenz sehr negativ waren und neue Auseinandersetzungen (z.B. mit Herrn Rudzinski) erwartet werden müssen.«[34]

Im August 1972 entschied Minister Klaus von Dohnanyi nach einer Anhörung unabhängiger Sachverständiger sowie der Beteiligten, das Projekt einzustellen – zu einem Zeitpunkt, als von 1,5 Milliarden gesprochen wurde. Kurz darauf teilte der Minister dem KFA-Vorstand den Einstellungsbeschluß mit.[35]

Zwei Monate zuvor, als sich die Gerüchte über den Stopp des ITR verdichteten, hatte ein Jülicher Institutsdirektor in einem Schreiben an den Minister das Projekt noch zu retten versucht.[36] Er führte dabei insbesondere ins Feld, daß die technische Realisierbarkeit von ITR-Batterien von keinem ernstzunehmenden Fachmann mehr bezweifelt werde. Den Einwand, die künftige Nutzung sei nicht geklärt, wollte er nur sehr eingeschränkt gelten lassen, schließlich sei der Reaktor ein »Original« und keine »Imitation«, wie er gegen Rudzinskis Kopier-Vorwurf unterstrich. Der Reaktor sei Neuland. Eine Nutzung komme erst in »etwa 10 Jahren« infrage, und es sei »abwegig«, die »unvermeidliche Schwierigkeit der Abschätzbarkeit zukünf-

---

33 Artikel Rudzinskis, wie Anm. 32.
34 BAK, B 196/3671, Abteilungsleiter IV B an Minister über Staatssekretär, 10.7.1972.
35 Die KFA-Betriebszeitschrift druckte den Brief des Ministers vom 5.9.1972 sowie die BMBW-Pressemitteilung in Sachen ITR-Einstellung vom 7.9.1972 vollständig ab. Siehe: kfa-intern, 11/1972.
36 Das Folgende nach: BAK, B 196/3671, Niekisch an v. Dohnanyi, 11.7.1972. (Niekisch leitete in Jülich ein Institut, das sich seit längerem mit Grundlagen-Untersuchungen über thermionische Energiewandlung befaßte, aber, wie er betonte, direkt mit dem Projekt nichts zu tun hatte. Ein Abbruch des Projektes hätte keine Folgen für sein Institut.)

tiger Entwicklungen zu einem entscheidenden Negativ-Kriterium zu erheben«.

So mochte es aus dieser Jülicher Sicht, die zweifellos mit dem Vorstand abgesprochen war, eine zwar mit Entschiedenheit vertretene, aber unklare Perspektive für den weltraumtauglichen Reaktor geben. Man hielt dieses Projekt für geeignet, »ähnlich wie der Hochtemperaturreaktor [...] der KFA vielfältige Impulse für Forschungs- und Entwicklungsarbeiten auf den verschiedenen Gebieten zu geben.«[37] Aber der ITR war für die KFA nicht von solch entscheidender Bedeutung, daß man bereitgewesen wäre, dafür im Wege der Prioriätenverschiebung Mittel aus anderen Projekten freizumachen.[38] Ein solches Junktim war vom Ministerium zwischen dem ITR und der Hochtemperatur-Helium-Turbine (HHT) nahegelegt worden, einem der ehrgeizigsten KFA-Projekte überhaupt. Anfänglich mit 75 Mio. DM kalkuliert, sollte es den Hochtemperatur-Reaktor zur Einkreis-Anlage umgestalten.[39] Bevor das Bonner Ministerium über den Beginn des HHT-Projektes entschied, sollte in Anwesenheit des Ministers und zahlreicher Fachleute ein öffentliches »Hearing« in der KFA stattfinden. Diese Veranstaltung war für die KFA erfolgreich, aber es ist zu bedenken, daß der Einstellungsbeschluß für den ITR im Vorfeld der so wichtigen HHT-Veranstaltung ergangen war.[40]

Bevor wir vom Projekt eines weltraumfähigen Reaktors und damit vom »Himmel« zur »Erde« zurückkehren, um uns dem THTR-System zu widmen, das die KFA in den 1970er Jahren prägte, sollen der ITR und sein Scheitern noch einmal aus der Binnenperspektive des Bonner Ministeriums betrachtet werden. Das Scheitern erlaubt Einblicke in eine tiefgehend forschungspolitische Irritation des Bonner Ministeriums zu Anfang der 1970er Jahre.

Zu dieser Irritation war es gekommen, weil der ITR-Mißerfolg als Teilstück einer Serie von Mißerfolgen bei größeren, von der Bundesregierung geförderten Projekten erschien. Besonders enttäuscht war man über die man-

---

37 »Aus Jülicher Sicht«, in: kfa-intern, 11/1972.
38 BAK, B 196/3667, Besprechungsvermerk, Zukunft des ITR-Projekts, 25.2.1972.
39 KFA-Archiv, Informationsbroschüre zum Beginn des Projekts HHT, 24.5.1973.
40 Siehe: »Am 18. September: Öffentliche Diskussion über das HHT-Programm«, in: kfa-intern 3/1972; »Jülicher HHT-Programm in vollem Umfange akzeptiert«, in kfa-intern 4/1972. **Dort auch das Folgende.**

gelnde Kooperationsbereitschaft der USA. Hatte es seitens der KFA geheißen, internationale Abmachungen über den ITR, woran insbesondere die USA anfänglich Interesse gezeigt hätten, seien daran gescheitert, »daß sich niemand bereitfand, sich für die voraussichtliche Laufzeit des Projektes von etwa 15 Jahren vertraglich festzulegen«,[41] so hielt ein Abteilungsleiter des BMBW die Einstellung des ITR-Projekts für einen »echten Verlust«, weil es einer der wenigen Ansätze gewesen sei, langfristig eine »echte Kooperation USA-BRD [zu] realisieren«.[42] Doch nicht allein im Blick auf den ITR und die internationale Zusammenarbeit, sondern auch hinsichtlich der deutschen kerntechnischen Entwicklung überhaupt wurde das Ende des ITR-Projekts bedauert, »da sich alle unsere Entwicklungen mehr und mehr zu einer Einbahnstraße entwickeln«. Frustration und Resignation prägen Mitte 1972 die Stimmung in Bonn. Der entsprechende Vermerk war, was man in der Medizin einen traurigen Befund nennt:

- ITR: gescheitert.
- Projekt KKN (Kernkraftwerk Niederaichbach): »in den letzten Tagen [...] aus sicherheitstechnischen Überlegungen zweifelhaft geworden«.
- Fortführung des HDR (Heißdampfreaktor Großwelzheim): »offen«.
- Umbau von KNK (Kompakte natriumgekühlte Kernreaktoranlage) zu KNK II: »bei weitem noch nicht sichergestellt«.

Selbst beim Karlsruher Flaggschiff Schneller Brüter würden

»wegen der hohen Kosten insbesondere für den Brennstoffkreislauf und der Schwierigkeiten in der internationalen Szene düstere Gewitterwolken am Horizont sichtbar werden«.[43]

Man schien am Ende einer mit großen Erwartungen eingeleiteten Politik angekommen zu sein, die seit den 1950er Jahren Rückstände überwinden, Anschlüsse an das international erreichte Niveau herstellen, wenn möglich Vorsprünge erringen und zu einer Kooperation mit dem Ausland, insbesondere den USA, auf gleichem Fuße führen sollte. Das Scheitern des Weltraumreaktors war zumindest für die Pro-ITR-Partei im Bonner Ministerium

---

41 »Aus Jülicher Sicht«, in: kfa-intern, 11/1972.
42 BAK, B 196/3671, Abteilungsleiter IV B an Minister über Staatssekretär, 10.7.1972.
43 Ebd.

ein Menetekel dafür, mit der gesamten nuklearen Forschungsförderungspolitik Schiffbruch erlitten zu haben.

III.

In den 1970er Jahren gab es die Arbeitsteilung zwischen den beiden großen bundesdeutschen Kernforschungszentren Jülich und Karlsruhe: hier der Schnelle Brüter, dort der Hochtemperatur-Reaktor. Kritiker mokierten jedoch, daß sich eine solche Arbeitsteilung nicht von der Sache her angeboten hatte, sondern von den bestehenden Forschungseinrichtungen her, deren Kapazität einmal *da* war.[44]

Als Atomminister Balke erklärt hatte, es sei »zu spät«, die Entwicklung in Jülich abzudrehen, zeichnete sich diese nolens-volens-Arbeitsteilung zwischen Karlsruhe und Jülich bereits ab. Es zeugt sowohl von der Brüter-Euphorie wie von der privilegierten Stellung des Karlsruher Zentrums, daß sich Jülich mit Brüter-Studien an die in Karlsruhe betriebene und vom Bund geförderte Entwicklung anhängte.

In den 1960er Jahren wurde in Jülich beabsichtigt, gemeinsam mit der deutschen Reaktorbauindustrie Vorstudien über drei verschiedene Thoriumbrüter zu erarbeiten: Mit der Arbeitsgemeinschaft BBC/Krupp (BBK) einen gasgekühlten Thorium-Hochtemperatur-Brüter auf Kugelhaufenbasis; mit Siemens-Schuckert einen schwerwassermoderierten Reaktor; mit Interatom einen Salzschmelzreaktor. Es handelte sich hierbei nicht um höchst kostspielige und in Einzelheiten gehende Projektierungen, sondern um Planungen mit

---

[44] Die Bundesrepublik, so kritisierte Kurt Rudzinski, leiste sich als einziges Land der Welt, »die Entwicklung von 13 verschiedenen Reaktortypen [...], obwohl der Zwang zur wirtschaftlichen Wettbewerbsfähigkeit inzwischen die Zahl der aussichtsreichen Reaktor-Entwicklungslinien stark reduziert hat«. Rudzinski zählte auf: Leichtwasser-Druckwasserreaktor, Leichtwasser-Siedewasserreaktor, Schwerwasser-Druckwasserreaktor, natriumgekühlter KNK-Reaktor, Kohlensäuregekühlter Schwerwasserreaktor, Heißdampfreaktor, Hochtemperatur-Reaktor (GHH), Thorium-Konverter, Liegender Druckwasserreaktor, Salzschmelzreaktor, Schneller Natrium-Brüter, Schneller Dampfbrüter, Schiffsreaktor. (»Der ›Natrium-Brüter‹ – eine Milliarden-Fehlinvestition. Das Projekt Schneller Brüter und seine Konsequenzen. Nur Dampfkühlung hat Zukunftschancen«, *FAZ*, 20.7.1966.).

Vorprojekt-Charakter. Nach Abschluß der Studien sollte entschieden werden, welcher Brüter bis zur Baureife fortzuentwickeln sei.[45] Allerdings hatte der Thorium-Hochtemperatur-Reaktor mit Brut-Option, der schließlich den Zuschlag erhielt, für Jülich nie den Stellenwert wie der Schnelle Brüter für Karlsruhe, wo er nach der Formulierung eines einstigen Wissenschaftsmanagers wie ein Kuckuck das ganze Nest leerzufressen drohte.

Projektleiter für das THTR-System wurde Rudolf Schulten, der den AVR-Reaktor entwickelt hatte, 1964 von BBC/Krupp zur KFA gewechselt war und die Leitung des KFA-Instituts für Reaktorentwicklung sowie einen Lehrstuhl an der RWTH Aachen übernahm.

Alfred Boettcher, Wissenschaftlich-Technischer Geschäftsführer der KFA von 1960 bis 1970, hatte aus seiner Reserve gegenüber der THTR-Entwicklung nie einen Hehl gemacht. Zeitweilig präferierte er den Salzschmelzreaktor, ein Lieblingskind von Alvin Weinberg, Leiter des amerikanischen Kernforschungszentrums Oak Ridge. Bei diesem Reaktor zirkuliert das radioaktive Material in einer geschmolzenen Lösung. Für Schulten war dieser Reaktortyp »ein Greuel ohnegleichen«; ihn als Projekt der KFA verhindert zu haben, rechnete er seinen großen Erfolgen zu.[46]

Schultens Entwicklung des auf die kommunalen Elektrizitätsversorgungsunternehmen zugeschnittenen Kugelhaufen-Reaktors AVR erwies sich über mehr als zwei Jahrzehnte als eine Trumpfkarte der KFA. Man kann die Anbindung des AVR-Reaktors an die KFA als deren zweite Gründung auffassen. Bezeichnenderweise gab es Bestrebungen, der KFA dieses Projekt abzujagen und nach Karlsruhe zu ziehen.[47]

---

45 BAK, B 138/5945, Sprechzettel für den Minister, betr. 26. Sitzung des Verwaltungsrates der KFA, 11.11.1965.
46 Interview mit Rudolf Schulten, 30.11.1989.
47 Siehe: Nordrhein-Westfälisches Hauptstaatsarchiv Düsseldorf (NWHStAD), NW 190-144, Johnen an Meyers, 15.5.1959. Johnen wisse »aus ziemlich sicherer Quelle«, daß dem Firmenkonsortium BBC/Krupp nahegelegt worden sei, sich von der AVR zu trennen, um den Reaktor mit dem Bund zu bauen, der die ganzen Kosten tragen wolle. Es komme dann »natürlich nur Karlsruhe in Frage«. Sowie: BAK, B 138/2728, Engel an Meyers, 14.2.1964. Er, Engel, habe durchgesetzt, »diesen Reaktor in Jülich und nicht in Karlsruhe zu bauen«.

Zur Errichtung des AVR-Reaktors war die Firmengemeinschaft BBK zustandegekommen.[48] BBC hatte sich indes nicht aus purer Begeisterung für den Hochtemperatur-Reaktor nach dem Schulten-Prinzip entschieden. Vielmehr war dem Unternehmen keine andere Wahl geblieben, da sich die damals einzigen Hersteller von kommerziellen Reaktoren, die US-Firmen Westinghouse und General Electric, bereits mit Siemens und AEG verbunden hatten (Catrina 1991: 179). Das BBC-Management fürchtete, »vom größeren Teil des Kraftwerksgeschäfts ausgeschlossen zu sein«, und das zu einer Zeit, als man damit rechnete, »daß in den 80er Jahren überwiegend Kernkraftwerke gebaut würden« (Lotz 1978: 81).

Vor diesem Hintergrund war es um so schmerzlicher, daß die Errichtung des AVR-Reaktors in Jülich, dem Anknüpfungspunkt für die HTR-Entwicklung, quälend langsam vorankam. Der Bauauftrag an die BBK erging Ende 1959, aber de facto konnte mit der Errichtung erst 1961 begonnen werden; die erste Kettenreaktion im AVR-Reaktor erfolgte 1966; der Dauerbetrieb begann 1969. Erst dann konnte der AVR-Reaktor zur Testmaschine für alle weiteren Jülicher Hochtemperatur-Reaktor-Projekte werden, insbesondere für die kugelförmigen Brennelemente.

Lange vorher, in einem ausführlichen Entwurf der Firmengruppe BBC/Krupp vom Februar 1962, wurden – ausgehend von der im Detail noch gar nicht abzusehenden Entwicklung des AVR-Reaktors in Jülich – die weiteren Schritte in Richtung auf eine Thorium-Hochtemperatur-Reaktorlinie vorgezeichnet.[49]

Mit welchen Pfunden konnte dieses Vorhaben wuchern? Als Pro-THTR-Argumente wurden seit den 1950er Jahren vorgebracht: hohe Temperatur, permanente Beschickung durch die Kugel als Brennelement, hohe Sicherheit und dadurch mögliche Verbrauchernähe sowie Exportmöglichkeiten in die »Dritte Welt« wegen des dort lagernden Thoriums. Dieser Kernbrennstoff war ursprünglich aus wirtschaftlichen Gründen gewählt worden. Er war in

---

48 Als Kesselspezialist scheint Krupp eine naheliegende Wahl für die Zusammenarbeit gewesen zu sein, doch war von den Stadtwerken Düsseldorf als eine der treibenden Kräfte der AVR-Errichtung zunächst Babcock der Vorzug gegeben worden und nicht Krupp. Firmenunterlagen, die Licht in den Entscheidungsgang bringen könnten, lagen dem Verf. nicht vor.
49 BAK, B 138/735, BBC/Krupp, Mannheim, betr. Thorium-Hochtemperatur-Reaktor, 8.2.1962.

den 1950er Jahren erheblich billiger als Uran, und die Weltvorräte schienen bei weitem größer. Thoriumhaltige Erze lagerten nach dem Kenntnisstand von 1956 hauptsächlich in Brasilien, Indien, Indonesien, Südafrika, Ägypten, auf Madagaskar und in den britischen Kolonien.[50] Dorthin einst Thorium-Reaktoren exportieren zu können, wurde als Vorteil dieser Linie weiterhin herausgestrichen, nachdem aufgrund von Preisverfall bei Uran das Argument der niedrigeren Thorium-Kosten weggefallen war.

Aufgrund der hohen Temperatur hatte die Schultensche Reaktorkonzeption bei den kommunalen Elektrizitätsversorgungsunternehmen von Anfang an einen Stein im Brett. Das Konzept des Hochtemperatur-Reaktors sollte es erlauben, moderne Turbinen wie für konventionelle Kraftwerke zu nutzen – kurz: den Reaktor an einen bereits vorhandenen Turbinensatz anzuschließen, anstatt einen neuen errichten zu müssen. Diese Anschließbarkeit war das immer wieder hervorgehobene Kriterium für die »Verbrauchernähe«. Bei diesem Kriterium sollte nicht übersehen werden, daß es eine Antwort auf die Rohstoffnähe der RWE-Kraftwerke »auf der Kohle« war. »Verbrauchernähe« zielte auf die kommunalen Elektrizitätsversorgungsunternehmen als potentielle Abnehmer des Reaktors. Er war *für* die kleinen und *gegen* die großen Elektrizitätsversorgungsunternehmen gedacht. Rudolf Schulten selbst war der Auffassung, daß diese Frontstellung letztendlich zum Scheitern seines gesamten Lebenswerkes beigetragen habe.[51]

Wurde im AVR-Reaktor die Wärmeenergie des Primärkreislaufes im Wärmeaustauscher zur Erzeugung von überhitztem Wasserdampf für eine im Sekundärkreis betriebene Heißdampfturbogruppe umgesetzt, so sollte als »zweiter Arbeitsabschnitt« die Einkreis-Anlage in Angriff genommen werden: Hier wird die im Reaktor erzeugte thermische Energie unmittelbar durch eine im geschlossenen Gaskreislauf installierte Turbogruppe genutzt.

---

50 Siehe: BAK, B 138/722, Bundesministerien für Wirtschaft und für Atomfragen, »Stellungnahme zu der Versorgungssituation mit Uran- und Thoriumerzen auf dem Weltmarkt und den sich daraus für das Vertragswerk EURATOM ergebenden Folgerungen«, 6.7.1956.

51 Schulten sprach von der »ausgesprochenen Kampfstimmung« zwischen großen und kleinen EVU mindestens seit der zweiten Hälfte der 1950er Jahre. Er bedauerte: »Ich habe damals als junger Mann nicht erkannt, daß unsere Entwicklung des Hochtemperatur-Reaktors mit dieser Gegensätzlichkeit von vornherein belastet war« (Interview mit Rudolf Schulten, 30.11.1989).

Das bedeutete den Verzicht auf Wärmeaustauscher, auf den Übergang vom ersten zum zweiten System und auf entsprechenden Wärmeverlust.

Die Bundesrepublik hatte mit dem Schnellen Brüter, die nordrhein-westfälische Landesregierung mit den Hochtemperatur-Reaktoren Großes vor (KFA Jülich 1984: 7 ff., 21 ff.). Stichworte wie »Wärmemarkt« und »Generalplan kernenergieerhitztes Helium«[52] weisen auf diese heute utopisch anmutenden Planungen hin. Im Zentrum des nordrhein-westfälischen, mit Rudolf Schultens Namen verbundenen Systems stand die hohe Temperatur. Das erhitzte Gas aus den Reaktoren sollte nicht nur zur Stromerzeugung auf Turbinen geleitet, sondern auch als Prozeßwärme verwendet werden. Hier zeichnete sich die Anwendungsmöglichkeit bei der »Vergasung« von Kohle ab, energiepolitisch die Versöhnung von Kernenergie und Kohle, über die denn auch marktschreierisch berichtet wurde.[53] Des weiteren war von der Erzverhüttung und der Herstellung chemischer Rohprodukte mittels THTR-Prozeßwärme die Rede. Diese Prozeßwärme sollte sogar für Heizungen in privaten Haushalten genutzt werden.

Entweder sollte ein Hochtemperatur-Reaktor mehrere Turbinen betreiben oder aber Teile der Wärme im Bereich von 800 bis 1.200° C zur Weiternutzung abgeben. Als Nutzer kam die Eisen- und Stahlindustrie in Frage, die die Reduktion von gemahlenem Erz zu Schwammeisen in einem vom Heliumkreislauf des Reaktors auf 1.200° C erhitzten Gefäß durchführen konnte. Nach diesem Einsatz bei der Erzreduktion wäre die Temperatur auf 900° C gesunken, aber noch immer geeignet gewesen, eine Kraftwerksturbine zu treiben.

---

52 So der Titel eines Vortrags von Leo Brandt, undat. [1969], in: BAK, B 138/6020.
53 Leo Brandt: »Reaktor für das Revier«, zit.n.: »Auch im Jahr 2000 ist Kohle wirtschaftlich«, in: *Westfalenpost*, 3.7.1968; *Westfälische Nachrichten*, »Schulten will die Kohle retten. 1980 wird das ›Schwarze Gold‹ mit Reaktorwärme zu Industriegas werden«, 3.7.1968. Die *Westfälische Rundschau* (»Aus Kohle wird Gas und Strom«, 2.7.1968) gab eine Popularversion der THTR-Systemkonzeption: »Pipelines werden sich später nach Schultens Meinung ebenso wie heute Stromleitungen im dichten Netz über das Land ziehen. Schulten sagt voraus, daß im Abstand von etwa 20 Kilometer im Chemiegürtel am Rhein Hochtemperatur-Reaktoren mit einer elektrischen Leistung von 1200 MW denkbar sind, die die Industrie und die Versorgungsgebiete nicht nur mit Strom, sondern auch mit Heißdampf und Gas beliefern«. Rudolf Schulten ist ein gutes Beispiel dafür, wie in der Bundesrepublik aufgrund der Kernenergie und der für ihre Durchsetzung notwendigen Öffentlichkeitsarbeit der Typ des Medien-Professors entstand.

Mit der »Kohlevergasung« durch Hochtemperatur-Reaktoren und damit der optimalen Nutzung dieses Rohstoffes wäre nach den Hoffnungen der HTR-Community, die dabei auf die Auswirkungen der Ölkrise hinwies, ein Gegenmarkt zum Rohöl ebenso geschaffen wie die Ruhrkohlenkrise und das damit einhergehende Kohlesubventionsspektakel beendet worden.

Die Standortwahl für den Grundstein eines solchen Systems fiel auf Hamm-Uentrop, weil das krisenbelastete östliche Ruhrgebiet möglichst umgehend von der neuen, in der KFA entwickelten Großtechnik profitieren sollte. Als Betreiber wurden die Vereinigten Elektrizitätswerke Westfalen (VEW) mit Sitz in Dortmund gewonnen, deren Firmengeschichte mit der Konkurrenz zu RWE unlösbar verknüpft ist (Zängl 1989: 52–53). Für einen Standort im östlichen Ruhrgebiet hatte sich der Forschungspolitiker und KFA-Gründer Leo Brandt seit 1967 eingesetzt. Er erwartete, daß bereits der Prototyp THTR mit 300 MWe »in das Schicksal des östlichen Ruhrgebietes maßgeblich eingreift.«[54] Im THTR-System wurde nichts Geringeres als ein Beitrag zur Diversifizierung des Ruhrgebietes und zur Überwindung seiner Strukturkrise erblickt. Es galt, neue Industrie-Zweige anzusiedeln sowie bestehende zu modernisieren und zu diversifizieren. Hierbei dachte man insbesondere an die eisenschaffende Industrie des Dortmunder Raumes, der mit einer Weiterentwicklung moderner Stahlerzeugungsverfahren aufgeholfen werden sollte. Die Produktionsbetriebe sollten zwar den Strom, aber in stärkerem Maße auch andere Darbietungsformen von kernenergieerzeugter Energie nutzen: Prozeßdampf und Prozeßgas, wie sie die chemische Industrie als Ausgangsprodukt benötigte und die Stahlindustrie künftig zur Eisenreduktion einsetzen sollte.

Eine Modernisierung dieser Krisenregion mithilfe der Hochtemperatur-Reaktoren hätte bahnbrechend wirken und auch die Vertreter anderer Regionen mit ähnlichen Problemen für Hochtemperatur-Reaktoren interessieren können. Ein solcher Durchbruch der THTR-Linie hätte alle finanziellen und institutionellen Aufwendungen glücklich amortisiert.

Mit den genannten Verwendungsmöglichkeiten war das Entwicklungspotential der Hochtemperatur-Reaktor-Linie noch nicht am Ende, wie die Option »Nukleare Fernenergie« erweist: Aus den Hochtemperatur-Reaktoren

---

54 NWHStAD, NW 310-1047, Leo Brandt an Ministerpräsident Kühn, undat. [Januar 1969].

sollte Wärme ausgekoppelt und in chemisch gebundene Energie überführt werden, also ein Gas durch chemische Umwandlung in ein energiereiches anderes. Über getrennte Fernleitungen wollte man diese Gase zum Verbraucher transportieren, um die Reaktion dort rückwärts ablaufen zu lassen. Geplant war, mit 1.000° C heißem Helium aus Methan und Wasserdampf Kohlenmonoxyd und Wasserstoff herzustellen und aus diesen kalten Produktgasen am Ort des Verbrauchs Methan von 600° C zurückzugewinnen. Auf diese Weise sollten nicht nur Industriefirmen, sondern auch private Haushalte mit Fernwärme versorgt werden. Ein Verfahren dazu wurde in der KFA mit der Einzelspaltrohr-Versuchsanlage (EVA) entwickelt, der die Methanisierungsanlage ADAM[55] folgte. Die am KFA-Institut für Reaktorbauelemente aufgestellten Apparate wurden 1979 im Rahmen des Projekts »Nukleare Fernenergie« in Betrieb genommen.

Am Standort Hamm-Uentrop-Schmehausen planten die VEW, neben dem 300-MWe-THTR-Prototyp bis Ende der 1970er Jahre die Errichtung zweier weiterer Hochtemperatur-Reaktoren von 600 MWe und 1.000 MWe. Wegen des Zusammenhanges von Leistungsgröße und Kostendegression war die VEW-Spitze überzeugt, die Preise von RWE einstellen und deren Marktdominanz überwinden zu können.[56] Seitens der nordrhein-westfälischen Politik hieß es, der Kraftwerksschwerpunkt bei Hamm-Uentrop eröffne die Aussicht, die Strompreise im gesamten VEW-Gebiet entscheidend nach unten zu verändern; VEW würde das preislich führende Verbundsystem in Deutschland, RWE wäre niedergerungen.[57]

Im Juni 1968 wurde die »Hochtemperatur-Kernkraftwerk GmbH« (HKG) als den Bau des THTR-300 vorbereitende Betriebsgesellschaft gegründet, der die VEW im November 1968 beitraten. Am 29. Oktober 1971 wurde der Vertrag zur schlüsselfertigen Lieferung des THTR-300 unterzeichnet. Bei der ursprünglich angenommenen Lieferzeit von 61 Monaten hätte der Reaktor im März 1977 fertiggestellt sein müssen. Seine Erstkritikalität[58] er-

---

55 ADAM = Anlage mit drei adiabaten Methanisierungsreaktoren.
56 Siehe: NWHStAD, NW 310-1048, Ergebnisniederschrift, betr. Standort THTR 300, 11.3.1969.
57 Siehe: NWHStAD, NW 310-1047, Leo Brandt an Ministerpräsident Kühn, undat. [Januar 1969].
58 Kritikalität = Zustand eines Reaktors, in dem erstmals eine sich selbst erhaltene Kettenreaktion abläuft.

reichte er aber erst im September 1983. Im November lieferte der Reaktor erstmals Strom ins VEW-Netz, im September 1986 arbeitete er das erste Mal unter Vollast. Für den THTR-300 war man zunächst von 690 Mio. DM Errichtungskosten ausgegangen. Er kostete schließlich 4,3 Milliarden DM. Als Gründe der Verzögerungen und Verteuerungen wurden die Anpassung des Projekts an den jeweils neuesten Stand von Wissenschaft und Technik, der Prototyp-Charakter sowie immer neue »Anforderungen zu Nachweisen« genannt.

Ende 1988 beantragte die HKG beim Bundesministerium für Forschung und Technologie (BMFT) und der nordrhein-westfälischen Landesregierung die Stillegung des THTR-300, unter anderem wegen der Brennelement-Versorgung, da der Firma Nukem aufgrund eines Skandals ihrer Tochter Transnuklear die Lizenz entzogen worden war. Im September 1989 beschlossen Bund, Land und HKG, den Reaktor unverzüglich stillzulegen. Die Gründe für das Scheitern des THTR-Systemkonzepts sind vielfältiger Natur: Geld, Langsamkeit, die Katastrophe von Tschernobyl, der Einstellungswandel der Öffentlichkeit. Hinzu kam eine Reihe technischer Probleme: Probleme mit den Brennelement-Kugeln, insbesondere ihrem Fließverhalten und dem Kugelbruch; das Scheitern des Einkreis-Konzepts an der nicht beherrschbaren Abdichtung der Hochtemperatur-Helium-Turbine; die Wiederaufarbeitungsproblematik bei Thorium-Brennelementen. Vermutlich hätte keiner dieser Gründe allein das Scheitern herbeigeführt. Es ergab sich aus der Kombination. Besonders zu berücksichtigen sind dabei Schwierigkeiten auf der Seite der Industrie und die Situation in den USA.

Die Firmengemeinschaft BBC/Krupp, »Schönwetter-« und »Problemgesellschaft«, einst für den AVR-Reaktor zustandegekommen, war bereits im Juli 1971 auseinandergebrochen.[59] Krupp hatte sich mit dem Firmensitz Mannheim nie anfreunden können. Anfang der 1970er Jahre befand sich das Unternehmen in einer Krise. Die Entscheidung, den Reaktorbehälter des THTR-300 und seiner für Hamm-Uentrop beabsichtigten Folgeprojekte nicht aus Stahl, sondern aus Spannbeton zu konstruieren, hatte zusätzlich zum Beschluß der Essener Stahlfirma beigetragen, aus der Gemeinschaft mit der

---

59 Das Folgende ist zusammengestellt aus den Akten des Lenkungsausschusses der THTR-Assoziation (KFA-Archiv). Eine Zusammenfassung findet sich bei Kirchner (1991: 82 ff.).

BBC auszuscheiden (Lotz 1978: 76 ff.). Die Krise wurde zunächst dadurch überwunden, daß sich BBC und die im Juni 1968 gegründete Hochtemperatur-Kernkraftwerk GmbH (HKG) als den Bau des THTR-300 vorbereitende Gesellschaften bereit erklärten, den 50%-Krupp-Anteil von BBK zu übernehmen. Das Unternehmen firmierte nun als Hochtemperatur-Reaktorbau (HRB). Im Laufe eines Jahres wollten BBC und HKG ein potentes Industrieunternehmen für die Gesellschaft gewinnen. Ein solches Unternehmen wurde mit Gulf General Atomic (GGA) gefunden. GGA war 1967 als Konkurrenz zu den Nukleargiganten General Electric und Westinghouse entstanden, indem die Gulf Oil Corporation die General Atomics (GA) aufkaufte, die in den USA Hochtemperatur-Reaktoren errichtete. GGA, auf der Hersteller-Seite des THTR-300 an die Stelle von Krupp getreten, setzte auf eine schnelle Markteinführung von Hochtemperatur-Reaktoren – allerdings nach dem Vorbild des amerikanischen Fort St. Vrain-Reaktors mit blockförmigen Brennelementen. Die erfolgreiche Inbetriebnahme des Reaktors Fort St. Vrain galt als unabdingbare Voraussetzung für die Markteinführung dieser Linie in den USA, und diese Entwicklung ließ sich mit zwei Kaufverträgen und acht Letters of Intent für Hochtemperatur-Reaktoren zunächst gut an. Doch kündigte das Unternehmen die Verträge von sich aus. Die daraufhin fälligen Abstandssummen beliefen sich auf mindestens 250 Mio $. Der Fort St. Vrain-Reaktor durfte nach seiner überlangen Inbetriebnahme-Phase sowie aufgetretener technischer Schwierigkeiten und Störfälle bis 1980 nur mit maximal 70% seiner Leistung betrieben werden – und die Hersteller mußten dem Betreiber, der den Reaktor 1979 übernommen hatte, 180 Mio $ wegen nicht erbrachter Vertragsleistungen zahlen. Als der Reaktor 1981 erstmals 100% Leistung erbrachte, zeichneten sich in den USA keine realistischen Anwendungsperspektiven mehr ab, und die öffentliche Akzeptanz der Kernenergie stand im Schatten des Störfalls von Three-Mile-Island. Somit war der Versuch einer kommerziellen Einführung von Hochtemperatur-Reaktoren in den USA gründlich gescheitert. 1989 beschloß der Betreiber, den Reaktor Fort St. Vrain abzuschalten (Kirchner 1991: 82 ff.).

Das Scheitern des THTR-Systems war kein Erfolg der Umweltschutzbewegung, aber am Rande trugen Umweltschutzgedanken dazu bei. Ohne »Tschernobyl« wäre der THTR-300 vielleicht noch einige Jahre am Netz geblieben. So aber steht seine Ruine in Hamm-Uentrop, während der

Schnelle Natriumbrüter bei Kalkar am Niederrhein zu einem Freizeitpark umgestaltet wird.

IV.

Wir haben das Schicksal zweier Reaktorprojekte der KFA in den 1970er Jahren untersucht, des wenig bekannten ITR und des prominenten THTR-Systems, das für den nordrhein-westfälischen Sonderweg in der kerntechnischen Entwicklung stand. Dem Bund erschien die Kooperation mit den USA und das Vordringen auf den amerikanischen Markt als Königsweg der kerntechnischen Entwicklung. Das Scheitern der beiden Reaktor-Konzepte, für die in der Anfangsphase ein deutscher Vorsprung vor den USA behauptet wurde, hing in unterschiedlicher Weise mit der Entwicklung in den USA zusammen. Bei dem ITR gelang eine Zusammenarbeit mit den USA, die als Voraussetzung für den kommerziellen Durchbruch galt, von vornherein nicht. Bei den Hochtemperatur-Reaktoren kam es in den USA statt des erhofften Marktdurchbruchs zu einem abrupten Markteinbruch. Dieses Debakel war einer der Gründe für das Scheitern des THTR-Schulten-Systems, technische Probleme, die sich in dieser Form bei dem ITR nicht ergeben haben, traten hinzu.

Zu den Rahmenbedingungen des Scheiterns gehörten bei dem THTR die Schocks von Three Mile Island im März 1979 und von Tschernobyl im April 1986. Sie verringerten die öffentliche Akzeptanz und schärften die Sensibilität in Sicherheitsfragen. Für den ITR gilt das nicht. Erst der drohende Absturz des sowjetischen kernenergiebetriebenen Satelliten »Kosmos 1954« im Januar 1978, sechs Jahre nach der Einstellung des ITR, hat die Öffentlichkeit auf das Problem der um die Erde kreisenden Reaktoren aufmerksam gemacht.[60] Dagegen hat die publizistische Fachöffentlichkeit zum Schiffbruch des ITR-Projektes beigetragen.

---

60 Siehe: *Spiegel* 5 (1978), S. 171-172 (»Strahlendes Treibgut«) sowie ebd. 9 (1978), 41 ff. (»Katastrophenschutz – Am liebsten schweigen«).

Rudolf Schulten hatte die Umrisse seines THTR-Systemkonzeptes bereits Ende der 1950er Jahre entwickelt. Für das Vorhaben hatten sich in den 1970er und 1980er Jahren die Umstände vollkommen geändert. Machbarkeitsräusche waren verflogen; Wünsche nach stetem Wachstum wichen neuen Einsichten (Rusinek 1996a). Die THTR-Entwicklung kam zu spät, geriet in den Schatten des Brütens und kostete zuviel Zeit. Allein die unglückliche Ehe von BBC und Krupp hatte der THTR-Entwicklung einen geschätzten Zeitverlust von fünf Jahren beschert.

Aus heutiger Sicht erscheint Schultens Vision vom THTR-System aus den 1970er Jahren genauso fern wie die atomeuphorischen Phantasien der 1950er Jahre, und in diese Phase ist die Vision historisch einzuordnen. Die 1950er Jahre gingen in die 1970er über.

Aber nicht nur war die Mentalität eine andere geworden. In den Projektierungsphasen reiften auch Alternativen heran, oder es setzten sich hinsichtlich des ITR wie des THTR Konkurrenzkonzepte durch. Zu bedenken ist ferner, daß sich in der KFA wie in anderen Großforschungseinrichtungen des nuklearen Sektors ein Generationswechsel vollzog.

Ein mit dem THTR-System vergleichbares Großprojekt sollte die KFA nicht mehr erhalten, obgleich sie sich ernsthaft um die Errichtung einer Spallationsneutronenquelle bemühte, einem Großgerät der Grundlagenforschung. Die »Spallationsquelle«, so der KFA-Vorstandsvorsitzende Beckurts 1980, besäße derzeit in der KFA die deutliche Priorität. Ab 1979 wurde in einer gemeinsamen Kommission aus Karlsruher und Jülicher Wissenschaftlern eine Studie über die Nutzbarkeit der Kernspallation für die Grundlagenforschung erarbeitet.

Die Diversifizierung entfernte die KFA zunehmend vom »K« und führte ihr zukünftige Aufgaben zu, aber sie barg auch die Gefahr in sich, daß durch die Vielzahl der Aufgaben ein gemeinsames wissenschaftliches Profil verloreninging. Die Spallationsneutronenquelle wäre ein neues zentrales Großgerät für die KFA gewesen, ein identitätsstiftendes Flaggschiff für die Zeit nach den Reaktor-Aktivitäten. Inzwischen scheint diese Identität eher im Wie als im Was erblickt zu werden (Rusinek 1995: 767 ff.).

Ingrid von Stumm

Kernfusionsforschung und politische Steuerung: Erste Großexperimente am Max-Planck-Institut für Plasmaphysik (IPP)

Seit knapp 40 Jahren werden in der Bundesrepublik Deutschland systematische Forschungsarbeiten zur thermonuklearen Fusion durchgeführt. Zum überwiegenden Teil sind sie auf das Max-Planck-Institut für Plasmaphysik (IPP) in Garching konzentriert; daneben betätigen sich auch die Forschungszentren Jülich und Karlsruhe auf diesem Gebiet. Die bundesdeutsche Fusionsforschung ist seit ihren Anfängen Teil einer europäischen Forschungskooperation, zu der sich die Fusionszentren der Europäischen Gemeinschaft zusammengeschlossen haben. Ziel der gemeinsamen Bemühungen ist es, eine neue Energiequelle durch die Verschmelzung leichter Atomkerne zu erschließen. Da die für den Fusionsprozeß notwendigen Grundstoffe in nahezu unbegrenzter Menge vorhanden und über die ganze Welt verteilt sind, könnte die Kernfusion einen größeren Beitrag zur zukünftigen Energieversorgung leisten. Ihre Erforschung wird nahezu ausschließlich aus öffentlichen Haushalten finanziert.

In den 1970er Jahren vollzog sich in der internationalen Fusionsforschung ein tiefgreifender Wandel. Nach einer Dekade der grundlagenorientierten Forschung ging man nun dazu über, hochkomplexe, planungs- und kostenintensive Großexperimente zu bauen. Auch das Garchinger IPP beschritt diesen Weg.

Im folgenden soll exemplarisch die Geschichte der ersten Großprojekte in Garching, des »Wendelstein VII« und des »ASDEX«, näher untersucht werden. Dabei richtet sich das Augenmerk vor allem auf die Frage, welche steuerungspolitischen Vorgänge mit der Genese dieser Experimente verbunden waren. Aufgrund welcher Entwicklungen kam der großexperimentelle Kurs zustande und wie agierte das Bundesforschungsministerium, der Hauptzuwendungsgeber des IPP, in diesem Zusammenhang?

Der Beitrag skizziert zunächst die Ausgangssituation sowohl in wissenschaftlich-technischer als auch in politischer Hinsicht bis zum Ende der 1960er Jahre. In einem ersten Arbeitsschritt werden die Grundprinzipien der kontrollierten thermonuklearen Fusion erläutert (I). Daran schließt sich eine kurze Beschreibung der experimentellen und institutionellen Frühgeschichte des IPP (II) an. Der Hauptteil analysiert die Genese der Experimente Wendelstein und ASDEX in ihrem wissenschaftlichen und forschungspolitischen Kontext (III).

I.

Atome sind Bausteine der Materie. Befindet sich Materie im gasförmigen Zustand, fliegen die einzelnen Atome oder Moleküle ungeordnet hin und her und stoßen gelegentlich aneinander. Atome bestehen aus einem kleinen Kern, der positiv geladene (Protonen) und elektrisch neutrale Teilchen (Neutronen) enthält und von einer negativ geladenen Elektronenwolke umgeben wird. Erhitzt man ein Gas sehr stark, steigern sich die Geschwindigkeit der Atome und die Heftigkeit ihrer Zusammenstöße. Bei ausreichender Temperatur werden die Elektronen von ihren Kernen getrennt und fliegen frei umher (Artsimowitsch 1972: 9–12). Als Resultat dieser Ionisation erhält man eine Mischung von negativ geladenen Elektronen und von positiv geladenen Atomkernen, die Plasma genannt wird.[1] Der Plasmazustand ist als eine natürliche Erscheinung der Materie bei Temperaturen von 10.000 Grad Kelvin und darüber zu verstehen, in dem sich die Sonne und andere Fixsterne des Universums befinden.

---

1 Der Begriff Plasma entspricht im Griechischen der Bedeutung »Gebilde«, »Geformtes« und wurde von dem amerikanischen Physiker Irving Langmuir 1930 zur Bezeichnung ionisierter Gase eingeführt. Vgl. Breuer/Schumacher (1982: 9).

Aufgrund der Bindungsenergie von Atomkernen wird beim Verschmelzen leichterer Atomkerne zu schwereren Energie freigesetzt (Schlüter 1989: 254–255). Die größte Energieausbeute liefert die Reaktion zwischen den beiden Wasserstoffisotopen Deuterium und Tritium. Fusionieren ein Deuterium- und ein Tritium-Kern, bilden sich ein Heliumkern und ein Neutron mit hoher Bewegungsenergie. Da Deuterium in den Meeren in nahezu unbegrenzter Menge vorhanden ist und das radioaktive Tritium aus dem ebenfalls reichlich vorhandenen Lithium erbrütet werden kann, böte die Kernfusion im Fall ihres Gelingens eine nahezu unerschöpfliche Energiequelle. Dabei gilt das durch Strahlung verursachte Gefährdungspotential eines Fusionsreaktors als wesentlich geringer als das eines Spaltreaktors. Zwar wird auch hier ein radioaktiver Brennstoff, nämlich Tritium, verwendet, doch hochradioaktive Spaltprodukte fallen beim Fusionsreaktor nicht an.

Für das Verschmelzen der positiv geladenen Deuterium-Tritium-Kerne ist es jedoch erforderlich, deren wechselseitige Abstoßung (Coulomb-Kräfte) zu überwinden (Raeder 1981: 13–19). Bei Plasmatemperaturen von 100–200 Mio. Grad Kelvin, die man durch Erhitzen des Plasmas zu erreichen sucht, prallen die Wasserstoffkerne mit so hoher Geschwindigkeit aufeinander, daß sie fusionieren. Finden diese Verschmelzungsprozesse in genügender Häufigkeit statt, reicht die Energie der dabei erzeugten Heliumkerne aus, um die Temperatur des Plasmas aufrechtzuerhalten, und das Plasma »brennt« ohne äußere Energiezufuhr weiter. Dieser Zustand, auch als Plasmazündung bezeichnet, tritt aber nur ein, wenn neben der hohen Temperatur zwei weitere Kriterien erfüllt sind: Das Plasma muß dicht genug sein und ausreichend lange eingeschlossen werden.

Ein Plasma von solch hoher Temperatur kann nicht in materielle Gefäße eingeschlossen werden. Die Wände hielten der Berührung mit dem heißen Gas nicht stand. Aus diesem Grund versucht man, die elektromagnetischen Eigenschaften des Plasmas zu nutzen und es mit Hilfe eines Magnetfeldes immateriell einzuschließen.

II.

Wenden wir uns nun den ersten beiden Jahrzehnten der internationalen Plasmaphysik und der Gründungs- und Aufbaugeschichte des IPP zu. In den 1950er Jahren wurden unter strenger Geheimhaltung in Großbritannien, der Sowjetunion und den USA verschiedene Anordnungen des magnetischen Plasmaeinschlusses erprobt. Doch übereinstimmend traten hohe Verluste der Plasmateilchen auf, deren Ausmaße die Vorhersagen weit übertrafen (Bromberg 1982: 26–29 u. 106 ff.). Weder an den Princetoner Stellaratoren[2] noch an den sowjetischen und britischen Pinchexperimenten[3] gelang der erhoffte Durchbruch. Die Wissenschaftler erkannten in Ost und West, daß die Nutzbarmachung kontrollierter Fusionsprozesse eine wissenschaftlich und technisch nur langfristig zu bewältigende Aufgabe sei.

Vor diesem Hintergrund wurde die Geheimhaltung in den Jahren 1956–1958 weitgehend aufgehoben (Boenke 1990: 105; Tanner 1977: 51).[4] Ein

---

2   Aus dem Lateinischen von stella (Stern) abgeleitet. Der Stellarator wurde als magnetisches Plasmaeinschlußexperiment 1951 in den USA erfunden. Das weltweit größte Stellaratorzentrum wurde in den USA am Princeton Plasma Physics Laboratory (PPPL) eingerichtet. Seine Funktionsweise basiert auf der Überlagerung zweier Magnetfelder. Diese werden beide von außen erzeugt. Man bringt schraubenförmige Leiter (helikale Wicklungen) auf der Außenseite des Plasmagefäßes an und läßt diese von starken Strömen durchfließen. So kommt eine Verschraubung der durch die äußeren Spulen erzeugten Feldlinien des Hauptmagnetfeldes mit denen des helikalen Hilfsfeldes zustande. Die helikal verdrillten Magnetfeldlinien erzeugen ineinander geschachtelte »magnetische Oberflächen«. Die Berechnung dieser magnetischen Felder erfordert sehr große Genauigkeit, da kleinste Störungen und Abweichungen die Oberflächen zerstören können. Zum Konzept der äußeren Rotationstransformation durch helische Felder von Gierke (1965: 78 ff.), zum Stellaratorkonzept allgemein Shohet (1981).

3   Pinchexperimente wurden in Großbritannien ab der zweiten Hälfte der 1940er Jahre durchgeführt; sie zielen darauf ab, das Plasma durch die Induktion eines schnell ansteigenden Plasmastromes rasch zu komprimieren (Pincheffekt) und mit Hilfe eines parallel zum Strom ringförmig verlaufenden Magnetfeldes einzuschließen. In Fortsetzung dieser Linie ging im englischen Forschungszentrum Harwell 1957 eine toroidale Pinch-Anordnung unter der Bezeichnung ZETA in Betrieb, die mit – wie sich schon bald herausstellte – falschen Erfolgsmeldungen in Presse und Öffentlichkeit Aufsehen erregte. Weitere Messungen zeigten, daß die erzeugten Neutronen nicht durch thermische Fusion, sondern durch Instabilitäten beschleunigter Ionen hervorgerufen wurden und dämpften die hochfliegenden Hoffnungen der britischen Fusionsforscher in Kürze.

4   Als besonders beeindruckend wurde von den zeitgenössischen Plasmaphysikern die Ausstellung mehrerer vollständiger Fusions-Experimente durch US-Wissenschaftler im

lebhafter internationaler Informationsaustausch setzte ein; in wenigen Jahren bildete sich eine weltweit agierende Scientific Community der Plasmaphysiker heraus. Von bundesdeutschen Kernphysikern wurde die Bekanntgabe erster Forschungsresultate mit lebhaftem Interesse verfolgt und zum Anlaß genommen, in Bonn auf die Gründung eines eigenen Fusionsforschungsinstitutes zu drängen. Der damalige Bundesatomminister Siegfried Balke stimmte diesem Ansinnen zu, und das IPP wurde im Jahr 1960 ins Leben gerufen.

Eine rasche Erschließung der Kernfusion als Energiequelle wurde zu diesem Zeitpunkt nicht erwartet; das wissenschaftliche Programm des IPP war zunächst ganz darauf ausgerichtet, die theoretischen Grundlagen der Plasmaphysik zu erschließen (Biermann 1960: 356 ff.).[5]

Institutionell nahm das IPP eine Sonderrolle in der bundesdeutschen Forschungslandschaft ein. Obwohl weitgehend vom Bund finanziert, bestand eine enge gesellschaftsrechtliche Bindung an die Max-Planck-Gesellschaft (MPG). Im Jahr 1969 wurde die Finanzierung des IPP nach jahrelangen Verhandlungen zwischen dem Bund, Bayern und der MPG neu festgelegt: Das IPP sollte ab 1970 – wie andere Großforschungseinrichtungen auch – zu 90 % vom Bund und zu 10 % vom Sitzland finanziert werden (Boenke 1990: 219–252).

Über die erforderliche Neugestaltung der Satzung konnte jedoch zwischen Bonn und Garching kein Konsens erzielt werden. Während Bonn wesentliche Mitbestimmungskompetenzen für sich reklamierte, bestanden die führenden Wissenschaftler des IPP auf ihrer Entscheidungsfreiheit. Um eine satzungsrechtliche Verankerung weitergehender bundespolitischer Steuerungsansprüche abzuwehren, war das IPP sogar bereit, den Status der rechtlichen Selbständigkeit aufzugeben und unter dem Dach der MPG Schutz zu suchen. Mit Zustimmung des neu ernannten Ministers für Bildung und Wissenschaft, Hans Leussink, wurde die IPP GmbH 1971 in ein rechtlich unselbständiges Max-Planck-Institut umgewandelt.

Rahmen der 2. Internationalen Atomkonferenz in Genf empfunden, IPP, Historisches Projekt GFE, Gerhart von Gierke, Schriftliche Bemerkungen, April 1990.
5   Auch in der Satzung des IPP war die Aufgabenstellung entsprechend formuliert, IPP, Satzungen, Satzung vom 28.6.1960.

Jenseits dieser gesellschafts- und organisationsrechtlichen Weichenstellungen bleibt zu fragen, welche inhaltlichen Steuerungsansprüche der Bund als Hauptzuwendungsgeber des IPP im Laufe der 1960er Jahre stellte.

Ganz allgemein verstärkte der Bund sein forschungspolitisches Engagement in den 1960er Jahren spürbar (Ritter 1992: 78–99). Bereits mit der Aufwertung des Bundesatomministeriums zum Bundesministerium für wissenschaftliche Forschung (BMwF) im Jahr 1962 wurde ein wesentlicher Schritt zur Zentralisierung und zum Ausbau der bundespolitischen Kompetenzen in diesem Bereich vollzogen. Im Laufe der zweiten Hälfte der 1960er Jahre baute das BMwF seine forschungspolitischen Ambitionen weiter aus. Neben die Formulierung von Förderprogrammen und die Gewichtung der verfügbaren Mittel trat die Benennung neuer Forschungsziele. Die sogenannte Großforschung entwickelte sich dabei zur besonderen »Domäne« des BMwF (Hohn/Schimank 1990: 248–259). Als charakterisierend für diesen Forschungstypus, der sich allmählich etabliert hatte, wurden vor allem drei Merkmale verstanden: die außergewöhnliche Höhe des erforderlichen materiellen und personellen Aufwandes, die enge Verzahnung grundlagen- und anwendungsorientierter Forschungsaktivitäten sowie der außerwissenschaftliche Anwendungsbezug ihrer Forschungsthemen. Die Plasmaphysik erfüllte alle drei Kriterien und wurde folgerichtig im BMwF zweifelsfrei der Großforschung zugeordnet.[6] Die erfolgreiche Durchführung von Forschungsvorhaben dieser Art erforderte nach Auffassung des damaligen Bundesforschungsministers Gerhard Stoltenberg ein erhöhtes Maß an wissenschaftlich-technischer sowie staatlicher Forschungsplanung, das sich von der Phase der »Zielerkennung« eines Projektes, über die »Zielplanung« bis hin zur »Terminverfolgung« erstrecke (Stoltenberg 1966: 8).

Das IPP blieb jedoch als Steuerungsobjekt zunächst von diesem ministeriellen Planungsanspruch weitgehend unberührt. Die Definition und Realisie-

---

6 Als Unterscheidungskriterium für die Zugehörigkeit zur Projektwissenschaft führte der damalige Bundesforschungsminister Gerhard Stoltenberg (1966: 7–8) vor allem die Komplexität der Aufgabenstellung eines Forschungsbereiches an. Der Begriff Projektwissenschaft wurde von Wolf Häfele als Leiter des Projektes »Schneller Brüter« im Kernforschungszentrum Jülich im Jahr 1963 in die Diskussion eingeführt und orientierte sich in erster Linie am Vorbild der amerikanischen Nationallaboratorien. Als Kennzeichen der Projektforschung verstand Häfele zum einen ihre Planbarkeit im Hinblick auf das Erreichen eines konkreten Zieles und ihren hohen materiellen und personellen Aufwand. Vgl. dazu sehr ausführlich Oetzel (1996: 40–52).

rung seines grundlagenorientierten Forschungsprogrammes lagen ganz in der Hand der Wissenschaftler. Wachsende bundespolitische Steuerungsansprüche kamen hier zunächst nicht zum Tragen.

III.

Nach einem Jahrzehnt der Grundlagenforschung und des gedämpften Optimismus zeichnete sich gegen Ende der 1960er Jahre international ein Durchbruch in der fusionsorientierten Plasmaphysik ab: Bahnbrechende sowjetische Erfolge hatten sich nach anfänglichen Zweifeln im Jahr 1969 bestätigt; am Moskauer Kurchatow-Institut wurden im sogenannten Tokamak[7] gravierend verbesserte Einschlußzeiten erzielt.[8] Die Realisierbarkeit der Fusion rückte – allerdings unter der Voraussetzung wachsender Experimentgröße – wieder in den Bereich des Machbaren. International brach ein regelrechtes Tokamak-Fieber aus. Große wie kleine Forschungsinstitute begannen, Tokamak-Experimente zu errichten und zu betreiben. Im Laufe weniger Jahre setzte sich die Tokamak-Konfiguration als weltweit führender Experiment-Typ des magnetischen Plasmaeinschlusses durch (Küppers 1979: 316).

---

7 TOKAMAK steht für Toroidalnaya Kamera Magnitaya Katuschka (magnetische Toroidalkammerspule), Rebhan (1992: 77). Die Tokamak-Anordnung sieht die Induktion eines Plasmastroms vor (Ohm'sche Heizung), dessen Eigenmagnetfeld sich mit dem Hauptmagnetfeld überlagert, das durch fest angebrachte äußere Spulen erzeugt wird. Da der Strom im Plasma über einen Transformator erzeugt und für die Induktion immer eine zeitlich begrenzte Halbwelle der Wechselspannung ausgenutzt wird, kann der Tokamak im Gegensatz zum Stellarator nicht kontinuierlich, sondern lediglich pulsierend betrieben werden, Raeder (1981: 55).
8 Die von Artsimovitch präsentierten Elektronentemperaturen, die das bisher Erreichte um ein Zigfaches überstiegen, ließen die Community zunächst an einen Meßfehler glauben. Aus diesem Grund flog ein englisches Forschungsteam, ausgestattet mit fünf Tonnen physikalischem Meßgerät, nach Moskau. Lasermessungen bestätigten die Angaben der sowjetischen Wissenschaftler am T-3. Die tatsächlichen Temperaturen lagen sogar über den von Artsimovitch behaupteten, Willson (1981: 14 ff.); (Shaw 1990: 13–14). Einen kurzen Überblick über die Ergebnisse der IAEO-Konferenz 1968 in Novosibirsk liefert Grieger (1968: 400–405).

Die Garchinger Wissenschaftler hatten im Laufe der 1960er Jahre eine andere Einschlußkonfiguration, den Stellarator[9], erfolgreich erprobt. Angeregt durch die Princetoner Arbeiten, hatten die Forscher am IPP bereits seit 1961/1962 eigene Stellaratorversuche kleinerer Dimension unter dem Projektnamen »Wendelstein« betrieben. Zunächst stellten die Plasmaphysiker des IPP ebenso wie ihre Princetoner Kollegen hohe Teilchenverluste (»Bohm-Diffusion« oder »pump-out«) fest (Grieger 1970: 55–56). Auf der Suche nach der Ursache für die rasche Teilchendiffusion entwickelten zwei führende Theoretiker des IPP 1962 eine Theorie zum Gleichgewichtsverhalten von Stellaratorplasmen, auf deren Grundlage geprüft werden sollte, ob der »pump-out«-Mechanismus eine notwendige Erscheinung der Stellaratorkonfiguration sei (Eckert 1989: 130ff.).

In einem sogenannten Experimentum crucis[10] erprobten die Garchinger Plasmaphysiker dann im Jahr 1965 eine veränderte Magnetfeldkonfiguration. Unter Verwendung helikaler Spulen eines anderen Windungstyps gelang es, den »pump-out«-Mechanismus am Wendelstein I b zu umgehen und eine deutliche Reduktion der Plasmadiffusion zu erzielen.[11] Als die Garchinger Plasmaphysiker noch im gleichen Jahr von ihrem unerwarteten Erfolg auf der zweiten internationalen IAEA-Konferenz (International Atomic Energy Agency) in Culham/GB berichteten, stießen sie auf Skepsis.[12] Gleichwohl entschieden sie sich nach weiteren eingehenden Messungen und Berechnungen, das Konzept an einer größeren Apparatur genauer zu untersuchen.[13]

1968 ging das Nachfolgeexperiment, der Wendelstein II a, mit größerem Plasmaquerschnitt in Betrieb. Erste Meßergebnisse, die wiederum nahezu klassische Einschlußzeiten aufwiesen, wurden nur kurze Zeit später auf der dritten IAEA-Tagung in Novosibirsk vorgestellt (Berkl u. a. 1969: 513–

---

9 Am Stellarator erfolgt der magnetische Plasmaeinschluß durch die Überlagerung zweier von außen erzeugter Magnetfelder, vgl. von Gierke (1965).
10 Ein Experiment, das eine endgültige Entscheidung, in diesem Fall über die Tauglichkeit des Einschlußkonzeptes Stellarator, herbeiführt.
11 Jahresbericht des IPP, 1965, S. 30 ff.
12 Zur Kritik an den Meßergebnissen durch W. Stodiek, der 1966 aus Princeton zur Überprüfung nach Garching gekommen war: IPP, 1.3.2.2. Gremien, Bericht der 135. Sitzung der WL (Wissenschaftliche Leitung) am 27.1.1967.
13 Jahresbericht des IPP, 1967, S. 26.

528). Da es weder in Princeton[14] noch in Moskau gelungen war, die günstigen Garchinger Einschlußergebnisse zu bestätigen, hielt die internationale Fachwelt ihre Zweifel an den spektakulären Verbesserungen weiterhin aufrecht. Zudem wurden die Ergebnisse durch die hervorragenden Tokamak-Resultate aus der Sowjetunion überschattet, die ebenfalls alles Bisherige übertrafen, und das bei deutlich höheren Plasmatemperaturen. Die Plasmaphysiker des IPP hielten jedoch die kritischen Einwände der Fachkollegen, die im Hinblick auf den Wendelstein I b getroffen worden waren, durch die besseren Resultate des Wendelstein II a für widerlegt. Sie vertrauten ungeachtet der internationalen Anfechtungen auf die Validität ihrer Versuchsergebnisse und nahmen 1969 einen großen Stellarator, den Wendelstein VII, in Planung.[15]

Doch welche Haltung nahm das Bundesforschungsministerium gegenüber den großexperimentellen Plänen des IPP ein, und inwieweit war es an der Entscheidungsfindung beteiligt?

Im Februar 1969 wurde der Projektvorschlag für den Wendelstein VII im wissenschaftlichen Führungsgremium des IPP, der Wissenschaftlichen Leitung, eingebracht und diskutiert.[16] Die Wissenschaftliche Leitung beauftragte daraufhin einen IPP-internen Gutachterausschuß, Stellung zu nehmen. Nachdem dieser das Projekt wenige Monate später befürwortet hatte, leitete die Führung des IPP die erforderlichen Arbeiten in die Wege.[17] Eine inhaltliche Abstimmung mit Bonn ist für diesen Zeitpunkt nicht dokumentiert. Allerdings sollte das Projekt ein Jahr später – vor Vergabe größerer Industrieaufträge – IPP-intern nochmals überprüft werden.

---

14 In Princeton wurde von 1962 bis 1970 der rennbahnförmige Model C-Stellarator betrieben, dessen Plasmaeinschluß während des gesamten Versuchszeitraums »Bohm-Diffusion« aufwies. Der Versuch, die Garchinger Resultate mit Caesiumplasmen zu wiederholen, scheiterte an der Form des C-Stellarators, deren Übergänge von den Halbkreisen zu den Geraden sich als ungünstig erwiesen. Da es sich um eine vergleichsweise große und aufwendig zu betreibende Versuchsanordnung handelte, galt der um etwa den Faktor 10 verbesserte Plasmaeinschluß der kleinen Garchinger Maschine als unglaubwürdig, IPP, Projektunterlagen W VII/Bd. 4, H. Wobig, Über den Betrieb des C-Stellarators, 29.3.1974.
15 Jahresbericht des IPP, 1969, S. 32–36, und Jahresbericht des IPP, 1970, S. 34. Vgl. dazu auch Küppers (1979: 314–315).
16 IPP, 1.3.2.2. Gremien, Bericht der 193. Sitzung der WL am 4.2.1969.
17 Ebd., Bericht der 207. Sitzung der WL am 6.6.1969.

Die erste Planungsphase des Wendelstein VII verlief also – wie bis dahin für das IPP durchaus üblich – ohne eine intensive steuerungspolitische Beteiligung des Hauptzuwendungsgebers; diese wurde von Seiten der Ministerialbeamten zunächst auch nicht konkret eingefordert. Wenngleich sich ihre nur kurze Zeit später einsetzenden Klagen nicht explizit gegen die Planung des Wendelstein VII richteten, ist jedoch mit guten Gründen anzunehmen, daß die nunmehr auftretende steuerungspolitische Unzufriedenheit des Bonner Ministeriums zu einem Gutteil durch den Wendelstein ausgelöst worden war. So bemängelten Ministeriumsvertreter nur kurze Zeit später, im Januar 1970, gegenüber der IPP-Geschäftsführung, »über das wissenschaftliche Programm des IPP nur in sehr groben Umrissen informiert zu sein«.[18] Für wie gravierend das angemahnte Defizit im Bonner Ministerium gehalten wurde, zeigt die Tatsache, daß der zuständige Referent kurz darauf persönlich nach Garching reiste und als Gast an einer Sitzung der Wissenschaftlichen Leitung teilnahm. Eine derartige Maßnahme hatte das Bundesministerium im Laufe der IPP-Geschichte noch nie ergriffen, und sie sollte auch künftig die Ausnahme bleiben.

In besagter Sitzung verlieh der Bonner Referent seiner Unzufriedenheit offen Ausdruck und verwies auf steuerungspolitische Grundprobleme des Ministeriums für den Bereich Kernfusion.[19] Er konstatierte das Fehlen eines ministeriellen Beratungsgremiums und machte deutlich, daß »im Ministerium Unklarheit über die Einordnung des IPP in eine der beiden Kategorien, Grundlagenforschung einerseits und Forschungs- und Entwicklungszentren andererseits«, bestehe. War die Fusionsforschung, wenn sie in Größenordnungen eines Wendelstein VII vordrang, noch als Grundlagen- oder schon als angewandte Forschung zu verstehen? Offensichtlich hätte das BMFT diese forschungstypologische Unterscheidung als steuerungspolitische Orientierungshilfe gerne herangezogen; dies ist vor dem Hintergrund der Komplexität der Forschungsmaterie auch nur zu verständlich. Allerdings erschwerte der organisationsrechtliche Sonderstatus des IPP eine eindeutige Klassifizierung.

---

18 Dies berichtete Ernst-Joachim Meusel von einer Besprechung im Bundesforschungsministerium, die im Januar 1970 stattgefunden hatte, ebd., Bericht der 226. Sitzung der WL am 27.1.1970.
19 Im folgenden nach: IPP, 1.3.2.2. Gremien, Bericht der 228. Sitzung der WL am 4.2.1970.

Der Wissenschaftliche Direktor des IPP, Arnulf Schlüter, griff die angesprochene Thematik in jener Sitzung unverzüglich auf und erwiderte, daß die Fusionsforschung, auch wenn sie nun auf die Entwicklung eines Fusionsreaktors ausgerichtet sei, den »Bereich und die Methoden der Grundlagenforschung« nicht verlasse. Ferner verwahrte sich Schlüter gegen planerische Eingriffe durch das Bonner Ministerium, deren Effizienz und Legitimität er aufgrund fehlender wissenschaftlicher Kompetenz in Frage stellte. Damit hatte Schlüter die ministeriellen Mitspracheforderungen erst einmal erfolgreich zurückgewiesen. Nun stimmte der Ministerialbeamte den führenden Wissenschaftlern des IPP darin zu, daß »die Entscheidung über wissenschaftliche Fragen und über den sinnvollen Einsatz der zur Verfügung gestellten Geldmittel bei der WL des IPP« verbleiben müsse. Auf diese Weise hatte er wesentliche ministerielle Steuerungsambitionen – zumindest für den Moment – aufgegeben. Die Zuordnung zum Typus der Grundlagenforschung hatte sich aus Sicht des IPP als probates Mittel zur Abwehr politischer Ansprüche erwiesen. Wie lange die ministerielle Selbstbescheidung vorhalten sollte, wird der weitere Planungsverlauf von Großexperimenten am IPP zeigen.

Im Laufe des Jahres 1971 wurde die wissenschaftlich-technische Konzeption des Experimentes erheblich revidiert. Auf Antrag der Gruppe »Wendelstein« stimmte die Wissenschaftliche Leitung einer gravierenden Vergrößerung des Stellarators zu; die Plasmaphysiker sahen eine zusätzliche zweite Ausbaustufe des Wendelstein VII mit doppeltem Gefäßradius und vergrößerten Magnetspulen vor. Von ministerieller Seite, die darüber im Aufsichtsgremium des IPP, dem Kuratorium, unterrichtet worden war, blieb diese beträchtliche Projekterweiterung unkommentiert.[20] Ein mögliches Motiv für die Bonner Zurückhaltung mag darin gelegen haben, daß das neue Konzept ohnehin eine Prüfung auf europäischer Ebene erfahren sollte. Da das IPP eine vorrangige Förderung für den Wendelstein VII in Brüssel beantragt hatte,[21]

---

20 Das Experiment Wendelstein VII wurde in dem anläßlich der 1. Kuratoriumssitzung des IPP an die Gremiumsmitglieder verteilten »Bericht über die wissenschaftlichen Arbeiten des Institutes« vor allem im Hinblick auf Größe und Kosten als der »nächsten Generation« zugehörig charakterisiert, IPP, 1.6.2.2. Gremien, Ergebnisniederschrift über die 1. Sitzung des Kuratoriums am 16.12.1971, Anlage 1.

21 »Preferential Support« wurde zu diesem Zeitpunkt von EURATOM für als wegweisend erachtete Fusionsexperimente gewährt. Bei Zustimmung des entsprechenden EURATOM-Gremiums, der sogenannten Groupe de Liaison, übernahm Brüssel 45 % der In-

prüfte die zuständige Advisory-Group EURATOMs die Pläne und empfahl, gleich die zweite Ausbaustufe des Wendelstein VII zu realisieren.[22]

Wenige Wochen später fand eine weitere, nicht unbedeutende Änderung in der Konzeption des Experimentes statt, die in diesem Zusammenhang Beachtung finden sollte. Um eine hohe Hauptmagnetfeldstärke zu erreichen, war für den Wendelstein VII von Beginn der Planungen im Jahr 1969 an die Verwendung von supraleitenden Hauptmagnetfeldspulen vorgesehen. Die Supraleitungstechnik, die einen verlustfreien Stromtransport in den Magnetfeldspulen ermöglichen sollte, erwies sich jedoch als teurer als zunächst angenommen. Nachdem Siemens eine Prototypspule entwickelt hatte, betrugen die voraussichtlichen Kosten der Herstellung des gesamten Spulensatzes mehr als das Doppelte des dafür Vorgesehenen, nämlich 16 Mio. DM anstelle von 7,5 Mio. DM. Daraufhin beschloß die Wissenschaftliche Leitung des IPP im Dezember 1971, den Wendelstein VII mit konventionellen, normalleitenden Spulen auszustatten.[23]

In politischer Hinsicht ist dieser Sachverhalt vor allem daher interessant, weil die Aufgabe der kostspieligen supraleitenden Experimentausstattung rein IPP-intern, ohne direkten Anstoß durch den Zuwendungsgeber erfolgte.

---

vestitionskosten eines Experimentes. Vgl. dazu: IPP, EURATOM, Group de Liaison, 1.–17. Sitzung, Record of the »Liaison Group« Meeting Fusion (7th meeting), 2 and 3 June 1969. Ebenfalls: IPP, Preparation of the 4th Pluriannual Programme, Vorschlag für das Dritte Mehrjahresprogramm der Gemeinschaft auf dem Gebiet der Kernfusion und Plasmaphysik gemäss den Ratsbeschlüssen vom 21.6.1971 und 14.5.1973. Vgl. dazu auch: Fünfter Gesamtbericht über die Tätigkeit der Gemeinschaften 1971, Brüssel 1972, S. 309–310.

22 IPP, Projektunterlagen W VII/Bd.4, Günter Grieger, Projekt W VII, 21.1.1976.

23 Dieser Entscheidung gingen eingehende Diskussionen in der Wissenschaftlichen Leitung voraus. Während Günter Grieger als Leiter der Stellarator-Abteilung die supraleitende Lösung entschieden befürwortete, da sie einen stationären Experimentierbetrieb erlaubte, plädierte Gerhart von Gierke in Anbetracht der hohen Anschaffungskosten für die Verwendung gepulst betriebener, normalleitender Spulen. Hintergedanke für die Position von Gierkes war, daß die langen, durch die Supraleitung ermöglichten Untersuchungszeiten experimentell zu diesem Zeitpunkt noch nicht unbedingt benötigt wurden. Nach einer Gegenüberstellung der voraussichtlichen Kosten für beide Konstruktionsvarianten entschied sich die Wissenschaftliche Leitung einvernehmlich für die preisgünstigere Ausstattung, vgl. IPP, 1.3.2.2. Gremien, Bericht der 293. Sitzung der Wissenschaftlichen Leitung (WL) am 28.9.1971, ebenso ebd., Bericht der 302. Sitzung der WL am 2.12.1971; ebd., Bericht der 303. Sitzung der WL am 6.12.1971, und zum Beschluß: ebd., Bericht der 305. Sitzung der WL am 13.12.1971.

Sie kann damit als klassisches Beispiel wissenschaftlicher Selbstbeschränkung gelten.

Der Aufbau des Wendelstein VII, der nun gleich in der zweiten Ausbaustufe realisiert werden sollte, gestaltete sich technisch schwieriger als zunächst gedacht; Verzögerungen traten auf. Dies lag in erster Linie daran, daß sich die Industrie den hohen konstruktionstechnischen Anforderungen bei der Fertigung des Plasmagefäßes nicht gewachsen zeigte. Das IPP hatte im Jahr 1973 zwei Entwicklungsstudien zur Erstellung eine Konzeptes in Auftrag gegeben. Beide Studien ließen Zweifel an der technischen Durchführbarkeit des Experimentaufbaus entstehen.[24] Daraufhin nahm die Wissenschaftliche Leitung eine 60%ige Reduzierung der physikalischen Parameter des Wendelstein VII b vor. Nun waren erneute Berechnungen erforderlich, so daß die Ausschreibung für den Auftrag zur Erstellung des »Torus mit Helix« erst Mitte des Jahres 1975 erfolgen konnte. Die Zahl der Anbieter beschränkte sich auf die beiden mit Entwicklungsaufträgen betrauten Firmen. Ihre Angebote ließen mit einer Fertigungs- und Einbauzeit von sechs bis sieben Jahren ab Auftragsvergabe rechnen. Infolgedessen beschloß die Wissenschaftliche Leitung im Dezember 1975, »das W VII b-Konzept in der jetzigen Form aufzugeben und die Arbeiten daran unmittelbar einzustellen«.[25]

Bereits im Jahr 1973, als sich die ersten Probleme mit dem Entwurf des großen Plasmagefäßes abzeichneten, hatte die Wissenschaftliche Leitung allerdings beschlossen, auf das ursprüngliche Konzept des Wendelstein W VII in seiner ersten Ausbaustufe zurückzugreifen.[26] Ein deutlich kleineres Gefäß, das zu diesem Zweck hergestellt worden war, sollte nun unter der Bezeichnung Wendelstein VII a Verwendung finden. Für die übrige Experi-

---

24 Als zentrales Problem erwies sich in diesem Zusammenhang das Anbringen der Helix auf dem außen glatten Plasmagefäß. So stellte sich heraus, daß »die Voraussetzung des zu untersuchenden Konzeptes – nämlich eine Verklebung der helikalen Wicklung mit Torus-Schwarten und Außenschale – großtechnisch nicht realisierbar ist und eine geschlossene Außenschale wegen der beträchtlichen Verletzungen durch die Kühlwasserzuführung zur Helix keinen nutzbaren Festigkeitsgewinn bringt.« Jahresbericht des IPP, 1974, S. 29. Vgl. dazu auch: IPP, Projektunterlagen W VII/Bd.3, Aktennotiz von Düsing vom 21.2.1974, Besprechung mit GF am 1.2.1974. Heute werden sogenannte modulare Spulen im Stellaratorbau verwendet, welche die zur Verschraubung notwendigen poloidalen und toroidalen Magnetfelder gleichermaßen erzeugen.
25 IPP, 1.3.2.2. Gremien, Bericht der 457. Sitzung der WL am 17.12.1975.
26 Ebd., Bericht der 369. Sitzung der WL am 26.7.1973; ebd., Bericht der 375. Sitzung der WL am 10.9.1973, und ebd., Bericht der 387. Sitzung der WL am 23.11.1973.

mentausstattung verwendeten die Wissenschaftler die Komponenten des großen Wendelstein VII b.

Nach Montage von Torus und Spulen ging der Wendelstein VII a 1976 in Betrieb. Erste Experimente erwiesen sich als durchaus erfolgreich (Grieger u.a. 1985: 372). Allerdings sank die Effizienz der vorhandenen Plasmaheizung bei zunehmenden Plasmatemperaturen.[27] Aus diesem Grund bereitete das Wendelstein-Team im Jahr 1978 den Einsatz zusätzlicher Heizmethoden vor. Sogenannte Neutralteilcheninjektoren wurden angebracht und sorgten schon im ersten Benutzungsjahr für durchschlagende Erfolge. So konnten durch den Einschluß energiereicher Neutralteilchen[28] in das Plasmagefäß große Steigerungen der Plasmatemperatur und -dichte erzielt werden.[29] Im Jahr 1980 gelang es dann am Wendelstein VII a erstmals weltweit, einen sogenannten nettostromfreien Plasmaeinschluß,[30] das eigentliche Ziel der Stellaratorforschung, herzustellen. Auf diesem Weg erreichte das Wendelstein-Team am kleineren Wendelstein VII a in nur wenigen Jahren einen für seine Größe und Ausstattung zunächst ungeahnten Parameterbereich. Sein Vordringen zum nettostromfreien Stellaratorbetrieb galt international als entscheidender Durchbruch und verhalf dem Team zu großer Anerkennung.[31] In den Vereinigten Staaten, wo die Stellaratorforschungen zugunsten des Tokamak zu Beginn der 1970er Jahre weitgehend eingestellt worden waren, trug man den neuen Ergebnissen Rechnung. Die US-Forscher leiteten den

---

27 Jahresbericht des IPP, 1977, S. 15.
28 Nur neutrale Teilchen können in elektrischen Feldern beschleunigt durch das einschließende Magnetfeld in das Plasma eindringen. Sie werden im Plasma in Ionen überführt und geben ihre Energie durch Coulomb-Stöße an die Plasmaionen und Plasmaelektronen ab. Die hochenergetischen Neutralteilchen werden im elektrischen Feld beschleunigt, anschließend in einer Umladungszelle neutralisiert und injiziert. Im Plasma verteilen sie ihre Energie rasch und wirkungsvoll. Vgl. dazu Schumacher (1993: 135 ff.).
29 Jahresbericht des IPP, 1979, S. 22–26.
30 Nettostromfreier Plasmaeinschluß am Stellarator heißt, daß das Plasma ohne Induktion eines Plasmastromes – allein durch die Überlagerung der beiden äußeren Magnetfelder – eingeschlossen werden kann.
31 In seinem Abschlußbericht der achten IAEA-Konferenz in Brüssel faßte der sowjetische Physiker M.S. Rabinovich die Ergebnisse in dem Bereich folgendermaßen zusammen: »Great success has been made in the stellarator programme. For the first time it has been possible to produce a dense, high-temperature currant-free plasma devoid of disruptiv instability. For this we are indebted to the work of the Wendelstein VII-A group«, Rabinovich (1981: 778); Johnson (1983: 13 ff.).

Aufbau eines größeren ATF (Advanced Toroidal Facility) und einer Reihe kleinerer Stellaratorexperimente in die Wege. Ein ähnliches Bild ergab sich in Japan, das seine Stellaratorforschungen in den 1980er Jahren erheblich ausweitete (Carreras u. a. 1987: 2–3; Starpower 1987: 175).

Während des Aufbaus des Experimentes war diese spätere Entwicklung noch nicht bekannt. Wie nahmen also die zuständigen Ministerialbeamten im BMFT die Verzögerung und Verkleinerung des Wendelstein VII auf? Überraschenderweise äußerst gelassen: Der zuständige Abteilungsleiter, Günter Lehr, der in den 1960er Jahren Geschäftsführer des IPP gewesen war, zeigte sich in der entsprechenden Kuratoriumssitzung im Oktober 1975 durchaus verständnisvoll.[32] Auch ministeriumsintern behielt er diese Haltung bei. Allerdings drängte Lehr 1976, und darin schloß er sich einer Forderung des MPG-Präsidenten Reimar Lüst an, auf eine strukturelle Neuorganisation des IPP.

An dieser Stelle drängt sich die Frage auf, weswegen der Hauptzuwendungsgeber keine größere Verärgerung über den Mißerfolg der Wendelstein-Planung zeigte. Schließlich waren zu diesem Zeitpunkt die späteren Erfolge des kleineren Wendelstein VII a noch nicht absehbar. Zur Beantwortung dieser Frage ist es notwendig, etwas weiter auszuholen: Das BMBW war in die Projektplanung des Wendelstein VII zu Beginn wenig integriert. Begründen läßt sich diese Haltung sowohl mit dem bisherigen Grundlagencharakter der Fusionsforschung als auch mit der Eingliederung des IPP in die MPG. Auf Dauer hatte das Ministerium, wie die oben geschilderten Klagen zeigen, jedoch nicht die Absicht, diesen Kurs der steuerungspolitischen Abstinenz beizubehalten.

Die Kosten der Fusionsexperimente stiegen seit Beginn der 1970er Jahre rapide an. Wie ein vergleichender Blick auf die Kostenstruktur der Vorläuferexperimente des Wendelstein VII a, Wendelstein II a und II b, ergibt, begab sich das IPP zu diesem Zeitpunkt nicht nur wissenschaftlich-technisch, sondern auch finanziell auf neues Terrain. Allein der Wendelstein VII a – als erstes Großexperiment des IPP – erforderte ein Vielfaches der bisherigen Aufwendungen für einzelne Experimente (vgl. Abb).

---

32 BAK, B 196/46864, Ergebnisniederschrift über die 8. Sitzung des Kuratoriums des IPP am 28.10.1975.

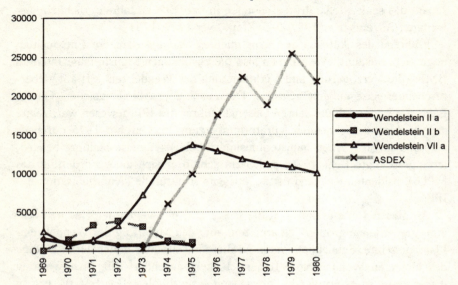

Abb. 1: Kosten von Großexperimenten in TDM

Quelle: Dargestellt anhand der jährlichen Wirtschaftsprüfberichte, IPP, Bericht über die Prüfung des Jahresabschlusses zum 31.12.1978 und zum 31.12.1980.

Vor dem Hintergrund rasch wachsender Experimentkosten wollte das Bundesforschungsministerium seinen Steuerungsanspruch – zumindest was die Definition von Forschungszielen anbelangte – ausweiten, was sich allerdings aufgrund der höchst spezifischen Belange der Plasmaphysik als nicht einfach erwies. Voraussetzung waren in erster Linie umfassende und fundierte Kenntnisse der Forschungsarbeiten am IPP. Und genau daran mangelte es den Beamten sogar nach eigener Einschätzung.[33] Anhand welcher Beurteilungskriterien sollten Regierungsvertreter die Erfolgschancen einzelner Großexperimente zuverlässig einschätzen?

---

33 So monierte der zuständige Referent bei einem zweiten Besuch in Garching, daß der Informationsstand seines Hauses hinsichtlich des IPP-Programmes und seiner internationalen Verflechtungen »fachliche Lücken« aufweise, IPP, 1.3.2.2 Gremien, Bericht der 298. Sitzung der WL am 9.11.1971.

Institutionalisierte Beratungsgremien spielten im Bereich der Fusionsforschung zu diesem Zeitpunkt eine eher untergeordnete Rolle. Die Ministerialbeamten waren in ganz erheblichem Maß auf den Informationsfluß aus dem Institut selbst angewiesen. Und dieser erfolgte aus Sicht der zuständigen Ministerialbeamten zunächst eher zögerlich. Zwar erschienen ausführliche Jahresberichte des IPP, die über die Forschung am Institut detailliert Auskunft gaben. Sie richteten sich aber an eine fachwissenschaftlich vorgebildete Leserschaft und verschafften dem plasmaphysikalischen Laien allenfalls bedingt Einblicke. Im übrigen waren sie allein aufgrund ihres Umfanges als ministerielle Informationsquelle wenig geeignet.[34] Schließlich war das entsprechende Fachreferat nicht nur für das IPP, sondern auch für einige weitere Großforschungseinrichtungen zuständig.

Die Ministerialbeamten forderten das IPP daher auf, seinen Informationspflichten besser nachzukommen.[35] Das Institut folgte diesem Appell und begann, nicht nur umfangreiche Berichte über seine Forschungsarbeiten an das BMFT zu versenden, sondern es legte zudem erstmals ein Forschungs- und Entwicklungsprogramm »Forschungsvorhaben 1972« vor. Anhand dieses Programms, das zukünftig jährlich herausgegeben wurde, gab das IPP Auskunft über den jährlichen Personal- und Mitteleinsatz für seine laufenden Projekte.[36]

Diese Anstrengungen des IPP reichten jedoch zunächst nicht aus, um die zuständigen Ministerialbeamten zufriedenzustellen; in Bonn war eine tiefere Verstimmung gegenüber dem Garchinger Institut entstanden. So konstatierte Staatssekretär Hans-Hilger Haunschild im Sommer 1972, daß die ministeriellen Sprechzettel bezüglich des Instituts »aus einer Stimmung des Mißtrauens oder auch der Defensive gegenüber der IPP-Geschäftsleitung geschrieben worden sind.« Haunschild forderte die zuständigen Mitarbeiter auf, diese »atmosphärische Störung« zwischen dem IPP und dem BMFT zu beenden.[37]

---

34 In den Jahren 1970 bis 1973 belief sich das Volumen der Jahresberichte auf 230–300 Seiten. Ab 1974 umfaßten die Jahresberichte jeweils nur noch ca. 100 Seiten. Vgl. dazu Jahresberichte des IPP, 1970–1982.
35 BAK, B 196/46878, Vermerk vom 5.7.1972.
36 Vgl. dazu: IPP, Forschungsvorhaben 1972 ff.
37 BAK B 196/46878, Vermerk vom 12.7.1972.

Welche Möglichkeiten boten sich den Ministerialbeamten, die Kontakte zum IPP zu verbessern, ohne auf jeglichen Steuerungsanspruch von vorne herein zu verzichten? Zur Lösung dieses Dilemmas schlugen sie einen für die Kernfusionsforschung bis dahin ungewöhnlichen Weg ein: die Informationsbeschaffung durch sachverständige Beratungsgremien.

In den 1960er Jahren hatte sich das ministerielle Beratungswesen auf andere Bereiche der Nuklearforschung konzentriert.[38] Eine passende Gelegenheit, die Beratungstätigkeit auf die Kernfusionsforschung auszudehnen, ergab sich für das BMFT im Sommer 1973, etwa ein Jahr nach Haunschilds Aufforderung: Als das IPP ankündigte, ein weiteres Großexperiment, den sogenannten ASDEX, zu planen, unternahm das BMFT im Rahmen des Fachausschusses für »Kernforschung und Kerntechnik«, dem Nachfolgeorgan der Deutschen Atomkommission, einen entsprechenden Vorstoß. Die im Ausschuß vertretenen Ministerialbeamten konstatierten einen erheblichen Beratungsmangel im Bereich der Kernfusionsforschung und drängten darauf, einen sogenannten ad-hoc-Ausschuß »Kernfusion« einzurichten.[39] In den folgenden Wochen leitete das BMFT die Umsetzung seiner Pläne unverzüglich in die Wege. Acht feste Mitglieder wurden in den sogenannten ad-hoc-Ausschuß »Kernfusion« berufen, der im November 1973 erstmals zusammentrat. Bei der Auswahl der Mitglieder hatte sich das Ministerium um weitgehende Unabhängigkeit bemüht: Drei der Berufenen kamen aus unterschiedlichen Universitäten, zwei aus der Industrie (BBC und Interatom), einer aus der Kernforschungsanlage Karlsruhe und zwei weitere aus ausländischen Forschungsinstituten.[40] Repräsentanten der zwei deutschen Großforschungseinrichtungen, die Kernfusionsforschung betrieben, Jülich und Garching, waren lediglich als Gäste gebeten. Von dieser Teilnahmemöglichkeit machten die beiden Zentren durchaus Gebrauch. So war das IPP auf den Ausschußsitzungen mit bis zu vier Mitgliedern der Wissenschaftlichen Lei-

---

38 Für die Gründungsgeschichte des IPP war der Gutachterausschuß Plasmaphysik der Deutschen Atomkommission von großer Bedeutung gewesen. Im Laufe der 1960er Jahre verlor er jedoch an Gewicht und löste sich im Jahr 1968 ganz auf, Boenke (1991: 181).

39 IPP, BMFT Beratung 1972–1975, Kurzprotokoll der 6. Sitzung des Fachausschusses »Kernforschung und Kerntechnik« am 7.6.1973.

40 IPP, BMFT, Beratungsgremien, Protokoll der konstituierenden Sitzung des ad-hoc-Ausschusses »Kernfusion« am 27.11.1973 im BMFT.

tung vertreten; Jülich beeindruckte durch eine ähnlich hochkarätige Präsenz.[41]

Aufgabe des Ausschusses sollte es in erster Linie sein, einzelne Großprojekte zu beurteilen.[42] Die Konzeption des Wendelstein VII, dessen Planung weit fortgeschritten war, stand nicht mehr zur Diskussion, aber für das Tokamak-Experiment ASDEX sollte der Ausschuß eine Empfehlung abgeben.

Wenden wir uns an dieser Stelle kurz der wissenschaftlich-technischen Geschichte des ASDEX zu. Anknüpfend an die sowjetischen Erfolge, stiegen die Garchinger Wissenschaftler noch im Jahr 1970 in die Tokamak-Forschung ein. Nachdem zunächst eine vergleichsweise kleine Apparatur dieses Typs in Betrieb genommen worden war, schlug im Jahr 1973 eine interne Studiengruppe den erheblich größeren ASDEX[43] vor. Im Zentrum der Konzeption stand die Reduzierung von Plasmaverunreinigungen. Um das heiße Plasma von der Wand zu entkoppeln, wurde das Experiment mit einem Poloidalfeld-Divertor ausgestattet, dessen Aufgabe darin bestand, die äußere, durch Wandpartikel verunreinigte Plasmaschicht in separate Kammern magnetisch abzulenken.[44] Mit diesem in Garching entworfenen Konzept betraten die Forscher physikalisches und technisches Neuland. Die Dimensionierung der Apparatur erfolgte in den Jahren 1973 und 1974 und orientierte sich an amerikanischen und sowjetischen Planungen. Der ASDEX konnte sich im Hinblick auf seine Größe und Plasmastromstärke durchaus mit den ambitionierten Projekten der internationalen zeitgenössischen Fusionsforschung messen.[45] Auch finanziell überstieg das Experiment die Größenordnung vorhandener Garchinger Apparaturen. Die Kosten des ASDEX übertrafen die

---

41 Vgl. ebd., Sitzungsprotokolle des ad-hoc-Ausschusses.
42 Ebd., Protokoll der konstituierenden Sitzung; ebd., Kurzprotokoll der 2. Sitzung des ad-hoc-Ausschusses »Kernfusion« am 16.1.1974.
43 ASDEX steht für Axial Symmetrisches Divertor Experiment.
44 Vgl. dazu, wie auch im folgenden: Jahresbericht des IPP, 1973, S. 92–95. Zum Prinzip des Divertors allgemein Pinkau/Schumacher (1982: 135); Schumacher (1993: 179–180).
45 Im Jahr 1980 wurde der eigentliche Experimentierbetrieb aufgenommen, dessen Ergebnisse das ASDEX-Team voll und ganz zufriedenstellte. Aufgrund der außergewöhnlichen Reinheit des Plasmas ließen sich unter bestimmten Betriebsparametern an der ASDEX-Maschine auffallend hohe Entladungszeiten erzielen. Zusätzlich ermöglichten die Divertorkammern eine großflächige Leistungsverteilung in der Versuchsanlage, die für eine reaktortechnische Nutzung der Fusionsenergie Vorteile versprach. Jahresbericht des IPP, 1980, S. 49.

des Wendelstein VII bei weitem (vgl. Abb.). Nicht zuletzt diese Tatsache, die bereits im Vorfeld absehbar war, machte aus Sicht des BMFT eine sachgerechte Prüfung des Forschungsvorhabens dringend notwendig.

Der ad-hoc-Ausschuß »Kernfusion« kam dieser Aufgabe in seiner dritten Sitzung nach: Nachdem sich die Ausschußmitglieder über das Vorhaben eingehend informiert hatten, berieten sie unter Ausschluß ihrer Gäste über das Pro und Kontra des Experimentes.[46] Sie kamen mehrheitlich zu dem Schluß, daß der ASDEX förderungswürdig sei.[47] Das BMFT nahm die Empfehlung an und stimmte der Experiment-Planung des ASDEX nun uneingeschränkt zu.

Die weitere Konzeption des ASDEX verlief IPP-intern ähnlich der des Wendelstein VII. Zunächst hatte eine Studiengruppe das Konzept taxiert und gut geheißen; anschließend wurde das Experiment detailliert geplant und sein Aufbau in die Wege geleitet. Diesmal kam es zu keinen weiteren Beanstandungen aus Bonn. Die Einführung eines fachbezogenen Beratungswesens und dessen positive Experimentbewertung hatten die steuerungspolitischen Ambitionen des BMFT offenbar vollständig zufriedengestellt. Der noch wenige Jahre zuvor eingeforderte Rückgriff auf das altbewährte Orientierungsmuster, die Unterscheidung zwischen Grundlagen- und angewandter Forschung, spielte in diesem Zusammenhang keine Rolle mehr.

Zusammenfassend läßt sich für den Übergang zum großexperimentellen Forschen am IPP Folgendes festhalten:

1. Der Anstoß zum Bau eines ersten Großprojektes kam allein aus der Wissenschaft. Planung und Durchführung des W VII wickelte das IPP weitgehend autonom ab. Es erlegte sich dabei – wie der Verzicht auf eine supraleitende Spulenausstattung zeigte – durchaus Selbstbeschränkungen auf.
2. Im Bundesforschungsministerium wurde die Eigenständigkeit des IPP mit beginnendem großexperimentellen Kurs als zunehmend problematisch empfunden. Sowohl die Komplexität der Forschungsmaterie als auch die

---

46 IPP, BMFT, Beratungsgremien, Kurzprotokoll der 3. Sitzung des ad-hoc-Ausschusses »Kernfusion« am 14.3.1974.
47 Die Planung des ASDEX wurde vom Ausschuß unmittelbar im Anschluß an die Diskussion befürwortet. Vgl. dazu ebd., Kurzprotokoll der 4. Sitzung des ad-hoc-Ausschusses »Kernfusion« am 29.4.1974.

rechtliche Zwitterstellung des IPP, als Großforschungseinrichtung und MPI, machten es den Ministerialbeamten schwer, inhaltliche Steuerungsansprüche durchzusetzen. Der Anspruch des IPP, Grundlagenforschung – wenn auch anwendungsorientierte – zu betreiben, trug das seinige zu dieser Unsicherheit bei.
3. Nach einer längeren Phase der steuerungspolitischen Unzufriedenheit, die sich auf die Anfangsjahre des programmatischen Umbruchs im IPP erstreckte, fand man jedoch in Bonn und Garching einen gemeinsamen Modus Vivendi. Zur Beurteilung des folgenden Großprojektes richtete das BMFT ein unabhängiges Beratungsorgan ein, nämlich den ad-hoc-Ausschuß »Kernfusion«, der zu einem positiven Votum kam. Mit diesem Resultat wurden die experimentbezogenen Steuerungsansprüche des BMFT erfüllt.
4. Hinsichtlich der technischen Probleme am Wendelstein VII übten die Bonner Ministerialbeamten Zurückhaltung. Damit ermöglichten sie nicht nur dem Garchinger Wendelstein-Team einen der größten experimentellen Erfolge auf dem Gebiet der angewandten Plasmaphysik, sondern verhalfen auch einem alternativen Weg der Fusionstechnologie zum internationalen Durchbruch.

III. Forschung zwischen Regionalisierung und Internationalisierung

Andreas Kleinert

Einführung

Bei der Errichtung neuer und bei der Entwicklung bestehender Großforschungsanlagen von überregionaler und internationaler Bedeutung spielen neben wissenschaftlichen und technischen Erwägungen in hohem Maße auch politische und wirtschaftliche Interessen eine Rolle. Wer an der Finanzierung einer solchen Einrichtung beteiligt ist, wird immer bestrebt sein, seinen Einfluß geltend zu machen, wenn es um Fragen der Ansiedlung, der Nutzung und der Zielsetzung der jeweiligen Institution geht, und es ist Aufgabe der Forschungs- und Technologiepolitik, hier einen interessenübergreifenden Ausgleich zu schaffen. Neben Bund und Ländern sind an diesem Kräftespiel auch die Institutionen der EG (Kommission und Ministerrat) und (bei Teilchenbeschleunigern) die durch das ECFA repräsentierten Mitgliedsstaaten des CERN beteiligt.

Jürgen Lieske weist nach, daß in den 1970er Jahren von einer konzisen und erfolgreichen europäischen Forschungs- und Technologiepolitik keine Rede sein konnte. Als Reaktion auf die tatsächliche oder vermeintliche »amerikanische Herausforderung« entstand zwar der Plan einer europäischen industrienahen Gemeinschaftsforschung, durch die der technologische Rückstand gegenüber den USA aufgeholt werden sollte. Seiner Realisierung standen jedoch die Interessengegensätze zwischen den einzelnen EG-Staaten entgegen, vor allem die oft konträren Positionen Frankreichs und Deutschlands. Zwar wurden zahlreiche Aktions- und Forschungsprogramme verabschiedet, doch die Initiativen der Europäischen Kommission scheiterten häufig am Einspruch des Ministerrats, in dem die europäischen Nationalstaaten bevorzugt ihre eigenen Interessen vertraten. Im Rahmen der vom *Maréchal-Report* von 1967 vorgeschlagenen europäischen Kooperation auf den Gebieten Informatik, Telekommunikation, Transport, Ozeanographie, Materialwissenschaften, Umwelt und Meteorologie wurden 47 konkrete Projekte ausgewählt, die gemeinsam bearbeitet werden sollten. Tatsächlich verwirklicht wurden davon aber nur sieben Pilotstudien. Auch die vom Ministerrat eingesetzte Institution COST war in ihren Aktionsmöglichkeiten stark eingeschränkt und konnte in den 1970er Jahren ausschließlich Projekte der Grundlagenforschung bearbeiten.

Insbesondere dann, wenn es um industrienahe angewandte Forschung ging, begegnete die Bonner Regierung den Brüsseler Plänen einer europäischen Forschungs- und Energiepolitik mit großer Zurückhaltung, da sie den Verlust nationaler Kompetenzen und Nachteile beim Wettbewerb zwischen den Partnerländern befürchtete. Um so mehr förderte sie die Fraunhofer-Gesellschaft, die so zwar zum Objekt einer am nationalen Bedarf orientierten Forschungs- und Technologiepolitik wurde, aber kaum Zugang zu Fördermitteln der EG hatte. Nach Ansicht ihres Präsidenten Keller war sie ohnehin wegen des Konkurrenzkampfes der nationalen Industrien an einer europäischen Zusammenarbeit wenig interessiert. Erst Mitte der 1980er Jahre wurden einzelne Fraunhofer-Institute durch Vertragsforschung auch auf europäischer Ebene aktiv, wobei sich der mit der Antragstellung und Projektbetreuung verbundene bürokratische Aufwand als weiteres Hindernis erweisen sollte.

Um die Auswirkungen der Interessengegensätze zwischen den einzelnen Bundesländern und zwischen den Ländern und dem Bund geht es in dem Beitrag von Stephan Deutinger. Der Umstand, daß in den 1970er Jahren der Forschungspolitik in allen Bundesländern ein besonders hoher Stellenwert eingeräumt wurde, förderte vor allem das Konkurrenzdenken zwischen den Ländern. Auch als 1975 endlich eine bundesweit gültige Rahmenvereinbarung zur Forschungsförderung zustande kam, sahen die Länder die Wissenschaftspolitik weiterhin primär als Mittel zur Verfolgung ihrer je eigenen Ziele. Insbesondere mit strukturpolitischen Argumenten versuchten sie, sich gegenseitig auszustechen, wenn es um die Ansiedlung neuer Institute ging. Vor allem das in den »langen« siebziger Jahren noch wohlhabende »Geberland« Nordrhein-Westfalen übte massiven Druck auf die Max-Planck-Gesellschaft und die Fraunhofer-Gesellschaft aus, um die »Südlastigkeit« der deutschen Forschungslandschaft durch eine ausgewogene regionale Verteilung neu zu errichtender Institute auszugleichen. Die Ablösung zahlreicher Ministerpräsidenten am Ende der 1970er Jahre führte zu einer erneuten Aufwertung der regionalen Forschungspolitik; in den programmatischen Erklärungen der meisten Landesregierungen wurden die Bundesländer jetzt als »Forschungsland« bezeichnet.

Ein gelungenes Beispiel länderübergreifender und internationaler Zusammenarbeit präsentiert Florian Hars am Beispiel des Hamburger Hochenergie-Forschungsinstituts DESY. Anders als bei der angewandten Forschung spielten bei der hier betriebenen Grundlagenforschung rein physikalische Sachverhalte eine entscheidende Rolle bei Fragen des Ausbaus und der Nutzungsmöglichkeiten. Nach der überraschenden Entdeckung der Bedeutung von beschleunigten Elektronen zur Untersuchung der Nukleonenstruktur hatte das führende Elektronenlabor DESY, das bereits über den effizienten Speicherring DORIS verfügte, einen solchen Vorsprung gegenüber konkurrierenden Institutionen in England und Italien, daß es die besten Chancen besaß, auch Standort des in den 1970er Jahren konzipierten, international genutzten ep-Speicherrings PETRA zu werden. Vertretbare Zugeständnisse an England und Frankreich für den Bau anderer Hochenergie-Forschungszentren ermöglichten, daß PETRA tatsächlich in Hamburg gebaut wurde. Als schließlich ein weiterer Speicherring (HERA) in Hamburg errichtet wurde, wurde auf die Pläne des Genfer Forschungszentrums CERN Rücksicht genommen, so daß sich beide Institutionen zum Vorteil aller CERN-Mitgliedsländer sinnvoll in die internationale Forschungslandschaft eingliedern konnten.

Jürgen Lieske

Zwischen Brüssel, Bonn und München: Angewandte Forschung im Spannungsfeld europäischer Forschungs- und Technologiepolitik am Beispiel der Fraunhofer-Gesellschaft

In der aktuellen Diskussion über die sogenannten *National Innovation Systems* wird deutlich, daß – trotz der allenthalben festgestellten Annäherung der Lebensbereiche im globalen Dorf – »nationale Innovationssysteme« gleichsam das andere Gesicht der Internationalisierung zu sein scheinen (Archibugi/Michie 1997). Diese Janusköpfigkeit einer Verhaftung in nationalen Rahmenbedingungen einerseits, einer auf multinationale Kooperation abzielenden Überwindung nationaler Schranken andererseits, ist bis heute ein wesentliches Merkmal der europäischen Forschungs- und Technologiepolitik. Anders als in einigen Bereichen der Grundlagenforschung wie zum Beispiel in der Kernfusionsforschung, die gerne als Musterbeispiel einer gelungenen europäischen Kooperation gefeiert wird, zeichnen sich die Felder angewandter Forschung durch eine bis heute enge Einbindung in das jeweilige nationale Innovationssystem aus. Auf europäischer Seite nimmt mittlerweile vor allem die Europäische Kommission in Brüssel für sich in Anspruch, internationale Wettbewerbsfähigkeit zu fördern, Arbeitsplätze zu schaffen und ein »nachhaltiges und umweltverträgliches Wirtschaftswachstum erzielen« zu können:

»Kein Land in Europa ist alleine in der Lage, so umfangreich in Ausrüstung und Ausbildung zu investieren, daß die Hoffnung besteht, bahnbrechende Erfindungen oder wissenschaftliche Entdeckungen zu machen, geschweige denn, diese dann auch noch zu nutzen.«[1]

Alles in allem werden hier Zielvorgaben einer europäischen Technologiepolitik formuliert, wie sie so oder in ähnlicher Form auch in den jeweiligen Nationalstaaten als Kernaufgaben staatlichen Handelns begriffen werden. Seit ihren ersten Anfängen in den späten 1960er Jahren bewegen sich dabei europäische Integrationsbemühungen im Bereich der angewandten Forschung in einem Spannungsfeld, das zwischen der Europäischen Kommission in Brüssel und der nationalen Ministerialbürokratie angelegt wurde. Geographisch und inhaltlich sollen Brüssel und Bonn hier durch einen dritten Eckpfeiler ergänzt werden, nämlich durch die in München ansässige Fraunhofer-Gesellschaft, einen, wie man in Bonn immer wieder gerne betont, »wichtigen Akteur[s] bei der Offensive des Ministeriums zur Stärkung der Innovationsfähigkeit in Deutschland.«[2]

Rückgebunden auf die Thematik der »langen« siebziger Jahre möchte ich dabei folgende Fragen in den Vordergrund stellen:

1. In welchen Bahnen bewegte sich die Entstehung einer europäischen FuT-Politik, welche Faktoren wirkten dabei fördernd oder hemmend?
2. Welche Antworten wurden auf die Frage nach der neuen Dimension »Europa« im nationalen Innovationssystem der Bundesrepublik formuliert?
3. Wie verhielt sich angesichts dieser neuen Herausforderung »Europa« die Fraunhofer-Gesellschaft, die im Gesamtgefüge des deutschen Innovationssystems der »langen« siebziger Jahre zunehmend an Bedeutung gewann?

---

1 Homepage der EU, http://europa.eu.int/pol/rd/de/info.htm.
2 Registratur des BMBF, AZ 3630/Bd. 11, aus einem Grundsatzgespräch mit dem Vorstand der FhG, 16.2.1995.

I.

»Europa« war bis Mitte der 1960er Jahre in erster Linie ein Zweckbündnis, ein in den Römischen Verträgen zwar paraphiertes Gesamtgebilde, in Wirklichkeit jedoch vielmehr ein lockerer Verbund der Einrichtungen von EURATOM, Europäischer Gemeinschaft für Kohle und Stahl (EGKS) und Europäischer Wirtschaftsgemeinschaft (EWG), ergänzt durch die Länder einer Europäischen Freihandelszone (EFTA), die in losen Abkommen versuchten, Anschluß an die im EWG-Raum stattfindenden – zunächst vor allem zollpolitisch orientierten – Integrationsbemühungen zu finden (Thiel 1992).

Aber auch innerhalb des »Europas der Sechs«, d.h. in der Binnenkonstellation der einzelnen EWG-Länder gab es gravierende Unterschiede, besonders im Hinblick auf die Gestaltung der Industriepolitik. Vor allem die ordnungspolitischen Positionen Frankreichs und Deutschlands standen sich nahezu unvereinbar gegenüber. In Frankreich setzte man seit dem Ende des Zweiten Weltkriegs auf eine Politik staatlicher Impulse für eine industrielle Modernisierung in Form einer sogenannten »indikativen Planung« (*planification*). Dahinter verbarg sich ein Konzept, das industrielle Richtwerte und Eckdaten vorgab und gleichzeitig bestimmte Schlüsselindustrien (wie zum Beispiel die Rüstungs- und Nuklearindustrie) schwerpunktmäßig förderte. Dagegen bestimmte in Deutschland industriepolitische Zurückhaltung das Selbstverständnis des Staates. Leitbild der Bonner Ökonomen war dabei ein »freies Spiel der Kräfte«. Beiden Ländern gemeinsam war bis zur Mitte der 1960er Jahre die Grundhaltung, daß Technologiepolitik im engeren Sinne für die Wettbewerbsfähigkeit des eigenen Landes nur eine untergeordnete Rolle spiele (Neumann/Uterwedde 1990; Chesnais 1993; Starbatty/Vetterlein 1995: 16).

Das war auch auf der Ebene der Europäischen Gemeinschaft so. Zwar waren in den Römischen Verträgen, besonders im EURATOM-Vertrag, schon klare Elemente einer zukünftigen FuT-Politik vorgezeichnet. Bis zur Mitte der 1960er Jahre standen diese jedoch eindeutig unter dem Primat der nationalen Politik der Mitgliedsländer.[3] Dies änderte sich schlagartig unter

---

3 Art. 51 § 1 des EGKS-Vertrages formulierte beispielsweise die Möglichkeit einer gemeinsamen Forschungs- und Technologiepolitik auf dem Kohle- und Stahlsektor. Im EWG-Vertrag war ähnliches für die Landwirtschaft angelegt, vgl. hierzu Felder (1992: 82); Starbatty/Vetterlein (1995: 18).

dem Eindruck der »technologischen Lücke«. Durch einen Bericht der *Organization of Economic Cooperation and Development* (OECD), der zum ersten Mal das FuE-Potential der USA den Ländern Westeuropas und der Sowjetunion gegenüberstellte, entwickelte sich eine lebhafte Diskussion um das Ausmaß des technologischen Rückstandes besonders gegenüber den USA (Freeman/Young 1965; OECD 1968; Majer 1973).

Auf der politischen Agenda der europäischen Länder rückte Technologiepolitik nun ganz weit nach oben. Für den Rückstand machten die an der Debatte beteiligten Politiker und Publizisten mehrere Ursachen aus: Die im Vergleich höheren FuE-Aufwendungen der USA sah man als einen der wesentlichen Gründe für die Führungsstellung amerikanischer Unternehmen im Hochtechnologiebereich an, eine – wie man heute weiß – zu stark auf wenige Technologiebereiche verengte Perspektive. Aber auch ein rückständiges Hochschulsystem ebenso wie ineffiziente Managementmethoden wurden als mögliche Gründe eruiert (Bähr 1995).

Bemerkenswert ist hierbei, daß trotz des in den 1960er Jahren noch vorherrschenden nationalstaatlichen Denkens die »Lücke« als ein gesamteuropäisches Problem wahrgenommen wurde und ein überraschendes Wir-Gefühl aller an der Diskussion beteiligten Akteure erzeugte. Bestimmt wurde die Debatte in erster Linie von einigen Publizisten, allen voran Jean-Jacques Servan-Schreiber, der mit seiner »amerikanischen Herausforderung« an eine bis zu Adolf von Harnack zurückreichende Tradition von »Rückstandsdebatten« in der Forschungs- und Technologiepolitik anknüpfte.[4]

Auf der Ebene der politischen Akteure dominierte dabei die Befürchtung, über kurz oder lang zu einer »technologischen Kolonie« der Amerikaner zu verkommen:

»If the six countries remain, as they probably have done for generations, the main importers of discoveries and exporters of brains, they will be condemning themselves to a cumulative under-development which will soon render their decline irremediatable.«[5]

---

4 Hierzu vor allem Servan-Schreiber (1968). Aus neuerer Zeit ist Seitz (1990) zu erwähnen, der eine ähnliche Popularität wie Servan-Schreiber erfuhr. Zur Rhetorik des Rückstandes in der FuT-Politik vgl. auch den Exkurs bei Rusinek (1996: 203-215).
5 So der EG-Kommissar für den Gemeinsamen Markt Robert Marjolin in einer Rede vor dem Europäischen Parlament am 18. Oktober 1966, zitiert nach Pavitt (1971: 213).

Die Angst vor einer »industriellen Helotenschaft« – so der britische Premierminister Wilson – im Verhältnis zu den USA begünstigte Mitte der 1960er Jahre die Entstehung einiger qualitativ neuer Initiativen auf gesamteuropäischer Ebene. Eher der »traditionellen« Denkweise einer vom »großen Bruder« zu erbringenden Hilfeleistung verhaftet war der Vorschlag des italienischen Ministerpräsidenten Fanfani, der einen »technologischen Marshall-Plan« forderte. Gleichzeitig gab es jedoch auch einige Vorschläge, die in der Schaffung gemeinschaftlicher Gremien und Institutionen vielversprechende Wege aus der »Lücke« sahen, darunter zum Beispiel die Forderung nach einer *European Space Agency* oder nach einer *European Science Foundation,* Vorschläge, die bald auch in ähnlicher Form realisiert werden sollten (Pavitt 1971:314).

Im Bereich der industrienahen Forschung plädierten viele Politiker besonders für eine stärkere Förderung der Gemeinschaftsforschung. Darunter verstand man Forschungskooperationen zwischen Industrieunternehmen und Forschungseinrichtungen auf europäischem Niveau, deren Ergebnisse allen Beteiligten zugute kommen sollten. Diese Diskussion fand dabei auf zwei Politikebenen statt, zum einen auf der Ebene des Ministerrates der Europäischen Wirtschaftsgemeinschaft, der aus Vertretern der nationalen Regierungen und der jeweiligen Ministerialbürokratie bestand. Zum anderen gab es die Ebene der Arbeitskreise und Expertengremien. Hier wurde die »eigentliche« Politik gemacht, Initiativen gestartet und kontrovers diskutiert. Auf dieser Ebene traten aber auch Konfliktlinien stärker zutage als im von nationalen Interessen geprägten Ministerrat. Dort hatten Frankreich und Deutschland allein schon wegen ihrer Größe ein besonderes politisches Gewicht. Initiiert durch André Maréchal, Direktor der für die Konzeptionierung der französischen Technologiepolitik zuständigen *Délégation Générale à la Recherche Scientifique et Technologique* (DGRST), und eingesetzt durch den Ministerrat der EWG, bemühte sich seit März 1965 ein aus den sechs EWG-Mitgliedsländern rekrutiertes Expertengremium *Politique de Recherche Scientifique et Technologique* (PREST) um die Ausarbeitung von Leitlinien einer gemeinschaftsübergreifenden Forschungspolitik im anwendungsnahen Bereich.

Institutionell, aber auch personell war PREST eng mit der Kommission der EWG verwoben und fungierte als verbindendes Glied zwischen der Bürokratie in Brüssel und dem EWG-Ministerrat. Als im Sommer 1967 die bisher drei Exekutivorgane (EWG-Kommission, EURATOM-Kommission und Hohe Behörde der EGKS) zu einer Kommission der Europäischen Gemeinschaften (EG) zusammengefaßt wurden, bot PREST diesem neu entstandenen Organ die Möglichkeit, sich im Kreis der Mitgliedsländer als eigenständiger, durchsetzungsfähiger Akteur zu präsentieren. Der sogenannte *Maréchal-Report*, der von PREST im Herbst 1967 dem Ministerrat vorgelegt wurde, schlug eine Kooperation auf europäischer Ebene in den Technologiefeldern Informatik, Telekommunikation, Transport, Ozeanographie, Materialwissenschaften, Umwelt und Meteorologie vor. Gleichzeitig wurde der Kreis der möglichen Teilnehmer bewußt auch auf Nicht-Mitglieder der EG ausgedehnt (Kommission der EG/Roland 1988: 6).

Es verwundert wenig, daß der Report der PREST-Gruppe allgemein auf positive Resonanz stieß, stellte er doch einen alle Facetten der aktuellen Diskussion integrierenden Kompromiß dar. Auf politischer Ebene wollte man den zeitgleich stattfindenden und im Ministerrat heiß diskutierten Beitrittsverhandlungen Großbritanniens keine zusätzlichen Steine in den Weg legen und hielt die Tür für weitere, in naher Zukunft in eine europäische FuT-Politik mit einzubeziehende Länder bewußt offen.

Auf der anderen Seite integrierte man die Technologiefelder, wie Informatik und Materialwissenschaften, die als »Lücken« identifiziert worden waren, bezog aber auch die Technologiebereiche mit ein, die ohnehin Gegenstand der politischen Verhandlungen und Integrationsbemühungen der einzelnen Mitgliedsländer waren bzw. aufgrund ihrer Zielrichtung gar keine andere als eine gemeinschaftsübergreifende Lösung zuließen. So ging es zum Beispiel im Bereich Transport um die Vernetzung der Verkehrssysteme der Mitgliedsländer als Teil einer Vereinheitlichung des Verkehrswesen im europäischen Binnenraum. Für den Bereich Ozeanographie war vorgesehen, ein Netz von Experimentalstationen zur besseren Erhebung von Wetterdaten zu etablieren. Bei der Telekommunikation wurde ein thematischer Anknüpfungspunkt an das 1966/67 zeitgleich diskutierte Programm für Kommunikationssatelliten geschaffen. Dabei schlug die PREST-Gruppe Forschungsvorhaben vor, im Rahmen derer die Lösung technischer Probleme bei der Übertragung von Radiosignalen im Vordergrund stand (Krige/Russo 1994: 55).

Um sich nicht dem Vorwurf auszusetzen, sie betreibe industrielle Interessenpolitik zugunsten eines einzelnen Mitgliedslandes, hatten die PREST-Gruppe und die dahinterstehende Kommission bewußt Themen ausgewählt, die sich trotz ihrer ausgesprochenen Anwendungsorientierung im Gewande industriepolitisch unverdächtiger Grundlagenforschung präsentieren ließen. Gleichzeitig gelang es ihr, eine gesamteuropäische Antwort auf die »amerikanische Herausforderung« zu formulieren und ein gewisses Maß an Profil und Eigenständigkeit zu demonstrieren.

Die Kommission verstand ihre Hauptaufgabe weniger darin, eine gemeinschaftliche Industriepolitik zu konzipieren, sondern eine koordinierende und moderierende Funktion zwischen den nationalen Konzepten der Länder zu übernehmen und ein gewisses Maß an Handlungsinitiative an den Tag zu legen. Mehr war nach den Erfahrungen, die die EURATOM-Kommission in den 1950er Jahren bei dem Versuch gemacht hatte, mit der *Gemeinsamen Forschungsstelle* (GFS) auch eine gemeinsame Kernforschungsstelle zu etablieren, zu diesem Zeitpunkt auch nicht realisierbar (Starbatty/Vetterlein 1995: 22; Ridinger 1991: 64).

Die Luxemburger Ministerratstagung 1967 hielt als Konsens fest, daß Forschung und technologische Entwicklung von nun an Angelegenheiten gemeinschaftlichen Interesses seien und trug damit der bisher geleisteten Arbeit der PREST-Gruppe zumindest inoffiziell Rechnung. Dies hinderte Frankreich jedoch nicht, PREST und die Frage einer europäischen Forschungs- und Technologiepolitik als Druckmittel in den Auseinandersetzungen um den geplanten EG-Beitritt Großbritanniens zu verwenden. Frankreich sah die Aufgabe von PREST vor allem darin, das eigene Modell einer indikativen Planung, die sich an sektorenspezifischer Schwerpunktförderung orientierte, zum Leitmaßstab einer künftigen europäischen Forschungs- und Technologiepolitik zu machen. Andre Maréchal, Vorsitzender von PREST und in Personalunion zugleich Direktor der französischen DGRST, begann nun die in Aussicht gestellten gemeinsamen Forschungsprogramme vom Wohlverhalten der sich um die EG-Mitgliedschaft bewerbenden Länder abhängig zu machen. Nur wenn diese Länder bereit waren, die Kröte der *planification* zu schlucken, sollten sie im Gegenzug auch mit in die Förderprogramme einbezogen werden. Im Falle Großbritanniens lautete dieses von Maréchal geschaffene Junktim: »Ohne Beteiligung an PREST nach französischem Muster auch keine EG-Mitgliedschaft.«

Die Reaktion darauf ließ nicht lange auf sich warten: Italien und die Niederlande blockierten aus Protest über die französische Obstruktionshaltung für mehr als ein Jahr die weitere Arbeit von PREST. Erst durch inoffizielle

Gespräche zwischen dem französischen Außenminister Michel Debré und seinem niederländischen Amtskollegen Joseph Luns konnte PREST und damit die Idee einer europäischen industrienahen Gemeinschaftsforschung gerettet werden. Man einigte sich darauf, Maréchal an der Spitze der DGRST durch den wesentlich kooperativeren Pierre Aigrain zu ersetzen. Aigrain wurde damit auch automatisch Vorsitzender der PREST-Gruppe (Aked/Gummett 1976: 275).

Als neues Datum für einen weiterführenden Bericht faßte nun der Ministerrat den 1. März 1969 ins Auge, ein Datum, das ohne Schwierigkeiten eingehalten werden konnte. Der Aigrain-Report wurde im April 1969 als Teil eines *Programms für die mittelfristige Wirtschaftspolitik* vom Ministerrat nach etlichen Änderungen angenommen. Aufbauend auf den bereits im Maréchal-Report identifizierten sieben Technologiefeldern schlug der Aigrain-Report 47 konkrete Projekte zur Bearbeitung vor.

Die Reaktion des Ministerrates auf die Arbeit der Kommission fiel in zweifacher Hinsicht scharf aus: Zum einen ließ der Ministerrat von diesen 47 Projekten im Verlauf seiner Beratungen im Jahr 1970 herzlich wenig übrig. Zusammengestrichen wurden all jene Projektvorschläge, die auch nur im entferntesten die nationalen Wirtschafts- und Industrieprogramme der Mitgliedsländer tangieren konnten. Übrig blieb letztlich ein Katalog von 25 Projekten der Grundlagenforschung, von denen im Verlauf der 1970er Jahre ganze sieben auch verwirklicht werden sollten. Hierbei handelte es sich allesamt um Pilotstudien, beispielsweise zur Einrichtung eines Datennetzwerkes zwischen einzelnen europäischen Städten oder um die Untersuchung der Bedeutung atmosphärischer Störungen auf die Übertragung von Radio- und Fernsehsignalen oder den Einfluß von Luftverschmutzung auf die Schadstoffbelastung des Mittelmeeres. Verwirklicht werden sollten auch die bereits im ersten Report angedachten Experimentalstationen im Atlantik zur Übertragung von Wetterdaten.

Mit dem *Aigrain-Report* hatte jedoch die Kommission in den Augen des Ministerrates den ihr zugestandenen Aktionsradius überschritten und aus der Perspektive der nationalen Vertreter sogar schon ein Zuviel an Handlungsinitiative gezeigt, dem im weiteren Verlauf schon bald ein deutlicher Riegel vorgeschoben wurde. Zwar hob im Dezember 1969 die Ministerrat-Konferenz von Den Haag erneut die zentrale Bedeutung einer koordinierten Technologieförderung als künftiges Element einer gemeinschaftsübergreifenden

Wirtschaftspolitik hervor, vermied jedoch explizit einen inhaltlichen Bezug zum Aigrain-Report. Stellte dieses Vorgehen zunächst vor allem einen diplomatischen Affront gegenüber der Kommission dar, so sollte ihr nun auch die weitere Federführung bei der Konzeptionierung der Gemeinschaftsforschung aus der Hand genommen werden. Die Mitglieder des Ministerrates verständigten sich nämlich gleichzeitig darauf, *ohne* Beteiligung der Kommission eine für Fragen der Gemeinschaftsforschung zuständige Institution ins Leben zu rufen. *Cooperation in Science and Technology* (COST) war dabei als ein loser Kooperationsrahmen ohne Budget und fixierte Zielvorgaben angelegt. Institutionell wurde COST an den Ministerrat angeschlossen und bestand aus Beamten der Mitgliedsländer der Gemeinschaft.[6]

Mit der Einrichtung von COST wurde noch vor dem Eintritt von Großbritannien in die EG ein Kooperationsrahmen institutionalisiert, der sich in Aufbau und Struktur am Minimalkonsens der Mitgliedsländer orientierte. Schon die Arbeit von PREST war von einer deutlichen Konfliktvermeidungsstrategie gekennzeichnet gewesen. Die vor allem von Frankreich mitlancierten und von der Kommission getragenen Bemühungen, sich einerseits im Kreis der nationalen Akteure zu etablieren, andererseits aber auch ein gewisses Maß an eigenständigem Profil durch die Übernahme einer Koordinierungsfunktion im Bereich der industrienahen Gemeinschaftsforschung zu übernehmen, scheiterten letztendlich am Primat nationalstaatlicher Politik, wie sie der Ministerrat betrieb.

Sehr schnell wurde deutlich, daß mit der Einbeziehung von Technologiefeldern, welche die Industriekonzeptionen der Mitgliedsländer auch nur marginal berührten, des Guten zuviel getan worden war. Die Inititiative der Kommission wurde weniger als begrüßenswert denn vielmehr als Einmischung in die innersten Refugien nationalstaatlichen Handelns empfunden. Eine weiterführende Debatte um diese Bereiche würde genügend Sprengkraft besitzen, um die anstehenden Verhandlungen zur Erweiterung und Vertiefung der EG fundamental zu gefährden. Konsequenterweise wechselte 1970

---

6 Vgl. hierzu auch Ridinger (1991: 62). Aktuell werden von COST ca. 800 Projekte aus insgesamt 28 Ländern Europas betreut, die Palette umfaßt dabei vor allem Projekte der Grundlagenforschung mit einem mehr oder minder starken Anwendungsbezug. Projektvolumina und -inhalte sind stark variabel, vgl. hierzu auch die Homepage von COST http://www.cordis.lu/cost/home.html, weiter die Jahresberichte von COST (1997).

die Initiative von der Europäischen Kommission in die Hand des Ministerrates, der mit der Etablierung von COST vollendete institutionelle Tatsachen schuf: Die Kommission als Trägerin institutionalisierter Gemeinschaftsforschung hatte vorerst ausgedient. Ein Mitglied des Ministerrates formulierte griffig: »The Community´s machinery is not a uniquely suitable framework because the Commission says it is« (zit. nach Williams 1973: 54).

Immerhin weitete der Ministerrat den Kreis der möglichen Teilnehmer deutlich auf Nicht-Mitglieder der EG aus, was angesichts der industriepolitischen Belanglosigkeit von Wetterbojen im Atlantik als Antwort auf die »amerikanische Herausforderung« nun auch ohne größere Schwierigkeiten zu bewerkstelligen war.[7] COST ließ also vom ursprünglichen ambitiösen Vorhaben, eine technologiepolitische Antwort auf die amerikanische Herausforderung zu formulieren, wenig übrig. Den Akteuren in Brüssel wurde 1970 klar gemacht, daß die neuen europäischen Institutionen in allen Belangen von der Politik der europäischen Nationalstaaten abhängig waren, anders formuliert: Europa war nur so stark, wie es in den Augen der Staaten Europas auch sein durfte. Im Verlauf der 1970er Jahre bearbeitete COST ausschließlich Projekte der Grundlagenforschung. Im Vordergrund der Arbeit standen dabei Fragen gemeinsamer Normen und Standards wie zum Beispiel die Einführung einheitlicher Sicherheitsbestimmungen für Motorradhelme. Für die Industriepolitik der Gemeinschaft spielte COST somit nur eine marginale Rolle (Kommission der EG/Roland 1988: 35).

Dennoch bemühte sich die Kommission weiterhin, technologiepolitisches Profil zu gewinnen. Bereits auf dem ersten EG-Gipfel mit britischer Beteiligung 1972 in Paris brachte der für Industriepolitik zuständige EG-Kommissar Altiero Spinelli einen spannungsträchtigen Katalog neuer Ideen aufs Tapet. Neben der Forderung einer umfangreichen Übertragung technologiepolitischer Kompetenzen auf die Ebene der Gemeinschaft und einer Einrichtung von Ausschüssen zur Vorbereitung und Durchführung der gemeinschaftlichen Technologiepolitik sollte der zukünftige Finanzrahmen der Kommission um das Sechsfache erweitert werden. Es verwundert wenig, daß angesichts der Schwierigkeiten, die schon die Minimallösung COST verursacht hatte, ein derartig weit gesteckter Rahmen an Forderungen keine

---

7 Neben dem »Europa der Sechs« waren dies: Großbritannien, Irland, Dänemark, Norwegen, Schweden, Schweiz, Österreich, Spanien und Portugal, vgl. hierzu auch Kommission der Europäischen Gemeinschaften/Roland (1988: 7, 58–108).

Chance auf Realisierung hatte. Immerhin war der Ministerrat bereit, im Gefolge der durch den Beitritt Großbritanniens notwendigen organisatorischen Umstrukturierungen dem Bereich der Technologiepolitik mehr eigenständiges Gewicht zu verleihen und ihren Wert als gemeinschaftswichtiges Anliegen durch einen eigens für Technologiefragen zuständigen Kommissar zu bestätigen (Ridinger 1991: 67).

Ralf Dahrendorf, der dieses Amt ab 1973 innehatte, profilierte sich nach seinem Amtsantritt mit einer gewagten Konzeption. Anders als Spinelli sah er Möglichkeiten zur Ausweitung der EG nur auf dem intergouvernementalen Weg: Nationale Politiken sollten koordiniert, Institute und Wissenschaftler vernetzt werden; vorausschauende Technikbewertung (*Technology Assessment*) sollte als Grundlage für ein System sektorenspezifischer Forschungsförderung dienen. Dahrendorf griff mit seinem Konzept eine Vielzahl von Vorschlägen auf, die bereits in der PREST-Gruppe thematisiert worden waren. Anders als noch wenige Jahre zuvor gelang es Dahrendorf nun, wenigstens einen Bruchteil seiner Vorschläge auch in die Tat umzusetzen. Eine neue Arbeitsgruppe *Commitée pour la Recherche Scientifique et Technologique* (CREST) sollte die von PREST angestoßene Koordinierung der nationalen Technologiepolitiken weiterführen. Außerdem verabschiedete der Rat ein Aktionsprogramm für die Wissenschafts- und Technologiepolitik, das auf Kostenteilungsbasis in den Bereichen Energie, Werk- und Rohstoffe sowie Informationstechnologie erste Forschungsprogramme auflegte. Ergänzt wurden diese Konzepte durch strukturpolitische Aktionen, die vor allem den krisenträchtigen Branchen Kohle, Stahl, Textil und der Chemie- und Erdölindustrie zugute kommen sollten. Für die Zeit bis 1976 war eine Pilotphase vorgesehen, in der dieses Aktionsprogramm ausgeweitet und auf seine Tragfähigkeit hin geprüft werden sollte. Die aktuellen Ereignisse überrollten jedoch dieses Vorhaben (Ambrosius/Kaelble 1992: 14; Hohensee 1996). Im Zeichen von Ölkrise und Dollarkursturbulenzen war nun wieder die nationale Politik der Mitgliedsländer am Zug. Die Krise von 1974/75 stellte nach der ersten Konjunkturkrise 1966/67 den zweiten, tiefgreifenden Systemschock dar und beendete drastisch den Glauben an einen nicht enden wollenden Wachstumspfad. Die Phase des »Luxus«, in der man mit der Idee einer Integration Europas spielen konnte, war vorerst zu Ende, die Zeit der »Eurosklerose«[8] – so der in den 1980er Jahren popularisierte Begriff – setzte ein. Europäische Forschungs- und Technologiepolitik war bis zum Beginn des nächsten Jahrzehnts kein Thema mehr.

Die Bilanz am Ende dieser ersten Phase einer europäischen Forschungs- und Technologiepolitik fällt ambivalent aus. Einerseits war es gelungen, kleine Schritte auf dem Weg zu einer gemeinsamen Technologiepolitik zu gehen und erste Kerninstitutionen mit Kompetenzen auszustatten, allen voran die Europäische Kommission, die – wie noch zu zeigen sein wird – einen gewissen »Lernprozeß« durchlaufen hatte. Die Nationalstaaten Europas und ihre Regierungen begannen, sich im Verlauf der 1970er Jahre allmählich daran zu gewöhnen, daß in Brüssel Forschungsprogramme in Gestalt wohlklingender Abkürzungen generiert wurden: Den Programmen PREST, COST und CREST folgte 1978 z.B. FAST (*Future Assessment of Science and Technology*). Daneben gab es aber auch noch andere Technologiebereiche, in denen eine Fülle von Kooperationen auf intergouvernementalem Weg entwickelt wurden. Hier sei auf die Bereiche Raumfahrt, Datenverarbeitung und Luftfahrt verwiesen, allesamt Technologiefelder, die durchaus industrierelevant waren und zum Gegenstand heftigster Kontroversen zwischen den einzelnen Teilnehmerländern wurden (Ridinger 1991: 70–114).

Die Ausgaben der EG-Kommission für Forschung stiegen im Verlauf der 1970er Jahre kontinuierlich an, bewegten sich jedoch noch an deren Ende in äußerst bescheidenen Größen. Zwar hatten sich diese im Zeitraum mehr als verdreifacht. Verglichen mit den ungleich größeren nationalen Etats betrugen die Ausgaben der Kommission jedoch gerade einmal 4,2% der gesamten staatlichen Forschungsaufwendungen der Bundesrepublik (Bund und Länder). Inhaltlich stand im EG-Forschungshaushalt vor allem der Bereich der nuklearen und nicht-nuklearen Energieforschung mit insgesamt 72% im Vordergrund. Industrierelevante Forschungsprogramme blieben dabei eher die Ausnahme (Grande/Häusler 1994: 204).

---

8 Der Begriff der »Eurosklerose« wurde von Herbert Giersch, dem ehemaligen Leiter des Kieler Weltwirtschaftsinstitutes, popularisiert, vgl. hierzu auch Ridinger (1991:101) und Starbatty/Vetterlein (1995: 25).

Tabelle 1: Forschungs- und Entwicklungsausgaben der EG 1975-1989

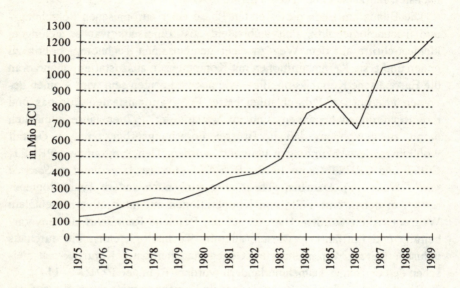

Quelle: Felder (1992: 84)

II.

Wechseln wir nun die Perspektive und werfen einen Blick auf die Bundesrepublik. Welche Erwartungshaltungen setzte Bonn in eine europäische Forschungs- und Technologiepolitik? Deutschland hatte sich – vertreten durch die Bundesminister Stoltenberg und Leussink – schon in den Diskussionen um COST im Ministerrat als eher bremsender Einflußfaktor erwiesen und sich gegenüber den ersten Ansätzen einer europäischen Forschungs- und Technologiepolitik äußerst reserviert gezeigt. Skeptisch beäugte man in Bonn insbesondere die französischen Versuche, das Modell der *planification* auf europäische Ebene zu heben und damit den anderen Ländern der EG einen als unakzeptabel empfundenen Weg aufzuzwingen. Neben diesen eher ordnungspolitischen Ressentiments befürchtete man jedoch auch einen Machtverlust im Bereich der Technologiepolitik. Es hatte lange gedauert und erhebliche Reibungen verursacht, bis es dem Bund gelungen war, neben den Ländern eine eigenständige politische Kompetenz im Bereich der Forschungspolitik aufzubauen. Erst 1963 hatte man nach einigen Konflikten das »Bundesministerium für wissenschaftliche Forschung« (BMwF) institutionell verankern können und mit den ersten Förderprogrammen zur Elektronischen Datenverarbeitung 1967, zur Ozeanforschung 1968 und zu Neuen Technologien 1969 Handlungsprofil bewiesen (Stucke 1993; Keck 1976: 130).

Diese Programme waren aber auch Ausdruck eines Wandels des politischen Leitbildes in Bonn. Waren die 1950er und 1960er Jahre noch von einer ausgesprochenen Planungsphobie im Bereich der angewandten Forschung geprägt, so kehrte sich dies unter dem Eindruck der »Lücke« und der Rezession von 1966/67 radikal um. Die Bundesregierung betrieb nun eine aktive Technologiepolitik. Zwischen 1967 und 1971 stiegen die staatlichen Ausgaben für FuE drastisch an. Bereits zu Beginn der 1970er Jahre hatte sich das für die nächste Dekade spezifische Profil der bundesdeutschen Technologiepolitik mit seinem im internationalen Vergleich hohen Anteil an öffentlichen Fördermitteln im zivilen Bereich herausgebildet (Bähr 1995: 127).

Dabei betrachtete man in Deutschland die »technologische Lücke« als ein Problem, für das man im eigenen Land und nicht auf europäischer Ebene Lösungen suchen wollte. Typisch für das gewandelte Leitbild am Beginn der Großen Koalition ist eine Aussage, die der Interims-Geschäftsführer der Arbeitsgemeinschaft industrieller Forschungsvereinigungen (AiF), Ferdinand Nord, 1967 unter Hinweis auf einen Aufsatz des amerikanischen Wissenschaftsattachés machte:

»Roger W. Curtis [...] schrieb im März 1963 unter dem reißerischen Titel ›German Science muß wieder moving again‹ einen Aufsatz, der heute noch [...] Beachtung verdient. Denn darin wird nüchtern konstatiert, daß Deutschland auf vielen wissenschaftlichen Bereichen abgerutscht ist, daß es selbst in Bereichen von höchster technischer und wirtschaftlicher Bedeutung – hauptsächlich wegen der Nachlässigkeit der Staatsbehörden – hoffnungslos zurückbleibt, daß viele seiner jungen Fachleute dorthin auswandern, wo man ihre Begabungen zu nutzen versteht [...]. Erst ganz allmählich und für meine Begriffe gefährlich langsam dämmert es uns auf, daß wir als Partner nur interessant und begehrt bleiben werden, wenn wir – weil wir ja auch nehmen wollen – etwas zu bieten vermögen. [...] Dazu tritt bei mir ein ungutes Gefühl, wenn ich Unternehmen und Verbände sehe, die in der Konjunkturkrise mit Sparmaßnahmen bei der Forschung beginnen.«[9]

Nord plädierte weiter für eine intensivere Förderaktivität des Staates im Bereich der angewandten Forschung mit dem Ziel, »die das Wachstum, die Wettbewerbsfähigkeit bedrohende technologische Lücke zu schließen.« Der zu steuernde Kurs aus der »Lücke« wurde aber eben nicht von Brüssel, das eher als Konkurrenz in der Bewahrung der mühsam erkämpften technologiepolitischen Hegemonie empfunden wurde, sondern einzig und allein durch die Bonner Ministerialbürokratie bestimmt.

Ausschlaggebend für das reservierte Verhältnis Bonns zu einer gesamteuropäischen Forschungs- und Technologiepolitik waren besonders zwei Gründe: Hinter dem Prinzip des sogenannten *juste retour* stand die Erwartungshaltung eines nationalen Geldgebers, daß die für ein europäisches Forschungsprogramm zur Verfügung gestellten Finanzmittel auf irgendeine Weise den Weg zurück in die eigene Volkswirtschaft finden sollten. Dieser Aspekt spielte besonders für Bonn eine erhebliche Rolle, da die Bundesrepublik – so die Befürchtung – als eine der stärksten Volkswirtschaften in der EG auch am meisten zu den gemeinsamen Forschungsprogrammen beitragen sollte.[10]

Das andere Problem für Bonn war in den 1970er Jahren die Frage nach dem grundsätzlichen Wert von gemeinsamen Projekten der Industrieforschung, dies vor allem bei einem großen Wettbewerbsgefälle zwischen den Kooperationspartnern: je stärker die eigene Kompetenz auf einem Technologiefeld, desto geringer die Bereitschaft, Wissen und Technologie mit einem schwächeren Partner zu teilen. Dieses Problem erwies sich vor allem bei den Integrationsbemühungen im Bereich der Raumfahrttechnologie als ein wesentlicher Hinderungsgrund bei der Forcierung von Gemeinschaftsvorhaben,

---

9   IfZ, ED 721/167, Vortrag von Ferdinand Nord auf der AiF-Geschäftsführertagung in Wiesbaden, 17.3.1967.
10 Was aber selbst in den 1980er Jahren bei den ersten FuE-Programmen der EG nicht der Fall sein sollte, vgl. hierzu die bei Grande/Häußler (1994: 238) aufgeführten Zahlen zur deutschen Beteiligung an ESPRIT, die im Durchschnitt unter denen Frankreichs lagen, während gleichzeitig die deutschen Unternehmen Siemens, AEG und Nixdorf überdurchschnittlich von ESPRIT profitierten.

vor allem dann, wenn Länder mit einbezogen wurden, in denen es keine nationalen Programme gab, an die sich anknüpfen ließ (Krige/Russo 1994: 2).[11]

Diese drei Aspekte – die Angst vor dem Verlust nationaler Kompetenzen, das Problem eines wie auch immer quantifizierbaren Rücklaufes von Forschungsergebnissen in das eigene Innovationssystem und die gravierenden Unterschiede innerhalb der Industriestrukturen Europas – beschränkten die Initiativen Bonns im Bereich einer europäischen Forschungs- und Technologiepolitik in den 1970er Jahren auf ein Minimum.

Die Reaktionen der Bundesregierung auf kritische Anfragen der Opposition, aber auch aus den eigenen Reihen, hinsichtlich einer intensiveren europäischen Zusammenarbeit reduzierten sich folgerichtig auf die gebetsmühlenartige Wiederholung der Beschlüsse von Den Haag, Luxemburg und Paris, die eine stärkere Koordination und eine gegenseitige Konsultation der europäischen Staaten in der FuT- Politik gefordert hatten, um

»im Sinne einer konzertierten Aktion die Einzelmaßnahmen zur Förderung von Forschung und Technik aufeinander abzustimmen und von Empfehlungen abhängig zu machen, die auf europäischer Ebene erarbeitet werden«,[12]

alles in allem – wie die Opposition meinte – »unklare und unvollständige Ausführungen ... [die] symptomatisch für die Vernachlässigung der Westpolitik durch die derzeitige Bundesregierung sind.«[13]

Während Bonn im europäischen Kontext in den 1970er Jahren wenig zur Verwirklichung der späteren »Europäischen Technologiegemeinschaft« tat, war man andererseits im Binnenraum des nationalen Innovationssystems Bundesrepublik ungleich aktiver.

---

11 Heute versucht man dieses Problem dadurch zu umgehen, indem man die Vergabe und Förderung durch EU-Mittel an leistungsstarke nationale Unternehmen und Branchen von der Kooperation mit einem »schwächeren Partner« abhängig macht. In der EU hat das zu dem sogenannten *Rent-A-Greek*-Phänomen geführt, das sich als »Strategie« recht erfolgreich bewährt hat, jedoch alles andere als unumstritten ist.
12 IfZ, ED 721/179, Antwort der Bundesregierung auf die Große Anfrage der Fraktionen der SPD, FDP betreffend Technologiepolitik, 3.11.1971.
13 FhG, ZA 65, Rede des CDU-Vorsitzenden der Arbeitsgruppe »Forschung und Technik« Hans Hubrig anläßlich der Technologiedebatte im Deutschen Bundestag, 15.12.1971.

III.

Im Jahr 1969 wurde die Fraunhofer-Gesellschaft in die institutionelle Förderung des Bundes aufgenommen. 1973 schuf das sogenannte »Fraunhofer-Modell« einen Finanzierungsmodus, der das Volumen der eingeworbenen Forschungsaufträge für die öffentliche Hand oder für Unternehmen an eine vom Bund und den Ländern zu erbringende Grundfinanzierung im Verhältnis 90:10 koppelte. In der Zeit der sozialliberalen Koalition entwickelte sich die Gesellschaft zum Objekt einer am nationalen Bedarf orientierten Forschungs- und Technologiepolitik: Neben MPG, DFG und den Großforschungseinrichtungen wurde die FhG damit für den Bereich der angewandten Forschung zu jener institutionellen »vierten Säule des deutschen Forschungssystems«, die schon seit den 1950er Jahren immer wieder von einer Vielzahl von Akteuren gefordert worden war. Durch dieses Aufsteigen in die »Bundes-Liga« der anderen staatlich geförderten außeruniversitären Forschungseinrichtungen und durch die vielfältigen Steuerungsmöglichkeiten, die das Modell der erfolgsabhängigen Grundfinanzierung dem Bund bot, erhöhten sich der allgemeine Druck und die Erwartungshaltung in Politik und Wirtschaft gegenüber der Fraunhofer-Gesellschaft (Hohn/Schimank 1990: 171–231; Trischler/vom Bruch 1999).

Von der FhG wurde nun nicht nur eine verstärkte Einbeziehung zukunftsrelevanter Schlüsseltechnologien in ihr Forschungsspektrum gefordert – so zum Beispiel im Bereich der Mikroelektronik und der Umwelttechnologien[14] –, sie mußte gleichzeitig auch auf die sich ändernden ökonomischen Rahmenbedingungen reagieren. Seit dem Zweiten Weltkrieg war die Weltwirtschaft von einer immer stärkeren Integration der Märkte gekennzeichnet. Mit der Internationalisierung der Finanz- und Kapitalmärkte und der Entwicklung der großen Konzerne hin zu multinational agierenden *global players* wurde die fortschreitende Herausbildung einer »einzigen Welt« gefördert (Giddens 1997: 100; Taylor/Thrift 1986).

Der Weg zurück in die Weltwirtschaft ging für die Bundesrepublik einher mit einer Orientierung am Export. Der seit den 1950er Jahren kontinuierlich steigende Anteil der bundesdeutschen Auslandsproduktion und die steigenden Direktinvestitionen im Ausland sind nur zwei Indikatoren eines bedeu-

---

14 Vgl. hierzu auch die Beiträge von Alexander Gall und Gerhard Mener in diesem Band.

tenden Strukturwandels der deutschen Volkswirtschaft nach dem Zweiten Weltkrieg (Abelshauser 1983: 147; Schröter 1992; ders. 1996).

Seit den 1970er Jahren verlagerten die Unternehmen auch zunehmend ihr FuE-Potential ins Ausland. Hier sind besonders die strategischen Allianzen zwischen europäischen, amerikanischen und japanischen Unternehmen zu erwähnen, die neben unternehmensinternen Formen – Gründung neuer Tochtergesellschaften oder Aufkauf bereits bestehender Unternehmen – eine wichtige externe Form der Internationalisierung von FuE darstellen (Felder 1992: 59).

Durch ihre Vertragsforschungstätigkeit für die Industrie sah sich auch die Fraunhofer-Gesellschaft schon bald in den Sog dieser Entwicklung gezogen. Nach den strukturellen und organisatorischen Veränderungen, die die Einführung des Fraunhofer-Modells mit sich brachte, begann die FhG ab Mitte der 1970er Jahre zaghaft, den Blick über den Tellerrand des eigenen nationalen Bezugsrahmens zu richten. Erste Schritte auf dem Weg zur Internationalisierung waren hierbei 1976 eine Beteiligung des Fraunhofer-Instituts für Produktionstechnik und Automatisierung (IPA) an einer Niederlassung von VW in Brasilien sowie die Einrichtung einer Technologie-Transfer-Leitstelle (TTL) 1977 in enger Kooperation mit der Gesellschaft für technische Zusammenarbeit (GTZ).[15] Europa spielte zu diesem Zeitpunkt für die Fraunhofer-Gesellschaft so gut wie keine Rolle, sieht man einmal davon ab, daß sich die Zentralverwaltung in München darüber klar wurde, in absehbarer Zeit mit den Vertragsforschungseinrichtungen in Europa um einen gemeinsamen Markt konkurrieren zu müssen – allen voran die in Struktur und Themenschwerpunkten ähnliche holländische TNO (*Nederlandse Organisatie voor toegepast-natuurwetenschapelijk onderzoek* – Organisation für angewandte naturwissenschaftliche Forschung der Niederlande).

Während die Zentralverwaltung einzig darauf hinarbeitete, »die FhG auch außerhalb Deutschlands bekannt zu machen«[16], wagten einzelne Institute bereits den Sprung nach Europa. So verzeichneten die in Baden-Württemberg ansässigen zivilen Fraunhofer-Institute bereits 1982 europäische Verbundprojekte mit der Industrie in einem Gesamtvolumen von immerhin über 1 Mio. DM.

---

15 FhG, ZA 378, Technologie-Transfer-Leitstelle, und FhG, ZA 384, IPA do Brasil.
16 FhG, ZA 252, Ergebnisprotokoll der Besprechung »Verbesserung der Akquisition in der FhG«, 19.6.1974.

Der Anteil von EG-Geldern am Gesamthaushalt der Gesellschaft stellte im Verlauf der 1980er Jahre eine *quantité négligeable* dar. Dennoch lassen sich bereits die ersten Spuren einer einsetzenden Internationalisierung erkennen: Der Anteil der Vertragsforschung für ausländische Unternehmen betrug, gemessen am Volumen der gesamten Auftragsforschung für die Wirtschaft, 1980 immerhin bereits 4,8 % und stieg in der Folgezeit kontinuierlich an.[17]

Diese Forschungsaufträge nahmen einen Trend vorweg, an dem sich dann auch die ersten Wiederbelebungsversuche der an der »Eurosklerose« dahinsiechenden europäischen FuT-Politik entwickeln sollten. Wesentlicher Ausgangspunkt dieser zweiten Phase waren aber gerade eben nicht die nationalen Regierungen, sondern vielmehr die Unternehmen der Informationstechnik, die nun dem intensiven nationalen Wettlauf mit den Elektronikunternehmen in den USA und Japan ein europäisches Pendant entgegensetzen wollten.[18]

Tab. 2: EG-Projekte baden-württembergischer Fraunhofer-Institute 1982–1987

Jahr	Projektaufwand in DM	Prozent am Gesamthaushalt der FhG
1982	1.010.342	0,35
1983	943.270	0,29
1984	2.428.399	0,67
1985	4.203.092	0,96
1986	5.854.816	1,14
1987	9.081.055	1,57

Berücksichtigt: IBP, IGB, IITB, IRB, IPA, IPM, IWM, ISI, ISE, IAO, mit mindestens einem EG-Projekt pro Jahr, Verbundprojekte mit der Industrie.

Quelle: FhG-ZV Buller an Baden-Württembergisches MWMT, 22.12.1988 (FhG, ZA 227), Jahresberichte der FhG 1982–87, eigene Berechnungen.

---

17 FhG-Jahresbericht (1980: 5). Heute beläuft sich dieser Wert auf gut 15 %, vgl. hierzu FhG, intern: »Zahlen und Ergebnisse«, Materialien für die Senatssitzung, 29.4.1998.
18 An der Spitze dieser Initiative, aus der 1984 das Programm ESPRIT hervorgehen sollte, stand das französische Elektronikunternehmen BULL.

Die Kommission in Brüssel machte am Ende der 1970er Jahre eine fundamentale Neuorientierung durch, als deren Kernelement sich nun eine intensive industriepolitische Ausrichtung herauskristallisierte. Waren zuvor einzelne derartige Initiativen noch erfolglos verlaufen, so legte 1979 der Davignon-Bericht zusammen mit der entscheidenden Hinwendung zu Europa auf der allgemeinpolitischen Ebene die Grundlage für die weitere europäische FuT-Politik, die von nun an vor allem unverhohlene Industriepolitik war. Dabei orientierte sich die Kommission stark am Vorbild Japans mit seinem Prinzip des *Industrial Targeting*, bei dem schwerpunktmäßig einzelne Technologiebereiche gezielte Unterstützung erfuhren (Scheid 1986). Neues Gesamtziel der Kommission bei allen im Verlauf der 1980er Jahre aufgelegten Forschungsprogrammen war eine Stärkung der Wettbewerbsposition Europas. Eine zentrale Position nahm hierbei die Informationstechnik ein, deren Schlüsselstellung es der Kommission nun erlaubte, gemeinschaftsübergreifend technologiepolitische Kompetenz für sich zu beanspruchen, was mit ESPRIT und dem Ersten Rahmenprogramm 1983/84 auch geschah. Diese ersten Aktionen waren von der Herausbildung einer Fülle neuer, auf politischer Normensetzung basierender Förderprinzipien begleitet. Bedeutsam und auf lange Sicht auch durchaus konfliktentschärfend war dabei vor allem das Subsidiaritätsprinzip, das ein Eingreifen von Institutionen auf gesamteuropäischer Ebene erst dann vorsieht, wenn auf den untergeordneten Ebenen von Nationalstaaten und regionalen Verwaltungseinheiten wie Provinzen oder Kommunen keine entsprechenden Maßnahmen in die Wege geleitet werden oder werden können (Grande/Häußler 1994: 208; Reger/Kuhlmann 1995; Sturm 1996; Fabisch 1996).

Bonn betrachtete dieses neue Engagement der EG-Kommission mit einigermaßen gemischten Gefühlen, da dadurch die »Gemeinschaft in unmittelbare Konkurrenz zu den entsprechenden nationalen Einrichtungen [...] träte«. Die Bundesrepublik könne auch für eine Teilfinanzierung von Projekten auf keinen Fall zusätzliche Mittel aufbringen.[19] Fraunhofer-Präsident Keller äußerte ebenfalls »erhebliche Zweifel, wie weit das allgemeine vor das nationale Interesse gestellt werden darf«, dies vor allem angesichts des »erheblichen Konkurrenzkampfes zwischen den nationalen Industrien«, der auf den von der EG vorgeschlagenen Themenfeldern herrsche. Alles in allem seien »die

---

19 FhG, ZA 226, Lehr (BMFT) an FhG, 19.8.1982.

genannten Themen in ihrer Mehrzahl [...] nicht geeignet, als Basis für die Erprobung der geplanten Gemeinschaftsaktivitäten zu dienen«.[20]

Während Keller sich Bonn gegenüber in seiner Gesamteinschätzung der neuen EG-Programme eher reserviert zeigte, erkannte er jedoch gleichzeitig einen weiteren möglichen Markt für die Fraunhofer-Gesellschaft. Bereits im Sommer 1983 besuchte er zusammen mit fünf Leitern führender Fraunhofer-Institute die für Forschungsprogramme zuständige Generaldirektion XII der Europäischen Kommission in Brüssel, um im Rahmen eines zweitägigen *information and discussion visit* den Boden für eine mögliche Beteiligung der FhG an ESPRIT zu bereiten. Geradezu enthusiastisch feierte er die anschließende Präsentation als vollen Erfolg, da es gelungen sei,

»ein so qualifiziertes und geschlossenes Bild von dem Leistungsstand der angewandten Forschung in unserer Gesellschaft, sei es auf dem Gebiet der Informatik, der Werkstoffe oder der Produktionstechnik, zu zeichnen. Ich bin davon überzeugt, daß dieses Gespräch mittelbar Nutzen für die FhG abwerfen wird«.[21]

Dieses Urteil stand einerseits in Kontrast zu Kellers´ negativen Äußerungen gegenüber dem Ministerium, zeichnete andererseits aber auch ein überzogen optimistisches Bild, was die Möglichkeiten der Fraunhofer-Gesellschaft anging, Aufträge bei der EG zu akquirieren. Zwar verbuchte die FhG 1987 bereits eine Beteiligung an insgesamt 76 Projekten der EG. Bei einem Gesamtvolumen von 14 Mio. DM[22] ergab das für den einzelnen Auftrag aber gerade eine Durchschnittsgröße von 180.000 DM, ein im Gesamtvergleich sehr geringer Wert. Zudem bedeutete ein Projektantrag in Brüssel ein Mehr an bürokratischem Aufwand. Komplizierte und langwierige Entscheidungs- und Bewilligungsverfahren erforderten seitens der Fraunhofer-Institute nicht nur einen langen Atem auf dem Weg zu den EG-Fördertöpfen. Hinzu kam auch der Umstand, daß die erwirtschafteten Einnahmen durch die für die Antragstellung und Projektbetreuung erforderlichen zusätzlichen Personalkosten oft bis zur Gänze aufgesaugt wurden.

Ausschlaggebend für die geringe Wirksamkeit der EG-Programme für die FhG in den 1980er Jahren war ferner die hinderliche Projektförderpraxis der

---

20 FhG, ZA 226, Keller an Lehr, 25.8.1982.
21 FhG, ZA 226, Keller an Institutsleiter, 16.6.1983.
22 FhG, ZA 226, Fraunhofer-Präsident Syrbe an Riesenhuber, 17.12.1987.

EG im Hinblick auf die Möglichkeit, sich an sogenannten »indirekten Aktionen« der EG zu beteiligen.[23] Nach dem Förderkatalog der EG fallen Projekte, die zusammen im Verbund mit der Industrie durchgeführt werden, unter den Subventionskodex und werden nur mit maximal 50% bezuschußt. Die FhG sah sich also vor das Problem gestellt, die restlichen 50% des Auftrages auf andere Weise zu akquirieren. Von seiten des BMFT waren aber über eine Steigerung der Grundfinanzierung keine zusätzlichen Mittel zu erreichen, weil die EG-Bestimmungen einen gleichzeitigen Bezug von nationalen und europäischen Fördermitteln ausschlossen, und weil Bonn gleichzeitig eine Aufstockung der Grundfinanzierung der Münchner Gesellschaft aus Präventivgründen ablehnte.[24]

Ein Ausweg aus diesem Dilemma bot sich für die FhG darin, sämtliche unmittelbare Projekt- und Vorlauforschung gemäß der EG-Sprachregelung zur »industriellen Grundlagenforschung« umzuetikettieren, die wesentlich höher durch EG-Mittel gefördert werden konnte. Folgerichtig mußte die FhG die Beamten in Bonn für jedes einzelne EG-Projekt auf die Sprachregelung der Gemeinschaft einschwören:

»Die FhG sollte aber unbedingt beim Zuwendungsgeber klarstellen, daß gegenüber der EG die Sprachregelung des Gemeinschaftsrahmens zur Anwendung kommt. Dies bedeutet, daß die zuständigen Referenten im BMFT Vorlauforschung und Projektforschung der FhG ausschließlich der Grundlagenforschung zuordnen und diese Sprachregelung gegenüber einhalten [...] dies heißt, daß die zuständigen Referenten des BMFT der EG gegenüber die informatorische Zusammenarbeit mit Unternehmen verschweigen«.[25]

---

23 Die EG kennt generell drei Instrumente der FuT-Politik: *Direkte Aktionen,* d.h. Eigenforschung im Rahmen der gemeinsamen Forschungsstellen, *indirekte Aktionen,* d.h. Projektförderung auf Kostenteilungsbasis und *konzertierte Aktionen,* bei denen die EG-Kommission die Koordinierung von einzelstaatlichen Aktivitäten gewährleistet und die Kosten der Koordinierung trägt, z.B. COST; für die Fraunhofer-Gesellschaft von Relevanz sind bis heute nur indirekte Aktionen.
24 FhG, ZA 227, Gesprächsnotiz Imbusch »EG-Förderung unter limitierenden Randbedingungen«, 7.12.1987; FhG, ZA 80, Riesenhuber an Syrbe, 28.1.1988. Bonn fürchtete dabei, daß nach einer etwaigen positiven Zusage auch andere außeruniversitäre Forschungseinrichtungen »Europa-Sondertöpfe« fordern könnten.
25 FhG, ZA 226, Aktennotiz Buller »Subventionskodex der EG«, 27.10.1987.

Dieser zweifelhafte Ausweg erhöhte jedoch gleichzeitig den bürokratischen Aufwand der Projekte mit EG-Beteiligung wiederum sowohl gegenüber dem Ministerium in Bonn als auch gegenüber dem Bundesrechnungshof erheblich, während gleichzeitig das Auftragsvolumen relativ gering war. Es verwundert nicht, daß die Forschungs- und Technologiepolitik der EG für die Fraunhofer-Gesellschaft nur eine sehr marginale Rolle spielte und sich in einer Gesamtgrößenordnung von weniger als 5% des Gesamtumsatzes bewegte. Seit Anfang der 1990er Jahre versucht man daher in der Zentralverwaltung auch, diesen Bereich der Akquisitionsarbeit zu intensivieren. Veränderte Rahmenbedingungen wie die jüngst erfolgte Auflegung eines »5. Rahmenprogramms« für Forschung und Technologie seitens der Europäischen Union oder die sich aus der Währungsunion ergebenden Wachstumsperspektiven lassen hier für die Zukunft gesteigerte Marktchancen für die Fraunhofer-Gesellschaft erwarten.

IV.

Rückgebunden auf die Perspektive der »langen« siebziger Jahre läßt sich abschließend festhalten: Am Anfang einer europäischen Forschungs- und Technologiepolitik im Bereich der angewandten Forschung stand die Diskussion um die »technologische Lücke« und die »amerikanische Herausforderung«. Die »Lücke« erzeugte für die Jahre von 1965 bis 1970 unter den nationalen Akteuren ein kollektives Gefühl der Betroffenheit. Technologiepolitik wurde zum Gemeinschaftsthema.

Der Schwung dieses ersten »Wir-Gefühls« reichte aus, um die Entstehung einer breiten Palette von Initiativen zu tragen, deren *Promoter* die Kommission in Brüssel war. Sehr schnell jedoch geriet die als Förderung der industriellen Gemeinschaftsforschung gedachte Initiative PREST in das Fahrwasser der nationalen Differenzen im Ministerrat. Der Rat torpedierte die Bemühungen der Kommission und setzte an ihre Stelle den losen Kooperationsrahmen COST, der von dem ursprünglichen ambitiösen Vorhaben, eine Antwort auf die »amerikanische Herausforderung« zu formulieren, wenig übrig ließ.

Die 1970er Jahre können im Bereich der europäischen Forschungs- und Technologiepolitik als eine Phase der Stagnation angesehen werden, in der die Kommission mit zaghaften kleinen Schritten versuchte, sich im Kreis der *national players* als eigenständiger Akteur zu etablieren. Eher noch scheint in diesem Zusammenhang der Begriff einer »Inkubationsphase« angebracht, in der die Kommission einen Lernprozeß durchlief. Dieser führte zu einer gezielten Industriepolitik, wie sie heute, zusammen mit der Initiative eines »Europa der Forscher«, betrieben wird.

Im Gefolge einer Wiederbelebung der europäischen Integrationsbemühungen auf gesamtpolitischer Ebene entstanden dann durch wettbewerbspolitisch motivierte Initiativen der Industrie die EG-Forschungsprogramme der 1980er Jahre.

Für Bonn und die Fraunhofer-Gesellschaft ist eine doppelt negative Bilanz zu ziehen: Beide Akteure blendeten bis zur Mitte der 1980er Jahre die europäische Perspektive weitgehend aus. Erst danach begann sich dies langsam zu ändern. Die Zentralverwaltung der FhG erkannte zwar durchaus die Möglichkeiten, die sich mit Europa boten. Eine »Europäisierung« der FhG erfolgte jedoch in erster Linie über den Kundenkreis der Unternehmen, die sich an den Gesamtprozeß der Globalisierung anschloßen. Während dabei die einzelnen Fraunhofer-Institute durch Vertragsforschung aktiv in den europäischen Markt eintraten, ging die Zentralverwaltung nur sehr zögerlich über das nationale Bezugssystem hinaus. Grund hierfür war die enge Einbindung der FhG in das nationale Innovationssystem der Bundesrepublik, wobei vor allem der für die Münchner Forschungsgesellschaft spezifische Finanzierungsmodus einer erfolgsabhängigen Grundfinanzierung den Weg nach Brüssel blockierte. Stolpersteine auf diesem Weg waren ferner die Projektrichtlinien und der hohe Bürokratisierungsgrad der EG. Diese Faktoren verhinderten letztlich, daß die Fraunhofer-Gesellschaft im Verlauf der »langen« siebziger Jahre einen Platz in einer bis heute nur in Ansätzen vorhandenen gesamteuropäischen Forschungs- und Technologiepolitik finden konnte.

Stephan Deutinger

Stile regionaler Forschungspolitik.
Die Bundesländer zwischen Kooperation und Konkurrenz

Die Arbeit wissenschaftlicher Institutionen ist mit vielfältigen gesellschaftlichen Erwartungen verknüpft, die sich zudem im zeitlichen Fortgang laufend wandeln. Zumeist sind es staatliche Instanzen, die diese Erwartungen formulieren und durchzusetzen versuchen. Zu Recht bildet daher das Verhältnis von Wissenschaft und Staat einen Schwerpunkt der neueren Wissenschaftsforschung. Im Falle der Bundesrepublik stellt sich die Wechselwirkung zwischen Wissenschaft und »Staat« sehr differenziert dar, kommt hier doch der historisch bedingte dreistufige Aufbau der deutschen Staatlichkeit, bestehend aus Kommunen, Ländern und dem Bund, zum Tragen. Auf dem Sektor von Natur- und Technikwissenschaften ist eine deutliche Dominanz der nationalstaatlichen Ebene unbestritten. In den 1980er und 1990er Jahren sind es dennoch vor allem die Bundesländer gewesen, die es verstanden haben, sich durch neue Akzentsetzungen forschungspolitisch zu profilieren. Als Antwort auf die Herausforderungen des weltweiten ökonomischen Wandlungsprozesses, der heute mit dem Schlagwort der Globalisierung erfaßt wird, setzten sie Forschung und Technologie zunehmend als Steuerungsinstrument einer neuartigen »innovationsorientierten« Regionalpolitik ein (Brugger 1980). Den zunehmenden Schwierigkeiten einer Stimulation wirtschaftlichen Wachstums auf nationaler Ebene sollte und soll ein gezieltes Vorantreiben des technischen Wandels in regionalen Bezügen begegnen. Politikwissenschaftliche Untersuchungen haben diesen regionalpolitischen Neuansatz seit Jahren thematisiert, detailliert beschrieben und auch in vergleichender Perspektive zwischen einzelnen Bundesländern Hintergründe, Möglichkeiten und Grenzen dieses Konzepts auszuloten versucht (Hucke/Wollmann 1989; Buchholz 1990; Weitkamp 1992).

Mit der Beobachtung, daß die Länder seit rund zwei Jahrzehnten einen durchaus aktiven Part im Konzert der deutschen Forschungspolitik übernehmen, kontrastiert eigentümlich die untergeordnete Rolle, die sie im vorausgehenden Vierteljahrhundert bundesrepublikanischer Geschichte in dieser Hinsicht spielten. Ihre klassische Domäne des Hochschulsektors behaupteten sie zwar durchgehend und in weitestgehendem Maße, doch stand dieser freilich bis in die jüngste Zeit eindeutig unter dem Primat der Bildungspolitik. Im Bereich der außeruniversitären Forschung hatten sie dagegen, wie die bekannten Arbeiten von Stamm und Osietzki zeigten, lediglich in der Konstitutionsphase des bundesdeutschen Wissenschaftssystems von 1945 bis 1955 größeren Einfluß gewinnen können (Stamm 1981; Osietzki 1982). Seit Mitte der 1950er Jahre aber, das hat die mittlerweile stattliche Reihe der »Studien zur Geschichte der deutschen Großforschungseinrichtungen« eindrucksvoll vermittelt, begann der Bund, gestützt auf seine finanzielle Überlegenheit, in der Forschungsförderung und -politik klar zu dominieren. Die Länder treten folglich in den einschlägigen Darstellungen, je weiter sie sich von den 1950er Jahren aus zeitlich vorarbeiten, zunehmend in den Hintergrund.

In dem von Helmuth Trischler und Rüdiger vom Bruch bearbeiteten Projekt zur Geschichte der Fraunhofer-Gesellschaft (FhG) sind die Bundesländer erneut am wissenschaftshistorischen Horizont aufgetaucht (Trischler/vom Bruch 1999). Der hierfür eingeräumte breite Zugang zur Überlieferung der FhG und der Länder ermöglicht es, Einblick in den Wandlungsprozeß der »langen« siebziger Jahre zu gewinnen, der die Brücke schlägt zwischen dem aktuellen Engagement der Länder und der vorausgegangenen Phase forschungs- und technologiepolitischer Zurückhaltung. Die hier vorgelegte Untersuchung rückt aus diesem Material einige Vorgänge der späten 1970er Jahre in den Mittelpunkt, die für den Übergang zwischen den beiden Phasen Scharnierfunktion haben dürften. Sie versucht, die damals zwischen den Ländern am konkreten Fall einer Institutsgründung aufbrechende Diskussion um zwei Probleme abzubilden, die der vom Bund forcierte Ausbau der FhG zu einer leistungsfähigen Trägerorganisation der angewandten Forschung mit sich brachte. Es ist dies zum einen das Problem der regionalen Verteilung der

Forschungseinrichtungen in der Bundesrepublik, zum anderen das der Finanzierung des Ausbaus der anwendungsnahen institutionellen Forschung. Mit der Analyse dieser Diskussion wird im Sinne des Plurals »Stile« im Titel dieses Beitrags zweierlei bezweckt: In der diachronen Dimension sollen signifikante Veränderungen des forschungspolitischen Engagements der Länder insgesamt in den »langen« siebziger Jahren aufgezeigt werden; in synchroner Dimension sollen verschiedene Ausprägungen dieses Engagements erfaßt und gedeutet werden.

Die erste Hälfte der 1970er Jahre sah von der politischen Großwetterlage her die Länder unter zunehmendem Legitimationsdruck. Gegenüber einer auf Ausweitung staatlicher Kompetenzen, Zentralisation und Koordination zielenden sozialliberalen Reformpolitik auf Bundesebene erschienen die mehrheitlich von den Unionsparteien geführten Länder als rückschrittlich-hemmender Faktor. Das mit dem Begriff Föderalismus umschriebene komplexe politische Ordnungssystem der Bundesrepublik als solches geriet in Mißkredit, da es sich einer raschen Durchsetzung gesellschaftlicher Reformziele gegenüber als widerspenstig erwies. Die Notwendigkeit, dessenungeachtet im politischen Tagesgeschäft weiterzuarbeiten, verschaffte dem Konzept des »Kooperativen Föderalismus« breite Resonanz. Die vielschichtigen Formen der Zusammenarbeit zwischen den Ländern untereinander ebenso wie zwischen den Ländern und dem Bund sollten weiter ausgebaut werden (Laufer 1974: 7–14; Jäger 1987: 51–56; Thränhardt 1996: 223–232). Ein Beispiel für diese Bestrebungen, die 1975 geschlossene Rahmenvereinbarung Forschungsförderung, avancierte zum wichtigsten forschungspolitischen Thema jener Jahre. Der am 12. Mai 1969 im Rahmen der Großen Finanzreform in das Grundgesetz eingefügte Artikel 91 b hatte die Forschungsförderung in den Rang einer Gemeinschaftsaufgabe von Bund und Ländern erhoben. Die zuvor geübte Praxis des Zusammenwirkens der Partner auf dem Weg von Verwaltungsabkommen wurde damit abgelöst, immer wieder auftauchenden Zweifeln an der Rechtmäßigkeit dieser Praxis die Grundlage entzogen (Stamm 1981: 256–271). Durch das Auslaufen des Königsteiner Staatsabkommens von 1949 und des Verwaltungsabkommens, nach dem unter anderem die Max-Planck-Gesellschaft (MPG) und die Deutsche Forschungsgemeinschaft (DFG) von Bund und Ländern gemeinsam finanziert wurden, bestand seit Ende 1969 akuter Handlungsbedarf, um den Schwebezustand, in dem sich die Forschungsorganisationen befanden, zu beenden. Im Gegensatz zur Bundesregierung, die bilaterale Abkommen mit einzelnen Ländern bevorzugte, drängten die Länder in engem Schulterschluß auf eine grundsätzliche Rahmenvereinbarung mit dem Bund, wie Artikel 91 b GG künftig auszufüllen sei.

Das langwierige Zustandekommen der Rahmenvereinbarung Forschungsförderung ist bereits detailliert dargestellt worden (Bentele 1979). Die Analyse hat nachgewiesen, wie die anfangs durchaus vorhandenen Ansätze zu einer gemeinsamen aktiven Forschungspolitik von Bund und Ländern umschlugen in eine verfassungsrechtliche Diskussion, die eine solche Politik auf Jahre hinaus nicht zustandekommen ließ. Von 1970 an wurde auf der Ebene der Finanz- und Fachressorts von Bund und Ländern verhandelt, wobei es keineswegs im Kern um Umschichtung von finanziellen Belastungen durch die Forschungsförderung ging. Vielmehr war es das Hauptanliegen der Länder, die gemeinsame Forschungsförderung auch auf die Großforschungseinrichtungen und weitere überregionale Einrichtungen auszudehnen, was ihnen eine stärkere Mitsprache bei der Forschungsplanung und Schwerpunktsetzung der Forschungsförderung ermöglichen sollte (Bentele 1979: 133–209).

In den Mittelpunkt der Verhandlungen rückte jedoch bald die Frage, welches Entscheidungsverfahren in Fragen der allgemeinen Forschungsförderung angewandt werden sollte, konkret, ob Mehrheitsentscheidungen die nicht an einem Beschluß beteiligten Länder binden konnten. Nachdem langwierige Verhandlungen zwischen den Fachressorts immerhin eine weitgehend akzeptierte Lösung zustandegebracht hatten, lehnten die Ministerpräsidenten am 30. November 1973 eine solche Regelung aus verfassungsrechtlichen Bedenken ab. Sie bezeichneten Mehrheitsentscheidungen im Bereich des Artikels 91 b GG als grundsätzlich nicht akzeptabel, da sie die präjudizierende Wirkung einer solchen Regelung für andere Gemeinschaftsaufgaben von Bund und Ländern befürchteten. Bayern und vor allem Nordrhein-Westfalen erwiesen sich einmal mehr als die Hauptverfechter föderaler Interessen. Der Druck, eine gangbare Lösung der Problematik zu finden, wuchs vor allem auch durch die zunehmende Finanzierungsunsicherheit der Forschungsorganisationen, insbesondere als seit 1975 einige Länder ihren Zahlungsverpflichtungen an MPG und DFG nicht mehr termingerecht nachkamen. Um die ebenfalls anstehende Verlängerung des Abkommens über den Wissenschaftsrat und den Bildungsrat nicht zu gefährden, gab der Bund schließlich nach und akzeptierte im Hinblick auf die Entscheidungsstruktur in der Forschungspolitik die Ländervorstellungen bei der Zusammenarbeit von Bund und Ländern. Am 28. November 1975 kam es so endlich zur Einigung über die Rahmenvereinbarung Forschungsförderung (Bundesminister für Forschung und Technologie 1979: 73–88). Sie rückte gültige Beschlußfassungen in den Bereich der Ministerpräsidenten; ausschlaggebend war, daß sie eine Dreiviertelmehrheit für das Zustandekommen von Beschlüssen festlegte, die obendrein für die Länder, die in einer Sache nicht zustimmten, ohne bindende Wirkung blieben. Praktisch war damit das Prinzip der Einstimmigkeit etabliert. Skeptiker sowohl aus den Forschungsressorts als auch aus den Wissenschaftsorganisationen sahen damit einen Geleitzug der Forschungsförderung entstanden, bei dem der jeweils schwächste Partner das Tempo vorgab. Sie befürchteten, der Ausbau der bundesdeutschen wissenschaftlichen Infrastruktur werde zum Stocken gebracht, wenn einzelne Länder mit den steigenden finanziellen Anforderungen nicht Schritt halten könnten. Es sollte freilich anders kommen. Nicht die Länder, sondern der Bund wurde durch die Wissenschaftsexpansion zunehmend überfordert, wie unser Beispiel der Ausbauplanungen der FhG gegen Ende der »langen« siebziger Jahre zeigt.

Neben MPG, DFG und den Großforschungseinrichtungen war auch die Fraunhofer-Gesellschaft in die Rahmenvereinbarung aufgenommen worden. Diese 1949 in München gegründete Forschungsorganisation hatte lange Zeit nur eine untergeordnete Rolle im bundesdeutschen Innovationssystem einnehmen können. Vor dem Hintergrund der »amerikanischen Herausforderung« war sie unter der führenden Hand des Bundesforschungsministeriums zu einer Trägerorganisation für Institute der angewandten Forschung umgebaut worden, die Vertragsforschung für Wirtschaft und Staat betreiben sollten (Hohn/Schimank 1990: 171–230). Mit der Rahmenvereinbarung Forschungsförderung hatten sich Bund und Länder darauf geeinigt, die FhG nach einem Schlüssel von 90:10 zu finanzieren. Der auf die Länder entfallende 10%-Anteil an den Fördermitteln war dabei von den sechs an der Rahmenvereinbarung beteiligten Bundesländern gemeinsam aufzubringen. Die Bedeutung, die der angewandten Forschung im politischen Raum beigemessen wurde, war an der gemeinschaftlichen finanziellen Leistungsbereitschaft von Bund und Ländern für die FhG abzulesen. Waren für 1978 als staatliche Zuwendung 59 Mio. DM bewilligt worden, so sollten für 1979 und

1980 beträchtliche jährliche Zuwachsraten von 23,7% und 20,5% einen zügigen weiteren Ausbau der FhG ermöglichen.[1]

Im Rahmen dieser Ausbauplanungen konkretisierte sich in der FhG im Verlauf des Jahres 1978 das Vorhaben, unter anderem ein Institut für Experimentelle Toxikologie zu errichten. Die Umweltgesetzgebung des Bundes und der EG ließen einen steigenden Bedarf an Forschung und wissenschaftlichen Dienstleistungen auf diesem Sektor erwarten.[2] Keimzelle der neuen Forschungseinrichtung konnte das der FhG bereits seit 1959 angegliederte, im sauerländischen Grafschaft gelegene Institut für Aerobiologie bilden, das damit zugleich noch weiter aus der bis dahin überwiegend betriebenen Verteidigungsforschung herausgelöst und zivilen Aufgaben gewidmet werden sollte. Als künftiger Sitz des bislang etwas abseits gelegenen Instituts wurden der Hochschulstandort Münster in Westfalen, wo das Institut für Aerobiologie bereits eine Dependance mit 21 seiner 110 Mitarbeiter unterhielt, und Niedersachsens Hauptstadt Hannover gehandelt, wo günstige Möglichkeiten zum Anschluß der Institutsarbeit an die Hochschulforschung bestanden. Vorgesehen war, den Mitarbeiterstand des Instituts auf 250 auszubauen. Für den Bau wollte man 40 Mio. DM investieren. Am 17. Oktober 1978 beschloß der Senat der FhG die Grundzüge einer solchen »Umgründung«.[3]

Basis für diese Entscheidung war ein Angebot des Landes Niedersachsen, das neben der – üblichen – kostenlosen Bereitstellung eines Baugrundstücks die – dem vereinbarten Finanzierungsschlüssel der FhG zuwiderlaufende – Übernahme von 50% der Bau- und Ausstattungskosten umfaßte. Niedersachsen reagierte mit diesem Angebot auf eine Anregung des Vertreters des Bundesforschungsministeriums im Ausschuß Fraunhofer-Gesellschaft, dem aus Referenten von Bundes- und Länderministerien gebildeten politischen Steuerungsgremium der FhG. Der Bundesvertreter wies bei der Ausschuß-

---

1 BayStMWiV Registratur 3, AZ 3622c-61357/79, Vermerk Lentrodt, 12.7.1979. Folgende Abkürzungen werden verwendet: BayStMWiV (Bayerisches Staatsministerium für Wirtschaft und Verkehr); FhG, ZA (Fraunhofer-Gesellschaft, Zwischenarchiv); MWF NRW (Ministerium für Wissenschaft und Forschung des Landes Nordrhein-Westfalen).
2 FhG, ZA 32, Anlage 2 zur Niederschrift der Senatssitzung vom 17.10.1978: Empfehlung der Hauptkommission des Wissenschaftlich-Technischen Rates zur Gründung eines Fraunhofer-Instituts für Experimentelle Toxikologie.
3 FhG, ZA 32, Niederschrift über die Sitzung des Senats der FhG am 17. Oktober 1978 in Stuttgart.

sitzung am 22. Juni 1978 darauf hin, daß der Bund durch die Ausbauplanungen der FhG finanziell überfordert werde, und stellte die Frage in den Raum, ob die Länder in Einzelfällen zusätzliche, über den 90:10-Schlüssel hinausgehende Mittel bereitstellen würden. Die Ländervertreter bejahten dies grundsätzlich für den Fall, daß die Länder gemeinschaftlich die zusätzlichen Beträge aufbrächten. Schon die Übernahme des 10%-Anteils der Länder durch das künftige Sitzland allein erschien ihnen problematisch, da sich damit der erste Schritt zu einer unerwünschten bilateralen Finanzierung zwischen Bund und Sitzland andeute.[4] Wenige Wochen später ließ sich jedoch der niedersächsische Minister für Wissenschaft und Kunst, Eduard Pestel, gleichzeitig Vorsitzender des Senats der Fraunhofer-Gesellschaft, vom Vorstand der Gesellschaft unter dem Siegel der Verschwiegenheit das »Angebot der FhG zum Aufbau eines Instituts für Experimentelle Toxikologie« zustellen.[5]

In Hannover begann man in jenem Sommer, auf die zunehmend ungünstigere Arbeitsmarktlage zu reagieren, die sich in der von wenigen Großunternehmen der Stahl- und Automobilindustrie geprägten Wirtschaft des Landes seit den ökonomischen Folgeerscheinungen des Ölpreisschocks von 1973/74 einstellte. In seiner Regierungserklärung vom 28. Juni 1978 wies Ministerpräsident Ernst Albrecht auf die Defizite der institutionalisierten Forschung in Niedersachsen hin und stellte einen Strukturplan zu deren Förderung in Aussicht mit dem Ziel, »das Süd-Nord-Gefälle in der Forschungsförderung abzubauen« (Pollmann 1989: 386). Wissenschaftsminister Pestel berief daraufhin eine »Forschungsstrukturkommission« ein, die am 12. Oktober 1978 zu ihrer konstituierenden Sitzung zusammentrat. Auf ihrer Tagesordnung stand obenan das Institut für Toxikologie, dessen Errichtung die Kommission begrüßte und dessen nachdrückliche finanzielle Unterstützung durch das Land sie empfahl.[6] Auf diese Beurteilung hin stellte Pestel der FhG offenbar eine 50%ige Übernahme der Investitionskosten in Aussicht; die Rahmen-

---

4 FhG, ZA 243, Niederschrift über die 6. Sitzung des Ausschusses Fraunhofer-Gesellschaft am 28.11.1978 in München; s.a. den Beitrag von Alexander Gall in diesem Band.
5 FhG, ZA 508, FhG-Präsident Keller an Pestel, 30.8.1978.
6 FhG, ZA 93, Bericht der Forschungsstrukturkommission bei dem Niedersächsischen Minister für Wissenschaft und Kunst, März 1980, 4 und 60-61. Vgl. auch FhG, ZA 508, Seidel (Vorsitzender der Forschungsstrukturkommission) an FhG-Präsident Keller, 22.11.1978.

vereinbarung Forschungsförderung ließ solche Sonderleistungen bei Zustimmung aller Beteiligten durchaus zu. Dies bildete die materielle Voraussetzung für den Gründungsbeschluß des FhG-Senats vom 17. Oktober, der die Standortfrage aber noch offenließ.[7] Nach der Absegnung durch das niedersächsische Kabinett unterbreitete Pestel am 24. November 1978 Fraunhofer-Präsident Keller offiziell das Finanzierungsangebot seines Landes.[8]

Vier Tage später gerieten die Referenten der Bundes- und Länderministerien bei der Sitzung des Ausschusses FhG heftig aneinander. Der Referent des nordrhein-westfälischen Wissenschaftsministeriums, Maier-Bode, brachte das Unverständnis seiner Regierung darüber zum Ausdruck, daß als Standort des Instituts für Toxikologie jetzt neben Münster/Grafschaft auch Hannover im Gespräch sei. Zugleich kündigte er »angesichts des geringen Engagements der FhG in NRW«, wo es bislang eben nur dieses eine Institut gebe, »ernste Konsequenzen für die weitere Beteiligung des Landes NRW an der Förderung der FhG« an.

»Für Nordrhein-Westfalen ändere sich nichts daran, daß die Situation nunmehr ausgesprochen ernst sei und es fraglich sei, ob im Landtag von Nordrhein-Westfalen Zustimmung für die Beteiligung des Landes an einem Ausbau der FhG gegeben werde, der sich überwiegend im süddeutschen Raum vollzöge [...] und Nordrhein-Westfalen nur noch mit vagen Hoffnungen abspeise".[9]

Der Einwurf des niedersächsischen Vertreters, Börger, auch in Niedersachsen sei nur ein Institut der FhG angesiedelt, weshalb seine Regierung die FhG durch eine Sonderfinanzierung zu stärkerem Engagement ermuntern wolle, forderte den Widerspruch Maier-Bodes und des baden-württembergischen Referenten Munz heraus. Sie beschworen die Gefahr, daß sich die Länder, sollte sich das niedersächsische Vorgehen durchsetzen, künftig bei Institutsgründungen gegenseitig zu Sonderleistungen zwingen würden. Der Vertreter

---

7 FhG, ZA 32, Niederschrift über die Sitzung des Senats der FhG am 17. Oktober 1978 in Stuttgart.
8 FhG, ZA 508, Pestel an Keller, 24.11.1978.
9 MWF NRW Registratur IV, AZ 9184.2/1, Ministervorlage Maier-Bode, 29.1.1979.

Bayerns, Lentrodt, mochte gar die Notwendigkeit der Institutsgründung an sich nicht recht einsehen.[10]

Die drohende Abwanderung des Instituts aus Nordrhein-Westfalen löste in Düsseldorf vielfältige Aktivitäten aus. In dem seit 1966 von der SPD regierten bevölkerungsstärksten Bundesland konnten die Forderungen sozialdemokratischer Vordenker nach einer strukturpolitisch ausgerichteten Forschungspolitik auf besonders fruchtbaren Boden fallen, sofern sie nicht ohnehin auf die dortige Situation gemünzt waren. Die ökonomischen Krisen seit den späten 1960er Jahren hatten in der Bundesrepublik die Rufe nach einer gezielten staatlichen Beeinflussung der Wirtschaftsstruktur, nicht zuletzt unter gezieltem Einsatz der Instrumente der Forschungs- und Technologiepolitik, nach sich gezogen (Hauff/Scharpf 1995). Daß gerade die Düsseldorfer Landesregierung dieses Konzept aufgriff, hatte neben parteipolitischen Affinitäten zwei tieferliegende Gründe.

Die Wirtschaftsleistung Nordrhein-Westfalens ging im Vergleich zu anderen Bundesländern in den »langen« siebziger Jahren stetig zurück. 1979 schied das Land im Länderfinanzausgleich erstmals aus dem Kreis der »reichen« Geberländer aus (Boldt 1989). Hauptgrund hierfür war die langanhaltende Strukturkrise des Ruhrgebiets. Die einstige industrielle Führungsregion Westdeutschlands hatte sich seit den 1950er Jahren zum ausgesprochenen Sorgenkind entwickelt. Durch den Niedergang der traditionellen Stahl- und Kohleindustrie waren Hunderttausende von Arbeitsplätzen verlorengegangen (Brunn/Reulecke 1996: 197–205).

Auf der anderen Seite verfügte gerade Nordrhein-Westfalen als einziges Bundesland über eine ansehnliche Tradition einer eigenständigen, aktiven Forschungspolitik. Unter entscheidender Initiative von Staatssekretär Leo Brandt, dem »Hans Dampf in allen Gassen der Forschungsförderung« (Rusinek 1996, 141), hatte das Land bereits in den Nachkriegsjahren Maßstäbe gesetzt, sowohl in der Koordination wissenschaftlicher und politischer Bemühungen etwa in der »Arbeitsgemeinschaft für Forschung« als auch in der selbständigen Gründung von Forschungseinrichtungen (Brautmeier 1983). Seit 1970 waren die forschungspolitischen Ressourcen in Düsseldorf in einem von Johannes Rau geleiteten Ministerium für Wissenschaft und For-

---

10 FhG, ZA 243, Niederschrift der 5. Sitzung des Ausschusses Fraunhofer-Gesellschaft am 22.6.1978 in Darmstadt.

schung gebündelt. Als Rau 1978 den seit 1966 amtierenden Heinz Kühn (SPD) als nordrhein-westfälischen Ministerpräsidenten ablöste, übergab er sein Ministerium an Reimut Jochimsen, ein forschungspolitisch keineswegs unbeschriebenes Blatt. Von 1970 bis 1973 war Jochimsen Leiter des Planungsstabes im Bundeskanzleramt und 1973 bis 1978 Staatssekretär im Bundesministerium für Bildung und Wissenschaft gewesen.

Mit Jochimsens Amtsantritt begannen im Düsseldorfer Ministerium für Wissenschaft und Forschung ernsthafte Bemühungen, die Forschungspolitik für strukturpolitische Zwecke zu nutzen. Diese Bemühungen konkretisierten sich in Gestalt einer gezielten Infrastrukturpolitik, die auf eine möglichst hochwertige Ausstattung des Landes mit Forschungseinrichtungen abzielte. Hier waren die unmittelbarsten Möglichkeiten der Einflußnahme für die Landesregierung gegeben. Der Vorteil von Maßnahmen im Infrastrukturbereich lag politisch zudem darin, daß sie mit marktwirtschaftlichen Ordnungsvorstellungen grundsätzlich vereinbar erschienen. Der Begriff »Infrastruktur« hatte deshalb seit dem Ende der 1960er Jahre in der Bundesrepublik Karriere gemacht, »Infrastrukturmaßnahmen« wurden zu einer kaum anfechtbaren Zentralkategorie für staatliche Steuerungsversuche der Wirtschaftsentwicklung. Minister Jochimsen selbst war bezeichnenderweise als Professor der Volkswirtschaftslehre zugleich Verfasser eines Standardwerks zur »Theorie der Infrastruktur« (Borchardt 1971).

In einer auf die Fraunhofer-Gesellschaft konzentrierten politischen Perspektive schien das Land gegen die »Südstaaten« Baden-Württemberg und Bayern ins Hintertreffen geraten zu sein, wo die historischen Wurzeln der 1949 in München gegründeten Einrichtung und in der Konsequenz daraus die Mehrzahl ihrer Institute lagen. Schon bei den Verhandlungen um die Neuordnung der Beziehungen zwischen Bund und Ländern in der ersten Hälfte der 1970er Jahre hatte das Düsseldorfer Wissenschaftsministerium damit begonnen, die regionale Verteilung der Standorte von Max-Planck-Instituten und Fraunhofer-Instituten sorgfältig zu analysieren. Auf der Suche nach möglichen Erklärungen für die augenscheinliche »Südlastigkeit« der bundesdeutschen Forschungslandschaft kam es zu dem Ergebnis,

»daß die vom Bund maßgeblich beeinflußbare Standortpolitik im Bereich der außeruniversitären Forschungseinrichtungen in der Vergangenheit dazu geführt hat, daß insbesondere die CDU-geführten Bundesländer Bayern und Baden-Württemberg gegenüber dem stärksten Bundesland Nordrhein-Westfalen bevorzugt worden sind".[11]

Solche die Vergangenheit bemühenden Formulierungen sollten vor allem als Argumentationshilfe gegenüber Bundeswissenschaftsminister Matthöfer dienen und waren historisch gesehen zweifellos nicht stichhaltig. Sie begründeten aber dennoch die Aufnahme eines Passus in die Ausführungsvereinbarungen zur Rahmenvereinbarung Forschungsförderung, der »neben wissenschaftlichen Gesichtspunkten auch eine ausgewogene regionale Verteilung« der Standorte neuer Forschungseinrichtungen zur Richtschnur erklärte.[12] Folgerichtig zeichnete der Bundesbericht Forschung von 1975 erstmals eine »Forschungslandkarte«, in der minutiös die regionale Verteilung der Forschungskapazitäten in der Bundesrepublik in einer Form dargestellt wurde (Bundesminister für Forschung und Technologie 1975: 123 ff.), wie dies analog zuvor nur für Infrastrukturbereiche wie Verkehr oder Energieversorgung üblich gewesen war.

Um einen Ausgleich der ungleichmäßigen Verteilung der Fraunhofer-Institute im Bundesgebiet zu erreichen, blieb nur der Weg, auf die künftigen Standortentscheidungen der im Aufbau begriffenen FhG Einfluß zu nehmen. Am 21. September 1978 hatte Jochimsen sein Ministeramt angetreten; vier Monate später traf er mit dem Fraunhofer-Präsidenten, Heinz Keller, zu einem ausführlichen Gespräch zusammen, in dem die gegenseitigen Positionen markiert wurden. Jochimsen wies Keller »auf das Interesse des Landes Nordrhein-Westfalen hin, die Forschungsstruktur weiter auszubauen«, ebenso aber auch auf »die relativ geringe Präsenz der Fraunhofer-Gesellschaft im Lande Nordrhein-Westfalen«. Um diesem Zustand abzuhelfen, unterstrich er die Standortbewerbung des Landes für das Institut für Toxikologie in Münster. Mit der Zusage von Baugrundstücken, einer 50%igen Übernahme der Investitionskosten sowie gemeinsamer Berufungsverfahren mit den Landeshochschulen für die Institutsleiter suchte Jochimsen, das niedersächsische Angebot zu parieren. Die gleichen Bedingungen bot er für ein ebenfalls in der Planung befindliches Institut für Produktionstechnologie an,

---

11 MWF NRW Registratur IV, AZ 9172.0, Ministervorlage Maier-Bode, 6.6.1974.
12 § 2 Abs. 2 Nr. 2 AV-MPG v. 28.10./17.12.1976. § 2 Abs. 2 Spiegelstrich 2 AV-FhG v. 17.3./26.8. 1977.

für das Aachen als Standort in Frage kam. Jochimsen ließ sich von Keller darlegen, inwieweit »für das Ruhrgebiet weitere Projekte der Fraunhofer-Gesellschaft interessant sein könnten«. Keller, der sich erfreut zeigte,

»daß die in den letzten Jahren von ihm ursprünglich befürchteten Hemmnisse durch die Länderbeteiligung im Rahmen der Ausführungsvereinbarung Fraunhofer-Gesellschaft nicht eingetreten seien«,

formulierte als Ziel für Nordrhein-Westfalen, »innerhalb von 5 Jahren mindestens 2 Institute nach Nordrhein-Westfalen zu bekommen«, nicht ohne darauf hinzuweisen, daß auch die anderen Länder erhebliches Interesse an den Fraunhofer-Instituten an den Tag legten.[13]

Das Düsseldorfer Wissenschaftsministerium begnügte sich keineswegs damit, Druck unmittelbar auf die FhG auszuüben. Im größten Maßstab versuchte man zusätzlich im politischen Bereich Einfluß zu nehmen. Das Bundesinnenministerium wurde ebenso um Unterstützung gebeten[14] wie Bundesforschungsminister Hauff[15] und einflußreiche nordrhein-westfälische Bundestagsabgeordnete.[16]

Dennoch fiel im März 1979 im Wissenschaftlich-Technischen Rat der FhG die Entscheidung zugunsten des Standorts Hannover. Ausschlaggebend dabei waren persönliche Präferenzen der für die Institutsleitung vorgesehenen Persönlichkeiten. So war der Hannoveraner Pathologe Ulrich Mohr, der mit einem an seiner Hochschule bereits vorhandenen Projektteam von rund 40 Mitarbeitern einen entscheidenden Kern für das neue Institut bilden sollte, nicht zu einem Wechsel nach Münster zu bewegen. Wegen der Möglichkeit zu einem »fliegenderen Start« in die Vertragsforschung favorisierte die Fraunhofer-Führung Hannover.[17]

Wie nicht anders erwartet, löste diese Ankündigung im Ausschuß FhG den Unmut verschiedener Seiten aus. Maier-Bode erklärte für Nordrhein-

---

13 MWF NRW Registratur IV, AZ 9184.2/1, Vermerk über das Gespräch zwischen Jochimsen und Keller, 1.2.1979.
14 Ebd., Telefonnotiz Vogtmann, 5.3.1979.
15 Ebd., Jochimsen an Hauff, Entwurf, 8.3.1979.
16 MWF NRW Registratur IV, AZ 9184.2/1, Jochimsen an Helmuth Becker, Entwurf, 8.3.1979.
17 FhG, ZA 508, Keller an Jochimsen, 27.3.1979.

Westfalen noch einmal, daß die Entscheidung für Hannover die FhG mit drastischen Konsequenzen hinsichtlich der weiteren finanziellen Förderung durch sein Land konfrontieren könne. Er schloß die als Frage formulierte Forderung an, als Ausgleich für die Niederlage Nordrhein-Westfalens im Standortstreit um das Institut für Toxikologie die geplante Arbeitsgruppe für Produktionstechnologie in Aachen in größerem Rahmen als selbständiges Institut zu errichten. Fraunhofer-Präsident Keller blieb wenig anderes übrig, als sich spontan hierzu bereit zu erklären, auch wenn der niedersächsische Referent Börger erklärte,

»Nordrhein-Westfalen könne in der Forschungsförderung nicht als benachteiligt angesehen werden, so daß Argumente, die sich hierauf stützten, nicht tragfähig seien«.

Daß Bayern weniger an dem Standortkonflikt der beiden nördlichen Länder als an den finanziellen Konsequenzen insgesamt interessiert war, versteht sich von selbst. Es war also auch der bayerische Vertreter Lentrodt, der auf den Gefahren des geplanten Finanzierungsmodells insistierte. Seiner Ansicht nach würden die Länder künftig »zu Wettbewerben gezwungen werden, die immer höhere Beteiligungen der interessierten Sitzländer zur Folge hätten«. Lentrodt kündigte vorsichtig den Widerstand Bayerns gegen das geplante Vorgehen an.[18]

Auf der Sitzung des Senats der FhG in der niedersächsischen Landeshauptstadt am 4. April wurde die Entscheidung für Hannover förmlich abgesegnet. In der Standortfrage beanstandete Bayern zwar, daß der Fraunhofer-Vorstand die Vor- und Nachteile von Münster und Hannover nicht sorgfältig abgewogen habe. Das bayerische Senatsmitglied enthielt sich aber ebenso wie Baden-Württembergs Vertreter der Stimme.[19] Die aufflammende Diskussion um die Sonderfinanzierung wurde im Ausschuß Fraunhofer-Gesellschaft geführt.

---

18 FhG, ZA 243, Niederschrift über die 7. Sitzung des Ausschusses Fraunhofer-Gesellschaft vom 26.3.1978 in München. Zu den Äußerungen Maier-Bodes vgl. auch seinen Vermerk über die Sitzung in MWF NRW Registratur IV, AZ 9184.2/1, 28.3.1979.
19 FhG, ZA 32, Niederschrift über die Sitzung des Senats der FhG am 4. April 1979 in Hannover. Vgl. auch BayStMWiV Reg. 3, AZ 3622b-41747/79, Vormerkung zur Sitzung des Senats der FhG am 4.4.1979 in Hannover.

Von den im Ausschuß vertretenen Ländern weigerte sich allein Bayern bis zuletzt, dem 1979 gefaßten Beschluß zur Aufnahme des Instituts für Toxikologie in die gemeinsame Forschungsförderung in Abweichung vom allgemeinen Finanzierungsschlüssel zuzustimmen.[20] Ministerialrat Lentrodt, der die Gefahr einer präjudizierenden Wirkung einer solchen Entscheidung beschwor und die Aufnahme einer eigenen Protokollnotiz veranlaßte, demzufolge der Ausschuß sich darüber einig sei, »daß die Beschlüsse – soweit sie eine Abweichung vom allgemeinen Finanzierungsschlüssel zulassen – kein Präjudiz für künftige Neugründungen sein dürfen«, geriet durch seine Ablehnung unter erheblichen Druck. Der Vertreter des Bundes machte unmißverständlich klar, daß es zu einer Institutsgründung, bei der der Bund 90% der Kosten laut Schlüssel übernehmen müsse, nicht kommen werde, da die notwendigen Mittel nicht vorhanden seien. Maier-Bode erklärte gar,

»daß Nordrhein-Westfalen der Frage der Zustimmung Bayerns zu Sonderfinanzierungen im Bereich der FhG grundsätzliche Bedeutung zumesse und eine Weigerung Bayerns [...] sehr weitreichende Konsequenzen haben werde«.[21]

In einem Vermerk für eine eigens kurzfristig anberaumte Besprechung der Amtschefs des bayerischen Wirtschafts- und des Finanzministeriums zeigte Lentrodt offen die Problematik auf. Im Augenblick werde Bayern durch die Zustimmung zu einer Sonderfinanzierung zwar finanziell entlastet, bei künftigen Institutsgründungen in Bayern müsse jedoch um so tiefer in die Tasche gegriffen werden, zumal sich bereits abzeichne, daß Sonderfinanzierungen von möglicherweise sogar 100% durch das Sitzland zur Regel würden. Eine präjudizierende Wirkung sei jedoch nicht nur für die Finanzierung der FhG, sondern vor allem für den übrigen Bereich der 90:10-Finanzierungen, wie bei den Großforschungseinrichtungen, zu befürchten. Es sei zwar der Bund, der die Wachstumswünsche der FhG finanziell nicht mehr befriedigen könne, doch müsse damit gerechnet werden, daß Bundesforschungsministerium und FhG bei Verweigerung einer Sonderfinanzierung Bayern die politische

---

20 FhG, ZA 243, Niederschrift über die 8. Sitzung des Ausschusses Fraunhofer-Gesellschaft am 19. Juni 1979 in Bonn.
21 BayStMWiV Registratur 3, AZ 3622c-61357/79, Vermerk Lentrodt über die 8. Sitzung des Ausschusses FhG am 19.6.1979, 25.6.1979.

Schuld für das Scheitern der Institutsgründung zuschieben würden.[22] Die bayerischen Ministerialdirektoren kamen überein, vor einer Zustimmung zu der Sonderfinanzierung das Problem nochmals im Ausschuß FhG behandeln zu lassen.[23]

Bayern teilte Bund und Ländern seine Bedenken mit Nachdruck mit. Angesichts der Erklärungen verschiedener Länder stehe zu befürchten, daß Sonderfinanzierungen durch die Länder bei Institutsgründungen zum Regelfall würden. Bei der anhaltenden Finanzschwäche des Bundes könnten diese Sondermittel allmählich sogar 100% der jeweils notwendigen Investitionskosten erreichen. Da der Passus in der Rahmenvereinbarung Forschungsförderung, der Sonderfinanzierungen zulasse, eine Ausnahmemöglichkeit darstelle, müsse für ein Abweichen vom regulären Finanzschlüssel ein besonderer Anlaß gegeben sein, ansonsten handele es sich um eine mißbräuchliche Beseitigung der vereinbarten Schlüssel »auf kaltem Wege«. Es müsse vermieden werden, daß

»künftig nicht mehr allein fachliche und allenfalls politische Argumente für eine Standortentscheidung ausschlaggebend sein werden, sondern auch finanzielle Gesichtspunkte«.

Gerade das Ziel einer regional ausgewogenen Verteilung der Forschungseinrichtungen werde durch Sonderzuwendungen gefährdet. Im übrigen habe die FhG nur deshalb in die Rahmenvereinbarung Forschungsförderung aufgenommen werden können, da es sich bei ihren Instituten um Forschungseinrichtungen von überregionaler Bedeutung handle; es widerspreche aber

»dem Gedanken der überregionalen Bedeutung, wenn nun ein besonderes Interesse des Sitzlandes geltend gemacht werde, das Grundlage eines Sonderfinanzierungsangebotes sei«.[24]

Die bayerischen Einwände wurden von sicherer Warte aus vorgetragen. Von wirtschaftlichen Einbrüchen, die strukturpolitische Interventionen motivieren

---

22 BayStMWiV Registratur 3, AZ 3622c-61357/79, Vermerk Lentrodt, 12.7.1979.
23 BayStMWiV Registratur 3, AZ 3622-13847/79, Vermerk, 25.7.1979.
24 Ebd., Schreiben von MD Bayer an die beteiligten Bundes- und Länderministerien, 1.8.1979.

konnten, war man deutlich weniger betroffen als der Bundesdurchschnitt. Außerdem verfügte der Freistaat über eine reich differenzierte, wenn auch hauptsächlich im Großraum München konzentrierte außeruniversitäre Forschungslandschaft. Neben sechs Fraunhofer-Instituten war auch die Hauptverwaltung der FhG dort angesiedelt (Deutinger 1998).

Nach Auffassung der Fraunhofer-Führung trug die Haltung des Freistaats

»nur dem formalen, finanzpolitischen Standpunkt Rechnung, aber nicht den regionalen und strukturpolitischen Gegebenheiten, die sich heute länderbedingt herausstellen«.

Präsident Keller sah seine Ziele gefährdet und ersuchte den niedersächsischen Wissenschaftsminister darum, »die bayerische Auffassung als eine isolierte« hinzustellen, um »auf dem politischen Kanal die Unhaltbarkeit dieses Standpunktes den Bayern klar zu machen«.[25] Die in Hannover formulierte Entgegnung an Bayern wies denn auch deutlich die Ausführungen aus dem Münchner Wirtschaftsministerium zurück. Daß die Sonderfinanzierung von Erstinvestitionen zur Regel würde, sei nicht zu befürchten, da die Beteiligten eine präjudizierende Wirkung des aktuellen Falles ausdrücklich ausgeschlossen hätten. Es sei durchaus legitim,

»daß ein Land, das sich in besonderem Ausmaße für ein bestimmtes Institut interessiert, dieses Interesse dadurch dokumentiert, daß es sich bereit erklärt, mehr Leistungen zu erbringen, als dies im Regelfall nach der Rahmenvereinbarung vorgesehen ist«.

Der Vorwurf, der normale Finanzierungsschlüssel solle beseitigt werden, treffe ohnehin nicht zu, da nur die Erstausstattung, nicht aber die Kosten des laufenden Betriebs des Instituts zur Diskussion stünden. Der Ausbau der FhG dürfe »bei der besonderen Bedeutung, die der angewandten Forschung gerade heute beigemessen wird«, nicht durch formalistische Bedenkenträgerei blockiert werden; Bayern vernachlässige

---

25 FhG, ZA 508, Keller an Pestel, 16.8.1979.

»den positiven Aspekt der beiden vorgesehenen Sonderfinanzierungen, der darin zu sehen ist, daß hierdurch bewirkt wird, daß eine der wichtigsten Forschungsorganisationen der Bundesrepublik schneller ihre Ausbauziele verwirklichen kann«.

Angesichts des in der Rahmenvereinbarung angesprochenen Ziels einer ausgewogenen regionalen Verteilung der Forschungseinrichtungen müsse aus niedersächsischer Sicht

»die Ansiedlung eines Instituts für Toxikologie der FhG als wichtiger Schritt zur Verwirklichung des Gebots einer ausgewogenen regionalen Verteilung angesehen werden«.

Die überregionale Bedeutung eines Forschungsinstituts sei davon unabhängig, »daß ein Land ein besonderes Interesse an einem bestimmten Institut geltend« mache.[26] Demgegenüber wurde im Düsseldorfer Wissenschaftsministerium intern durchaus die Ansicht vertreten, die Einwände Bayerns seien »im Grunde genommen nicht ganz von der Hand zu weisen«.[27] Begreiflicherweise hütete man sich aber davor, dies nach außen dringen zu lassen.

In der Sitzung des Ausschusses FhG am 2. November 1979 in Bonn, bei der diesmal auf Amtschefsebene verhandelt wurde, stimmte Bayern unter dem Druck der Mehrheit der anderen Länder der Sonderfinanzierung für Hannover schließlich zu. Gegen die bayerischen Einwände hatte die geballte Mehrheit der übrigen Länder einen ganzen Katalog an Punkten vorgebracht, die die vorgesehene Lösung argumentativ stützen sollten. Insbesondere wurde die Notwendigkeit des Ausbaus der FhG und hierbei »die finanzielle Überforderung des Bundes einerseits und bestimmte forschungspolitische Interessen einzelner Länder andererseits« herausgestellt. Eine präjudizierende Wirkung für künftige Institutsgründungen wurde ausdrücklich verneint.[28] Der Weg zur Errichtung der neuen Institute war damit frei. Die von Bayern vorausgesagte Entwicklung bestätigte sich jedoch in jeder Hinsicht. Bereits

---

26 FhG, ZA 243, Pestel an die beteiligten Bundes- und Länderministerien, 28.8.1979.
27 MWF NRW Registratur IV, AZ 9184.2/1, Ministervorlage Becher, 13.8.1979 und Vorlage Becher für Abteilungsleiter II, 29.10.1979.
28 FhG, ZA 243, Ergebnisniederschrift der Sitzung des Ausschusses Fraunhofer-Gesellschaft auf Ministerialdirektor- bzw. Amtschef-Ebene am 2. November 1979 in Bonn. Vgl. auch BayStMWiV Registratur 3, AZ 3622c-48536/80, Vormerkung Lentrodt zur 12. Sitzung des Ausschusses FhG am 22.5.1980 in Würzburg, 30.5.1980.

Anfang 1980 kam erneut eine Sonderfinanzierung für ein Institut, diesmal in Dortmund, auf die politische Tagesordnung. In der Folge wurde tatsächlich kein Institut mehr ohne erhebliche Zusatzleistungen des Sitzlandes errichtet. Nachdem das Prinzip der gemeinsamen Regelfinanzierung wiederholt durchbrochen worden war, setzte sich der Freistaat schließlich sogar nachdrücklich dafür ein, daß »Sonderfinanzierungen für Grunderwerbs-, Bau- und Erstausstattungskosten künftig die Regel« bilden sollten.[29]

Über die tatsächliche regionale Wirksamkeit der umworbenen Forschungseinrichtungen war man sich bei alldem weitgehend im unklaren. Erst 1986 konnte die Fraunhofer-Gesellschaft eine Dokumentation über »Regionale Verteilung, sektorale und regionale Wirkung der Fraunhofer-Gesellschaft« vorlegen.[30] Im übrigen beschränkte sich die Konkurrenz der Länder auch nicht auf die Institute der Fraunhofer-Gesellschaft. Unter fast noch stärkeren Druck geriet die seit Beginn der 1970er Jahre verstärkt auf die Grundlagenforschung orientierte Max-Planck-Gesellschaft. Deren seit 1964 immerhin noch zur Hälfte von den Ländern getragene Finanzierung verpflichtete sie nach Ansicht des nordrhein-westfälischen Wissenschaftsministeriums, »jedem einzelnen Bundesland gegenüber ihre Förderungsmöglichkeit aus Landesmitteln einigermaßen plausibel begründen zu können«. Schon in den frühen 1970er Jahren beklagte sich das Land beim Präsidenten der Max-Planck-Gesellschaft, Reimar Lüst, über »stiefmütterliche Behandlung«. Die Tatsache, daß es zur Finanzierung der MPG ein Mehrfaches des Betrags beisteuerte, der über die Max-Planck-Institute an den Rhein und die Ruhr zurückfloß, brandmarkte Nordrhein-Westfalen als versteckten Länderfinanzausgleich, der nicht toleriert werden könne. Die Landesregierung zeichnete das Schreckgespenst einer bilateralen Sitzlandfinanzierung der MPG, falls die Zahl an Max-Planck-Instituten und damit das Ausgabevolumen der Gesellschaft in Nordrhein-Westfalen nicht deutlich ansteige.[31]

Zeitgleich zu den Verhandlungen mit der Fraunhofer-Gesellschaft konfrontierte Jochimsen den MPG-Präsidenten Lüst 1979 mit der

---

29 BayStMWiV Registratur 3, AZ 3622c-48536/80, Vormerkung Lentrodt zur 12. Sitzung des Ausschusses FhG am 22.5.1980 in Würzburg, 30.5.1980.
30 MWF NRW Registratur IV, AZ 9180.7, Materialien für die Sitzung des Senats der FhG am 23. April 1986 in Bremen.
31 MWF NRW Registratur IV, AZ 9172.0, Ministervorlage Maier-Bode, 18.6.1973.

»negativen Bilanz der gegenwärtigen Aktivitäten der Max-Planck-Gesellschaft in Nordrhein-Westfalen im Verhältnis zur Finanzierungsbeteiligung des Landes an der MPG«.

Erneut winkte der Minister deutlich mit der Zustimmungspflichtigkeit des Haushaltsansatzes für die Gesellschaft im nordrhein-westfälischen Landtag.[32] Tatsächlich konnte er sich nun auf der ganzen Linie durchsetzen. Die Max-Planck-Gesellschaft mußte ihre mittelfristige Finanzplanung umwerfen und bedachte von 1981 an bevorzugt den Raum Köln/Bonn mit Neugründungen.

Vieles spricht dafür, daß Ende der »langen« siebziger Jahre ein relativ kurzfristiger Umorientierungsprozeß der Länder einsetzte, in dem die Forschungspolitik ein in der Landespolitik zuvor unbekanntes Gewicht erlangte. Während die erste Hälfte der 1970er Jahre von Auseinandersetzungen der Länder mit dem Bund um die künftige Ausgestaltung der Forschungspolitik geprägt war, die hauptsächlich unter verfassungsrechtlichen Vorzeichen geführt wurden, drängten die Bundesländer danach auf eine regional ausgewogene Verteilung der Forschungseinrichtungen. Wenn dabei auch fiskalische Überlegungen über den Rückfluß der Finanzströme der staatlichen Forschungsförderung eine Rolle spielten, so waren es letztlich doch »die regional- und strukturpolitischen Erwägungen, die ein Land zur 1:1-Finanzierung beim Aufbau eines Instituts veranlaßten«.[33]

Die Erwartungen der Länder an die Forschung wurden Ende der 1970er Jahre noch weitgehend unspezifisch formuliert. Die fachliche Ausrichtung neuer Institute war für das Interesse möglicher Sitzländer offenbar noch zweitrangig. Eine weitergehende Differenzierung leisteten erst die zu Beginn der achtziger Jahre vorliegenden Bestandsaufnahmen der Länderforschungsberichte. Die forschungspolitischen Initiativen der Bundesländer wurden erst seitdem verstärkt öffentlich wahrgenommen, wobei der Wandlungsprozeß bereits in den 1970er Jahren begonnen hatte, also lange vor der bundespolitischen »Wende« von 1982. Wie die Aufnahme der Forschungsförderung

---

32 MWF NRW Registratur IV, AZ 9171.0, Ministervorlage Maier-Bode, 5.4.1979 sowie Vermerk über die Besprechung zwischen Jochimsen und Lüst, ebd., 25.4.1979.
33 FhG, ZA 32, FhG-Präsident Keller in der Senatssitzung vom 17.10.1979, Niederschrift über die Sitzung des Senats der FhG am 17. Oktober 1979 in München.

in die Gemeinschaftsaufgaben zeitlich dem Beginn der sozialliberalen Ära der »langen« siebziger Jahre vorausgriff, so zeigt auch das Aufgreifen des strukturpolitischen, die 1980er und 1990er Jahre dominierenden Ansatzes der Länderforschungspolitik vor dem Ende dieser Ära einmal mehr, daß bei der Festlegung von historischen Grenzmarken Vorsicht geboten ist. Dies gilt gerade auch für die »langen« siebziger Jahre, die sich als politisch und gesellschaftlich besonders vielschichtig erweisen.

Florian Hars

Wenn Forschung zu groß wird: Internationalisierung als Strategie nationaler Forschungsplanung am Beispiel der Hochenergiephysik

Das Feld der Hochenergiephysik wies um 1970 eine tiefgehende, wenn auch etwas unübersichtliche Strukturierung nach regionaler Zugehörigkeit, experimenteller Methode und theoretischen Überzeugungen auf. Mit jedem dieser Aspekte war nicht nur eine Differenz, sondern auch eine Hierarchisierung verbunden: Die dominierende Großregion auf dem Forschungsgebiet der Hochenergiephysik waren noch die Vereinigten Staaten, mit denen die westeuropäischen CERN-Mitgliedsstaaten aber inzwischen weitgehend gleichgezogen hatten, während die Sowjetunion und die übrigen osteuropäischen Staaten zunehmend zurückfielen und Japan erst zaghaft mit Aufholversuchen begann. Die Verteilung der für die Forschung notwendigen Beschleunigeranlagen innerhalb der westlichen Regionen war dabei relativ gleichmäßig. Jedes größere westeuropäische Land besaß wenigstens ein mehr oder weniger dem aktuellen technischen Stand entsprechendes Gerät. In den USA gab es eine größere Zahl von Beschleunigern, die teilweise von Nationallaboratorien, teilweise von Universitäten getragen wurden. Die größten und allgemein als physikalisch am interessantesten angesehenen Geräte dieser Zeit waren Protonensynchrotrons. Elektronenbeschleunigern hing ein wenig der Ruf des langweiligen Arme-Leute-Geräts an. Die Physiker, die mit verschiedenen experimentellen Methoden arbeiteten, bildeten mehrere, weitgehend getrennte Communities, die praktisch keine gemeinsame Sprache hatten. Der größte Teil der Protonenstreuung wurde im Rahmen der *S*-Matrix-Theorie mit analytischem Bootstrap interpretiert. Die Mesonenspektroskopiker arbeiteten mit *SU*(6)-Quarks. Die Neutrinophysiker lebten mehr oder weniger unkomfortabel mit der nachweislich unvollständigen Fermi-Theorie der schwachen Wechselwirkung, und bei der Elektronenstreuung begann man, das sog. Partonenmodell zu entwickeln. Mit Ausnahme der seit gut zwei Jahrzehnten etablierten Quantenelektrodynamik wurden Eichtheorien von der Mehrheit der Physiker als wenig aussichtsreich betrachtet und führten eine Randexistenz.

Abgesehen von der Dominanz der – wenn auch in ihrer inneren Struktur veränderten – westlichen Regionen blieb von diesem Bild am Ende der Dekade nichts mehr übrig. Zu diesem Zeitpunkt konzentrierte sich die Forschung auf eine kleine Zahl von großen Beschleunigern, und einige der für alle Elementarteilchenphysiker interessantesten Geräte waren Elektronenbeschleuniger. Der analytische Bootstrap war praktisch tot, und alle anderen Modelle waren in Eichtheorien aufgegangen, die den gemeinsamen Bezugsrahmen bildeten, in dem der größte Teil sowohl der Elektronen- wie der Protonenphysik beschrieben wurde.

Neben einer großen Zahl von Zeitzeugenberichten gibt es inzwischen auch einige wissenschaftshistorische Arbeiten, in denen diese aufsehenerregenden Umstrukturierungen untersucht werden. Die radikalen theoretischen Umbrüche sind von Andrew Pickering vom Standpunkt der Wissenschaftssoziologie beschrieben worden (Pickering 1984). Weitgehend gegen Pickerings Konzeption von Wissenschaft argumentierend, untersucht Peter Galison in den letzten Kapiteln von »Image and Logic« die Kontinuitäten und Veränderungen in der experimentellen Praxis der Hochenergiephysik in dieser Zeit, welche eine ganz andere Struktur als die Theorieentwicklung haben (Galison 1997). Während diese beiden Arbeiten eher epistemologisch ausgerichtet sind und den »Inhalt« von Wissenschaft thematisieren, möchte ich in dieser Arbeit einen Aspekt betrachten, der eher zur »Form« von Wissenschaft gerechnet werden könnte, nämlich die in den 1970er Jahren beim Deutschen Elektronen-Synchrotron DESY vollzogene Entwicklung eines neuen Modells von internationaler Zusammenarbeit bei der Nutzung nationaler Großgeräte. Eine inhaltliche Nähe besteht daher eher zu den Ergebnissen der ersten Phase der Projektstudie über multiinstitutionelle Kooperationen (Genuth u.a. 1992), die vom Center for History of Physics des American

Institute of Physics durchgeführt worden ist. Aber auch diese betreffen nicht so sehr die Rahmenbedingungen als eher die Mechanismen, die die kooperative Durchführung einzelner Experimente bestimmen, und Fragen der Internationalisierung sind dort nur ein Aspekt unter mehreren.

Wenn hier von Rahmenbedingungen die Rede ist, so ist dies nicht als eine Rückkehr zu einer unproduktiven Debatte über interne und externe Faktoren in der Wissenschaftsentwicklung zu verstehen. Gerade das Konzept der Internationalität überspannt beide Seiten dieser Unterscheidung: In der klassischen Formulierung von der Internationalität der Wissenschaft steht es in Beziehung zu methodologischen Normen für wissenschaftliche Arbeit, während es andererseits auch Fragen etwa der Finanzierung international durchgeführter Forschungsvorhaben und des Zugangs zu zentralen Geräten betrifft. Durch das rasante Größenwachstum der benötigten Geräte sahen sich die Hochenergiephysiker und die Forschungsverwaltungen in den 1970er Jahren gezwungen, die Verbindung zwischen diesen Aspekten explizit zu machen und eine neue Konzeption von Internationalität auszuhandeln. Dies betraf sowohl die Beziehungen innerhalb des Fachs als auch die zu den nationalen Forschungsverwaltungen sowie die Beziehungen dieser untereinander.

Das DESY bietet eine besonders klare Perspektive auf diese Vorgänge, da es das erste Laboratorium war, dessen Entwicklung entscheidend von der Neubestimmung der internationalen Beziehungen in der Hochenergiephysik geprägt wurde.

Die Situation Anfang der siebziger Jahre

Anders als in den Vereinigten Staaten, die bis in die 1980er Jahre hinein mehrere große Hochenergieanlagen als nationale Projekte verwirklichen konnten, hatte die Hochenergiephysik in Europa auch auf der institutionellen Ebene von Anfang an eine internationale Komponente. Neben den von den einzelnen Staaten errichteten Labors kam es hier zur Gründung des CERN, des europäischen Labors für Hochenergiephysik in der Nähe von Genf. Es entstand auf Initiative von Wissenschaftlern, die sich die Unterstützung ihrer Regierungen verschafften, ohne daß sich diese nennenswert in die Planung des Labors einmischten. Dadurch besaß es eine weitgehende Unabhängigkeit von den kurzfristigen Interessen der Geldgeber.

Die verschiedenen Programme in den einzelnen Ländern und auf europäischer Ebene wurden durch ein Beratergremium, das European Committee for Future Accelerators (ECFA), verbunden, das auch eine Art Benutzervertretung der Hochenergiephysiker war. Eine wesentliche Funktion dieses Gremiums war es, die Rolle des CERN in der europäischen Beschleunigerlandschaft so zu definieren, daß es nicht als Konkurrenz zu den Labors der Mitgliedsstaaten gesehen wurde. Die Formel, die man schließlich fand, beschrieb eine pyramidenartige Struktur: Dem CERN kam die Rolle eines europäischen Spitzeninstituts zu, das auf dem durch die nationalen Institute gebildeten Mittelbau aufbaut, der wiederum auf den Programmen der Universitäten ruht (Pestre/Krige 1992).

Dieses Pyramidenschema entsprach einer konventionellen Konzeption von Internationalität der Wissenschaft, die darauf beruhte, daß im Prinzip jeder Wissenschaftler in jedem Land in der Lage sein sollte, mit seinen Apparaten jedes wissenschaftliche Ergebnis zu reproduzieren. Indem das Wirken des europäischen Zentrallaboratoriums nur als eine Ergänzung der Arbeit in den nationalen Laboratorien betrachtet wurde, konnte diese Konzeption weiter beibehalten werden: Das gemeinsame Laboratorium eröffnete den Wissenschaftlern neue Forschungsmöglichkeiten, ohne den Status der eigenen Laboratorien zu verändern. Dies konnte aber nur so lange funktionieren, wie die Laboratorien in den einzelnen Ländern tatsächlich konkurrenzfähige Forschungsmöglichkeiten boten. Das exponentielle Größenwachstum der Beschleunigeranlagen sollte schon kurze Zeit später bewirken, daß dieses Modell hinfällig wurde.

Im Rahmen dieses Modells standen die einzelnen Beschleuniger interessierten Physikern aus Universitäten und anderen Laboratorien für ihre Forschungen zur Verfügung. Es war allgemein üblich, daß die Grundausstattung vollständig von den Labors gestellt wurde. Beim CERN wurden der Betrieb der Beschleuniger und das Zentrum der experimentellen Aufbauten, die großen, für mehrere einzelne Experimente benutzbaren »Facilities«, aus den Beiträgen der Mitgliedsländer finanziert. Die Gruppen, die dort arbeiteten, brachten meist nur kleinere Apparate wie spezielle Auswertungselektronik mit. Ebenso standen die nationalen Laboratorien den einheimischen Gastgruppen unentgeltlich zur Verfügung, was auch auf die – zahlenmäßig häufig geringe – Beteiligung ausländischer Gruppen ausgedehnt wurde. Beim Deutschen Elektronen-Synchrotron DESY in Hamburg gab es bis Mitte der 1970er Jahre ebenfalls keine besonderen Regelungen. Ausländische Gruppen waren den deutschen praktisch gleichgestellt. Einzig um möglichen Bedenken des Forschungsministeriums oder des Bundesrechnungshofes vorzubeugen, wurde stets darauf geachtet, daß an jedem Experiment immer auch wenigstens eine deutsche Gruppe beteiligt war.[1]

Das DESY fügte sich in den 1960er Jahren gut in das von ECFA formulierte Pyramidenmodell ein. Es war ein nationales Institut, das Forschungen durchführte, die die Möglichkeiten einzelner Universitäten überstiegen, blieb aber deutlich kleiner als das CERN. Es wurde bewußt als ein Labor mit einem Elektronenbeschleuniger geplant, um Experimente zu ermöglichen, die komplementär zu denen am Protonensynchrotron des CERN waren. Dies führte aber dazu, daß das Labor nicht die ungeteilte Unterstützung der deutschen Hochenergiephysiker besaß und der Ausbau durch einen Positron-Elektron-Speicherring Ende der 1960er Jahre nur gegen große Widerstände auch innerhalb der Elementarteilchenphysik durchgesetzt werden konnte. Viele Physiker wünschten statt dessen die Errichtung eines weiteren Labors für Hochenergiephysik in Karlsruhe, das den deutschen Hochenergiephysikern ein eigenes großes Protonensynchrotron zur Verfügung stellen sollte (Habfast 1989: 227–253).

Diese Widerstände hatten ihre Ursache darin, daß die Hochenergiephysik für lange Zeit den Protonenbeschleuniger favorisiert hat. Nicht nur erlauben Protonen aufgrund ihrer gegenüber dem Elektron fast zweitausendmal größeren Masse eine Beschleunigung auf sehr viel höhere Energien. Als Kernbestandteile unterliegen sie darüber hinaus auch der starken Kernkraft, deren Verständnis ursprünglich das wichtigste Ziel der Hochenergiephysik gewesen ist. Bei den Experimenten zeigte sich eine Vielfalt von Phänomenen, und im Verhalten der Streuung von hochenergetischen Teilchen um kleine Winkel ließen sich Strukturen nachweisen, die einer nur auf fundamentalen Prinzipien

---

1 DESY-V1: Internationale Nutzung von PETRA 2, Nutzung von PETRA durch deutsche und ausländische Gruppen [Vervielfältigtes Typoskript], gez. Berghaus, FdR. Drewitz an die Mitglieder des VR, 1975-01-14; Administrative Leitlinien für die internationale Beteiligung an den laufenden Kosten des PETRA-Experimentierprogrammes. DESY-V1, Protokolle FK 1966/1979, B[erghaus] an F. Gutbrod, 1972-08-08 [Durchschlag].

beruhenden mathematischen Beschreibung zugänglich waren. Diese Erfolge in der Analyse führten wiederum dazu, daß Experimente zur Vorwärtsstreuung von Protonen interessant erschienen und die experimentellen Bemühungen verstärkt wurden (Gross 1996).

Demgegenüber erschien Hochenergiephysik mit Elektronen sehr viel weniger vielversprechend. Elektronen wechselwirken nur über die elektromagnetische und die schwache Kraft, und für beide gab es schon seit längerem mehr oder weniger zufriedenstellende Theorien, so daß das Verhalten von Elektronen für sich kein interessantes Forschungsproblem war. Man konnte zwar über die elektromagnetische Wechselwirkung von Elektronen mit Kernen einige interessante Informationen über die Struktur der Kerne und deren Bestandteile gewinnen, aber »by and large the results that emerged did not profoundly alter anyone's view of nature« (Panofsky 1975: 1).

Die kontroverse Ausbauentscheidung des DESY erwies sich letztlich als richtig. Als der Forschungsbetrieb am Doppelringspeicher DORIS 1974 beginnen konnte, waren an einigen Elektronenbeschleunigern unerwartete Phänomene beobachtet worden, die derartige Geräte in das Zentrum des Interesses der gesamten Elementarteilchenphysik rückten. Erste Vorboten zeichneten sich 1967 ab, als Versuche am SLAC in Stanford zur tiefinelastischen Streuung von Elektronen Hinweise darauf ergaben, daß es im Inneren der Protonen und Neutronen punktförmige Strukturen, sogenannte Partonen, geben könnte. Damit wurde erstmals eine völlig unerwartete neue Aussage über die Teilchen, die der starken Wechselwirkung unterliegen, mit einem Elektronenbeschleuniger gefunden (Gilman 1974). Diese punktförmigen Strukturen sollten sich im Verlauf der 1970er Jahre als ein entscheidender Schlüssel zum Verständnis der starken Wechselwirkung erweisen.

Der entscheidende Durchbruch gelang mit der Entwicklung eines neuen Beschleunigertyps, des Speicherrings. Bei konventionellen Experimenten werden die beschleunigten Teilchen auf ein ruhendes Ziel geschossen. Dies hat den Nachteil, daß ein sehr großer Teil der Energie nicht für die Reaktion zur Verfügung steht, sondern nur zur Beschleunigung der Reaktionsprodukte führt. Bei einem Speicherring werden dagegen zwei in entgegengesetzter Richtung umlaufende Teilchenstrahlen wiederholt miteinander zur Kollision gebracht. Dadurch ruht der Schwerpunkt im Laborsystem, und die ganze Energie steht für Reaktionen zur Verfügung. Eine physikalisch besonders einfache Situation ergibt sich, wenn man negativ geladene Elektronen (e^-)

und deren Antiteilchen, die positiv geladenen Positronen (e^+), zur Kollision bringt. Diese vernichten sich gegenseitig in einen Zwischenzustand mit genau bekannten Eigenschaften, was die Auswertung der Meßergebnisse erheblich vereinfacht.

Daß ein derartiges Gerät funktionieren kann, wurde erstmals Anfang der 1960er Jahre mit dem vom Bruno Touschek angeregten Prototypen ADA in Frascati gezeigt. Bald darauf entstanden in Orsay und Novosibirsk größere Maschinen dieses Typs, die mit der Untersuchung der Produktion von Vektormesonen ein physikalisches Forschungsprogramm zum Ziel hatten. Zwischen 1970 und 1974 folgten mit zunehmend höheren Endenergien ADONE in Frascati, der CEA-Bypass in Cambridge, Mass., SPEAR in Stanford am SLAC und DORIS bei DESY (Voss 1996).

Befürchtete man anfangs noch, daß die physikalisch einfache Situation in einem solchen Speicherring nur langweilige Experimente erlauben würde, so änderte sich dieses Bild schnell. Die ersten Ergebnisse, die Anfang der 1970er Jahre an diesen Beschleunigern gewonnen wurden, ergaben ein verwirrendes Bild. Bis zum Sommer 1974 stellte sich eine experimentelle Situation ein, die von überraschenden Entdeckungen geprägt war und allen gängigen Modellen widersprach (Richter 1974; Gilman 1974).

Ein wichtiger Schritt auf dem Weg zur Lösung dieser Situation war eine Kette von Ereignissen, die einige Zeit später als die »Novemberrevolution« bezeichnet wurde. Mitte November 1974 berichteten zwei Gruppen, die in Brookhaven und an SPEAR arbeiteten, über die unabhängige Entdeckung einer schmalen Resonanz bei einer Energie von 3,1 GeV, die die Bezeichnung J/ψ erhielt (Ting 1996; Goldhaber 1996). Diese Entdeckung war ein Schlüssel dafür, die Quarks der Mesonenspektroskopie mit den Partonen der tiefinelastischen Elektronenstreuung zu identifizieren. Zusammen mit einigen anderen Entwicklungen ermöglichte dies schließlich, eine gemeinsame theoretische Sprache für einen großen Teil der vorher getrennten Teilgebiete der Elementarteilchenphysik zu finden.

Durch diese Ereignisse verfügte das DESY, das auch vorher schon eines der führenden Elektronenlabors gewesen war, mit DORIS über einen der interessantesten Beschleuniger weltweit, und an DORIS wurden wichtige Beiträge zur Klärung der unübersichtlichen Situation geleistet.

Ausbauplanungen für die achtziger Jahre

Die Verschiebung des Interesses der Hochenergiephysiker zu e^+e^--Speicherringen hatte auch Auswirkungen auf die langfristigen Zukunftsplanungen auf internationaler Ebene. Bis 1973 wurden weltweit vor allem zwei Konzepte für die nächste Generation von Speicherringen diskutiert. Die Mehrheit der Laboratorien, die schon immer mit Protonenbeschleunigern gearbeitet hatten, planten Anlagen mit zwei Protonenspeicherringen nach dem Vorbild der 1971 bei CERN in Betrieb genommenen Intersecting Storage Rings, jedoch mit deutlich höheren Energien (Hahn 1974; NAL Staff 1974; Nishikawa 1974). Alle diese Pläne sahen darüber hinaus auch den Ausbau durch einen Elektronenspeicherring vor, um Elektron-Proton-Stöße untersuchen zu können.

Die andere Gruppe von Projekten sah dagegen nur je einen Protonen- und Elektronenring vor und zielte direkt auf Elektron-Proton-Stöße. Diese Geräte wurden vor allem an den Laboratorien geplant, die bereits Erfahrungen mit Elektronenspeicherringen hatten. Dazu gehörten SLAC mit dem Proton-Electron-Positron-Colliding Beam System PEP (Elioff 1973), das DESY mit dem Experiment 117 »DORIS as an ep Colliding Beam Facility« und dem Vorschlag für eine Proton-Elektron-Tandem-Ringbeschleunigeranlage PETRA (Schopper 1973; Lohrmann u. a. 1973; Steffen 1973) sowie das britische Projekt für einen Electron Proton Intersecting Collider EPIC am Rutherford-Laboratorium. Bei EPIC wurde allerdings bereits in einer frühen Planungsphase festgestellt, daß finanzielle und politische Randbedingungen es nahelegten, die Anlage in einer ersten Ausbaustufe nur als einen e^+e^--Speicherring zu errichten und erst später zu erweitern. Dennoch wurde daran festgehalten: »The ultimate objective was ep« (Manning 1973: 185). Dazu kamen noch zwei etwas kleinere, von Anfang an als e^+e^--Speicherringe geplante Projekte, Super-ADONE in Frascati und CESR an der Cornell-Universität (Amman u. a. 1974; Kirchgessner 1977).

Das neuerwachte Interesse der Wissenschaftler und finanzielle Überlegungen führten dazu, daß sich im Laufe der Jahre 1973 und 1974 alle ep-Projekte in reine e^+e^--Projekte verwandelten, wobei die Akronyme unter Umdeutung des »P« beibehalten wurden. Die ursprünglich als das zentrale Ziel der neuen Beschleunigergeneration angesehene ep-Physik sank auf den Rang einer langfristigen Erweiterungsperspektive unter mehreren möglichen herab, für die man zwar Platz im Tunnel einplante, sonst aber keine Vorbereitungen traf (Voss 1977).

Vielen Physikern erschien nun neben dem großen Super-Protonensynchrotron SPS, das am CERN entstand, auch ein großer, international genutzter e^+e^--Speicherring in Europa wünschenswert. Diesem Wunsch schloß sich auch eine ECFA-Arbeitsgruppe an, die der Vollversammlung im Februar 1974 einen Bericht über die Perspektiven für die 1980er Jahre vorlegen sollte. Sie empfahl, ein nationales Gerät zu bauen, um eine zu starke Zentralisierung zu vermeiden und an der bisherigen Praxis festzuhalten, die Ausgaben für Hochenergiephysik je zur Hälfte auf das CERN und auf nationale Programme zu verteilen. Da Frankreich sich auf die Nutzung des CERN konzentrieren wollte und keine eigenen großen Beschleuniger mehr plante, kamen dafür die drei Vorschläge aus Frascati, vom Rutherford-Laboratorium und vom DESY in Frage.[2]

Die Realisierungschancen von Super-ADONE wurden von Anfang an als schlecht eingeschätzt, so daß die eigentliche Konkurrenz zwischen PETRA und EPIC bestand. Hinter EPIC stand das starke Interesse, der britischen Hochenergiephysik eine neue Richtung zu geben und sie international konkurrenzfähiger zu machen. Bis dahin verteilten sich die britischen Mittel auf zwei Laboratorien, deren Beschleuniger recht klein und international unattraktiv waren. Um diese Situation zu überwinden, wollte man alle Aktivitäten am Rutherford-Laboratorium konzentrieren und für dieses schnell einen attraktiven Beschleuniger errichten.[3]

Die Notwendigkeit, sich auf einen Speicherring in Europa zu beschränken, zerstörte die Grundlage des ECFA-Pyramidenmodells, das von gleichberechtigt nebeneinanderstehenden nationalen Laboratorien ausging. Statt dessen würde neben dem CERN nur noch ein nationales Laboratorium übrig bleiben, das für eine erfolgreiche Realisierung des Ausbauprojekts auf Unterstützung aus den übrigen Ländern angewiesen sein würde. Diese Situation brachte zwei neue Herausforderungen mit sich: Zum einen mußte ein für möglichst alle Seiten akzeptabler Weg gefunden werden, zwischen den konkurrierenden Projekten zu entscheiden. Zum anderen mußten die Modalitäten

---

2 BAK, B 196/34376, H. Schopper, Die langfristigen Ausbaupläne von DESY im Rahmen des europäischen Beschleuniger-Programmes, 1974-02-20.
3 Ebd.; BAK, B 196/34377, Ref. 302 an St(FT), 1974-11-27.

für die als notwendig erachtete internationale Beteiligung an dem Projekt geklärt werden. Ein naheliegendes Gremium, über das die europäischen Hochenergiephysiker auf die Entscheidung hätten Einfluß nehmen können, wäre ECFA gewesen; man kam jedoch nach der Vollversammlung Anfang 1974 für lange Zeit nicht mehr auf dieses Thema zurück. Daher führten die Diskussionen im Oktober nur »zu dem betrüblichen Ergebnis, daß ECFA die Chance verpaßt hat, hier rechtzeitig mitzureden«.[4] Damit war ECFA, das außer der Beratungsfunktion über keinen Einfluß verfügte, praktisch aus der Diskussion herausgefallen.

Die eigentliche Entscheidung fiel zwischen den nationalen Wissenschaftsverwaltungen, die nicht von einem europäischen Gremium, sondern von »ihren« Hochenergiephysikern beraten wurden. Die Vorbereitung der Entscheidungen verlief auf zwei Ebenen: In beiden Ländern wurden die Beschleunigerprojekte einem Vergleich mit anderen Großprojekten unterzogen; international wurden sie miteinander verglichen und ihre Einordnung in die gesamte europäische Forschungslandschaft diskutiert.

In Deutschland wie in Großbritannien bewertete eine Anfang 1975 eingesetzte Expertenkommission unter Vorsitz von Heinz Maier-Leibnitz die verschiedenen vorgeschlagenen Großprojekte der Grundlagenforschung und stellte eine Prioritätenliste auf. Diese Kommission, die in den ersten internen Schreiben des Ministeriums noch als Ausschuß »zur Entscheidungsvorbereitung für den Bau eines Positron-Elektron-Speicherringes (PETRA) bei DESY« bezeichnet wurde,[5] reihte PETRA in die erste Prioritätsstufe ein. Neben PETRA wurden noch zwei weitere, ebenfalls nur international realisierbare Projekte auf die gleiche Stufe gesetzt, ein Radioteleskop und ein Röntgensatellit.[6]

Die Entscheidungsfindung auf internationaler Ebene verlief weniger reibungslos. Beide Laboratorien betrachteten den Speicherring als den Baustein ihrer Zukunftsplanung und kämpften mit großem Einsatz um die Realisierung des jeweils eigenen Projekts. Auch die Vermittlungsbemühungen von ECFA brachten keine Entspannung. Man traf sich zwar zweimal, im Dezember 1974 und im Januar 1975, um einen technischen Vergleich zu erarbeiten, kam aber

---

4 BAK, B 196/34378, A. Citron an alle ECFA-Mitglieder, 1974-10-18 [Kopie].
5 Ebd., Ref. 302 an Ref. 306, 511 u. 521, 1974-12-06.
6 BAK, B 196/17987, Empfehlungen des Gutachterausschusses »Großinvestitionen in der Grundlagenforschung«, 1975-11.

zu keinem greifbaren Ergebnis. Am Ende des zweiten Treffens standen zwei entgegengesetzte Einschätzungen, und es konnte nicht einmal eine Einigung über das Protokoll des Treffens erzielt werden, das diese Gegensätze feststellte.[7] Daher machte sich das zuständige Referat im Bundesforschungsministerium schließlich die Position des DESY zu eigen: Der Entwurf für EPIC enthalte größere technische Risiken, die PETRA bei kritischen Komponenten einen Faktor 30 als Sicherheitsreserve ließen. Außerdem würde EPIC bei einer niedrigeren Energie 50 % teurer werden, den doppelten Personaleinsatz benötigen und ein Jahr später fertig werden.[8]

Zunächst schien bei den Beratungen im »Club der Sechs«, einem informellen französisch-britisch-deutschen Koordinationsgremium, dennoch EPIC die besseren Aussichten zu haben. Hier folgten auch die französischen Vertreter dem politischen Argument, daß Großbritannien schnell einen attraktiven Beschleuniger benötigte, zumal auch bei den Niederenergie- und Schwerionenbeschleunigern ein leichter Rückstand gegenüber Deutschland und Frankreich bestand.[9] Die deutsche Position verbesserte sich, als sich im Laufe des Jahres 1975 abzeichnete, daß die zunehmend schlechtere Lage der Forschungsförderung in Großbritannien eine Finanzierung von EPIC immer schwieriger machen würde und daß das Projekt wohl nur mit einer internationalen Beteiligung an den Baukosten realisierbar sein würde. Eine Beteiligung an der Nutzung von PETRA schien jetzt auch den französischen Vertretern im »Club der Sechs« attraktiver, da die Baukosten bei diesem Projekt vollständig von Deutschland getragen werden sollten. Allerdings erwarteten sie im Gegenzug von Deutschland, sich an der Nutzung des geplanten französischen Schwerionenbeschleunigers GANIL zu beteiligen.[10] Schließlich kristallisierte sich eine Lösung heraus, die für alle drei Länder akzeptabel war und zu vergleichbaren Investitionsbeiträgen für jedes Land führen würde: Deutschland sollte den Hochenergiebeschleuniger PETRA bauen, Frankreich den Schwerionenbescheuniger, und Großbritannien würde den Zuschlag für

---

7 DESY-VI, PETRA - EPIC 1975, Minutes of a meeting held at Coseners House on December 1, 1974-12-10; BAK, B 196/34377, Minutes of the meeting held on January 17 and 18 at DESY, Draft (not yet agreed to by participants), o. D. [ca. 1975-03].
8 BAK, B 196/34377, Ref. 302 an St(FT) über Ref. 222, 1975-04-09.
9 Ebd., Ref. 302 an St(FT), 1974-11-27.
10 Wie Anm. 8.

das europäische Kernfusionsprojekt JET erhalten.[11] Auch wenn dadurch die Standortdiskussion für JET nicht beendet wurde, nahm diese Formulierung doch die Brisanz aus der Entscheidung über PETRA.

Die großen westeuropäischen Staaten verfolgten mit der Öffnung ihrer nationalen Laboratorien für eine internationale Nutzung noch ein weiteres Ziel. Als die wirtschaftlich stärksten Länder mußten sie einen wesentlichen Anteil an den Kosten der gemeinsamen europäischen Forschungsorganisationen wie ESA und CERN tragen. Da sie selbst in der Lage waren, große Forschungseinrichtungen zu betreiben, standen diese Aufwendungen in direkter Konkurrenz zu den nationalen Aktivitäten. Daher wollten sie diese Beiträge möglichst niedrig halten, während die kleineren Länder, die sich eigene Großprojekte nicht leisten konnten, ein Interesse daran hatten, die Budgets der internationalen Institutionen möglichst hoch zu halten. Von der Öffnung der eigenen Laboratorien erhoffte man sich also auch eine Änderung in der politischen Position der kleinen Länder.[12]

Die internationale Nutzung von PETRA

Als sich ein positives Votum der Maier-Leibnitz-Kommission abzeichnete und klar war, daß auf internationaler Ebene keine politischen Verstimmungen zu erwarten waren, stand einer Genehmigung von PETRA nichts mehr im Weg. Die schnelle Entscheidung zugunsten des Projekts wurde durch verschiedene Faktoren unterstützt. DESY fiel es leicht, ein starkes internationales Interesse an der Nutzung des Speicherrings glaubhaft zu machen. Neben der Empfehlung von ECFA lagen Erklärungen aus Italien vor, daß man nach der Ablehnung von Super-ADONE sehr interessiert sei, Experimente an PETRA oder EPIC durchzuführen, und eine Gruppe der Universität Tokio wollte die an DORIS begonnene erfolgreiche Zusammenarbeit bei PETRA ausbauen.[13] Ein anderes wichtiges Argument war, daß der größte Teil der benötigten Mittel für die Errichtung von PETRA ohnehin schon in

---

11 BAK, B 196/34377, St(FT), Aktennotiz, 1975-07-1.
12 Ebd.
13 BAK, B 196/34376: G. Bellettini an H. Schopper, 1975-08-13 [Kopie]; C. Villi an H. Schopper, 1975-09-22 [Kopie]; M. Koshiba an H. Schopper, 1975-06-04 [Kopie].

der mittelfristigen Finanzplanung für die Weiterentwicklung des DESY vorgesehen war, so daß nur ein geringer Zusatzbedarf entstand.[14] Daneben wurden »die hervorragenden Ergebnisse insbesondere beim Speicherring DORIS« angeführt.[15] Auch Bestrebungen, die mit wissenschaftlichen Einrichtungen nicht reich gesegnete norddeutsche Region durch den Ausbau eines international führenden Laboratoriums zu fördern, spielten eine Rolle. Die von Anfang an beabsichtigte internationale Beteiligung an dem Projekt erschien den Zuwendungsgebern darüber hinaus als eine gute Möglichkeit, den eigenen Anteil an der Finanzierung zu senken.[16]

Für das DESY bedeutete diese Entscheidung eine wesentliche Aufwertung. Es war nun nicht mehr – wenn auch vielleicht als primus inter pares – ein nationales Laboratorium von mehreren, sondern wurde zum zweiten großen, international genutzten Laboratorium in Europa. In dieser Stellung glich es eher dem CERN als den anderen nationalen Laboratorien. Dies erforderte die Entwicklung neuer Kooperationsmodelle, für die es fast keine Vorbilder gab.

Die etablierten Beteiligungsformen sollten für PETRA nicht übernommen werden. Da ausländische Gruppen anders als bisher einen großen Teil des experimentellen Programms tragen sollten, hielten die Zuwendungsgeber eine Beteiligung an den Infrastrukturkosten für geboten. Besonders problematisch schien der Wunsch, daß die ausländischen Gastgruppen einen Beitrag zu den direkten Betriebskosten des Beschleunigers leisten sollten. Dies gefährdete nach Ansicht der Elementarteilchenphysiker eine der wesentlichen Grundlagen das Fachs, nämlich die sorgfältig gepflegte Internationalität. Die bisherige Praxis, die Beschleuniger den Experimentatoren unentgeltlich zur Verfügung zu stellen, erlaubte es, das Selbstbild einer Gemeinschaft aufrechtzuerhalten, in der nur die wissenschaftliche Bedeutung über die Genehmigung von Experimenten entschied, nicht jedoch finanzielle Leistungsfähigkeit oder nationale Zugehörigkeit.

Diesem Selbstbild widersprach in ihren Augen nicht, daß sie gleichzeitig eine klare Hierarchie zwischen den Fachgemeinschaften und Beschleuni-

---

14 Ebd., H. Schopper, Die langfristigen Ausbaupläne von DESY im Rahmen des europäischen Beschleuniger-Programmes, 1974-02-20.
15 DESY-V1, WR/Bd. 8 (Az. 3.1). Niederschrift WR 39/1975-10-10.
16 DESY-V1, Internationalisierung von PETRA 2, FuHH Bürgerschaftsdrucksache 8/1013, 1975-10-07.

gerlaboratorien in den einzelnen Ländern konstruierten. Solange die wissenschaftliche Bedeutung eines Experiments entscheide, so die Annahme, würde diese Hierarchie nicht schaden, da gute Wissenschaftler unabhängig von ihrer Herkunft nach oben zu den guten Laboratorien »perkolieren« würden (Traweek 1988: 109–111). Wenn ein Laboratorium beginne, den Beschleunigerbetrieb den ausländischen Experimentatoren in Rechnung zu stellen, würde dies leicht Reaktionen der anderen Laboratorien nach sich ziehen. Dann könnte eine Situation entstehen, in der bei einem Experimentiervorschlag nicht nur auf den wissenschaftlichen Wert geachtet werden würde, sondern auch darauf, ob das Herkunftsland der Antragsteller genügend zum Betrieb des Beschleunigers beigetragen habe.[17]

Bei PETRA einigte man sich Ende 1976 nach zähen Verhandlungen auf die Kompromißformel, den Beitrag der Gastgruppen zur Errichtung der experimentellen Facilities und zur Durchführung der Experimente als eine angemessene Beteiligung an den Gesamtkosten des Projekts zu betrachten.[18] Dadurch wurde die Forderung nach Kostenteilung formal erfüllt, während die ausländischen Wissenschaftler gegenüber ihren Geldgebern damit argumentieren konnten, daß sie nur ihren tatsächlichen Anteil am wissenschaftlichen Teil des Programms zahlten. In den Augen der interessierten Wissenschaftler war diese Regelung zwar etwas formeller als üblich, stimmte aber im wesentlichen mit der an anderen Laboratorien gängigen Praxis überein.[19]

Die Internationalität der Hochenergiephysik bestand dabei nicht einfach in einer Indifferenz gegenüber Fragen der Nationalität, sondern wurde explizit als ein positiver Wert konstruiert. Dies hieß zunächst einmal, daß bei allen Beratungsgremien, die für PETRA eingerichtet wurden (Maschinenkomitee, PETRA Research Committee und Erweiterter Wissenschaftlicher Rat), sorgfältig auf eine angemessene Beteiligung aller Partner geachtet wurde.

Die deutsche Forschungspolitik hielt eine ausländische Beteiligung nicht nur an der Nutzung, sondern bereits an der Planung spätestens nach öf-

---

17 DESY-V1, WR/Bd. 9 (Az. 3.1), Niederschrift WR 42/1976-08-31; DESY-V1, Internationale Nutzung von PETRA 2, H. Schopper an die Mitglieder des ad-hoc-Ausschusses, 1976-09-13 [Kopie]; Auszug VR 1976-11-19.
18 DESY-V1, WR/Bd. 9 (Az. 3.1), Niederschrift WR 43/1976-11-22; DESY-V1, Internationalisierung von PETRA 2, H. Schopper an die Mitglieder des VR, 1976-10-12.
19 DESY-V1, Internationale Nutzung von PETRA 1, M. Deutsch an H. Schopper, 1977-01-18 [Kopie].

fentlichen Äußerungen einiger führender britischer Wissenschaftler Ende 1975 für dringend geboten. Vor allem galt es zu verhindern,

»dass noch nach jahren die [von dem Briten Brian Flowers geleitete Europäische Wissenschaftsstiftung] oder andere Institutionen behaupten, ›sie haetten gewusst, wie man es haette besser machen koennen, aber sie haetten keine Gelegenheit zur Diskussion bekommen‹«.[20]

Aber auch auf seiten des DESY bestand ein großes Interesse daran, daß die vorausgegangenen Auseinandersetzungen keine bleibende Verstimmung bei den benötigten ausländischen Partnern hinterließen. Der Vorsitz des Maschinenkomitees wurde daher einem am EPIC-Projekt beteiligten Mitarbeiter des Rutherford-Laboratoriums angeboten. Da die Aufgabe des Maschinenkomitees aber insgesamt klar und wenig kontrovers war, waren die weitergehenden Details seiner Zusammensetzung weniger wichtig. Die Mitglieder stammten aus verschiedenen Ländern; das entsprechende Protokoll des DESY-Direktoriums listet aber nur die Namen ohne Angabe der Herkunftslandes auf.

Dies war beim PETRA Research Committee anders. Dieses Gremium würde die sehr viel sensibleren Entscheidungen darüber zu fällen haben, welche Experimente dem Direktorium zur Genehmigung empfohlen werden sollten. Hier wurde die Liste der vorgeschlagenen Mitglieder sorgfältig nach Funktion und Herkunft gegliedert. Es sollte zwei Theoretiker geben, zwei Vertreter des DESY und zwei »Externe«, d. h. Vertreter deutscher Hochschulen. Dazu kamen je ein oder zwei Vertreter jedes Landes, das Interesse an einer Mitwirkung am experimentellen Programm geäußert hatte: Frankreich, Italien, Japan, CERN, Großbritannien und die Niederlande.[21] Hierbei folgte man der auch bei ECFA üblichen Konvention, das CERN bei der Besetzung von Gremien als ein eigenes »Land« zu betrachten.[22]

Bei der Auswahl der ausländischen Mitglieder für den Erweiterten Wissenschaftlichen Rat ließ sich der Wissenschaftliche Rat von etwas anderen,

---

20 BAK, B 196/34377, London diplo an bonn aa, 1975-11-17 [Fernschreiben (verschlüsselt), Kopie].
21 DESY-V1, D/Bd. 26, Niederschrift D 204/1976-04-29; DESY-V1, WR/Bd. 9 (Az. 3.1), Niederschrift WR 41/1976-04-23.
22 Guidelines for the Work of ECFA, ECFA/76/8, 1976-04-21.

aber durchaus ähnlichen Kriterien leiten. Wiederum fand man je einen Vertreter der Hochenergiephysik aus Italien, Frankreich, vom CERN und aus Großbritannien. Ein wichtiger Unterschied war, daß der Wissenschaftliche Rat, dessen satzungsgemäße Aufgabe nicht so sehr eine interne Beratung als eine externe Begutachtung war, auch zwei Personen auswählte, die nicht direkt an PETRA interessiert waren. Zum einen war dies Sir J. C. Kendrew vom Europäischen Labor für Mikrobiologie als Vertreter einer internationalen Organisation, die schon seit einiger Zeit als Nutzer der Synchrotronstrahlung am DESY arbeitete; zum anderen war es Burton Richter, der als führender Mitarbeiter des SLAC bestens über das konkurrierende PEP-Projekt informiert war.[23] Bei der Auswahl der Mitglieder, vor allem des PETRA-Research Committees, fällt eine gewisse Verschiebung gegenüber dem zwei Jahre zuvor aus Anlaß der Inbetriebnahme von DORIS gegründeten Erweiterten Forschungskollegium auf. Bei letzterem legte man Wert darauf, Vertreter aller Laboratorien zu gewinnen, die mit Elektronenbeschleunigern arbeiteten. Daher waren dort auf britischer Seite das Elektronensynchrotron in Daresbury und nicht das bisher mit Protonen arbeitende Rutherford-Laboratorium vertreten. Ebenso war das sowjetische Institut in Novosibirsk repräsentiert, nicht jedoch das mit Protonen arbeitende CERN.[24] Im Jahr 1974 war das entscheidende Gliederungsmerkmal also noch die disziplinäre Struktur, die die Elektronen- und die Protonenphysik trennte. Zwei Jahre später war diese Trennung nicht mehr dominierend. Statt dessen stand die Etablierung des DESY als ein regional bedeutendes Laboratorium im Vordergrund.

Die Konstruktion der Internationalität äußerte sich aber auch in klaren Richtlinien für die praktische Arbeit. Das Direktorium des DESY wirkte bereits sehr früh darauf hin, für alle Experimente internationale Kooperationen anzustreben, um von vornherein dem Entstehen nationaler Egoismen einen Riegel vorzuschieben.[25] Gruppen, deren Mitglieder aus nur einem Land kamen, wurde nachdrücklich nahegelegt, sich einer internationalen Kooperation anzuschließen. Ein Experimentiervorschlag, bei dem dies nicht er-

---

23 DESY-V1, WR/Bd. 9 (Az. 3.1), Niederschrift WR 41/1976-04-23.
24 DESY-V1, Internationale Nutzung von PETRA 1: Möglichkeiten der internationalen Nutzung von PETRA, o. D. [Vervielfätigtes Typoskript, ca. 1974-01]; Zur Durchführung von Experimenten an PETRA, o. D. [vervielfältigtes Typoskript, ca. 1976-03-17].
25 DESY-V1, Internationale Nutzung von PETRA 1, Auszug VR 41/1975-11-03.

folgte, wurde nicht einmal offiziell in das wissenschaftliche Auswahlverfahren einbezogen.[26]

Viele Fragen wurden nicht zu Ende erörtert, da wichtige Entscheidungen vor allem schnell getroffen werden mußten und eine umfassende Diskussion das Projekt zu sehr verzögert hätte. Einer der Gründe für diese Eile war, daß nur so Mittel aus dem Konjunkturförderungsprogramm des Bundes in Anspruch genommen werden konnten.[27] Der andere wichtige Grund war die Konkurrenz zu dem Speicherring PEP in Stanford. Gegenüber diesem Projekt hatte PETRA die beiden Vorteile, daß die geplante Energie etwas höher war und ein Vorsprung von mehreren Monaten bestand. Während der gesamten Bauzeit wurde immer wieder betont, daß dieser Vorsprung »nicht durch Unsicherheiten in der Gesamtfinanzierung gefährdet werden« dürfe.[28] Dies war vor allem deshalb ein wichtiges Argument, weil sich erstmals die Möglichkeit eröffnete, ein neues Gebiet der Elementarteilchenphysik vor den Amerikanern mit einem europäischen Beschleuniger zu untersuchen. Als es im Sommer 1974 noch so aussah, daß PEP wesentlich früher in Betrieb gehen könnte als »das spekulative Projekt ›PETRA‹ von DESY, das in der Energie nur etwa 30% höher liegt«, wurde dies im Forschungsministerium für durchaus typisch für das europäisch-amerikanische Verhältnis in der Hochenergiephysik gehalten: Dort habe man immer etwas früher ein wenn auch oft etwas primitives Großgerät einer neuen Generation, mache damit eine Reihe wichtiger und teilweise spektakulärer Versuche, und dann komme »Old Europe« nach und durchforste mit System und Gründlichkeit und einer optimalen, aber sehr teuren Maschine die noch offenen Fragen.[29]

Diese Faktoren begünstigten die rasche Realisierung von PETRA. Der Vorschlag lag im November 1974 vor, die Genehmigung erfolgte im Oktober 1975, und unmittelbar darauf wurden die Bauaufträge erteilt. Anfang 1976 begann man, die internationalen Kooperationen für die Experimente zusam-

---

26 DESY-V1, Internationale Nutzung von PETRA 2: Niederschrift ad-hoc-Ausschuß »Internationale Nutzung von PETRA« 3/1976-08-17; H. Schopper an die Mitglieder des VR, 1976-10-12.
27 DESY-V1, Internationalisierung von PETRA 2, FuHH Bürgerschaftsdrucksache 8/1013, 1975-10-07.
28 DESY-V1, WR/Bd. 8 (Az. 3.1), Niederschrift WR 37/1974-11-19; DESY-V1, WR/Bd. 9 (Az. 3.1), Stellungnahme des WR zum Haushaltsplan 1977, 1976-08-31; DESY-V1, Internationale Nutzung von PETRA 1, Niederschrift WA 34/1975-09-15.
29 BAK, B 196/34378, 30 A an St(FT) über AL 3, 1974-07-18.

menzubringen. Im November einigte man sich auf die genauen Beteiligungsregeln, und nach der Auswahl der Experimente wurden in der ersten Hälfte des Jahres 1977 die Verträge mit den Partnern abgeschlossen. Der Speicherring selbst wurde Mitte 1978, neun Monate vor dem anvisierten Termin und innerhalb des nicht inflationsbereinigten Ansatzes von 98 Mio. DM, fertiggestellt. Der regelmäßige Experimentierbetrieb konnte Anfang 1979 beginnen.

Mit der Errichtung und dem Betrieb von PETRA etablierte sich das DESY endgültig als eines der weltweit führenden Laboratorien für Elementarteilchenphysik. Als einen Markierungspunkt für die parallel zueinander gestiegene Bedeutung der Physik mit Elektronenbeschleunigern und des DESY kann man das Lepton-Photon-Symposium des Jahres 1979 sehen. Diese Konferenzreihe war das traditionelle Treffen der Elektronenphysiker, deren Themenbreite sich im Laufe der 1970er Jahre immer mehr ausgeweitet hatte. Das Treffen fand 1979 erstmals nicht an einem Ort mit einem Elektronenbeschleuniger statt, sondern am Fermilab in Batavia, Ill., dem Labor mit dem größten Protonenbeschleuniger der Welt. Der inhaltliche Höhepunkt war die erste Sitzung. Sie war den Ergebnissen von PETRA gewidmet, die als eine triumphale Bestätigung der Eichtheorie der starken Wechselwirkung verstanden wurden. Auch das Titelbild des Konferenzbandes war ein stilisiertes Ereignis aus einem der PETRA-Detektoren, das einen für diese Theorie typischen Prozeß darstellte (Kirk/Abarbanel 1979).

Zu diesem Zeitpunkt war das DESY mit etwa 1.100 Mitarbeitern zwar immer noch deutlich kleiner als das CERN, das mit gut 3.700 Mitarbeitern das größte Labor für Hochenergiephysik weltweit war. Jedoch war die Struktur der Nutzung inzwischen ähnlich. Beim CERN war bereits 1970 der größte Teil der am wissenschaftlichen Programm beteiligten Personen Besucher, was bis 1980 noch weiter ansteigen sollte (CERN 1970: 128; CERN 1980: 152). Beim DESY wurde dagegen 1970 noch der größte Teil des experimentellen Programms von Mitarbeitern des DESY selbst getragen (DESY 1970: 3). Auch nach der Inbetriebnahme des Speicherrings DORIS standen den 170 wissenschaftlichen Mitarbeitern des DESY nur 150 ständige Gäste gegenüber (DESY 1975: 8). Immer noch wurden etwa 70% des Forschungsprogramms am Synchrotron und die Hälfte des Programms am

Speicherring vom DESY selbst durchgeführt.[30] Erst mit der Inbetriebnahme von PETRA dominierten die auswärtigen Forscher das wissenschaftliche Programm, von denen wiederum erstmals eine deutliche Mehrheit aus dem Ausland kam (DESY 1980: XIV).

Auf der ECFA-Ebene wurde der durch den Aufstieg des DESY veränderten Situation Rechnung getragen. Bis dahin gehörte dem »Restricted ECFA« genannten Exekutivausschuß je ein Vertreter jedes Landes an. Auf der Vollversammlung im Juni 1981 wurden zusätzlich der Generaldirektor des CERN und der Vorsitzende des Direktoriums des DESY zu ex-officio-Mitgliedern dieses Gremiums erklärt.[31] Trotz des Größenunterschieds hatte das DESY eine dem CERN vergleichbare internationale Bedeutung gewonnen.

Der nächste europäische Speicherring

Viele der konzeptionellen Fragen über die Organisation der internationalen Zusammenarbeit in der Hochenergiephysik, die bei der Planung von PETRA nur angerissen werden konnten, wurden in den Mitte der 1970er Jahre beginnenden Diskussionen über mögliche Nachfolgeprojekte für die späten 1980er und die 1990er Jahre ausführlicher erörtert. Für die Zukunft war eine weitergehende Konzentration der Forschung absehbar, und viele der Beteiligten sahen die Notwendigkeit einer übergreifenden Abstimmung der Forschungsprojekte.

Die Diskussion darüber wurde auf einer Reihe von Treffen geführt, die Ende der 1960er Jahre aus Arbeitstreffen zwischen dem CERN einerseits sowie dem sowjetischen Forschungzentrum in Serpukhov und dem Vereinigten Institut für Kernforschung der sozialistischen Staaten in Dubna andererseits hervorgegangen waren. Später wurden auch amerikanische Physiker zu den Treffen hinzugezogen. Auf einem Seminar über Perspektiven in der

---

30 DESY-V1, Internationale Nutzung von PETRA 2, Nutzung von PETRA durch deutsche und ausländische Gruppen [Vervielfätigtes Typoskript], gez. Berghaus, FdR. Drewitz an die Mitglieder des VR, 1975-01-14.
31 Guidelines for the Work of ECFA, 1976-04-21; Guidelines on ECFA Membership and Chairmans Term of Office, ECFA/81/52/Rev. 2, 1990-12-18.

Hochenergiephysik, das im März 1975 in New Orleans stattfand, begann man, den Gesprächen eine verbindlichere Form zu geben. Nach einigen weiteren Treffen wurde schließlich 1977 mit dem International Committee on Future Accelerators (ICFA) ein formaler Rahmen für diese Diskussionen geschaffen. Seine Zusammensetzung folgte einer Regelung, die ein Gleichgewicht zwischen den drei großen, in der Hochenergiephysik aktiven Regionen herstellte. Neben einem Vertreter der International Union of Pure and Applied Physics sollten je drei Mitglieder aus den CERN-Staaten, der Sowjetunion und den USA kommen, während die Dubna-Staaten und die nur aus Japan bestehende Gruppe der »übrigen Länder« je ein Mitglied stellen sollten (Goldwasser 1979). Trotz des ähnlichen Namens hatte ICFA einen ganz anderen Aufbau als ECFA. Schon zu dem Seminar in New Orleans waren hauptsächlich Direktoren von Laboratorien und Vorsitzende von wissenschaftlichen Gremien eingeladen worden,[32] und auch später wurden die Mitglieder von ICFA aus diesem Kreis ernannt (Kolb/Hoddeson 1993). Die westeuropäischen Mitglieder waren z.B. der Generaldirektor und der Vorsitzende des Science Policy Council des CERN und der Vorsitzende von ECFA. Mit dem Ausscheiden aus diesen Funktionen endete auch ihre ICFA-Mitgliedschaft (Goldwasser 1979). Demgegenüber wurden die ECFA-Mitglieder auf Vorschlag der Physiker aus den Mitgliedsländern von der ECFA-Vollversammlung gewählt, und sie waren als Personen, nicht als Funktionsträger Mitglied.[33]

Die Treffen in der Folge von New Orleans und die Arbeit von ICFA hatten zwei Schwerpunkte: die Koordination der bestehenden Aktivitäten in den Regionen und die Vorbereitung der Planungen für den vorhergesehenen »Very Big Accelerator« (VBA), der realisiert werden sollte.

Ein wichtiger Hintergrund dieser Diskussionen war, daß die Hochenergiephysiker erstmals an reale Grenzen für ihre Zukunftsplanungen stießen, lange vor dem in den 1950er Jahren von Enrico Fermi beschriebenen hypothetischen Beschleuniger, der die ganz Erde umspannen, das gesamte Bruttosozialprodukt der Welt verbrauchen und die ganze Weltbevölkerung als Betriebsmannschaft beschäftigen würde. In den 1970er Jahren betrug der

---

32 BAK, B 196/34377, Bericht über das »International Topical Seminar on Perspectives in High Energy Physics«, New Orleans, o. D.
33 Guidelines for the Work of ECFA, ECFA/76/8, 1976-04-21.

Anteil der Hochenergiephysik am Bruttosozialprodukt der Industrieländer etwa 0,03 %. Dies war ungefähr ein Zehntel der gesamten staatlichen Ausgaben für Forschung und entsprach ebenfalls etwa einem Zehntel der von diesen Ländern geleisteten Entwicklungshilfe. Angesichts der sich abzeichnenden wirtschaftlichen Probleme nicht zuletzt in der Folge der Ölkrise konnte man nicht mehr mit nennenswerten Steigerungen der für die Hochenergiephysik aufgewandten Mittel rechnen. In dieser Situation weiterhin Anstrengungen in verschiedenen Regionen zu verdoppeln, wie dies unter anderem bei PETRA und PEP geschehen war, erschien als ein untragbarer Luxus: In Zukunft würden die Programme der einzelnen Regionen zueinander komplementär sein müssen (von Dardel 1978). Als eine Konsequenz würden die Physiker bei der Untersuchung verschiedener physikalischer Fragestellungen von Region zu Region ziehen müssen, da es von den meisten Beschleunigertypen nur noch ein einziges Exemplar geben würde. Dies unterstrich in den Augen der Hochenergiephysiker noch einmal die schon bei den Verhandlungen über die Nutzung von PETRA angeführte Notwendigkeit, ihnen freien und unentgeltlichen Zugang zu allen Beschleunigern, unabhängig von nationaler oder institutioneller Zugehörigkeit, zu gewähren, ohne sie für die Nutzung des Beschleunigers zahlen zu lassen.[34]

Die Positionen zum VBA waren zwiespältig. Als ein Beschleuniger mit einer sehr hohen Energie war er für die Hochenergiephysiker a priori von großem Interesse. Neben der Bedeutung für die Physik verband man mit ihm auch eine politische Hoffnung und den Anspruch auf eine zivilisatorische Funktion der Elementarteilchenphysik, die »Entwicklung einer neuen Dimensionen der internationalen Zusammenarbeit« (Goldwasser 1979: 966). Dies nahm ein Konzept auf, dessen Wurzeln in dem politischen Tauwetter Mitte der 1950er Jahre lagen, die Idee des Weltbeschleunigers für den Weltfrieden, der als gemeinsames Projekt der ganzen Welt nicht nur die Natur, sondern auch einige Bestandteile des Friedens erkunden sollte (Kolb/Hoddeson 1993). Auf der anderen Seite wurde der VBA aber auch als eine Bedrohung für die Entwicklung der Hochenergiephysik gesehen. Sollte es nur noch einen einzigen Beschleuniger weltweit geben, so fürchteten füh-

---

34 ICFA Guidelines for the Interregional Utilization of Major Regional Experimental Facilities for High-Energy Particle Physics Research, 1980-07-09, http://www.fnal.gov/directorate/icfa/icfa–guidelines.html.

rende Physiker wie Burton Richter um die Attraktivität ihrer Disziplin, da kaum noch die Möglichkeit bestünde, Studenten an das Fach heranzuführen oder eine Beziehung zu anderen Disziplinen herzustellen (Amaldi 1980).

Die nähere Zukunft gehörte aber noch den Beschleunigern in den jeweiligen Großregionen. Die für den weiteren Ausbau des DESY relevante europäische Diskussion kreiste neben dem kurzfristig zu realisierenden Umbau des SPS zu einem Proton-Antiproton-Speicherring um zwei langfristige Beschleunigerprojekte: Am CERN untersuchte man einen großen e^+e^--Speicherring LEP (Large Electron-Positron Collider), der bei einem Umfang von bis zu 50 km etwa die fünffache Energie von PETRA erreichen sollte. Daneben wurde ein ep-Speicherring diskutiert. Angesichts der überraschenden Ergebnisse der vorangegangenen Jahre wurde der e^+e^--Speicherring allgemein als das wichtigste europäische Projekt für die 1980er und 1990er Jahre angesehen.[35]

Die neue herausgehobene Stellung des DESY erforderte bei allen Diskussionen über diese Projekte eine gewisse Vorsicht, um Verstimmungen auf internationaler Ebene zu vermeiden. Vor allem galt eine Koordination zwischen dem DESY und dem CERN, die den Interessen beider Laboratorien Rechnung tragen sollte, für unverzichtbar, da man daran festhalten wollte, in Europa langfristig zwei große Forschungszentren zu betreiben.[36] Auch ECFA war bestrebt, eine Situation wie zwischen PETRA und EPIC, die Konkurrenz zweier Laboratorien mit sehr ähnlichen Vorschlägen, zu vermeiden.[37]

Freilich darf man nicht übersehen, daß es eine gut funktionierende Abstimmung zwischen CERN und DESY gab. Viele der Personen, die eine verantwortliche Position in einem der Laboratorien hatten, gehörten als Mitglieder den Beratungs- und Kontrollgremien des anderen an. Im Jahr 1980 waren zum Beispiel die beiden deutschen Vertreter im Rat des CERN, Günther Lehr und Wolfgang Paul, gleichzeitig die Vorsitzenden des Verwaltungsrats und des Wissenschaftlichen Rats des DESY; Lehr war auch Vizepräsident des Rats des CERN. Neben einigen anderen Mitarbeitern gehörten der Vorsitzende des DESY-Direktoriums dem Science Policy Council des CERN

---

35 DESY-V1, ECFA, ECFA/RC/76/13, A Short Account on the First Steps of the Section of ECAS Dedicated to the Future of e^+e^--Physics, 1976-10-05.
36 DESY-V1, WR 1978-10-10/1979-10-23, Niederschrift Kommission des WR zur langfristigen Entwicklung 1/1979-01-15.
37 DESY-V1, EWR-Sitzungen 1-24, Niederschrift EWR 2/1977-10-12.

und umgekehrt ein CERN-Direktor dem Erweiterten Wissenschaftlichen Rat des DESY an (DESY 1980: XVII-XX; CERN 1980: 9–11). Beide Seiten waren stets gut über alle Diskussionen informiert und bemüht, von vornherein keine Gegensätze aufkommen zu lassen, die es ermöglicht hätten, die beiden Laboratorien gegeneinander auszuspielen.

Auch wenn CERN die Entwicklung angestoßen hatte, gab es gute Argumente dafür, LEP in der Nähe des DESY anzusiedeln, da dort die größte Erfahrung mit dem Betrieb von e^+e^--Speicherringen und eine angemessene Infrastruktur vorhanden war. Die Unsicherheit allerdings, welche Konsequenzen ein derartig großes Projekt für das DESY haben würde, sprach dagegen, sich mit voller Energie für eine Realisierung von LEP in der Nähe von Hamburg zu engagieren.[38] Für den ep-Speicherring kamen ebenfalls beide Laboratorien in Frage: Am CERN bot es sich an, einen zusätzlichen Elektronenring in den Tunnel des SPS einzubauen, und DESY überarbeitete unter dem Namen PROPER die ursprünglichen PETRA-Ideen mit dem Ziel, einen Protonenspeicherring mit supraleitenden Magneten im vorhandenen Tunnel unterzubringen.[39] Daneben wurde beim DESY auch die Realisierbarkeit eines ep-Speicherrings in einem größeren Tunnel untersucht. Für den Fall, daß weder LEP noch der ep-Speicherring genehmigt würden, diskutierte man auch die Möglichkeit, die Energie von PETRA mit supraleitenden Beschleunigungsstrecken zu verdoppeln.[40]

Insgesamt schienen die Nachteile eines Standortes von LEP in der Nähe von Hamburg zu überwiegen. Ein Ring mit 50 km Umfang war nach allgemeiner Ansicht nicht mehr im Anschluß an das DESY-Gelände in Hamburg realisierbar, sondern müßte im Umland errichtet werden. Man diskutierte zum Beispiel Standorte in der Nähe von Neumünster oder im Lauenburgischen.[41] Daher befürchtete man, daß das DESY mit dem großen internationalen Projekt LEP in der Nähe selbst an Attraktivität verlieren und von diesem einfach »aufgesogen« würde, wodurch die deutschen Physiker ihre »nationale Basis« verlieren könnten.[42] Außerdem waren die beiden denkbaren

---

38 DESY-V1, WR 1978-10-10/1979-10-23, Niederschrift WR 51/1978-12-04.
39 Ebd., Vereinbarung CERN-DESY 1979-06-08.
40 Ebd., Niederschrift WR 53/1979-06-11.
41 DESY-V1, LEP in Norddeutschland.
42 DESY-V1, WR 1978-10-10/1979-10-23, Niederschrift Kommission des WR zur langfristigen Entwicklung 1/1979-01-15.

organisatorischen Modelle für eine derartige Lösung wenig attraktiv: Die eine Möglichkeit sah vor, den neuen Beschleuniger als ein zweites Labor des CERN zu errichten oder sogar das DESY insgesamt zusammen mit LEP in ein Labor des CERN umzuwandeln. Die Alternative war die Gründung einer eigenständigen internationalen Trägerorganisation.[43] Beide Optionen wiesen schwerwiegende Nachteile auf. Gegen eine eigene internationale Organisation als Träger sprach die leidvolle Erfahrung, daß keine später als CERN gegründete europäische Forschungsorganisation sich die gleichen Freiheiten von politischer Einflußnahme hatte sichern können, wie sie die Genfer Einrichtung genoß (Pestre/Krige 1992: 82). Eine Aufspaltung des CERN in zwei Laboratorien, bei der der interessante neue Beschleuniger in der Nähe von Hamburg gebaut worden wäre, hätte langfristig den weiteren Ausbau des Zentrums bei Genf und damit die Existenz zweier großer Laboratorien in Europa gefährden können. Diese Bedenken gaben für den Wissenschaftlichen Rat den Ausschlag, für ein international finanziertes Ausbauprojekt im Rahmen eines weiterhin national bestimmten Labors zu votieren.[44]

Zunächst mußte jedoch die Entscheidung des CERN abgewartet werden. Als dieses sich 1979 für eine kleinere Version von LEP mit knapp 30 km Umfang entschied, gab es in Hamburg keine Widerstände, so daß der scheidende CERN-Direktor Van Hove in einem Rückblick auf die fünf Jahre seiner Tätigkeit feststellen konnte, daß es anders als noch beim SPS kaum Auseinandersetzungen über den Standort von LEP gegeben habe (Van Hove 1980: 33). Nach dieser Entscheidung konzentrierte sich die Planung bei DESY ausschließlich auf den ep-Speicherring. Man wurde sich schnell darüber klar, daß man PROPER im vorhandenen kleinen PETRA-Tunnel mit 2,3 km Umfang für physikalisch uninteressant hielt. Statt dessen wurde nun das Projekt für die größere Hadron-Elektron-Ring-Anlage HERA in einem neuen Tunnel mit einem Umfang von gut sechs Kilometern verfolgt.[45] Dieser Ring konnte anders als LEP angrenzend an das vorhandene Gelände errichtet

---

43 Ebd., Niederschrift WR 51/1978-12-04, Langfristige Entwicklung und Internationalisierung von DESY [Entwurf, 1979-01-12].
44 Ebd., P. v. Handel: Protokollnotizen Kommission des WR zur langfristigen Entwicklung 1/1979-01-15; Niederschrift Kommission des WR zur langfristigen Entwicklung 1/1979-01-15.
45 Ebd., Niederschrift WR 54/1979-10-23; DESY-V1, EWR-Sitzungen 1-24, Minutes EWR 6/1979-10-22.

werden und entsprach dem schon lange gehegten Wunsch, ep-Physik zu betreiben. Die Arbeitsteilung mit dem CERN erlaubte es auch, auf ein schon bei der Gründung des DESY wichtiges Argument zurückzugreifen: Das DESY sollte Forschungen ermöglichen, die komplementär zu denen am CERN seien. Nach der Ausarbeitung eines detaillierten Vorschlags wurde der ep-Speicherring HERA Anfang 1984 genehmigt, ein halbes Jahr vor dem 25jährigen Jubiläum des DESY. Der Plan sah eine Ausweitung des bei PETRA erfolgreich eingeführten Beteiligungsschemas auf die Konstruktion vor, so daß einzelne ausländische Labors auch Teile des eigentlichen Speicherringes lieferten (DESY 1984: 7).

Zusammenfassung

Anfang der 1970er Jahre war die europäische Hochenergiephysik nur am CERN international bestimmt. Daneben gab es umfangreiche nationale Programme in den einzelnen europäischen Ländern. Die Zusammenarbeit wurde konzeptionell durch das ECFA-Pyramidenschema beschrieben.

Im Laufe der 1970er Jahre schieden mit Ausnahme des DESY alle anderen nationalen Laboratorien aus dem Wettbewerb um die aktuellen Beschleunigeranlagen aus, während das DESY mit der Realisierung von PETRA zu einer dem CERN vergleichbaren Stellung aufstieg. Dazu trugen mehrere Faktoren bei: Eine wichtige Voraussetzung waren die gestiegene Bedeutung von Elektronenspeicherringen für die Elementarteilchenphysik allgemein und die technische Kompetenz, die das DESY auf diesem Gebiet beweisen konnte. Daneben mußte eine geeignete Position in der internationalen Forschungslandschaft gefunden werden, die den Interessen der großen europäischen Staaten und Forschungsorganisationen Rechnung trug. Auf seiten der Forschungspolitik bestand dabei ein Interesse an einer möglichst ausgewogenen Verteilung von Spitzeninstituten auf die einzelnen Länder, während für die Hochenergiephysiker wichtig war, daß keine destruktive Konkurrenz, wie sie zeitweilig zwischen PETRA und EPIC bestand, zwischen dem DESY und dem CERN entstehen konnte.

Ebenso war die Bereitschaft der Zuwendungsgeber erforderlich, den größten Teil des Ausbaus zu finanzieren, ohne damit den Anspruch zu verbinden, daß die Arbeit des Laboratoriums von einheimischen Wissenschaftlern dominiert würde. Der Verzicht auf diesen Anspruch ließ es andererseits zu, Beteiligungsmodalitäten zu entwickeln, mit denen nennenswerte ausländische Mittel eingeworben werden konnten, ohne den Gastgruppen und deren Finanzierungsagenturen das Gefühl zu vermitteln, die Forschung eines anderen Landes zu subventionieren. Dieser Spagat gelang, weil die Arbeitsweise des Labors bewußt und gezielt internationalisiert wurde. International besetzte Gremien bereiteten alle wichtigen Entscheidungen über die wissenschaftliche Arbeit an PETRA vor, und die Zusammensetzung der Experimentiergruppen wurde so gesteuert, daß Nationalität an keiner Stelle offen oder verdeckt in die Diskussionen um wissenschaftliche Schwerpunktsetzungen eindringen konnte. Für die ausländischen Physiker, die an PETRA experimentierten, stellte sich das DESY als ein Labor dar, an dem sie wie an jedem anderen eigenen oder internationalen Labor arbeiten konnten. Die positiven Erfahrungen mit dieser Form der Zusammenarbeit öffneten auch den Weg zu einer weitergehenden Internationalisierung im Rahmen des nächsten Ausbauprojekts.

Als das zweite Labor innerhalb der Großregion der CERN-Mitgliedsländer war das DESY bei der Auswahl dieses Projekts zusätzlichen Randbedingungen unterworfen. Es mußte auf die Ausbaupläne des CERN Rücksicht nehmen, aber auch auf den allgemeinen Konsens, daß es keine Konkurrenz zwischen europäischen und amerikanischen Projekten mehr geben sollte. Mit dem Elektron-Proton-Speicherring HERA wurde ein Projekt gefunden, das weder mit dem Proton-Antiproton-Speichering des amerikanischen Fermilab noch mit LEP am CERN konkurrierte, sondern diese ergänzte. Indem es die internationalen Nutzer gleichberechtigt integrierte und sich in eine international abgestimmte Forschungslandschaft einfügte, konnte das DESY seine Stellung als eines der weltweit führenden Laboratorien behaupten.

IV. Strukturen der Großforschung im Osten Deutschlands

Dieter Hoffmann

Einführung

Kann die Beschäftigung mit dem Problemkreis Großforschung in der Bundesrepublik inzwischen auf eine fast zwanzigjährige Tradition zurückblicken, so stehen wir bei der Analyse des entsprechenden Phänomens in der einstigen DDR noch ganz am Anfang, praktisch vor einer wissenschaftshistorischen terra incognita. Dies gilt ungeachtet der Tatsache, daß Forschungen zur Geschichte der DDR – insbesondere auch in vergleichender Perspektive zur Geschichte der Bundesrepublik – in den letzten Jahren im Trend gegenwärtiger historischer Forschung liegen und fast zu einem Modethema geworden sind; allerdings bei einer deutlichen Unterrepräsentanz wissenschafts- und technikhistorischer Untersuchungen.

Was Großforschung in der DDR bedeutete und welche Großforschungszentren es in Ostdeutschland gab, wissen wir bislang nur in Ansätzen bzw. aus der weitgehend unreflektierten Erinnerung der beteiligten Akteure heraus. Folgt man der von Szöllösi-Janze und Trischler gegebenen Begriffsbestimmung, wonach Großforschung durch Interdisziplinarität, Gruppierung um ein Großgerät und die politische bzw. gesellschaftliche Relevanz der Forschungsthemen charakterisiert ist (Szöllösi-Janze/Trischler 1990: 14–15), so läßt sich auch für die DDR der Befund konstatieren, daß sich die Großforschung in den 1950er Jahren herauszubilden begann, und dies ebenfalls entlang jener Entwicklungslinien, die für die Bundesrepublik so charakteristisch sind. Als gleichsam klassisches Großforschungszentrum wurde so 1956 in Rossendorf bei Dresden das Zentralinstitut für Kernphysik gegründet – mit einer ganz ähnlichen Aufgabenstellung wie sie für die bundesrepublikanischen »Schwestereinrichtungen« in Karlsruhe und Jülich galt, und gruppiert um Großgeräte, einen Forschungsreaktor und ein Zyklotron, die 1957 bzw. 1958 in Betrieb gingen. Auch die Tatsache, daß das Institut über einen Sonderstatus verfügte und ein Solitär in der institutionellen Forschungslandschaft der DDR war, macht es ihren bundesrepublikanischen »Schwestereinrichtungen« sehr verwandt. Wie der Beitrag von Johannes Abele zeigt, war dieser Sonderstatus allerdings nicht von langer Dauer, denn bereits Anfang der 1950er Jahre wurde das Institut in den Forschungsbestand der Akademie der Wissenschaften eingegliedert.

Mit der Akademie der Wissenschaften kommt eine Institution ins Blickfeld, die für die wissenschaftshistorische Behandlung des Themas Großforschung in der DDR von großer Bedeutung ist. Mit der Entwicklung der Akademie zur zentralen Forschungseinrichtung der DDR etablierten sich innerhalb dieses institutionellen Gehäuses, für das es im Innovationssystem der Bundesrepublik keine Entsprechung gab, zunehmend Einrichtungen bzw. Forschungsrichtungen, die ohne Zweifel Elemente von Großforschung darstellen. Josef Reindl zeigt auf, daß hierzu auch die Etablierung der biomedizinischen Forschung im Institutskomplex in Berlin-Buch zu zählen ist. Ein weiteres Beispiel, das hier nicht untersucht wird, ist der Ausbau des geophysikalischen Forschungspotentials – nicht zuletzt im Rahmen des geophysikalischen Jahres 1957/58 – auf dem Potsdamer Telegraphenberg. Eine neue Qualität erreichen diese Entwicklungen mit der Akademiereform Ende der 1950er Jahre, in der an der Akademie in Gestalt der Zentralinstitute Forschungseinheiten gebildet wurden, die sich ebenfalls als Großforschungszentren klassifizieren lassen, teilweise aber auch nur eine formale Zusammenfassung von diversen Forschungsaktivitäten und damit höchst ineffiziente Einrichtungen waren.

Interessanterweise ist der Begriff »Großforschung« in der DDR nur selten mit diesen Zentralinstituten der Akademie verknüpft worden. In den forschungspolitischen und wissenschaftstheoretischen Diskussionen wurde er in der Regel mit Einrichtungen bzw. Forschungsverbünden in Verbindung gebracht, die man, etwas vereinfachend, als übergreifende akademisch-industrielle Komplexe bezeichnen könnte. Agnes Tandler zeigt auf, daß letztere interinstitutionelle Großforschungsvorhaben waren, die sich stark an den Bedürfnissen der Industrie bzw. der Volkswirtschaft zu orientieren hatten. Sie sollten im Rahmen des wirtschafts- und forschungspolitischen Reformpakets der späten 1960er Jahre die dringend erforderliche Modernisierung in Schlüsselbereichen möglichst schnell und effektiv vorantreiben und so den gebotenen großen Sprung in die wissenschaftlich-technische Moderne bewerkstelligen. Mit der Ernüchterung, die bei der Realisierung dieses von Tandler mit Recht als »Papiertiger« beschriebenen Vorhabens bereits Anfang der 1970er Jahre eintrat, rückten auch die Diskussionen um die sozialistische Großforschung zunehmend aus dem Zentrum der wissenschaftspolitischen Diskussionen und der offiziellen Propaganda, ja lösten sich fast gänzlich auf.

Mit dem weitgehenden Verschwinden des Terminus verschwand die Großforschung als historisches Phänomen freilich keineswegs aus der Forschungslandschaft der DDR. Was Großforschung im Sinne der oben genannten Kriterien in der DDR bedeutete und welches ihre institutionellen Träger waren, darüber weiß die bislang vorliegende wissenschaftshistorische Literatur nur wenig zu berichten. Die hier vorgelegten Studien stellen somit einen vielversprechenden Anfang in der Aufarbeitung der Geschichte der Großforschung in der DDR dar. Sie zeigen auch, daß diese Geschichte keinesfalls auf die Abarbeitung der Historie jener Großforschungseinrichtungen beschränkt bleiben kann, die nach 1990 in den neuen Bundesländern entstanden sind, würde man damit doch manche Zufälligkeiten des deutschen Einigungsprozesses zu historischen Notwendigkeiten erheben. Was vielmehr not tut, sind analytische Studien des Phänomens Großforschung in der DDR schlechthin: Analysen seiner Begrifflichkeit wie seiner wissenschaftshistorischen, wissenschaftlichen und forschungspolitischen Inhalte und nicht zuletzt seiner speziellen institutionellen Realisierungsformen. Erst wenn diese in hinreichender Anzahl vorliegen, wird aus der heutigen terra incognita eine historiographische terra cognita geworden sein.

Johannes Abele

Großforschung in der DDR. Das Zentralinstitut für Kernforschung Rossendorf in den siebziger Jahren

Was ist sozialistisch an der sozialistischen Großforschung? So könnte man eine Frage von Gabrielle Hecht aufgreifen, die einen Aufsatz über die französische Kerntechnik mit den Worten begann: »What is French about the French nuclear programme?« (Hecht 1996: 483; dies. 1994). Hecht hat untersucht, wie Leitlinien der französischen Nachkriegspolitik ihren Ausdruck fanden in der Nukleartechnik des Landes, im Stil technischer Entwicklungen, in der institutionellen Organisation der Nuklearbetriebe und der dortigen Arbeitspraxis. Die Staatsführung der DDR erhob nun ausdrücklich den Anspruch, Wissenschaft und Technik unter dem Primat der Politik zu planen und zu gestalten (Tandler 1997; Förtsch 1997: 18, 20–25). So stellt sich bei den großen Forschungseinrichtungen der DDR wie etwa dem Zentralinstitut für Kernforschung (ZfK) in Rossendorf bei Dresden die Frage, welchen Niederschlag dieser politische Anspruch in der praktischen Forschungstätigkeit der Institute fand.

Die Staats- und Parteiführung wies der »wissenschaftlich-technischen Revolution« (WTR) bei der Entwicklung von Wirtschaft und Gesellschaft der DDR eine zentrale Bedeutung zu. Sie folgte einer technizistischen Ideologie: »Industrialismus« und »Produktivismus« sind die bezeichnenden Schlagworte der Technologiepolitik der DDR – soweit herrscht Konsens unter den historischen Studien, die sich mit charakteristischen Merkmalen der Technikentwicklung in der DDR befassen.[1] Dieter Langewiesche führt dabei die Technologiepolitik auf den Erfahrungskontext der Arbeiterbewegung zurück. Einzig die Industrialisierung habe langfristig den Lebensstandard der Massen gehoben und mußte somit auch als der beste Weg in eine glücklichere Zukunft erscheinen (Langewiesche 1993: 42–51). Joachim Radkau fragt demgegenüber, inwiefern gerade die Technologiepolitik zum wirtschaftlichen Niedergang des Landes beigetragen hat (Radkau 1990). Die Kernenergienutzung, zu deren Entwicklung das ZfK Rossendorf gegründet worden war, gehört zu den geradezu klassischen Beispielen solcher Großtechnologien, die umfassend den Fortschritt von Wirtschaft und Gesellschaft sichern sollten.[2]

Neben dieser großen Grundlinie der Technologiepolitik, der zufolge ehrgeizige großtechnische Projekte als Instrumente zur Modernisierung von Wirtschaft und Gesellschaft eingesetzt wurden, etablierte sich jedoch ein weiterer Strang der Technologiepolitik: Wissenschaftliche und technische Forschung diente dazu, akute Defizite der industriellen Entwicklung zu mindern. So bewegte sich die Forschung stets zwischen den Polen einer »Modernisierungs-« und »Reparatur-Instanz« (Förtsch 1997: 28). Diese doppelte strategische Ausrichtung der Forschung prägte auch die Entwicklung des ZfK Rossendorf in den 1970er Jahren.

Die »sozialistische Großforschung« war zu Beginn der 1970er Jahre die forschungspolitische Antwort der Staats- und Parteiführung auf die mangelnde Verknüpfung von Forschung, Entwicklung und Produktion in der DDR. Die Konzentration des Forschungs- und Entwicklungspotentials auf strukturbestimmende Gebiete der Wirtschaft sollte in enger Zusammenarbeit mit den Betrieben die Produktion von Spitzenerzeugnissen ermöglichen.[3] »Sozialistische Großforschungsprojekte« stellten eine neue, spezifische Form

---

1 Neue Studien zur Wissenschafts- und Technologiepolitik der DDR: Ash (1997); Förtsch (1997); Schröter (1996); Langewiesche (1993); Bentley (1992); Radkau (1990). Radkau weist dabei zurecht darauf hin, daß technizistische Ideologien in der Bundesrepublik nicht weniger populär waren als in der DDR.
2 (Radkau 1990: 17; Hampe 1996). Die entsprechende Entwicklung in der Bundesrepublik ist mittlerweile unter dem Stichwort »Atomeuphorie« von historischer Seite gut untersucht, bes. Rusinek (1996: 89–120).
3 Berlin-Brandenburgische Akademie der Wissenschaften, Archiv (BBAW), VA/5650, Information für die in der ständigen Arbeitsgruppe für Wissenschaftsorganisation vorgesehene Beratung über Probleme der sozialistischen Großforschung und der auftragsgebundenen Forschung, 10.11.1969.

der Wissenschaftsorganisation dar. Diese erstreckte sich jedoch nur auf einen kleinen Teil der wissenschaftlichen Forschung in der DDR, die gemeinhin mit »Großforschung« in Verbindung gebracht wird. Eine historische Untersuchung steht damit vor der Schwierigkeit, daß die historiographische Begriffsbestimmung von »Großforschung«, die im vergangenen Jahrzehnt überwiegend anhand westdeutscher Großforschungseinrichtungen entwickelt worden ist, sich nicht mit der ostdeutschen Terminologie deckt. Will man nun die Forschungsbedingungen jenseits der offiziellen Rhetorik und Terminologie untersuchen, so macht es wenig Sinn, sich auf »sozialistische Großforschungsprojekte« zu beschränken. Ein angemesseneres Bild der Großforschung in der DDR kann entstehen, wenn sich die Aufmerksamkeit der historischen Forschung auf die Forschungseinrichtungen der DDR richtet, die über typische Merkmale der Großforschung verfügen: Großgeräte, technische und wissenschaftliche Mitarbeiter verschiedener Disziplinen, die Ausrichtung der Forschung auf Projekte mit wirtschaftlicher oder politischer Relevanz (Szöllösi-Janze/Trischler 1990: 14).

Das Zentralinstitut für Kernforschung Rossendorf entsprach bis in die 1960er Jahre grundsätzlich den westdeutschen Kernforschungszentren, die in den 1970er Jahren schließlich als Großforschungseinrichtungen fest etabliert waren. Eine Untersuchung der Geschichte des ZfK wirft damit ein Licht auf die allgemeinere Frage, welchen Entwicklungslinien die Forschungseinrichtungen in der DDR folgten, die äußerlich westdeutschen Großforschungseinrichtungen glichen.

Diesen Fragestellungen entsprechend werden im folgenden charakteristische Merkmale der Forschung im ZfK Rossendorf in den 1970er Jahren skizziert.[4] Der erste Teil beschreibt nach einer kurzen Einführung in die Geschichte des ZfK in einem knappen Überblick die Stellung der Kernenergie im Rahmen der staatlichen Forschungspolitik. Der zweite Teil zeichnet die Forschungsarbeiten am ZfK unter diesen gegebenen Rahmenbedingungen

---

4 Übersichten über die durchgeführten Forschungsarbeiten finden sich in den verschiedenen Veröffentlichungen zu Institutsjubiläen, so daß hier ein Querverweis genügt (Flach u.a. 1975; *Kernenergie* 25 (1982), S. 453–479 [Sonderheft 25 Jahre Rossendorfer Forschungsreaktor RFR]). Siehe auch FZR O/1087, Ausarbeitung für das Arbeitstreffen BL-Dresden - AdW-Leitung, 1989. Die Stellungnahme des Wissenschaftsrates 1992 erfaßt ebenfalls die Hauptforschungsrichtungen des ZfK, wenn auch die Bewertungen und Schlußfolgerungen umstritten sind.

nach. Die Schwerpunkte liegen dabei auf den Forschungsfeldern des wissenschaftlichen Gerätebaus, der Isotopenproduktion, der Reaktorphysik und schließlich der Kern- und Festkörperphysik.

Das ZfK Rossendorf in den fünfziger und sechziger Jahren

Die Entwicklung des ZfK spiegelte bis in die 1970er Jahre unmittelbar das Auf und Ab der Kernenergiepolitik der Staatsführung. Bei seiner Eröffnung als Zentralinstitut für Kernphysik im Jahr 1956 stand es noch ganz unter dem Eindruck hochgesteckter Erwartungen an die friedliche Nutzung der Atomenergie.[5] Der Aufbau der kerntechnischen Forschung in der DDR im ZfK erfolgte in der Gründungszeit unabhängig von der Deutschen Akademie der Wissenschaften. Dieser Sonderstatus ließ sich einerseits mit den hohen Investitionen begründen, die für die Entwicklung der Kerntechnik notwendig waren. Auch fügte sich die stark technische Ausrichtung der Forschungsarbeiten nur schlecht in das Profil der Akademie ein. Andererseits erlaubte der Sonderstatus der Kerntechnik eine bessere politische Kontrolle als die Einbindung in die Akademie, die in den 1950er Jahren noch nicht von der Partei dominiert war (Stange 1997: 932).

Das Herz des Forschungszentrums in Rossendorf war seit 1957 ein sowjetischer Forschungsreaktor. Zusammen mit weiteren Großgeräten, einem Zyklotron und einem Ringzonenreaktor, bildete er den Ausgangspunkt für Forschungen mit den Schwerpunkten Reaktorphysik, Isotopenproduktion und Kernphysik.[6]

Zu Beginn der 1960er Jahre war es absehbar, daß die Elektroenergieerzeugung in Kernkraftwerken weiterhin mit erheblichen finanziellen Belastungen verbunden wäre. Zudem verfügte die DDR einer Studie der Energie-

---

5 Die frühe Geschichte der Kerntechnik in der DDR ist mittlerweile gut untersucht: Reichert (1996); ders. (1998); Stange (1997); ders. (1998); Weiss (1997); Hampe (1996); Horlamus (1994); Kahlert (1988).
6 Forschungszentrum Rossendorf, Archiv (FZR), IG/12, 12, AdW, Pressematerial zum 20. Jahrestag der Gründung des ZfK Rossendorf. Thesen zum 20. Jahrestag der Gründung des ZfK, 1977.

kommission zufolge über genügend konventionelle Energieträger. Das ZK der SED sah damit keinen Bedarf für den weiteren forcierten Ausbau der Kernenergie in der DDR und leitete ein Ende der bisherigen außerordentlichen Förderung der Kerntechnik ein. Das ZfK wurde 1963 als Zentralinstitut in die Deutsche Akademie der Wissenschaften eingegliedert.

Bereits ein Jahr später änderte die Partei- und Staatsführung erneut ihre Haltung zur Kernenergie, als die Staatliche Plankommission für die Zeit nach 1980 eine gravierende Energielücke prognostizierte. Klaus Fuchs (Williams 1987), der bereits 1960, ein Jahr nach seiner Entlassung aus britischer Haft und seiner Ankunft in Rossendorf, als einer der führenden Wissenschaftler des ZfK Untersuchungen zu schnellen Brutreaktoren (SBR) angeregt hatte, nutzte nun die Neuorientierung der Kernenergiepolitik, um ein Forschungsprogramm zum Kernbrennstoffzyklus durchzusetzen. Die DDR sollte hier in eine zukunftsträchtige Technologie investieren und die Übergangszeit bis zur Serienreife von Brutreaktoren mit dem Import »schlüsselfertiger Kernkraftwerke« überbrücken. Dem folgend vereinbarte die DDR zwischen 1965 und 1969 in mehreren Abkommen den Import von sowjetischen Kernkraftwerken mit einer Leistung von insgesamt 5.000 MW.[7] Gleichzeitig verzichtete sie auf eigene Forschungsarbeiten für die Entwicklung von Druckwasserreaktoren.

Das Forschungsprogramm zum schnellen Brüter war unter den führenden Wissenschaftlern der Kerntechnik heftig umstritten. Max Steenbeck[8] und Karl Rambusch[9] forderten im Widerspruch zur Fuchs'schen Linie weitere Forschungsarbeiten zur Entwicklung der gängigen Druckwasserreaktoren. Außerdem kamen Einwände aus dem Chemieanlagenbau und der Grundstoffindustrie, den industriellen Projektpartnern. Auch konnte im Zuge der Verhandlungen um den Atomwaffensperrvertrag eine Plutoniumverarbeitung in der DDR nicht im Interesse der Sowjetunion sein. 1969 beendete schließlich

---

7 BAB, DE 1/50417, SPK, Schlußfolgerungen für die Ausarbeitung des Perspektivplans 1971–1975, 22.8.1969.
8 Max Steenbeck war 1961 Werksdirektor des VEB Entwicklung und Projektierung kerntechnischer Anlagen (EPkA) und von 1965 bis 1978 Vorsitzender des Forschungsrats der DDR.
9 Karl Rambusch war von 1955 bis 1961 Leiter des Amtes für Kernforschung und Kerntechnik, dann Direktor des VEB EPkA und ab 1963 Direktor des KKW Rheinsberg.

der Ministerratsbeschluß, keine großen Plutoniummengen in der DDR zu verarbeiten, das Forschungsprogramm (Weiss 1997: 308–309). Lediglich Teilprojekte wurden in den 1970er Jahren weitergeführt, nämlich Arbeiten zur Natriumtechnik sowie die Konstruktion einer Refabrikationsanlage für Brennelemente. Diese Projekte waren eng in die sowjetische Brüterentwicklung eingebunden, wie noch weiter ausgeführt wird.

Die Staatsführung griff hier direkt in Forschung und Entwicklung ein. Ausgesprochen undogmatisch opferte sie ein Standbein der Kerntechnik in der DDR. So bedauerlich und kritikwürdig die Entscheidung des Ministerrats auch aus Sicht der beteiligten Kernphysiker und Ingenieure gewesen sein muß, so erfolgte dadurch gleichzeitig auch eine Anpassung der Forschungsprogramme an die Wirtschaftskraft des Landes und die außenpolitischen Bedingungen.[10]

Das ZfK verlor durch den Ministerratsbeschluß eine tragende Säule seiner Forschung. Was wird aus einem Kernforschungszentrum in der DDR, wenn die Staatsführung das Interesse an Kernforschung verliert? Dies war das Grundproblem der Geschichte des Zentralinstituts für Kernforschung Rossendorf in den 1970er Jahren. Die Kernforschung war bereits ein »alter« Wissenschafts- und Technologiezweig. Der Hoffnungsträger der 1950er Jahre, das »friedliche Atom«, war inzwischen von unzähligen anderen technischen Großprojekten in den Hintergrund gedrängt worden, die mindestens ebenso umfassend wie das Atom Gesellschaft und Wirtschaft umgestalten und steten Fortschritt gewährleisten sollten (Schröter 1996). Als das Chemieprogramm, die Automatisierung, in den späten 1970er Jahren dann das Mikroelektronikprogramm den Enthusiasmus der Staatsführung für technische Großprojekte in Anspruch nahmen, blieb nur noch wenig Raum für die Beschäftigung mit der Kerntechnik.

---

10 Eine Überforderung der Wirtschaftskraft des Landes durch ehrgeizige technische Projekte gehört zu den charakteristischen Merkmalen der Technologiepolitik der DDR: Radkau (1990: 40); siehe auch Ash (1997: 23). Eine differenzierte Diskussion der Problematik: Roesler (1997).

Grundzüge der Wissenschafts- und Technologiepolitik

Die Kernforschung in der DDR folgte in den 1970er Jahren den allgemeinen Leitlinien der Wissenschafts- und Technologiepolitik, die sich mit zwei Schlagworten umschreiben lassen: *Industrieförderung* durch wissenschaftliche Forschung und *Konzentration* der Forschungskapazitäten. 1971, auf dem VIII. Parteitag der SED, forderte Erich Honecker, daß die »dem Sozialismus eigenen Formen des Zusammenschlusses der Wissenschaft mit der Produktion entwickelt werden sollen«, damit die

»nicht geringen, aber auch nicht unbegrenzten wissenschaftlichen Kräfte und Mittel so eingesetzt werden, daß sie [...] bei der Steigerung der Arbeitsproduktivität bedeutend voranhelfen und einen reichen wirtschaftlichen Ertrag bringen«.[11]

Dies wurden vielzitierte Worte, deren Wirkung auf die Wissenschaftsentwicklung nicht ausblieb.

Die Wissenschaftspolitik der Staatsführung hatte sich in den späten 1960er Jahren auf die *Industrieförderung* über den »Umweg« wissenschaftlicher Forschung verengt. Die »Ökonomisierung der Forschung« setzte ein (Förtsch 1997: 25–31): Die Wissenschaftspläne richteten die Forschung auf entwicklungsbestimmende Schwerpunkte der Wirtschaft aus – dazu gehörten dann beispielsweise die Automatisierung von Produktionsprozessen, die Entwicklung chemischer Verfahren zur Veredelung der einheimischen Braunkohle, die Mikroelektronik, aber auch Forschung an neuen Energiequellen, wozu durchgehend auch die Kernenergie zählte. Zwar gestand die Parteidoktrin in den 1970er Jahren der wissenschaftlichen Forschung eine gewisse Eigenständigkeit gegenüber der Produktion zu. »Wissenschaft« erschien nicht mehr, wie noch Anfang der 1960er Jahre, nur durch direkte Anwendungen in der Industrie wirtschaftlich wirksam, sondern das Wissen selbst, die Weiterentwicklung von Forschungsergebnissen in anwendbares Wissen sowie die Verwissenschaftlichung von Produktionsprozessen wurden in ihrer Bedeutung für die wirtschaftliche Entwicklung anerkannt (Krämer-Friedrich 1976). Die ökonomische Zielsetzung naturwissenschaftlicher For-

---

11 BAB-SAPMO, vorl. SED 17391/1, Stellungnahme zu den Grundsätzen der Leitung, Planung und Finanzierung der Forschung an der DAW ..., 18.4.1972.

schungen, auch der sogenannten Grundlagenforschung, stand jedoch nicht in Frage. Die Grundlagenforschung erschien als wichtigste Quelle neuer Verfahren, Methoden und Werkstoffe und galt daher als »ein Hauptfaktor bei der Entwicklung der materiell-technischen Basis des Sozialismus-Kommunismus«.[12] Wissenschaftliche Forschung war damit jedoch nur über die technische Nutzung der Ergebnisse legitimiert. Die Naturwissenschaften verloren weitgehend ihre eigenständige Existenzberechtigung. 1974 stieß diese einseitige ökonomische Ausrichtung der Grundlagenforschung in der DDR explizit auf die Mißbilligung der Sowjetunion. Bei einem Gespräch der Generalsekretäre der sowjetischen und deutschen Akademien kritisierte die sowjetische Seite, die Grundlagenforschung nehme in der DDR einen zu geringen Umfang ein und sei zu stark an gegenwärtigen Aufgaben ausgerichtet.[13]

Die Ausrichtung der wissenschaftlichen Forschung an den aktuellen Bedürfnissen der DDR-Wirtschaft führte dazu, daß sich die wissenschaftspolitischen Leitlinien in der DDR von der internationalen wissenschaftlichen Entwicklung ablösten. 1970 stellte der Forschungsrat der DDR fest, daß »die Zielsetzung der Physik im internationalen Maßstab nicht mit der Zielsetzung der physikalischen Forschung in der DDR identisch« sei.[14] Die Wissenschaftspolitik folgte damit einem Trend, den Harm Schröter allgemeiner für die Wirtschaftspolitik in den 1970er Jahren ausgemacht hat: Die Bedarfsdeckung in der DDR ging zu Lasten der Anbindung an internationale Entwicklungen (Schröter 1996).

Neben der Funktionalisierung wissenschaftlicher Forschung für die direkte Förderung der Industrie erfüllten die Wissenschaften auch eine wichtige gesellschaftspolitische Aufgabe, indem sie die vielbeschworene sozialistische Zusammenarbeit im RGW erst mit Leben erfüllten. Kurt Schwabe, Vizepräsident der Deutschen Akademie der Wissenschaften, sah 1972 in der mangelnden internationalen Kooperation die Ursache für unzureichende wirtschaftliche Ergebnisse trotz eines hohen wissenschaftlichen Aufwandes. Durch die »Arbeitsteilung im sozialistischen Lager« sollten die Stärken der

---

12 BBAW, VA 6787, Die generelle Ziel- und Aufgabenstellung der nat., techn. und math. Grundlagenforschung in der AdW ..., 1973. Siehe auch BAB-SAPMO, DY 30/IV A2/9.04/349, Klaus Fuchs, Diskussionsgrundlage, parteiintern, 15.2.1966.
13 BAB-SAPMO, DY 30/IV B2/2.024/47, ZK, Stellungnahme zur Entwicklung von Naturwissenschaft und Technik im Zeitraum bis 1990, 6.11.1974.
14 FZR 0/1087, Forschungsrat, Sitzungsprotokoll vom 9.7.1970.

einzelnen Länder zum Tragen kommen. Praktisch folgte daraus die Forderung nach einer stärkeren *Konzentration* der Forschungsmittel auf ausgewählte Forschungsgebiete im Rahmen der Absprachen im RGW.[15]

Kernforschung in der Akademie der Wissenschaften

Seit Anfang der 1960er Jahre gehörte das ZfK zur Deutschen Akademie der Wissenschaften. Im Rahmen der Akademiereform erhielten die Zentralinstitute als Forschungseinrichtungen, in denen die Hauptarbeitsrichtungen eines Wissenschaftsgebietes zusammengefaßt waren, für ihren Schwerpunktbereich eine strukturbestimmende Funktion zugewiesen. Sie wurden in die Gestaltung von Prognosen und Perspektivplänen eingebunden. Vor allem verwirklichten sie als Hauptpartner bei der Zusammenarbeit mit der Industrie und bei der Kooperation mit der UdSSR zumindest auf dem Papier die beiden oben genannten Grundsätze der staatlichen Forschungspolitik.[16]

Die Staats- und Parteiführung setzte zu Beginn der 1970er Jahre große Erwartungen in die Forschungen der Akademie der Wissenschaften. Sie erhoffte die Lösung »vordringlicher Probleme der Volkswirtschaft wie Rohstoffe, Werkstoffe, Energie, Information und Kommunikation, Ernährung, Gesundheit, Umwelt, usw.«.[17] In diesem umfassenden Problemkatalog lagen prinzipiell auch Entwicklungsperspektiven für die Kernenergie, mit der schließlich immer noch die Hoffnungen verbunden waren, die Energieproblematik zu lösen. Explizit wurde von der »Grundlagenforschung« der Akademie erwartet, Grundlagen für neue Formen der Energiegewinnung, wie etwa die Kernenergie, zu erarbeiten.[18] Auch wenn die Stellung der Kernener-

---

15 BAB-SAPMO, DY 30/IV B2/2.024/47, Schwabe, Gedanken und Vorschläge, 25.8.1972; siehe ebenso BBAW, VA 6787, Die generelle Ziel- und Aufgabenstellung der naturwissenschaftlichen, technischen und mathematischen Grundlagenforschung in der AdW ..., 1973, S. 3.
16 FZR, IG 5, Klare, Beiträge zu aktuellen Fragen der Akademiereform, 1968.
17 BBAW, VA 6787, Ergänzung zur Dokumentation über Errungenschaften auf dem Gebiet der Wissenschaft nach dem VIII. Parteitag im Bereich der AdW der DDR.
18 BAB-SAPMO, vorl. SED 17391/1, ZK, Welche Aufgaben gehören in den Staatsplan Wissenschaft und Technik?, 15.6.1972; BAB-SAPMO, Büro Günther Mittag, vorl.

gie im Rahmen der Technologiepolitik insgesamt an Stellenwert verlor, so stand ihre Rolle als wichtigste energiepolitische Zukunftsoption nie in Frage.[19]

Kernforschung und Kerntechnik verloren in den 1970er Jahren aber ihre ehemals privilegierte Stellung, was sich auch in der organisatorischen Struktur der Akademie der Wissenschaften niederschlug. Bislang bildeten das Zentralinstitut für Isotopenforschung in Leipzig und das ZfK Rossendorf den Forschungsbereich »Kernwissenschaften« der Akademie. Mitarbeiter dieser Institute und der Bereichsleiter der Akademie entwarfen 1971 eine neue Konzeption für den Forschungsbereich. Sie forderten erstens weitere Untersuchungen auf dem Gebiet der Kernenergetik, um eine umweltfreundliche, alternative energetische Basis weiterzuentwickeln, zweitens Isotopenforschungen für die Entwicklung fachübergreifender Verfahrensweisen und Methoden und drittens nukleare Festkörperforschungen. Das Sekretariat des Präsidenten der Akademie verwarf allerdings diese Konzeption, die eine weitere Existenz des Forschungsbereichs nicht rechtfertige. Auf der Ebene der Akademieleitung gab es dementsprechend Überlegungen, den Forschungsbereich »Kernwissenschaften« ganz aufzulösen und das ZfK Rossendorf in den Forschungsbereich »Werkstoffwissenschaft« und das Zentralinstitut für Isotopenforschung Leipzig in den Forschungsbereich »Chemie« einzuordnen.[20] Das ZfK wurde schließlich organisatorisch in den neuen Forschungsbereich Physik, Kern- und Werkstoffwissenschaften eingegliedert.

Weitgehend unberührt von den organisatorischen Fragen im Rahmen der Akademie blieb die eigentliche Aufgabenstellung von Rossendorf. Das Institut trug im Rahmen des Forschungsverbundes der Akademie die Verantwortung für die Arbeitsrichtungen Kernenergetik und Atomkernphysik. Die Forschungsarbeiten im Bereich Kernenergie wurden dabei im Auftrag des Kraftwerksanlagenbaus durchgeführt; die Festkörperforschung orientierte

---

SED 22148, Konzeption für eine Beratung der Leitung der SPK mit dem Präsidium der AdW, 24.4.1978.
19 Zur Energiepolitik der DDR: Mez (1991); Gruhn/Lauterbach (1986); Gruhn (1982).
20 BBAW, VA 6090, Entwurf. Konzeption des Forschungsbereiches Kernwissenschaften, 30.4.1971; Sekretariat des Präsidenten, Stellungnahme zum Entwurf der Konzeption des Forschungsbereiches Kernwissenschaften, 1.6.1971; BBAW, VA 6311, Aktenvermerk Herrmann, 1.11.1973.

sich an Problemen der Arbeitsrichtung »Werkstoffwissenschaften« der Akademie.[21]

Akademiepräsident Hermann Klare sah nun, 1974, die Entwicklungsperspektiven für das ZfK erstens in einer engen Zusammenarbeit mit dem Kombinat Kraftwerksanlagenbau und dem VEB Kernkraftwerk Bruno Leuschner, den beiden Betrieben, die für Aufbau und Betrieb der Kernkraftwerke der DDR verantwortlich waren. Zweitens forderte er den Ausbau der internationalen Zusammenarbeit mit dem Ziel, produktionsreife Systemlösungen für den Betrieb von Kernkraftwerken zu schaffen. Drittens setzte er sich für die Stärkung des Gerätebaus zur besseren Versorgung des Instituts und zur Produktion von Kleinserien ein, viertens für die Gründung eines Betriebs für den kerntechnischen Gerätebau und fünftens für den Ausbau der Laboratorien und die Erhöhung des wissenschaftlichen Niveaus. Bis auf den letzten Punkt standen diese Aufgaben in engem Bezug zur industriellen Produktion.[22] Die folgenden Abschnitte legen nun dar, in welcher Weise sich die Forschungsschwerpunkte am Zentralinstitut für Kernforschung im Rahmen dieser Leitlinien der Wissenschafts- und Technologiepolitik entwickelten.

Gerätebau am Zentralinstitut für Kernforschung Rossendorf

Nicht nur am Forschungszentrum in Rossendorf bildete die ungenügende Geräteausstattung ein dauerhaftes Problem. Alle Ebenen der Wissenschaftsverwaltung und der Staatsführung befaßten sich in den 1970er Jahren mit der mangelhaften Geräteausstattung der Forschungseinrichtungen in der DDR. Stets tauchte das gleiche Argumentationsmuster auf: Das wissenschaftliche Potential, verkörpert in hochqualifiziertem Personal, könne wegen ungenügender Ausrüstung mit wissenschaftlichen Geräten nicht voll zur Geltung kommen. Abweichungen von dieser Argumentation gab es allenfalls im De-

---

21 BBAW, VA 6090, Bericht über die im Jahre 1970 im Forschungsbereich durchgeführten Arbeiten, S. 21, 28.1.1971.
22 BBAW, VA 6311, Niederschrift der wichtigsten Diskussionsbemerkungen in der Sitzung des Präsidiums der AdW, 8.5.1973; BBAW, VA 6789, Bericht über den Stand und die Entwicklung der kernenergetischen Forschung der AdW ..., 20.11.1974.

tail: Ein leitender Mitarbeiter des »Vereinigten Instituts für Kernforschung« (VIK) Dubna, des internationalen Kernforschungszentrums der sozialistischen Länder, stellte 1974 bei einer Besprechung mit dem Akademie-Vizepräsidenten Ulrich Hofmann das Problem in den Kontext des Systemwettbewerbs, wenn er feststellte:

»Die sozialistischen Länder [sind] hinsichtlich ihres wissenschaftlich-geistig-schöpferischen Potentials gegenüber den kapitalistischen Ländern, auch den führenden, beträchtlich überlegen. Dagegen gibt es insgesamt ein Zurückbleiben der sozialistischen Länder bei den Ausrüstungen, wissenschaftlichen Geräten, der Synthese von Mechanik, Optik und Elektronik bei wissenschaftlichen Geräten und bei der ingenieurtechnischen Umsetzung von wissenschaftlichen Ergebnissen«.[23]

Auch Akademiepräsident Klare sparte 1974 bei einer Besprechung im Wissenschaftsministerium nicht an drastischen Worten, um auf den Rückstand der Geräteausstattung in den Akademieinstituten hinzuweisen: »Die Lage hinsichtlich der Gerätesituation ist katastrophal [...]. Mit dieser Situation schwindet unsere Kooperationsfähigkeit, wir fahren damit die Wissenschaft an den Baum«.[24] Klare betrachtete hier nicht mehr nur die Stellung des Landes im Systemwettbewerb, sondern betonte vielmehr allgemein die Abhängigkeit wissenschaftlich-technischer Innovationen von einer aufwendigen technischen Ausstattung. Auch die Abteilung »Wissenschaften« des ZK der SED machte diese Kritik an der ungenügenden Geräteausstattung der Forschungsinstitute zu ihrem eigenen Anliegen, ohne daß sie systemimmanente Wege zu einer zufriedenstellenden Lösung der Problematik gefunden hätte (Förtsch 1997: 28–29). Die Defizite wissenschaftlicher Forschung wegen unzureichender Ausstattung ließen sich auch nicht durch einen rhetorischen Kunstgriff aus der Welt schaffen. Der Hinweis, Innovationen und wissenschaftliche Kreativität seien nicht eine Frage des Materials, sondern des Personals, vermochte nicht die Schwächen der Forschungsbedingungen zu beseitigen, die immer weniger einem materialaufwendigen Forschungsalltag gerecht wurden. Umgekehrt stellten jedoch die unzureichenden Bedingungen

---

23 BAB-SAPMO, DY 30/IV B2/2.024/47, Hofmann, Einige Bemerkungen zu einer Aussprache mit AkM Flerow, 30.9.1974.
24 BAB-SAPMO, DY 30/IV B2/2.024/47, ZK, Stellungnahme zur Entwicklung von Naturwissenschaft und Technik im Zeitraum bis 1990, 6.11.1974.

der Forschung besondere Anforderungen an die Qualifikationen der Wissenschaftler, Ingenieure und Mechaniker und erforderten immer wieder intelligente Ersatzlösungen.

Die Staatsführung antwortete auf die mangelhafte Ausrüstung mit Geräten durch die gezielte Förderung des wissenschaftlichen Gerätebaus. Diese Bemühungen minderten jedoch allenfalls die technischen Schwächen wissenschaftlicher Forschung in der DDR, die Probleme blieben. 1979 wies Akademiepräsident Werner Scheler Honecker darauf hin, daß der technische Aufwand der Forschung weiter steige und sich dadurch die »Kluft« zur Sowjetunion und den kapitalistischen Staaten weiter vergrößere. Trotz der verstärkten Eigenproduktion sei die DDR darauf angewiesen, Geräte, Chemikalien und Literatur zu importieren.[25]

Die staatlich geförderte Entwicklung des Gerätebaus fand ihre Entsprechung im ZfK-internen Ausbau des Bereichs Technik/mechanischer Gerätebau. Der einzige Weg, der ungenügenden technischen Ausstattung des Instituts zu begegnen, lag in der Eigenproduktion von Geräten. Der Import aus dem nicht-sozialistischen Ausland war schwierig oder scheiterte ganz an der Embargopolitik des Westens und am Devisenmangel des Ostens. In den 1970er Jahren erhielt der Bereich Technik daher neue Planstellen, die institutseigenen Werkstätten sicherten durch Einzelfertigungen und zahlreiche Improvisationen den Fortgang der Forschungsarbeiten. Der Bereich fertigte außerdem Kleinserien und vor allem, als die Akademie auch mit dazu beitragen mußte, Devisen zu beschaffen, Spezialgeräte für den Export.[26]

Das ZfK übernahm die Produktion kerntechnischer Spezialausrüstungen, die von der Industrie nicht zufriedenstellend bereitgestellt wurden. Bis 1989 änderte sich an dieser Aufgabenverteilung nichts. Ein Diskussionspapier zur Vorbereitung eines Treffens der SED-Bezirksleitung Dresden mit der Akademieleitung vermerkte ausdrücklich, daß »die Industrie auf die Bedingungen der Kerntechnik nicht ausreichend orientiert und eingestellt ist«. Gleichzeitig stellten die Verfasser des Papiers fest, daß das ZfK sich als »Produktionsstätte für kerntechnisch-spezifische Erzeugnisse und im wissenschaft-

---

25 BAB-SAPMO, vorl. SED 22148, Scheler an Honecker, 15.11.1979; siehe ebenso BAB-SAPMO, DY 30/IV B2/2.024/48, Hager an Honecker, 6.11.1979.
26 Schulze, Günther (1994), Entwicklung des mechanischen Gerätebaus, Anteiliger Arbeitsbericht zum Vorhaben 4-7541.82-FZR/302, Projektleitung Reinhard Koch, unveröffentl. Manuskript, Forschungszentrum Rossendorf.

lichen Gerätebau« profiliere. Bis in die späten 1980er Jahre blieb demnach das Grundproblem ungelöst, daß die Entwicklung von Prototypen und Kleinserien im Forschungszentrum erfolgreich abgeschlossen wurde, die Überführung in die industrielle Produktion dann jedoch scheiterte.[27]

Kernenergetik

Nach dem Ministerratsbeschluß, der das Ende der Plutoniumverarbeitung in der DDR verfügte, wurden 1969 die Arbeiten am Kernbrennstoffzyklus, dem bislang zentralen Forschungsprogramm der kernenergetischen Forschung des ZfK, nur noch in Bruchstücken weiterverfolgt. Allerdings nahmen selbst diese »Bruchstücke« die wissenschaftlichen und mechanischen Kapazitäten des ZfK stark in Anspruch. Der sogenannte »Komplex 04«, die Konstruktion und der Bau einer Refabrikationsanlage für Brennelemente des sowjetischen schnellen Forschungsreaktors, band Kräfte und Mittel, teils zu Lasten anderer Forschungen am Institut. Der Verlauf dieses Projekts verdeutlicht exemplarisch sowohl die Abhängigkeit der DDR von der sowjetischen Vorherrschaft im Bereich der Kerntechnik als auch Selbstbeschneidungen der Parteiführung, die vorhandene Entwicklungsräume nicht zu nutzen vermochte.

Am 11. September 1968 faßte der Ministerrat der DDR den Beschluß, zur Vorbereitung einer künftigen Spezialisierung der Produktion von Ausrüstungen des Kernbrennstoffzyklusses für schnelle Brutreaktoren zusammen mit der Sowjetunion eine Anlage zur Refabrikation von Brennelementen für den sowjetischen Forschungsreaktor BOR-60 zu entwickeln und zu fertigen. Das ZfK Rossendorf erhielt die Verfahrensträgerschaft für das Projekt und war für die Forschungs- und Entwicklungsaufgaben verantwortlich. Bis zur Übergabe der Anlage im Jahr 1980 arbeiteten zeitweise bis zu 2.000 Mitarbeiter in über 15 Industriebetrieben und Forschungseinrichtungen am Komplex 04 und dem Folgeprojekt Komplex 05.[28] Dabei stellte die Verarbeitung hochradioaktiver Stoffe ein besonderes technisches Problem dar, das unter schwierigen organisatorischen Bedingungen zu lösen war. So erforderte der

---

27 FZR O/1087, Ausarbeitung für das Arbeitstreffen BL-Dresden - AdW-Leitung, 1989.
28 Wambutt an Mittag, 19.12.1977, BAB-SAPMO, DY 30/17689.

praktisch zeitgleiche Ablauf von Entwicklung und Konstruktion eine enge Abstimmung zwischen Industriebetrieben und dem Forschungsinstitut. Zudem erfolgten sämtliche Arbeiten unter den Bedingungen strengster Geheimhaltung, wodurch auch eine Kooperation mit der CSSR verhindert wurde, die in zweiseitiger Zusammenarbeit mit der UdSSR Fragen der Wiederaufbereitung bearbeitete (Reichert 1998).

Die Durchführung des Projektes stand im Zusammenhang einer jahrzehntelangen Auseinandersetzung über die Frage, welchen Beitrag die DDR zum Kernenergieprogramm des RGW liefern sollte. Bereits 1965 stieß die Entscheidung für den Kauf »schlüsselfertiger Kernkraftwerke« aus der Sowjetunion dort auf Kritik. Das hohe technische Entwicklungsniveau der DDR lasse eine größere Eigenbeteiligung erwarten. Ungeachtet dieser kritischen Stimmen produzierte die UdSSR gemäß den zweiseitigen Regierungsabkommen die Hauptausrüstungen der Kernkraftwerke. Die DDR führte dagegen Bau, Montage und Inbetriebsetzung durch und produzierte Armaturen, Krane, Hilfs- und Nebenanlagen. Bei der Errichtung des Kernkraftwerks Nord bei Greifswald betrug der Lieferanteil der UdSSR ca. 65%, dagegen kamen ca. 35% der Ausrüstungen aus der DDR. Die UdSSR bemühte sich jedoch insbesondere in den späten 1970er Jahren darum, den Eigenanteil der DDR zu erhöhen.[29]

Im gesamten RGW nahm die DDR eine noch schwächere Position ein. Als 1979 in einem RGW-Spezialisierungsabkommen die Beiträge der einzelnen Mitgliedsländer für den Kernkraftwerksbau vereinbart wurden, entfielen auf die DDR lediglich ein Prozent der Ausrüstungsteile. Die DDR drohte beim weiteren Ausbau der Kernenergienutzung in Abhängigkeit von Importen aus den RGW-Staaten zu geraten, weshalb Beratungsgremien der Akademie ebenso wie die Staatliche Plankommission zu Beginn der 1980er Jahre eine stärkere Ausrichtung der industriellen Kapazitäten auf die Bedürfnisse des Kernkraftwerkbaus forderten.[30]

Diese schwache Position der DDR im Kernenergieprogramm des RGW folgte aus dem Verzicht auf eigenständige Entwicklungsarbeiten für Druck-

---

29 BAB, DY 30/J IV 2/2A/2240/Bd. 3, Vorlage für das Politbüro des ZK der SED, Sitzung vom 19.6.1979.
30 BAB, DF 4/16081, Wissenschaftlicher Rat der AdW der DDR für energetische Grundlagenforschung, 13.6.1980.

wasserreaktoren. Gleichzeitig fanden jedoch die kerntechnischen Entwicklungsprojekte, die etwa am ZfK durchgeführt wurden, in dem Abkommen keinen Niederschlag. Obwohl Günther Mittag in einem Schreiben an Erich Honecker bereits 1977 gefordert hatte, die Spezialisierung der DDR auf Ausrüstungen des Kernbrennstoffzyklusses und ihre kommerzielle Verwertung müsse unbedingt gesichert werden,[31] blieben aufwendige kerntechnische Entwicklungs- und Konstruktionsarbeiten der DDR, wie etwa Komplex 04 und Komplex 05, eine Fabrikationsanlage für Brennelemente, beim Spezialisierungsabkommen ohne Berücksichtigung.

Die Abhängigkeit der DDR von der Sowjetunion bzw. dem RGW beim Ausbau der Kerntechnik folgte damit einerseits aus restriktiven Maßnahmen der Sowjetunion (vgl. Weiss 1997: 309–313). Andererseits konnten die Entwicklungsfelder, auf die in der DDR in den 1970er Jahren große Forschungskapazitäten konzentriert wurden, kaum der Erwartung gerecht werden, die internationale Abhängigkeit durch den Aufbau neuer kerntechnischer Industriezweige der DDR zu verringern. Schnelle Brutreaktoren sind bis heute weit von ihrer kommerziellen Verwertung entfernt. Auch der Bedarf an Fabrikationsanlagen für Brennelemente wurde zu Beginn der 1970er Jahre weit überschätzt.

Während die Entwicklungsarbeiten zur Refabrikation von Brennelementen geheim blieben, standen Beiträge zum Aufbau der Kernkraftwerke in der DDR um so mehr im Licht der Öffentlichkeit. Hier lagen die Leistungen, die die Existenz des Forschungszentrums immer wieder auch nach außen rechtfertigten. Die Forschungsarbeiten befaßten sich allerdings nicht mehr mit Eigenentwicklungen zentraler Komponenten der Kernenergienutzung, sondern mit der Vorbereitung und Optimierung der sowjetischen Kraftwerksimporte. Damit erfolgte zu Beginn der 1970er Jahre eine neue Ausrichtung des Forschungsfeldes auf konkrete industrielle Forschungsprobleme. Klaus Fuchs nannte 1973 zwei strategische Ziele der Forschungen des ZfK: erstens die zügige Inbetriebnahme und den rationellen Betrieb von Kernkraftwerken sowie zweitens die Erfüllung der internationalen Verpflichtungen. Der Aufbau der Kraftwerke beanspruchte weitgehend die fachspezifischen Forschungskapazitäten im Lande. Das ZfK unternahm entsprechend Forschungs- und Entwicklungsaufgaben zur Inbetriebnahme des Kernkraftwerkes (KKW)

---

31 BAB-SAPMO, DY 30/17689, Mittag an Honecker, 14.12.1977.

Lubmin bei Greifswald. Am Institut wurden Ausrüstungen zur Kontrolle und Steuerung von Leistungsreaktoren entwickelt. Dazu gehörten Meßverfahren, ein automatisches Datenerfassungssystem sowie Anlagen für Rausch- und Schwingungsmessungen; außerdem unternahm das Institut Untersuchungen zur Kontrolle und Nutzung des Kernbrennstoffs in den Leistungsreaktoren.

Die Einbindung der Forschungskapazitäten in den Aufbau des KKW Lubmin fügte sich nahtlos in die wissenschaftspolitische Forderung nach einer möglichst unmittelbaren Überführung wissenschaftlicher Forschungen in die Industrie ein und rechtfertigte damit auch nach den Maßstäben der Staatsführung die Existenz des Forschungsbereichs.[32] Die Mitarbeiter des ZfK führten vor Ort im Kernkraftwerk die Installation der technischen Anlagen durch, die am Institut entwickelt worden waren. Dazu gehörten die on-line Incorekontrolle und die on-line Rauschüberwachung, also Systeme zur Reaktorüberwachung und Früherkennung von Störungen, die zur Produktreife weiterentwickelt und als Zusatzausrüstung für die sowjetischen Leistungsreaktoren im RGW vertrieben werden sollten.[33] Die Überführung in die industrielle Produktion scheiterte jedoch.

Isotopenproduktion

Seit Gründung des Zentralinstituts für Kernphysik in Rossendorf gehörte die Produktion von radioaktiven Isotopen zu dessen Aufgaben. Langfristig ist hier jedoch eine bemerkenswerte Schwerpunktverlagerung festzustellen. Der Forschungsreaktor, das erste Großgerät und gewissermaßen das Herz des Forschungszentrums, diente bis Anfang der 1960er Jahre überwiegend reaktorphysikalischen Forschungsarbeiten. 1977, zum 20jährigen Reaktorjubiläum, bemerkte der Bereichsleiter Weibrecht dagegen: »Die Hauptaufgabe

---

[32] FZR-Arch, IG 12, Pressematerial zum 20. Jahrestag der Gründung des ZfK Rossendorf. Thesen zum 20. Jahrestag, 1977.

[33] BBAW, VA 6311, Niederschrift der wichtigsten Diskussionsbemerkungen in der Sitzung des Präsidiums der AdW, 8.5.1973; BBAW, VA 6789, Bericht über den Stand und die Entwicklung der kernenergetischen Forschung der AdW ..., 20.11.1974; Mitarbeit des ZfK Rossendorf bei der Inbetriebnahme des KKW »Bruno Leuschner«, 2.5.1974.

des Rossendorfer Forschungsreaktors ist die Produktion radioaktiver Nuklide«.[34] 1976 wurden im sogenannten »Technologischen Zentrum« in Rossendorf außerdem vier »heiße« und 12 »warme« Zellen für die Verarbeitung radioaktiver Isotope in Betrieb genommen. Seit 1961 stieg die Isotopenproduktion in Rossendorf stetig, 1977 war die DDR im RGW nach der UdSSR zweitwichtigster Lieferant.

Die Isotopenproduktion fügte sich gleich in zweifacher Hinsicht in die Leitlinien der Forschungspolitik ein. Die Produktion radioaktiver Isotope im Rossendorfer Forschungsreaktor stand primär unter einer wirtschaftlichen Zielsetzung; Isotope waren sogar exportfähige Waren und brachten damit auch Devisen ins Land. Von 1970 bis 1977 stieg der Wert der hergestellten Isotope von 2,7 Mio. auf rund 8 Mio. Mark. Gleichzeitig diente die Isotopenproduktion als Paradebeispiel für die internationale Arbeitsteilung im RGW.[35]

Die Optimierung des Reaktors für Isotopen- und Festkörperforschungen, die dann schließlich zwischen 1987 und 1989 in der Rekonstruktion des Reaktors ihren technischen Niederschlag fand, vergrößerte zunehmend die Distanz zur international gängigen experimentellen Praxis der Neutronenphysik.[36]

Kernphysikalische Grundlagenforschung

Im Zuge der Akademiereform erfolgte im ZfK auch eine Neuordnung der Forschungsbereiche. Der Bereich Kernphysik, der in den 1960er Jahren unter

---

34 FZR, IG 12, Pressematerial zum 20. Jahrestag der Gründung des ZfK Rossendorf. 20 Jahre Rossendorfer Forschungsreaktor, 1977; siehe auch BBAW, VA 6311, Information über die Weiterführung der Produktion radioaktiver und stabilisotop markierter Verbindungen in der DDR, S. 4, 29.12.1973.
35 FZR, IG 12, Pressematerial zum 20. Jahrestag der Gründung des ZfK Rossendorf. Kooperation im RGW, 1977.
36 Der geringe Neutronenfluß an den horizontalen Experimentierkanälen des Rossendorfer Reaktors galt als der entscheidende Faktor für dessen geringes Forschungspotential für die Neutronenphysik, insbesondere angesichts der Konkurrenz durch den Reaktor am ILL in Grenoble und den Reaktorneubau der TU München (Wissenschaftsrat 1992: 92).

Josef Schintlmeister eine weitreichende wissenschaftliche Autonomie genoß und in dem offenbar auch ein anregendes wissenschaftliches Klima herrschte, wurde 1970 der Hauptarbeitsrichtung »Nukleare Festkörperforschung« zugeordnet. Eines der ehemals zentralen Arbeitsgebiete des Instituts verlor damit organisatorisch seine Eigenständigkeit. Als gleichzeitig der Bereich »Großgeräte« geschaffen wurde, in dem der Reaktor, die Beschleuniger und die zentrale Rechentechnik zusammengefaßt waren, verloren die Kernphysiker auch den unmittelbaren Zugriff auf ihre unentbehrlichen Forschungsanlagen. Karl-Heinz Kaun, der spätere Bereichsleiter, sah darin im Rückblick eine Dienstleistungsideologie, die das Niveau der Großanlagen senkte und die Entwicklung der Geräte an den Bedürfnissen weniger anspruchsvoller Nutzer orientierte.[37] Er brachte damit ein Konfliktpotential zwischen Isotopen-/Festkörperforschungen, deren wirtschaftlicher Ertrag anerkannt war, und der kernphysikalischen Forschung, die in den 1970er Jahren unter erheblichem Legitimationsdruck stand, zum Ausdruck.

Der Aufbau der Festkörperforschung am Institut erfolgte zu Lasten der Kernphysik. 1970, während der Beratungen über die künftigen Forschungsschwerpunkte des ZfK, stellte der Vertreter des Wissenschaftsministeriums jedoch auch eindeutig klar, daß die internationalen Verpflichtungen zur Zusammenarbeit am VIK Dubna einen weiteren Abbau der kernphysikalischen Forschung in Rossendorf nicht erlauben. Die thematischen Schwerpunkte könnten nicht allein aus Sicht der DDR festgelegt werden, sondern müßten auch den internationalen Interessen Rechnung tragen. Gerade in der Kernphysik, deren unmittelbare wirtschaftliche Relevanz wohl am schwierigsten zu vermitteln war, wurde damit die Diskrepanz zwischen den internationalen Forschungsschwerpunkten und dem nationalen Bedarf diskutiert. Zwar stand die Einbindung der Kernphysik der DDR in die internationale wissenschaftliche Zusammenarbeit nicht in Frage, jedoch blieben die Kernphysiker des Instituts mit der Forderung konfrontiert, die internationale Kooperation

---

37 Kaun, Karl-Heinz (1993), Zur Entwicklung der kernphysikalischen Grundlagenforschung im Zentralinstitut für Kernforschung Rossendorf, 1956–1990, Anteiliger Arbeitsbericht zum Vorhaben 4-7541.82-FZR/302, Projektleitung Reinhard Koch, unveröffentl. Manuskript, Forschungszentrum Rossendorf.

zugunsten der »wissenschaftsstrategischen und volkswirtschaftlichen« Ziele der DDR zu nutzen.[38]

Nicht nur der Hinweis auf internationale Verpflichtungen verringerte den Rechtfertigungsdruck auf die kernphysikalische Forschung. Die Kernphysik erschien auch als ein geeignetes Mittel, das internationale Ansehen der DDR zu steigern. Der Direktor des ZfK, Helmuth Faulstich, verwies 1970 in einem Entwurf der künftigen Forschungskonzeption des Instituts auf die zwar geringe Bedeutung der Kernphysik für die Entwicklung praktischer Methoden und Verfahrensweisen, betonte jedoch gleichzeitig deren große internationale politische Wirksamkeit:

»Hierbei soll nochmals betont werden, daß das Ziel einer Forschungstätigkeit auf dem Gebiet der Kernphysik nicht die Ausarbeitung von Methoden sein kann, sondern die Gewinnung neuer Erkenntnisse, die das Ansehen der DDR als wissenschaftlichen Partner in der Welt stärken«.[39]

Zu Beginn der 1970er Jahre, als die DDR erfolgreich den Prozeß internationaler Anerkennung vorantrieb, waren dies für die politische Führung überzeugende Argumente.

Während die Kernphysik ihre weitere Existenz nicht mehr mit ihren eigentlichen Forschungsleistungen, sondern unter Hinweis auf sekundäre Merkmale und Wirkungen wie die sozialistische Kooperation oder internationale Anerkennung rechtfertigte, fügte sich die Festkörperphysik ausgezeichnet in die wissenschaftspolitischen Leitlinien der DDR ein: Bereits 1970 zeichnete sich die technische Nutzung in der Halbleiterindustrie ab. Gleichzeitig war Potential für grundlegende Forschungen vorhanden, die als wissenschaftlich-technischer »Vorlauf« für industrielle Produkte oder Verfahren legitimiert waren. Konkret befaßte sich der Bereich mit der Entwicklung der Ionenimplantation. 1977 standen im ZfK zwei Implantationsapparaturen zur Verfügung, mit denen Kleinserien von Silizium-Detektoren gefertigt wurden.[40]

---

38 ZfK, O/877, Protokoll der 2. Sitzung der Kommission Führungskonzeption des ZfK Rossendorf, 1970. Siehe auch Kaun (1993).
39 ZfK, O/877, Faulstich, Grundgedanken für die Ausarbeitung der Forschungskonzeption des ZfK, 24.4.1970.
40 ZfK, O/877, Forschungskonzeption Festkörperphysik, 1970; ZfK, IG 12, Pressematerial zum 20. Jahrestag der Gründung des ZfK Rossendorf. Thesen, 1977.

Die achtziger Jahre

Zu Anfang der 1980er Jahre erfolgte erneut eine Verschiebung der Forschungsschwerpunkte des ZfK. Der Ausbau von Kernheizkraftwerken rückte ins Blickfeld der Forschungsplanungen, außerdem eine verstärkte Eigenbeteiligung der DDR beim weiteren Aufbau der Kernkraftwerke – die bisherige Zusammenarbeit mit der UdSSR erschien offensichtlich als ungenügend. Die forcierte Weiterentwicklung werkstoffwissenschaftlicher Untersuchungsmethoden im ZfK war eine Antwort auf sicherheitstechnische Mängel der Kernkraftwerksblöcke in Greifswald.

Gleichzeitig stagnierten jedoch die Forschungskapazitäten auf dem Gebiet der Kernenergetik oder gingen sogar zurück. Die zuständigen Ministerien nahmen aus der Sicht der Akademie ihre Verantwortung für die Weiterentwicklung der Kernenergetik nicht wahr.[41]

Schluß

Die bisherige Darstellung stützte sich zu einem großen Teil auf Konzeptionen von Forschungsprogrammen für das ZfK Rossendorf. Es ist dabei nicht erstaunlich, wenn eine gewisse Nähe zur staatlichen Forschungspolitik nachgewiesen werden kann. Forschungskonzeptionen und Forschungsanträge bilden schließlich bis heute eine eigene literarische Gattung, die auf die Überzeugung der Adressaten in Politik und Öffentlichkeit zielen, ohne die Forschungspraxis vollständig abzubilden (vgl. Ash 1997: 22). Ohne Zweifel gab es bei einem geschickten Umgang mit den gängigen Sprachregeln Freiräume. Im Windschatten der »großen Projekte« bewegte sich eine Vielzahl unabhängiger Forschungen, die durch entsprechende Widmungen in die Leitlinien der Wissenschafts- und Technologiepolitik eingefügt worden waren.

Insgesamt bleibt jedoch der Befund, daß die Kernforschung des ZfK einzig durch größte Nähe zur Industrie und Produktion die unentbehrliche politische Anerkennung fand. Mochten die Wissenschaftler auch ihre eigenen

---

41 BAB-SAPMO, DY 30/IV B2/2.024/47, Information Büro Hager, 2.6.1980.

Forschungsprojekte aus den 1960er Jahren weiterverfolgen oder sich Nischen für ihre wissenschaftlichen Untersuchungen sichern, die Legitimation der Forschungsprojekte konnte nur über die Schwerpunkte der Wissenschaftspolitik erfolgen. Dabei stechen zunächst die Parallelen zu den westlichen Ländern ins Auge. Einige Beispiele:

- Wie sehr die internationale kernphysikalische Forschung gerade auch im Westen politischen Zielen diente, ist mittlerweile anhand der Geschichte des CERN gründlich belegt (Pestre 1992; Krige 1989).
- Die Kernforschungszentren in Ost und West standen vor dem Problem, daß zu Beginn der 1970er Jahre ihr ursprüngliches Gründungsprojekt, Reaktorforschung und -entwicklung, an Bedeutung verloren hatte und ihre weitere Existenz als Großforschungszentren allein nicht mehr rechtfertigte. Sie waren dadurch gezwungen, ein neues Forschungsprofil zu entwickeln.
- Nicht nur in der DDR, sondern auch in der Bundesrepublik sah sich die Grundlagenforschung in den 1970er Jahren einem erheblichen Legitimationsdruck ausgesetzt, dem sie unter Hinweis auf mögliche Anwendungen auszuweichen suchte. Auf beiden Seiten des eisernen Vorhangs gab es Schwierigkeiten, wissenschaftliche Forschungen in der industriellen Produktion zu nutzen. Reflektiert wurde dies auf der einen Seite der Mauer unter den Begriffen »Vorlaufforschung« und »auftragsgebundene Forschung«, auf der anderen Seite in Diskussionen um den »Technologietransfer« (Szöllösi-Janze/Trischler 1990).

Wenn somit die Problemdefinitionen im Osten und Westen auch weitreichende Ähnlichkeiten aufweisen, so dürfen andererseits die Unterschiede nicht übersehen werden. Das Zentralinstitut für Kernforschung Rossendorf verfügte letztlich über keinen Spielraum, einer konsequenten Ökonomisierung der Kernforschung entgegenzutreten. Forschungskapazitäten wurden dadurch gebunden, daß Aufgaben der industriellen Produktion mitgetragen wurden. Dies äußerte sich in der Arbeitspraxis des ZfK durch

- die unmittelbare »industrielle« Produktion im ZfK (Bsp. Isotopenproduktion und Gerätebau),

- die Einbindung von Forschungsarbeiten des ZfK in den Aufbau der kerntechnischen Industrie (Bsp. Mitwirkung beim Aufbau und Betrieb des Kernkraftwerks Lubmin),
- die Verknüpfung der »Grundlagenforschung« mit der Produktion durch das Konzept der »Vorlaufforschung« für technische Innovationen (Bsp. Festkörperphysik),
- die Hervorhebung sekundärer Funktionen, die zur eigentlichen Legitimationsgrundlage wurden, wie etwa die sozialistische Kooperation am VIK Dubna (Bsp. Kernphysik).

Forschungsprojekte erhielten erst durch die Einbindung in wirtschaftsrelevante Vorhaben ihre eigene Existenzberechtigung. Diese Ausrichtung der Forschungen an den Bedürfnissen der Industrie in der DDR war einer der Gründe dafür, daß die Wissenschaftspolitik die bislang selbstverständliche Verknüpfung der Grundlagenforschung mit der internationalen Entwicklung in Frage stellte. Zwar pflegten Wissenschaftler weiterhin internationale Kontakte und erwarben internationale Anerkennung für ihre Forschungen. Die Problemdefinition und Zielvorgaben wissenschaftlicher Forschung durch die politische Führung orientierte sich jedoch an nationalen industriepolitischen Erfordernissen. Die Partei- und Staatsführung der DDR stellte das ZfK in den Dienst einer nationalen Industriepolitik, die unter dem Schlagwort sozialistischer Forschung die Wissenschaftsentwicklung zunehmend an den konkreten Bedürfnissen der Industrie der DDR ausrichtete.

Fragt man nach den charakteristischen Merkmalen der Kernforschung der DDR in den 1970er Jahren, so mögen somit auf der Ebene der durchgeführten Forschungsprojekte kaum Besonderheiten ins Auge fallen. Auf der Ebene der politischen Zielvorgaben und Leitlinien war jedoch die Forschung explizit als nationales Unternehmen strukturiert. Die wissenschaftliche Forschung wurde in der DDR zunehmend ein Instrument zur Lösung der aktuellen Probleme der Industrie, unabhängig von der internationalen wissenschaftlichen Entwicklung.

Josef Reindl

Akademiereform und biomedizinische Forschung in Berlin-Buch

Einleitung

Die biomedizinische Forschung zählte zu den Wissenschaftsdisziplinen, in denen die DDR international beachtete Ergebnisse erzielte. Davon stammten viele aus den Akademieinstituten in Berlin-Buch, dem bedeutendsten ostdeutschen biomedizinischen Forschungsstandort. Die Entwicklung dieses Standorts in den 1970er Jahren soll hier vor dem Hintergrund der wissenschaftspolitischen Strategie der Staats- und Parteiführung dargestellt werden. Zu fragen ist nach den Maßnahmen, mit denen das Hauptziel der 1968 eingeleiteten Akademiereform in der biomedizinischen Forschung erreicht werden sollte: die engere Verbindung von Akademie und Industrie zur Beschleunigung des wirtschaftlichen Wachstums. Zu fragen ist aber auch nach den Faktoren, die diese Strategie scheitern ließen. Dabei zeigt sich, daß die 1970er Jahre für die biomedizinische Forschung der DDR eine entscheidende Periode darstellen: Mit dem Aufkommen der Molekularbiologie war eine enorme Erhöhung der Forschungsaufwendungen verbunden, jedoch war das politisch-ökonomische System nicht in der Lage, diese zur Verfügung zu stellen, was ein weiteres Zurückfallen gegenüber der Bundesrepublik zur Folge hatte.

Der Forschungsstandort Berlin-Buch und die Forschungspolitik der DDR bis in die späten sechziger Jahre

Gut ein Jahr nach Ende des Zweiten Weltkriegs, am 1. Juli 1946, wurde die von Gottfried Wilhelm Leibniz im Jahr 1700 gegründete vormalige »Preußische Akademie der Wissenschaften« als »Deutsche Akademie der Wissenschaften zu Berlin« (DAW) wiederbelebt (Gläser/Meske 1996). Zu den auf sowjetische Veranlassung hin der DAW unterstellten Instituten gehörten auch einige in den Gebäuden des ehemaligen Kaiser-Wilhelm-Instituts für Hirnforschung in Berlin-Buch tätige biochemische und biophysikalische Arbeitsgruppen. Diese waren in der Spätphase des Zweiten Weltkriegs in das von Bombenangriffen weitgehend verschonte Buch an der nordöstlichen Stadtgrenze Berlins gekommen und wurden am 27. Juni 1947 zum »Institut für Medizin und Biologie« zusammengefaßt. Dieses sollte sich sowjetischen Anweisungen zufolge auch weiterhin auf die bis dahin behandelten Probleme der theoretischen und klinischen Medizin, insbesondere Krebserkrankungen, konzentrieren (Bielka 1997: 48–53).

Das Institut wurde in der Folgezeit um einige Abteilungen erweitert, um eine breitere interdisziplinäre Krebsforschung sicherzustellen. So wurden 1948 Abteilungen für biologische und chemische Krebsforschung sowie für Genetik geschaffen. Ein Jahr später erfolgte die Eröffnung einer Krebsklinik und einer Abteilung für Pharmakologie, die sich mit der Entwicklung von Arzneimitteln für die Krebsdiagnose und -therapie beschäftigte. Innerhalb kurzer Zeit stieg die Zahl der in Buch tätigen Mitarbeiter beträchtlich an: Ende 1949 hatte das Institut 145 Beschäftigte, davon 27 Wissenschaftler und Ärzte, zwei Jahre später waren es bereits 248 Beschäftigte, davon 43 Wissenschaftler und Ärzte (Bielka 1997: 62–68).

Bei Gründung des Instituts ließ man sich von dem Gedanken leiten, daß nur durch eine interdisziplinäre Kooperation qualitativ neuartige Erkenntnisse bei der Bekämpfung des Krebses – der neben Herz- und Kreislauferkrankungen häufigsten Todesursache – zu gewinnen waren. Dem diente eine enge institutionelle Verbindung zwischen der theoretischen, grundlagenorientierten Forschung, wie sie in den Abteilungen für Biochemie, Biophysik und

Pharmakologie geleistet wurde, und der klinischen, anwendungsbezogenen Forschung der Krebsklinik und der Abteilungen für Geschwulstforschung.[1]

Hauptbetätigungsfeld aller Abteilungen, wenngleich in unterschiedlichem Maße, war die Krebsforschung. Dabei standen Arbeiten zum Tumorstoffwechsel, zur kanzerogenen Wirkung chemischer Substanzen, zu krebsauslösenden, sogenannten onkogenen Viren, sowie zur Wirkung von Röntgenstrahlen auf biologisches Material im Vordergrund. Mit der Gründung der Arbeitsstelle für Kreislaufforschung 1955 wurden die Arbeiten des Instituts auf den Bereich Herz-Kreislauferkrankungen ausgedehnt. Zwischen 1953 und 1963 nahm dann die Zahl der Mitarbeiter von 383 auf 1.195 zu, davon 59 beziehungsweise 212 Wissenschaftler (Bielka 1995: 36 ff., 42).

Zwei Gremien lenkten und koordinierten die wissenschaftliche Tätigkeit des Instituts: das aus den Abteilungsleitern bestehende Direktorium und der Wissenschaftliche Rat, der sich aus renommierten Akademiemitgliedern zusammensetzte. Diesen übergeordnet waren Präsident und Plenum der Akademie, wenngleich die fachliche Anleitung der Bucher Forschungseinrichtungen der medizinischen Akademieklasse oblag. Dies betraf sowohl die Beratung und Kontrolle der Arbeits- als auch der Haushalts- und Investitionspläne. Da zwischen der Bucher Institutsleitung und der Klasse für Medizin personelle Überschneidungen bestanden, kann man in der ersten Hälfte der 1950er Jahre von einer weitgehenden Selbststeuerung der Forschung ausgehen. Zu berücksichtigen ist insbesondere die Stellung des Institutsdirektors Walter Friedrich, der aufgrund seines gesellschaftlichen Engagements, seiner zahlreichen Funktionen und fachlichen Kompetenz eine weit über Buch hinausgehende Bedeutung hatte.

Im Laufe der 1950er Jahre sahen sich die Wissenschaftler in der DDR mit einem generell zunehmenden Anspruch von Staat und SED auf die Steuerung von Wissenschaft und Forschung konfrontiert, der aus dem Übergang zur systematischen staatlichen Wissenschaftsplanung und -leitung resultierte. War zuvor noch versucht worden, die sogenannte »bürgerliche Intelligenz« in eine breite Bündnispolitik einzubeziehen, so setzte zu Beginn des Jahrzehnts eine Politik des forcierten »Aufbaus des Sozialismus« ein, mit der die

---

1 Archiv der BBAW, DAW/AdW, Akademieleitung, Naturwissenschaftliche Einrichtungen, 42 Institut für Medizin und Biologie, Bd. 1, 1947–60, »Über den Aufbau der Forschungsstätte Buch für Medizin und Biologie«, undat., handschriftliche Anmerkung: »wahrscheinlich Nov. 1947«.

Forschung für politische und wirtschaftliche Zwecke in Dienst genommen werden sollte (Nötzold 1997: 132–137; Gläser/Meske 1996: 76; Meyer 1990: 6–7; Weber 1989: 213–218; Förtsch 1976: 35–36).

Die nach wie vor starke Stellung »bürgerlicher« Wissenschaftler erwies sich für eine praktische Umsetzung dieser Politik auf lange Zeit hin aber als überaus hinderlich. Exemplarisch hierfür können die Bucher Institute gelten, unter deren Direktoren sich in den frühen 1950er Jahren lediglich ein SED-Mitglied befand. Von diesem war zudem bekannt, daß er stets versuchte, externe Einflüsse auf seinen Wirkungsbereich abzuwehren. So verwundert es nicht, daß sich die SED-Parteiorganisation sowohl während der 1950er Jahre als auch in den beiden nachfolgenden Dekaden über ihre geringen Einflußmöglichkeiten auf die Bucher Akademieinstitute beklagte. In einer Analyse der Bucher Parteiorganisation Mitte der 1950er Jahre hieß es:

»Die Parteiorganisation in Buch arbeitet schlecht. Die zahlenmässig schwache Konstitution bei der Überzahl an bürgerlichen Kräften hatte bei den meisten Genossen dieser Parteiorganisation ein sektiererhaftes Auftreten zur Folge. Dadurch wurde eine Entwicklung angebahnt, die die Genossen den engeren Kontakt mit der Belegschaft verlieren liess, so dass jetzt die Parteiorganisation ein Dasein am Rande führt ohne dass sie auch nur in irgendeiner Weise einen Einfluss auf das Geschehen im Betrieb hätte.«[2]

---

2   Bundesarchiv Berlin, Stiftung Archiv der Parteien und Massenorganisationen der DDR (BAB-SAPMO), DY 30/IV 2/9.04 SED, ZK, Abteilung Wissenschaften, 1946–1962, 422 Forschungsgemeinschaft – Institute und Bereiche: Medizin, Biologie, Ernährungsforschung, Kulturpflanzenforschung, 1952–62, Institut für Medizin und Biologie der Deutschen Akademie der Wissenschaften, undat. [1956]. Exemplarisch für die 1960er und 1970er Jahre siehe: DY 30/IV A 2/9.04 SED, ZK, Abteilung Wissenschaften, 1963–1971, 304 Politisch-ideologische Situation in den Parteiorganisationen der Forschungszentren der Akademie, 1963–67, Medizinisch-biologisches Forschungszentrum Buch, Parteisekretär, »Der ideologisch-politische Zustand im medizinisch-biologischen Forschungszentrum der DAdW zu Berlin, Berlin-Buch«, 31.7.1964; Archiv der BBAW, DAW/AdW, Akademieleitung, Sekretariat des Präsidenten, VA 7195 FZMM: ZIK, ZIMET, ZIGK, ZIE, IBP, FS WTF, 1974/75, Bericht über die durchgeführte Untersuchung einer Arbeitsgruppe der Kreisparteikontrollkommission (KPKK) zur Wirksamkeit der politisch-ideologischen Arbeit der Abteilungsparteiorganisation (APO) Zentralinstitut für Krebsforschung bei der Entwicklung des sozialistischen Rechtsbewußtseins und zur konsequenten Einhaltung von Ordnung und Sicherheit, 3.12.1974; siehe hierzu auch: Geissler (1997: 168–171); ders. (1994: 82).

Generell war der Anteil von SED-Mitgliedern unter den Beschäftigten in den Bucher Forschungsinstituten deutlich geringer als in der gesamten Akademie. Dies gilt sogar noch für den Zeitraum der 1970er Jahre, für den im Gegensatz zu den früheren Jahren exakte Zahlen vorliegen. Bewegte sich der Anteil von SED-Mitgliedern in den Jahren 1970 bis 1980 zwischen 15 und 19 %, so lag er in Buch signifikant darunter, wenngleich mit steigender Tendenz:[3]

Tabelle 1: Biomedizinische Institute der DAW/AdW in Berlin-Buch 1970–80

Jahr	Beschäftigte	SED-Mitglieder	Anteil (Prozent)
1970	1.437	110	7,7
1971	1.521	113	7,4
1972	1.554	124	8,0
1973	1.626	139	8,5
1974	1.664	153	9,2
1975	1.751	172	9,8
1976	1.696	190	10,5
1977	1.711	211	12,3
1978	1.702	216	12,7
1979	1.855	222	12,0
1980	1.957	228	11,7

Quelle: Zusammengestellt und berechnet nach den Angaben in Archiv der BBAW, DAW/AdW, Abteilung Kader/Bildung, VA 5682, VA 6204, VA 6728, VA 7337, VA 7696, VA 8393, VA 14751.

Eines der drängendsten Probleme, dem sich Direktorium und Wissenschaftlicher Rat wiederholt widmeten, war die zunehmende Tendenz einzelner Abteilungen, selbständig thematische Schwerpunkte zu setzen und gleichzeitig Krebs- und Herz-Kreislaufforschung zu vernachlässigen. Vertreter der klinischen, anwendungsbezogenen Forschung, wie sie vornehmlich die Krebsklinik und die Abteilungen für Krebsforschung betreiben, verwiesen auf die Hauptarbeitsfelder des Instituts für Medizin und Biologie und argumentier-

---

3 Zum Anteil der SED-Mitglieder an der Gesamtzahl der Beschäftigten der DAW/AdW in den Jahren 1970 und 1980 siehe: Archiv der BBAW, DAW/AdW, Akademieleitung, VA 5682, VA 14744.

ten, daß die bis dahin erzielten diagnostischen und therapeutischen Fortschritte ausschließlich aus den klinischen Abteilungen kamen. Dem hielten die Leiter der grundlagenorientierten Abteilungen Biophysik, Biochemie und Pharmakologie entgegen, daß beim erreichten Kenntnisstand nur eine Verstärkung der naturwissenschaftlichen Forschung weiteren Erkenntnisfortschritt bringen könne. Gleichzeitig war aber offenkundig, daß die betreffenden Abteilungen ihre Arbeiten nur zu einem vergleichsweise kleinen Teil der Krebs- und Herz-Kreislauf-Problematik widmeten. Statt dessen folgten sie den Forschungsinteressen ihrer Abteilungsleiter, die oft mit der offiziellen Aufgabenstellung des Instituts in keinem erkennbaren Zusammenhang standen. Diese zentrifugalen Tendenzen entwickelten sich zu dauerhaften und teilweise sehr persönlich geführten Auseinandersetzungen, was verschiedentlich das Eingreifen übergeordneter Dienststellen einschließlich des Präsidenten der Akademie der Wissenschaften nach sich zog.[4]

Mitte der 1950er Jahre wurde das Zurückfallen der DDR gegenüber der Bundesrepublik unübersehbar: Unter dem Primat des Systemwettkampfes und der »ökonomischen Hauptaufgabe«, »die Bundesrepublik in der Pro-Kopf-Produktion wichtiger Konsumgüter und Nahrungsmittel einzuholen und zu überholen«, sollte das Wirtschaftswachstum rasch gesteigert werden. Wissenschaft und Forschung oblag es dabei, neue Produkte und Produktionstechnologien einzuführen oder bereits existierende zu verbessern, was eine intensivere Planung ausgewählter Wissenschaftsgebiete notwendig machte (Steiner 1995: 134 ff.; Kusch u. a. 1991: 16; Förtsch 1976: 36–37).

Da die Akademie trotz ihres beachtlichen Ausbaus in den 1950er Jahren nicht die erhofften Forschungsergebnisse brachte, wurde versucht, die wirtschaftliche Verwertbarkeit der wissenschaftlichen Erkenntnisse durch eine institutionelle Neuordnung zu erhöhen. 1957 kam es zur Gründung von zwei neuen Institutionen: zum einen des »Forschungsrats der DDR«, der eine bessere Koordinierung der geplanten und laufenden Forschungen sowie deren engere Anbindung an volkswirtschaftliche und industrielle Ziele ermöglichen sollte. Zum anderen faßte man die Forschungsinstitute der Aka-

---

4 Exemplarisch hierfür: Archiv der BBAW, DAW/AdW, Institute Buch, Rat der Direktoren, A 17 Protokolle und Einladungen zu Direktoriumssitzungen, 1963, Protokoll Nr. 5/63 über die Sitzung des Direktoriums der Institute für Medizin und Biologie am 3.5.1963; Akademieleitung, Sekretariat des Präsidenten, VA 5964 FZMM, 1972, Akademiepräsident Klare an Gummel, Leiter der Bucher Krebsklinik, 6.1.1972.

demie unter einheitlicher Leitung zur »Forschungsgemeinschaft der naturwissenschaftlichen, technischen und medizinischen Institute« zusammen, wodurch die traditionellen Klassen ihre Kompetenzen bei der Forschungssteuerung verloren (Gläser/Meske 1996: 85–91).

Zu Anfang der 1960er Jahre zeichnete sich in der DDR der Übergang von einem extensiven zum intensiven Wirtschaftswachstum ab, was bedeutete, daß die Steigerung der Produktion von einer intensiveren Nutzung der vorhandenen Ressourcen abhing. Kernstück dieser Politik, die 1963 mit dem »Neuen Ökonomischen System der Planung und Leitung« verkündet wurde, war die Zusammenfassung von Betrieben zu Kombinaten. Ziel war die »komplexe sozialistische Rationalisierung« der DDR-Wirtschaft, wobei der Wissenschaft die Funktion zukam, für Industriebereiche, die den wissenschaftlich-technischen Fortschritt führend verkörperten (Chemie, Maschinenbau, Elektrotechnik und Feinmechanik), neue, im Westen noch nicht begangene Innovationspfade zu finden. Diesem Konzept, das unter das Motto »Überholen ohne Einzuholen« gestellt wurde, lag der Gedanke zugrunde, daß eine Konzentration der wirtschaftlichen Ressourcen auf zentrale Industriesektoren einen Wachstumsimpuls auslösen würde, von dem auch alle übrigen Wirtschaftsbereiche profitieren könnten (Schröter 1996: 347–348; Steiner 1995: 137–138; Kusch u. a. 1991: 15; Weber 1989: 350; Lauterbach 1976: 4, 18).

Das Wissenschaftssystem der DDR wurde im Laufe der 1960er Jahre grundlegend umgestaltet und der staatliche Einfluß auf die Forschung erheblich ausgeweitet. Im Zentrum dieser Veränderungen stand die 1968 begonnene Akademiereform, die im wesentlichen aus zwei Komponenten bestand: einer Reorganisation der systemexternen Beziehungen der Akademie, um diese enger an die Industrie zu binden, sowie einer internen Umorganisation der Forschungseinrichtungen. Letztere zielte auf die fortschreitende Zusammenfassung der Akademieinstitute zu größeren Forschungseinheiten, womit der zunehmenden Komplexität von Wissenschaft und Technik Rechnung getragen werden sollte. So reduzierte sich die Zahl der akademieeigenen Forschungseinrichtungen im Verlauf der Reform von 90 auf 30: Zahlreiche Institute wurden zu sogenannten Zentralinstituten zusammengefaßt (Laitko 1997: 53 ff.; Gläser/Meske 1996: 94–99; Förtsch 1976: 37 ff.; Lauterbach 1976: 4, 11–15).

Die Akademie und ihre Wissenschaftler wurden nun bei der Wahl und Definition von Forschungsgegenstand und -zielen zunehmend eingeschränkt, der Aufgabenbereich der Akademieforschung in vielen Fällen von der Grundlagenforschung bis hin zur Produktion ausgeweitet. Akademiewissenschaftler sahen sich mit Aufgaben der Produktionsvorbereitung, Fertigungstechnik und ähnlichem konfrontiert, was zu Zeitverlusten, erhöhten Kosten und der Fehllenkung wissenschaftlicher Kapazitäten führte (Bielka / Hohlfeld 1998: 88; Lauterbach 1976: 23, 27).

Forschungspolitische Strategien nach Akademiereform und VIII. SED-Parteitag: Reorganisation der Invention und Forcierung der Innovation

In Vorbereitung des Fünfjahresplans 1971–75 verschärften sich die Probleme der DDR-Wirtschaft, nachdem die Möglichkeiten für eine rasche Modernisierung überschätzt worden waren. In dieser Situation nahm der VIII. SED-Parteitag von 1971 wichtige inhaltliche und personelle Korrekturen vor. Die wissenschafts- und wirtschaftspolitische Zielsetzung vom »Überholen ohne Einzuholen«, die noch 1970 propagiert worden war, wurde stillschweigend fallen gelassen. Statt dessen formulierte der Parteitag als »Hauptaufgabe« die »weitere Erhöhung des materiellen und kulturellen Lebensniveaus der Werktätigen«, was eine Intensivierung der Produktion durch Steigerung der Arbeitsproduktivität erforderte.[5]

Im Gefolge des Parteitags kam es zu wichtigen wissenschaftspolitischen Veränderungen. Die Kompetenzen der Akademie in der Leitung und Organisation von Forschung wurden wieder ausgeweitet. Die Deutsche Akademie der Wissenschaften, 1972 umbenannt in »Akademie der Wissenschaften der DDR« (AdW), erhielt Koordinierungsfunktionen gegenüber Industrie- und Hochschulforschung sowie für die internationale wissenschaftliche Zusammenarbeit mit den RGW-Staaten. Außerdem wurde ihr die Aufgabe übertragen, für die Staatsführung künftige Entwicklungen in Wissenschaft und

---

5 Gläser/Meske (1996: 111); Steiner (1995: 140–141); Kusch u. a. (1991: 17 ff.); Cornelsen (1988: 357–358); Förtsch (1976: 41–42); Jahresbericht (1973: 8).

Technik zu prognostizieren, wodurch sie größere Mitsprachemöglichkeiten bei der Formulierung langfristiger Forschungsrichtungen und -ziele erhielt. Die Grundlagenforschung der Akademie wurde nun grundsätzlich wieder wie früher aus dem Staatshaushalt finanziert und damit dem Zugriff der Industrie entzogen (Lauterbach 1976: 5, 29; Gruhn 1976: 53; Jahresbericht 1973: 8).

Die zentralen forschungspolitischen Maßnahmen, die nach dem VIII. Parteitag ergriffen wurden, zielten darauf, die wissenschaftliche Arbeit zu intensivieren und zu internationalisieren. Hierbei ging es nicht zuletzt darum, die Forschungsinfrastruktur zu verbessern, indem Leitungsstrukturen und Personalpolitik verändert und eine ausreichende Versorgung mit Forschungsgeräten und -materialien erreicht werden sollte. Dazu gehörten der Ausbau des akademieeigenen Gerätebaus sowie der Aufbau von Technika und sogenannter »Akademie-Industrie-Komplexe«. Mehr noch als bis dato sollten die Forschungsanstrengungen auf Schlüsselfelder industrieller Entwicklung konzentriert werden, um die wachsende Lücke hinsichtlich Produktion und Produktivität gegenüber der Bundesrepublik zu schließen.[6] Die Anläufe zur Internationalisierung von Forschung zielten darauf ab, die DDR-Forschung verstärkt in die Wissenschaftslandschaft der RGW-Staaten zu integrieren. Während sich die wissenschaftliche Zusammenarbeit zwischen den sozialistischen Ländern bis in die späten 1960er Jahre auf den Austausch von Forschungsergebnissen und Wissenschaftlern beschränkt hatte, sollten nunmehr Forschungsziele und -inhalte auf der Ebene des RGW koordiniert und kollektiv erarbeitet werden (Förtsch 1976: 42–43; Jahresbericht 1973: 25).

Zur Konzentration der in Buch vorhandenen Akademieinstitute und -einrichtungen faßte man diese am 1. Januar 1972 zu drei Zentralinstituten zusammen, nämlich für Molekularbiologie (ZIM), Krebsforschung (ZIK) und Herz-Kreislauf-Regulationsforschung (ZIHKR).[7] Der SED ermöglichte diese Umbildung, ihre Stellung innerhalb der Institutsleitungen entscheidend auszuweiten: In den 1960er Jahren befanden sich im Kreis der Leiter der zehn Bucher Institute und Arbeitsstellen fünf Mitglieder der SED, während

---

6 Archiv der BBAW, DAW/AdW, ZIK, Sekretariat des Direktors, B 1145 VD-Unterlagen, 1975, »Das Forschungsvorhaben MOGEVUS – Einschätzung, Probleme und Schlußfolgerungen«, 1976; Förtsch (1976: 74).
7 BAB-SAPMO, DY 30/IV B 2/9.04 SED, ZK, Abteilung Wissenschaften, 1972–1980/34, Protokoll Nr. 2/72 der Sitzung des Präsidiums der AdW vom 19.1.1972.

die Direktoren der neugegründeten drei Zentralinstitute ausnahmslos der SED angehörten.[8]

Im Hinblick auf Größe, Ausstattung und Stellung innerhalb der DDR-Forschungslandschaft wiesen die drei Bucher Zentralinstitute beträchtliche Unterschiede auf. Das ZIM war neben dem Zentralinstitut für Genetik und Kulturpflanzenforschung in Gatersleben und dem Zentralinstitut für Mikrobiologie und experimentelle Therapie der AdW in Jena der wesentliche Träger molekularbiologischer Grundlagenforschung in der DDR.[9] Das ZIK stellte mit rund zwei Dritteln der gesamten Forschungskapazitäten die zentrale Krebsforschungseinrichtung der DDR dar, deren Direktor zugleich als Leiter des Forschungsverbands Krebserkrankungen fungierte. Schwerpunkte der Tätigkeit waren die Bereiche klinische Krebsforschung, Tumorimmunologie, Krebsvorbeugung, Krebstherapie mit Neutronenstrahlen sowie onkogene Viren.[10] Das ZIHKR, das der Bekämpfung von Bluthochdruck und Infarkt diente, war das kleinste der drei Zentralinstitute und hatte im Gegensatz zu den beiden anderen Instituten nicht die Leitung des betreffenden Forschungsverbands Herz-Kreislauf-Krankheiten inne, da diese bei der Humboldt-Universität lag.[11]

---

8 Landesarchiv Berlin, Bezirksparteiarchiv der SED, Kreisleitung Akademie der Wissenschaften, 1961–89, IV A-4/11/015 Gesamteinschätzungen und Analysen der politisch-ideologischen Arbeit in den Grundorganisationen, 1963/1966, Analyse Berlin-Buch, 16.7.1963; BAB-SAPMO, DY 30/IV A 2/9.04 SED, ZK, Abteilung Wissenschaften, 1963–1971, 362 Forschung, Entwicklung und politische Situation am medizinisch-biologischen Forschungszentrum der Akademie Berlin-Buch, 1962–67, 17.6.1963. Siehe auch: Geissler (1994: 83).

9 Ausführlich hierzu: Archiv der BBAW, DAW/AdW, Akademieleitung, Sekretariat des Vizepräsidenten Forschung und Planung, VA 14091 Ausgewählte Materialien der Institute, Biologie/Medizin, 1986–90, »Zum Stand und zu Problemen der Entwicklung und der gesellschaftlichen Wirksamkeit des Zentralinstituts für Molekularbiologie der AdW der DDR«, Vorlage zur Beratung im Präsidium der AdW am 28.7.1977, unterzeichnet von W. Scheler, Direktor des FZMM, 8.7.1977.

10 Ausführlich hierzu: Archiv der BBAW, DAW/AdW, Akademieleitung, Sekretariat des Präsidenten, VA 7195 FZMM: ZIK, ZIMET, ZIGK, ZIE, IBP, FS WTF, 1974/75, Konzeption des Zentralinstituts für Krebsforschung, Vorlage zur Beratung im Präsidium der AdW am 8. Januar 1975, von W. Scheler, 18.12.1974.

11 Ausführlich hierzu: Archiv der BBAW, DAW/AdW, Akademieleitung, Sekretariat des Präsidenten, VA 7573 FZMM: ZIHKR, ZIK, ZIM, 1975/76, Vorlage zur Beratung im Präsidium der Akademie der Wissenschaften der DDR, Konzeption des Zentralinstituts

Man unterstellte diese drei Zentralinstitute dem ebenfalls neu gebildeten »Forschungszentrum für Molekularbiologie und Medizin (FZMM)«, in dem die gesamten biomedizinischen Forschungseinrichtungen der AdW sowie Einrichtungen der Industrie- und Hochschulforschung zusammengefaßt worden waren. Die Leitung des FZMM hatte ihren Sitz in Berlin-Buch, das damit nicht mehr nur Forschungsstandort war, sondern die gesamten biomedizinischen Forschungen der Akademie und deren Zusammenarbeit mit Industrie- und Hochschuleinrichtungen steuerte und koordinierte. Das FZMM, in dem 25 % aller bei der AdW Beschäftigten tätig waren, konzentrierte sich auf zwei Arbeitsgebiete: Molekularbiologische Forschung im Rahmen des »Sozialistischen Großforschungsvorhabens (SGFV) MOGEVUS« (»Molekulare Grundlagen von Entwicklungs-, Vererbungs- und Steuerungsprozessen«) sowie Grundlagenforschung und angewandte Forschung in theoretischer und klinischer Medizin unter besonderer Berücksichtigung von Krebs- und Herz-Kreislauferkrankungen.[12]

Entsprechend der Direktive des VIII. SED-Parteitags kamen der molekularbiologischen Grundlagenforschung zwei Hauptaufgaben zu: Die »Nutzbarmachung neuartiger biologischer Prozesse und Wirkstoffe« und das »Auffinden neuer Wirkprinzipien der Stoffwandlung und -verarbeitung.«[13] Eine zentrale Stellung hatte dabei das sogenannte Moltest-Programm, das eine signifikante Produktionssteigerung der pharmazeutischen Industrie sowie die Entwicklung neuer Wirkstoffe für landwirtschaftliche Zwecke erlauben sollte. »Moltest« beschäftigte sich außerdem mit einem Mutagenitätstest, mit dessen Hilfe Zwischen- und Endprodukte der pharmazeutischen und chemischen Industrie auf mögliche krebsauslösende Wirkungen unter-

---

für Herz- und Kreislauf-Regulationsforschung, von W. Scheler, 20.8.1976; Baumann (1974: 9); Hohlfeld (1997: 222–223).

12 Archiv der BBAW, DAW/AdW, Akademieleitung, VA 6667 Präsidium, Dienstbesprechungen, 5.4.–31.5.1972, Sekretariat des Präsidenten, »Rechenschaftslegung des Direktors des Forschungszentrums für Molekularbiologie und Medizin über die Führungs- und Leitungstätigkeit entsprechend den in der Einleitung des Führungsplanes des Präsidenten genannten Hauptkomplexen« bei der Dienstbesprechung des Präsidenten der DAW am 10.5.1972, vgl. Bielka (1992: 48).

13 Archiv der BBAW, DAW/AdW, ZIM, Bereich Biomembranen, A 766 MOGEVUS-Leitung, 1971–74, Grundsatzmaterial zur Entwicklung des Forschungszentrums für Molekularbiologie und Medizin der DAW und Grundzüge der Entwicklung des Forschungsverbandes MOGEVUS bis 1975, 14.7.1971.

sucht wurden. Von einem derartigen Nachweis erhoffte man sich ein wichtiges Verkaufsargument beim Export der betreffenden Waren. Angesichts der Wichtigkeit von »Moltest« legte die Schrift »Grundsatzmaterial zur Entwicklung des FZMM und Grundzüge der Entwicklung des Forschungsverbandes MOGEVUS« fest, daß dieser als »vorrangiger Schwerpunkt« auszubauen sei.[14]

Die Reorganisation der biomedizinischen Forschung diente dem Ziel, den sich abzeichnenden tiefgreifenden Veränderungen dieses Wissenschaftsfeldes Rechnung zu tragen. In Zentrum dieses Wandels stand der Aufstieg der Molekularbiologie, der zu einer »völligen Umstrukturierung der bisherigen Biologie« führte (Rheinberger 1995: 31).

Die Molekularbiologie beschäftigt sich mit den molekularen Grundlagen biologischer Systeme und insbesondere mit dem Zusammenhang zwischen der Struktur biologischer Moleküle und ihrer Funktion in Zellen oder Organismen. Ausgangspunkt war die Entdeckung der Struktur der DNA durch Francis Crick und James Watson im Jahr 1953. Während der 1950er und 1960er Jahre beschränkte sich die Molekularbiologie zunächst noch darauf, die Prozesse der Vererbung und Ausprägung der Erbinformation zu untersuchen und zu beschreiben. Dabei stützte sich die Forschung auf bereits bekannte und ständig verbesserte biophysikalische und biochemische Techniken wie Röntgenstrahl-Kristallstrukturanalyse, hydrodynamische Methoden, Elektronenmikroskopie und Chromatographie.

Von 1970 an verzeichnete die Molekularbiologie einen rapiden Aufschwung, der maßgeblich auf die Entwicklung einer neuartigen Labortechnologie, dem sogenannten Genetic Engineering, zurückzuführen war. Diese neue Technologie erlaubte es, sowohl einzelne DNA-Abschnitte zu isolieren und zu analysieren als auch über den gezielten Eingriff in das genetische Material Lebewesen mit Eigenschaften zu schaffen, wie sie mit den bis dahin bekannten Methoden nicht möglich gewesen waren. Hierdurch wurden nicht

---

14 Archiv der BBAW, DAW/AdW, ZIK, A 573 Programm Biowissenschaften, 1976–89, Ministerium für Gesundheitswesen, Hauptabteilung Forschung, »Entwicklung und Ergebnisse der medizinischen Forschung 1971–75« (Forschungsanalyse 71/75; Entwurf), 15.4.1976; ZIM, Bereich Biomembranen, A 766 MOGEVUS-Leitung, 1971–74, Grundsatzmaterial zur Entwicklung des Forschungszentrums für Molekularbiologie und Medizin der DAW und Grundzüge der Entwicklung des Forschungsverbandes MOGEVUS bis 1975, 14.7.1971; Interview mit Erhard Geissler, MDC, 31.3.1998.

nur neue Einsichten in Rolle und Funktionsweise von Zellen möglich, sondern es eröffnete sich ein Weg zu einem tieferen Verständnis und qualitativ neuartigen Ansätzen zur Analyse zellbiologischer Probleme. Dazu zählten Wachstum, Alterung, Informationsübertragung und insbesondere die Ursachen und der Verlauf von Krebs- und Viruserkrankungen. Verbunden waren diese Forschungen mit der Hoffnung, auf molekularbiologischer Ebene Instrumente zu schaffen, um Krankheiten zu diagnostizieren und zu therapieren. Außerdem ergaben sich neue Möglichkeiten zur Steigerung von Produktion und Produktivität in Industrie und Landwirtschaft (Cairns 1997: 77–88; Rheinberger 1995: 31; Olby 1990: 503–504, 509 ff.; Jung 1974: 17 ff.).

Ermöglicht wurden diese Entdeckungen durch die Verbesserung bereits bekannter und die Entwicklung völlig neuer wissenschaftlicher Methoden wie des Genetic Engineering. Allerdings erhöhte sich hierdurch der apparative Aufwand, was zu einem dramatischen Anstieg der Kosten führte. So nahmen in der DDR die Aufwendungen für einen Arbeitsplatz in der medizinischen Forschung allein zwischen 1971 und 1975 um 38% zu: von 27.817 auf 38.352 Mark.[15]

Eine wichtige Rolle spielte die neuartige Bedeutung, die die Elektronische Datenverarbeitung auch in der biomedizinischen Forschung gewann. Allerdings erlaubte es der in der DDR in diesem Feld erreichte Entwicklungsstand nicht, die Institute von AdW, Industrie und Hochschulen in ausreichendem Maß mit Material und Geräten zu versorgen.[16] Zunehmend wichtig wurde in der biomedizinischen Forschung auch die Mathematik, da durch die mathematische Modellierung biologischer Prozesse der experimentelle Aufwand vermindert werden konnte. Dem stand allerdings wiederum das unzu-

---

15 Archiv der BBAW, DAW/AdW, Akademieleitung, Sekretariat des Präsidenten, VA 7573 FZMM: ZIHKR, ZIK, ZIM, 1975/76, Forschungsvorhaben MOGEVUS, Gesamteinschätzung für den Zeitraum 1971–1975 und Jahresabschlußbericht 1975, 02.1976; ZIK, A 573 Programm Biowissenschaften, 1976–89, Ministerium für Gesundheitswesen, Hauptabteilung Forschung, »Entwicklung und Ergebnisse der medizinischen Forschung 1971–75« (Forschungsanalyse 71/75; Entwurf), 15.4.1976; ZIM, Leitungsbereich bzw. Wissenschaftliches Sekretariat / Personalabteilung, A 1096 Konzeptionen, Studien, Expertisen, Analysen des ZIM, 1971–89, Konzeption für das methodisch-diagnostische Zentrum in Berlin-Buch, 13.5.1971.
16 Archiv der BBAW, DAW/AdW, ZIM, Leitungsbereich bzw. Wissenschaftliches Sekretariat / Personalabteilung, A 1096 Konzeptionen, Studien, Expertisen, Analysen des ZIM, 1971–89, Konzeption für das methodisch-diagnostische Zentrum in Berlin-Buch, 13.5.1971.

reichende Niveau der Biomathematik in der DDR entgegen. So gab es beispielsweise im Jahr 1971 in allen Bucher Akademieeinrichtungen lediglich zwei Mathematiker.[17]

Kennzeichnend für die Entwicklung der Molekularbiologie war, daß alle bedeutenden Neuerungen ausschließlich in westlichen Industriestaaten, besonders in den USA, gemacht wurden. Die DDR und die anderen sozialistischen Staaten waren dagegen in der molekularbiologischen Forschung vom Import von Forschungsgeräten und Laborchemikalien abhängig.[18] Als besonders problematisch galt, daß im Westen gegen Ende der 1970er Jahre im Genetic Engineering der Übergang von einer Labortechnologie zur industriellen Anwendung vollzogen wurde. Dies ließ den Rückstand der sozialistischen Staaten, insbesondere angesichts des Potentials des Genetic Engineerings für die Entwicklung wichtiger Wirtschaftssektoren, noch bedrohlicher erscheinen.[19]

Das zu Beginn des Jahres 1971 begonnene »Sozialistische Großforschungsvorhaben« MOGEVUS sollte die Defizite der molekularbiologischen Forschung in der DDR beseitigen. Als Ziel wurde das »Erreichen bzw. Bestimmen des internationalen Leistungsniveaus« gesetzt. Die hierzu verabschiedeten Maßnahmenbündel beabsichtigten, Invention und Innovation zu

---

17 Archiv der BBAW, DAW/AdW, Direktor des FZMM, A 902 Konzeptionen, Beratungen, Protokolle, 1971–76, Aktivtagung MOGEVUS, April 1971, Auszüge aus den Diskussionsbeiträgen und Referat von Scheler; BAB-SAPMO, DY 30/IV B 2/9.04 SED, ZK, Abteilung Wissenschaften, 1972–1980, 35 Akademie der Wissenschaften der DDR, Protokolle Sitzungen Präsidium, 1973, Protokoll Nr. 14/73 der Sitzung des Präsidiums der AdW vom 15. August 1973.

18 Archiv der BBAW, DAW/AdW, Akademieleitung, Sekretariat des Präsidenten, VA 7573 FZMM: ZIHKR, ZIK, ZIM, 1975/76, Forschungsvorhaben MOGEVUS, Gesamteinschätzung für den Zeitraum 1971–1975 und Jahresabschlußbericht 1975, 02.1976.

19 BAB-SAPMO, DY 30/IV B 2/9.04 SED, ZK, Abteilung Wissenschaften, 1972–1980, 44 Akademie der Wissenschaften der DDR, Protokolle Sitzungen Plenum AdW; Einschätzung Sitzungen und Arbeit problemgebundener Klassen, 1977–80, Protokoll der Wissenschaftlichen Sitzung des Plenums der Akademie der Wissenschaften der DDR am 20. März 1980; Archiv der BBAW, DAW/AdW, ZIM, Leitungsbereich bzw. Wissenschaftliches Sekretariat / Personalabteilung, A 1032 Grundsatzdokumente des Institutes, 1976–85, Konzeption zur Weiterentwicklung des Methoden-Komplexes »genetic engineering« und seines Einsatzes für Aufgabenstellungen der molekularbiologischen Grundlagen- und Anwendungsforschung in der DDR, 25.4.1980. Vgl. Bielka/Hohlfeld (1998: 83).

forcieren. Kern dessen, was hier als »Reorganisation der Invention« bezeichnet wird, war die Etablierung von MOGEVUS. Der Forcierung der Innovation dienten die Einrichtung sogenannter »Technika« und die Gründung von »Akademie-Industrie-Komplexen«. Ergänzt wurde dies durch Maßnahmen, die die materielle Forschungsinfrastruktur im Bereich Gerätetechnik und Laborchemikalien verbessern sollten.[20]

Mit MOGEVUS wurden die gesamten molekularbiologischen Forschungs- und Entwicklungsressourcen der DDR unter die Leitung des FZMM gestellt, dessen Direktor zum Hauptverantwortlichen des Programmes avancierte. Die Akademie rückte damit näher an die Probleme und Erfordernisse der Produktion. Behindert wurde dies allerdings durch die Tatsache, daß der Anteil von Wissenschaftlern, »die nach ihrem Studium nie einen anderen gesellschaftlichen Teilbereich als die Akademie kennengelernt haben, relativ hoch« war, so Werner Scheler, Direktor des FZMM.[21]

Durch eine enge Anbindung der Akademieeinrichtungen an die industrielle Forschung sollte die pharmazeutische Produktion entsprechend der Vorgabe des VIII. SED-Parteitags innerhalb des Fünfjahresplans 1971–75 um 70% gesteigert werden.[22] Ein besonderes Augenmerk galt der Neuentwicklung von Pharmaka, in der die sozialistischen Staaten im internationalen Vergleich keinerlei Bedeutung hatten: So waren von den 755 zwischen 1961 und 1970 weltweit neu eingeführten Arzneimitteln lediglich 15, also 2%, von RGW-Mitgliedsstaaten entwickelt worden. Besonders problematisch war, daß die DDR beim sogenannten Screening, bei dem Verbindungen systematisch auf

---

20 Archiv der BBAW, DAW/AdW, Akademieleitung, Sekretariat des Vizepräsidenten Forschung und Planung, VA 14091 Ausgewählte Materialien der Institute, Biologie/Medizin, 1986–90, Stand und Probleme der weiteren Entwicklung der molekularbiologischen Forschung in der DDR, Juli 1977.

21 Archiv der BBAW, DAW/AdW, Direktor des FZMM, A 902 Konzeptionen, Beratungen, Protokolle, 1971–76, Aktivtagung MOGEVUS, April 1971, Referat von W. Scheler; Bericht von Scheler über die Ergebnisse der Arbeit im FV MOGEVUS im Jahre 1971.

22 Archiv der BBAW, DAW/AdW, Akademieleitung, Sekretariat des Präsidenten, VA 5963 FZMM, Grundsatzmaterial zur Entwicklung des Forschungszentrums für Molekularbiologie und Medizin der DAW und Grundzüge der Entwicklung des Forschungsverbandes MOGEVUS bis 1975; VA 6617 Präsidium, 15.5.–30.10.1974, Vorlage für die Sitzung des Präsidiums der AdW am 15. Mai 1974, Vorlage zum Aufbau eines wissenschaftlich-industriellen Komplexes Arzneimittelforschung der AdW der DDR und der VVB Pharmazeutische Industrie, 26.3.1974.

ihre Wirkung und potentielle Verwendbarkeit als Arzneimittel untersucht werden, große Defizite aufwies; von den in der DDR in den späten 1960er und frühen 1970er Jahre jährlich synthetisierten 15.000 bis 20.000 Verbindungen wurden aufgrund des geringen Screening-Potentials der pharmazeutischen Industrie lediglich 5–10 % auf ihre biologische Wirkung untersucht.[23]

Als Ausweg galt die Entwicklung neuer Suchstrategien und Testverfahren, insbesondere unter Anwendung molekularbiologischer Erkenntnisse und Methoden, was zur zentralen Aufgabe des »Moltest«-Programms wurde. Die in der Industrie vorhandenen Ressourcen sollten mit denen der Akademie verbunden werden, wovon man sich entscheidende Impulse erhoffte, um das Tempo bei Entwicklung und Einführung neuer Arzneimittel zu steigern.[24] Hierzu wurden zwischen dem FZMM und Industriebetrieben, insbesondere der Vereinigung Volkseigener Betriebe (VVB) Pharmazie, VVB Agrochemie und dem Chemischen Kombinat Bitterfeld, Kooperationsverträge abgeschlossen, in denen Ziele, Strategien und Methoden der Forschungsarbeiten vereinbart wurden.[25]

---

23 Archiv der BBAW, DAW/AdW, Akademieleitung, Sekretariat des Präsidenten, VA 6333 FZMM, 1973, FZMM, HFR Wirkstoffforschung (Moltest), Arbeitskonzeption der HFR Wirkstoffforschung (Moltest), ausgehend von der 1. Arbeitsberatung der HFR vom 12. bis 14. Juli 1972 in Halle/Saale, 11.1972; ZIM, Bereich Methodik und Theorie, A 728 Dienstbesprechung der Direktoren im Forschungszentrum Buch, 1971–74, Aufbau eines wissenschaftlich-industriellen Komplexes Arzneimittelforschung der AdW der DDR und der VVB Pharmazeutische Industrie, Arbeitsmaterial zur Klausurberatung am ZIM, 25.3.1974.

24 Archiv der BBAW, DAW/AdW, ZIM, Bereich Methodik und Theorie, A 728 Dienstbesprechung der Direktoren im Forschungszentrum Buch, 1971–74, Aufbau eines wissenschaftlich-industriellen Komplexes Arzneimittelforschung der AdW der DDR und der VVB Pharmazeutische Industrie, Arbeitsmaterial zur Klausurberatung am ZIM, 25.3.1974; Direktor des FZMM, A 902 Konzeptionen, Beratungen, Protokolle, 1971–76, Aktivtagung MOGEVUS, April 1971, Auszüge aus den Diskussionsbeiträgen; Akademieleitung, Sekretariat des Präsidenten, VA 6333 FZMM, 1973, FZMM, HFR Wirkstoffforschung (Moltest), Arbeitskonzeption der HFR Wirkstoffforschung (Moltest), ausgehend von der 1. Arbeitsberatung der HFR vom 12. bis 14. Juli 1972 in Halle/Saale, 11.1972; BAB-SAPMO, DY 30/IV B 2/9.04 SED, ZK, Abteilung Wissenschaften, 1972–1980, 43 Akademie der Wissenschaften der DDR, Protokolle Sitzungen Plenum AdW, Einschätzung Sitzungen und Arbeit problemgebundener Klassen, 1972–76, Protokoll der Wissenschaftlichen Sitzung des Plenums der Akademie der Wissenschaften der DDR am 22.3.1973.

25 Archiv der BBAW, DAW/AdW, Akademieleitung, Sekretariat des Präsidenten, VA 5963 FZMM, Grundsatzmaterial zur Entwicklung des Forschungszentrums für Mole-

Im Vergleich zu anderen Instituten innerhalb des FZMM hatten die Bucher Zentralinstitute einen größeren Freiraum, was die Anbindung ihrer Forschungsarbeiten an wirtschaftlich-industrielle Zielsetzungen anging. Ursache hierfür war die große Bedeutung, die die medizinische Grundlagenforschung in Buch hatte. Dies erleichterte es den Wissenschaftlern und Institutsleitern, gegenüber Akademieleitung und politischer Führung industrieferne Forschung zu legitimieren und durchzuführen. Weit schwieriger war dies dagegen in anderen akademieeigenen Einrichtungen des FZMM wie etwa beim Zentralinstitut für Ernährung (Potsdam-Rehbrücke), beim Zentralinstitut für Mikrobiologie und experimentelle Therapie (Jena) oder beim Zentralinstitut für Genetik und Kulturpflanzenforschung (Gatersleben). So legten die meisten Bereiche der Bucher Akademieinstitute ihre Forschungsfelder und -ziele weitgehend selbst fest und folgten damit weit mehr den Interessen der betreffenden Wissenschaftler als den Vorgaben übergeordneter Institutionen (Bielka/Hohlfeld 1998: 92–95; Geissler 1997: 173, 177–178; 184; Interview Geissler; Interview Bielka[26]).

Um die Zusammenarbeit zwischen Akademie und Industrie zu verbessern, wurden zwei weitere Maßnahmen getroffen: die Schaffung sogenannter »Technika« und die Bildung von Akademie-Industrie-Komplexen. Technika in ausgewählten Akademieeinrichtungen dienten der wissenschaftlichen Produktionsvorbereitung neuer Technologien. Es ging darum, Pilotanlagen zu entwickeln und aufzubauen, mit denen die Herstellung neuartiger Güter, im vorliegenden Fall von Arzneimitteln, getestet und ihre großtechnische Umsetzung im Industriemaßstab vorbereitet werden sollte. Dem diente auch die Einrichtung von Gastarbeitsplätzen für Angehörige der Industrie, die in

---

kularbiologie und Medizin der DAW und Grundzüge der Entwicklung des Forschungsverbandes MOGEVUS bis 1975, VA 6617 Präsidium, 15.5.–30.10.1974, Vorlage zum Aufbau eines wissenschaftlich–industriellen Komplexes Arzneimittelforschung der AdW der DDR und der VVB Pharmazeutische Industrie, 26.3.1974; Direktor des FZMM, A 902 Konzeptionen, Beratungen, Protokolle, 1971–76, Bericht über die Ergebnisse der Arbeit im FV MOGEVUS im Jahre 1971; Direktor des FZMM, A 902 Konzeptionen, Beratungen, Protokolle, 1971–76, Aktivtagung MOGEVUS, April 1971, Auszüge aus den Diskussionsbeiträgen.

26 Interview mit Heinz Bielka, MDC, 7.5.1998.

Technika mit neuen Produkten und Produktionsverfahren bekannt gemacht werden sollten.[27]

Die steigenden Kosten biomedizinischer Forschung erforderten Maßnahmen zur Verbesserung der Forschungsinfrastruktur. Hierzu zählte insbesondere eine verbesserte Versorgung mit Biochemikalien, von denen ein stetig zunehmender Anteil aus dem westlichen Ausland importiert werden mußte. Deshalb übernahmen Technika auch die Herstellung von Laborchemikalien für den Bedarf der Akademieforschung, womit die bis dahin bereits in kleinerem Rahmen praktizierte Eigenherstellung institutionalisiert und ausgebaut wurde.[28] Ein weiteres Dauerproblem stellte die unzureichende Ausstattung mit Forschungsgeräten, hauptsächlich neu entwickelter Apparate wie automatischer Analysegeräte, dar. Dies war insbesondere in der Arzneimittelentwicklung von entscheidender Bedeutung, da die Automatisierung des Screening es erlaubte, die anfallenden Kosten beträchtlich zu senken. Angesichts der unzureichenden Leistungsfähigkeit der DDR-Industrie in diesem Bereich wurde der akademieeigene Gerätebau von 1971 an erheblich ausgebaut, um sich sowohl von der heimischen Industrie als auch von Importen unabhängig zu machen (Mayntz 1994: 46; Meier 1990: 119).

Ein weiterer Versuch, die Überführung der wissenschaftlichen Ergebnisse in die Produktion zu beschleunigen, war die Schaffung von sogenannten Akademie-Industrie-Komplexen (AIK) aus Akademieinstituten und Forschungseinrichtungen der Industrie, wobei Forschungsziele und Schwerpunkte über Kooperationsverträge festgelegt wurden.[29] Einer der drei ersten AIK betraf die Arzneimittelforschung. Bei seiner Einrichtung wurde betont, daß in Akademie und VVB Pharmazeutische Industrie hinsichtlich der Neu-

---

27 Archiv der BBAW, DAW/AdW, Akademieleitung, Sekretariat des Vizepräsidenten Forschung und Planung, VA 20516 Aufbaukonzeption für das Großforschungszentrum Molekulare Grundlagen der Entwicklungs-, Vererbungs- und Steuerungsprozesse im Rahmen des SGFV »MOGEVUS«, 1970.

28 Archiv der BBAW, DAW/AdW, ZIM, Leitungsbereich bzw. Wissenschaftliches Sekretariat / Personalabteilung, A 1032 Grundsatzdokumente des Institutes, 1976–85, Anlagen zum Bericht des Institutsdirektors ZIM vor der ZPL am 4.5.1976, Teil Biotechnikum.

29 Archiv der BBAW, DAW/AdW, Akademieleitung, Sekretariat des Präsidenten, VA 6617 Präsidium, 15.5.–30.10.1974, Vorlage für die Sitzung des Präsidiums der AdW am 15. Mai 1974, Vorlage zum Aufbau eines wissenschaftlich-industriellen Komplexes Arzneimittelforschung der AdW der DDR und der VVB Pharmazeutische Industrie, 26.3.1974.

entwicklung und Herstellung von Arzneimitteln »nur unzulängliche Voraussetzungen existieren und ein Nachholbedarf seit vielen Jahren besteht.«[30]

Die rasche Intensivierung der internationalen Zusammenarbeit innerhalb des RGW war für die DDR und die anderen sozialistischen Staaten der Ausweg, den gestiegenen Anforderungen an Breite und Tiefe der Forschung gerecht zu werden. Von 1971 an wurden zwischen DAW/AdW und den Akademien der anderen sozialistischen Staaten und insbesondere der UdSSR Abkommen geschlossen, in denen auf bi- und multilateraler Ebene Ziele und Schwerpunkte der medizinischen und molekularbiologischen Forschung festgelegt wurden.[31] In den archivalischen Quellen finden sich allerdings unzählige Hinweise auf die Probleme, die mit dieser Ausweitung der internationalen Zusammenarbeit einhergingen. Genannt wurden dabei besonders der Anstieg der Reisekosten durch den vermehrten Wissenschaftleraustausch und häufige Kurzreisen sowie der zunehmende verwaltungstechnische Aufwand.[32] Hinzuweisen ist aber auch darauf, daß trotz der ständig proklamierten Notwendigkeit einer engen Zusammenarbeit innerhalb des sozialistischen Lagers DDR-Forscher nach wie vor Kontakte zu Wissenschaftlern im Westen hatten. Gerade in Forschungsfeldern wie der Molekularbiologie, die in den USA und einigen europäischen Staaten am weitesten fortgeschritten waren, war dies eine gute Möglichkeit, sich schnell die neuesten Erkenntnisse und Methoden zu erschließen. Hinzu kam, daß der Aufenthalt von DDR-Wissenschaftlern im westlichen Ausland auch die Möglichkeit sogenannter »Westentaschen-Importe« bot, mit deren Hilfe einzelne Labore die größten

---

30 Archiv der BBAW, DAW/AdW, ZIM, Bereich Methodik und Theorie, A 728 Dienstbesprechung der Direktoren im Forschungszentrum Buch, 1971–74, Aufbau eines wissenschaftlich-industriellen Komplexes Arzneimittelforschung der AdW der DDR und der VVB Pharmazeutische Industrie, Arbeitsmaterial zur Klausurberatung am ZIM, 25.3.1974.
31 Archiv der BBAW, DAW/AdW, Akademieleitung, VA 6667 Präsidium, Dienstbesprechungen, 5.4.–31.5.1972, Bestand Akademieleitung, Sekretariat des Präsidenten, »Rechenschaftslegung des Direktors des Forschungszentrums für Molekularbiologie und Medizin über die Führungs- und Leitungstätigkeit entsprechend den in der Einleitung des Führungsplanes des Präsidenten genannten Hauptkomplexen« bei der Dienstbesprechung des Präsidenten der DAW am 10.5.1972.
32 Archiv der BBAW, DAW/AdW, ZIK, A 573 Programm Biowissenschaften, 1976–89, Ministerium für Gesundheitswesen, Hauptabteilung Forschung, »Entwicklung und Ergebnisse der medizinischen Forschung 1971–75« (Forschungsanalyse 71/75; Entwurf), 15.4.1976; Schröter (1996: 351).

Engpässe an Geräten und Materialien mildern konnten. Diese systemübergreifenden Kontakte wurden durch die übergeordneten Dienststellen allerdings aufmerksam verfolgt, versuchten sie doch, derartige Verbindungen so weit als möglich zu begrenzen (Interview Geissler; Interview Bielka).

Ursachen für das Scheitern der forschungspolitischen Strategien

Wie erfolgreich waren nun diese forschungspolitischen Maßnahmen? Die DDR fiel gegenüber dem Westen, insbesondere im Bereich Pharmazeutika, weiter zurück, was nur heißen kann, daß ihre Politik nicht von Erfolg gekrönt war. Vier Gründe für das Scheitern seien angeführt: 1. wissenschaftsorganisatorische Mängel, 2. die ungenügende technologische Basis, 3. die unzureichende disziplinäre Breite der molekularbiologischen Forschung in der DDR und 4. Probleme bei der Umsetzung von wissenschaftlichen Ergebnissen in die wirtschaftliche Nutzung.

1. Eine Konzentration der molekularbiologischen Forschungsressourcen wurde nicht erreicht. Das Potential der Akademie blieb auch weiterhin regional zersplittert. Zwar waren die Einrichtungen der Akademie-, Hochschul- und Industrieforschung mit der Etablierung von MOGEVUS formal zusammengefaßt worden. Allerdings änderte sich nichts an ihrer fachlichen Zuordnung, so daß die weiterhin fortbestehenden und sich partiell überschneidenden Leitungsstränge zu Kompetenzstreitigkeiten, Ineffizienzen und einem Anstieg des bürokratischen Aufwandes führten. Hinzu kam, daß die vormals eigenständigen und nun zentral zusammengefaßten Institute versuchten, ihre früheren Forschungsschwerpunkte und -inhalte weiterzuverfolgen, was dem Anliegen entgegenstand, die Forschung inhaltlich zu konzentrieren und die interdisziplinäre Zusammenarbeit auszuweiten. Die ehemaligen Institute trafen Entscheidungen über die Beschaffung von Forschungsgeräten weiterhin selbst, was die Herausbildung einer einheitlichen Gerätebasis verhinderte.

2. Die bestehenden Mängel in der technologischen Basis der Akademieforschung, insbesondere bei Forschungsgeräten, elektronischer Datenverarbeitung und Laborchemikalien, wurden nicht beseitigt, sondern verschärften sich im Laufe der 1970er Jahre. Dies führte zu zeitlichen Verzögerungen in

der Forschung, zwang die Bucher Wissenschaftler zur aufwendigen und ineffizienten Eigenherstellung von Chemikalien und zur Arbeit mit überholten Laborgeräten, was das Vordringen der DDR-Forschung in neue, von ihr bis dahin noch nicht bearbeitete Gebiete der Molekularbiologie verhinderte.

3. Angesichts der seit den 1950er Jahren vorgenommenen Konzentration der Ressourcen waren einige für die biomedizinische Grundlagenforschung wichtige Bereiche wie die Röntgenstrahl-Kristallstrukturanalyse vernachlässigt worden, während die Molekularbiologie einen hohen Entwicklungsstand in vielen Feldern, von der reinen Grundlagenforschung bis hin zur Entwicklung von Laborgeräten, erforderte. Dies verdeutlicht, daß das Konzept »Überholen ohne Einzuholen« zum Scheitern verurteilt war, da es eine Konzentration der Ressourcen erforderte, die aber gleichzeitig die gebotene breite Entwicklung aller Forschungsfelder verhinderte.

4. Dem zentralen Anliegen der Maßnahmen, eine schnellere Umsetzung der wissenschaftlichen Ergebnisse in die wirtschaftliche Praxis zu erreichen, standen akademieinterne und -externe Hemmnisse entgegen. So wurde die Akademie bei der Errichtung von Technika und Akademie-Industrie-Komplexen mit fertigungstechnischen Problemen konfrontiert, deren Lösung originäre Aufgabe der Industrie gewesen wäre. Besonders schwer wog, daß die Industrie systembedingt kein Interesse an Neuentwicklungen hatte, weil die sozialistische Wirtschaftsordnung die Verbesserung existierender Produkte und Fertigungsverfahren honorierte, während Neueinführungen riskant waren und die Erfüllung der Planziele gefährdeten. Damit werden die Grenzen einer Wissenschaftspolitik deutlich, die sich innerhalb der vom politisch-ökonomischen System vorgegebenen Rahmenbedingungen bewegen mußte. So war das dauerhafte Unvermögen der Forschung, den ihr von der politischen Führung gestellten Auftrag zu erfüllen, nicht vorrangig Resultat organisationstechnischer Schwierigkeiten, personeller Mängel oder ungenügender weltanschaulicher »Einsicht«. Vielmehr lag die Ursache im nicht vorhandenen ökonomischen Anreiz der Industrie zur Innovation, der sich aus der Logik der Planwirtschaft ergab.

Die zweifellos marginale Chance, den Westen einzuholen oder zumindest stückweise im Bereich der biomedizinischen Forschung aufzuholen, wurde mit der steigenden Bedeutung der Molekularbiologie und insbesondere dem Aufkommen des Genetic Engineering zunichte gemacht. Eine ausreichende Förderung dieses Wissenschaftssektors hätte die Zuteilung von Ressourcen und insbesondere von Importdevisen vorausgesetzt, die die in der DDR vorhandenen Kapazitäten bei weitem überstiegen. Die Maßnahmen, mit denen man aufgetretenen Problemen und neu entstandenen Möglichkeiten gerecht zu werden versuchte, waren damit letztlich von Anbeginn zum Scheitern verurteilt.

Agnes Charlotte Tandler

Visionen einer sozialistischen Großforschung in der DDR 1968–1971

Eine große Gemeinsamkeit zwischen der Bundesrepublik Deutschland und der DDR war die gemeinsame Sprache: Die Angst vor einer »Sprachspaltung« oder gar Auflösung der gemeinsamen Sprache, die in den unmittelbaren Nachkriegsjahren vorherrschte, erwies sich als unbegründet. Das grammatische System von Satzbau und Flexion blieb praktisch unverändert; es waren die Differenzen im Wortschatz, an denen sich Unterschiede am ehesten ausmachen ließen. Gleiche Begriffe konnten durchaus unterschiedliche Bedeutungen haben. Im nachhinein werden diese Unterschiede nur noch selten wahrgenommen, zumal sich die »Bewohner« der ehemaligen DDR erstaunlich schnell an die westliche Sprachregelung angepaßt haben.[1] Bei dieser Tendenz ist es nicht weiter verwunderlich, daß oft davon ausgegangen wird, der Begriff »Großforschung« habe in Ost wie West für das Gleiche gestanden. Diese Annahme ist falsch und führt zu unbefriedigenden Antworten auf falsch gestellte Fragen.

Als Großforschung definiert man in der Bundesrepublik gemeinhin in Anlehnung an den aus den USA stammenden Begriff *Big Science* die auf ein politisch oder wirtschaftlich vorgegebenes Ziel ausgerichtete, interdisziplinäre Zusammenarbeit von Wissenschaftlern, Technikern und Ingenieuren verschiedenster Herkunft in Teamarbeit (Szöllösi-Janze/Trischler 1990;

---

1 Schröder (1996); zur aktuellen Diskussion vgl. Zeitschriften wie »Muttersprache« und »Sprachpflege und Sprachkultur«. Ich danke Dieter Hoffmann für Anregungen und Hinweise.

Galison 1991). Technisch und finanziell aufwendige Geräte, deren Kosten die FuE-Ausgaben einer Nation bereits sprengen, wie beim europäischen Teilchenbeschleuniger CERN in Genf, stehen stellvertretend für diese Forschungsrichtung (Hermann u.a. 1987, 1990, 1997). Der Brockhaus definiert Großforschung als

»in staatlich finanzierten, außeruniversitären Forschungszentren [...] mit konzentriertem Einsatz an personellen und apparativen Mitteln betriebene Forschung, deren Aufwand eine Größenordnung erreicht, die die Möglichkeiten von Hochschuleinrichtungen sowie regionalen Forschungseinrichtungen organisatorisch und finanziell erheblich übersteigt« (Brockhaus 1989: 2351).

Im ostdeutschen Pendant findet sich das Stichwort »Großforschung« in den 1970er und 1980er Jahren hingegen nicht, außer in der Ausgabe von 1971, die Großforschung definiert als

»die dem ökonomischen System des Sozialismus entsprechende effektivste Organisationsform der wissenschaftlich-technischen Arbeit und wichtigster Anwendungsbereich sozialistischer Wissenschaftsorganisation. Sie dient der Erreichung von Spitzenleistungen auf entscheidenden Gebieten der Volkswirtschaft, der Wissenschaft und Technik durch optimale Gestaltung und Rationalisierung der geistigschöpferischen Arbeit« (Meyers 1971: 410–411).

War also in der bundesrepublikanischen Version von kostenaufwendigen, außeruniversitären Forschungsstätten die Rede, so beschrieb die DDR-Variante ein geschlossenes System stark an Industriebedürfnissen angelehnter Forschung. Wir haben es hier sprachwissenschaftlich ausgedrückt mit *faux amis* zu tun – also zwei gebräuchlichen Bedeutungsvarianten des gleichen Wortes. Warum aber schweigen sich die DDR-Lexika zum Stichwort »Großforschung« nach 1971 aus? Um die Antwort vorwegzunehmen: Der Begriff Großforschung hatte in der DDR nur für kurze Zeit Konjunktur, die von 1968 bis 1971 dauerte. Mit diesem Zeitabschnitt soll sich der folgende Beitrag beschäftigen. Er beschreibt die in dieser Periode forcierte Großforschungsstrategie, die versuchte, in den »Fortschrittsindustrien« den »Tigersprung in die Moderne« durch rationale Planung der Forschung, Anwendung moderner Methoden wie Organisationstheorie, Kybernetik, Prognosen und Datenverarbeitung zu schaffen. Damit soll keinesfalls behauptet werden, daß es in der DDR keine Großforschungseinrichtungen im Sinne interdisziplinärer Forschungseinrichtungen gab, oder daß Großforschung in der DDR lediglich in jenem Zeitraum betrieben wurde. Das Augenmerk gilt vielmehr der stark propagierten Großforschung, deren Aufgabe es war, die Forschungslandschaft der DDR grundlegend umzugestalten und die Stellung der Akademieforschung und ihrer Zusammenarbeit mit der Industrie neu zu definieren.

Dieses neue Forschungskonzept brachte eine Lawine der Modernisierung ins Rollen, allerdings nur auf dem Papier. Die verantwortlichen Stellen überboten sich mit immer neuen Aufbaukonzepten, Studien, Prognosen und Weltniveauvergleichen. Mit dem Aufbau der Großforschung war bezweckt, sich auf wenige wichtige Projekte zu konzentrieren. Da diese Projekte gezielt mit hohem Mittelaufwand gefördert wurden, blieb für den Rest des Innovationssystems kaum etwas übrig. So buhlten verschiedenste Zweige und Vorhaben um die Gunst, zu den *happy few* zu gehören. Die designierten Kandidaten aus den Fortschrittsindustrien der 1960er Jahre reagierten im Einklang mit den Wunschvorstellungen von Staats- und Parteiseite mit exorbitanten Mittel-, Ausstattungs- und Personalforderungen. Allein dies brachte die politische Zentrale in große Nöte. Noch mehr Kopfzerbrechen bereitete ihr aber, daß die verlangten Höchstleistungen allesamt nicht erbracht wurden. Mit der bloßen Zusammenlegung bestehender Entwicklungsstellen wurde lediglich die Politik der Weiterentwicklung bestehender Produkte fortgeführt. Alle möglichen Projekte wurden kurzerhand als »Weltstand« deklariert, so daß der Nutzen der hohen Investitionen in die Großforschungsprojekte zweifelhaft wurde. Einseitige Bevorzugung rief wiederum die weniger begünstigten Betriebe auf den Plan. Die Politik der schnellen und punktuellen Modernisierung durch Großforschung wurde 1971 wieder aufgegeben.

Der innen- und außenpolitische Kontext

Die DDR richtete auf Grund ihrer politisch-geographischen Lage stets ein Auge auf die Entwicklung im Westen. Die Diskussionen über die »amerikanische Herausforderung« und die »technologische Lücke« zwischen Europa und Amerika wurden genauso verfolgt wie die Veränderungen in der

Forschungslandschaft der Bundesrepublik.[2] Das Konkurrenzverhältnis der DDR zur Bundesrepublik war auch der Grund dafür, nach dem Mauerbau 1961 ein attraktives Gegenmodell eines modernen sozialistischen Industriestaates zu errichten, was ohne den gezielten Einsatz von Wissenschaft und Technik ebensowenig wie ohne Importe und Investitionen zu leisten war. Die Wirtschaftsreform der 1960er Jahre diente als Mittel zum Zweck. Seit Mitte der 1960er Jahre wurden Kreditrückzahlung und negative Außenhandelsbilanz ein immer größeres Problem für die DDR-Wirtschaft.[3] Auch hatten herkömmliche Produkte der DDR auf dem Weltmarkt immer weniger Absatzchancen bei sinkender Devisenrentabilität. All dies brachte eine Modernisierungspolitik auf den Weg, die insbesondere die modernen Exportindustrien mit hoher Rentabilität fördern sollte. Die Ziele und die Zielfelder unterschieden sich dabei nur wenig von der Technologiepolitik der Bundesrepublik. Das Augenmerk galt in beiden Fällen den neuen »Schlüsseltechnologien«, modernen Management- und Planungsmethoden sowie dem beschleunigten Transfer von Forschungsergebnissen in die Produktion.[4]

Großforschung als wesentlicher Teil dieser Strategie schien für die DDR die Lösung aller Probleme in der Forschung zu bringen[5], die sich z.B. in der mangelnden Zusammenarbeit zwischen der Industrie und den Forschungsinstituten äußerten. Die Unternehmen interessierten sich nicht für radikale Neuerungen (*radical innovations*), da die Einführung neuer, innovativer Produkte oder Verfahren im Betrieb zunächst einmal zu Lasten der herkömmlichen Produktion ging. Neue Produkte brachten nicht nur die Erfüllung der staatlich vorgegebenen Produktionspläne in Gefahr, auch die Abnehmer von Produkten waren oft nur wenig an Neuerungen interessiert: So klagte der Volkseigene Betrieb (VEB) Halbleiterwerke Frankfurt/Oder, daß seine Entwicklung von Siliziumbauelementen vom Abnehmer und Anwender Vereinigung Volkseigener Betriebe (VVB) Datenverarbeitung- und Büroma-

---

2 Vgl. dazu den UNESCO-Bericht »Über die modernen Strömungen der wissenschaftlichen Forschung«, den Walter Ulbricht auf dem 5. ZK-Plenum im Februar 1964 erwähnt. Vgl. weiter den Umlauf des OECD-Berichts von 1963 in der Deutschen Akademie der Wissenschaften, Archiv der Berlin-Brandenburgischen Akademie der Wissenschaften, Bestand Akademieleitung, Forschungsgemeinschaft, 369.
3 Vgl. Kaiser (1997) passim.
4 Vgl. dazu die Beiträge von Rusinek, Gall und Mener in diesem Band.
5 Vgl. Tandler (1997).

schinen negativ aufgenommen wurde, da diese die alte Germaniumtechnik bevorzugte.[6]

Selbst in einem Vorzeigebetrieb wie Carl-Zeiss-Jena kamen Untersuchungen zu dem Schluß, daß »die auch bei Zeiss verbreiteten Tendenzen der Nachentwicklung und auch der Konservatismus gegenüber völlig neuen Lösungen bekämpft« werden müßten.[7] Die seit Ende der 1950er Jahre propagierte Vertragsforschung zwischen wissenschaftlichen Instituten und Betrieben war auch zehn Jahre später kaum mehr als eine »schnelle medizinische Hilfe« bei Produktionseinbrüchen geblieben. Die Großforschung, wie sie ab 1968 anvisiert wurde, sollte Forschung und Produktion integrieren sowie die Forschungsarbeiten in den wirtschaftlich erwünschten Gebieten konzentrieren. Im Werkzeugmaschinenbau – einem wichtigen Exportzweig – verteilten sich die rund 2.000 Wissenschaftler auf über 30 Forschungsstätten und Institute.[8] Ebenfalls sollte die Gründung von Großforschungszentren das seit langem bemängelte Verfahren beenden, wonach Forschungsaufgaben nach Gutdünken der Institute festgelegt wurden. Die Definitionen von Forschungsvorhaben sollte statt dessen Ergebnis rationaler, vorausschauender Planung sein.[9] Mit der Akademie-, der Hochschul- und der Kombinatsreform 1968 wollte man die bisherigen Strukturen zugunsten eines geschlossenen Systems der Großforschung aufbrechen, das alle Bereiche von der Grundlagen- bis zur Absatz- und Marktforschung integrierte.

Einen ganzen Strauß von neuen Maßnahmen kündigte das 9. ZK-Plenum im Oktober 1968 an. Forschung sollte neue Wege beschreiben durch die Ein-

---

6 BAB, DY30/IVA2/2021/208, Abteilung Forschung und technische Entwicklung des ZK (Abt. FutE), 31.5.1968, Information und Maßnahmen zu Fragen der Organisierung und Kontrolle des wissenschaftlich-technischen Vorlaufs.
7 Der Anteil der Forschungsausgaben bei Zeiss betrug zu diesem Zeitpunkt 60 Mio. Mark jährlich, d.h. 15 % der Warenproduktion des Betriebes. Zeiss hatte 2.900 FuE-Beschäftigte. Vgl. BAB, DY30/IVA2/607/150, Abt. FutE (Wikarski), 4.7.1968, Bericht über Aussprachen im VEB Carl Zeiss Jena zu Problemen der Planung und Organisation der Forschung und Entwicklung.
8 BAB, DY30/IVA2/2021/208, Abt. Maschinenbau und Metallurgie des ZK, 23.2.1968, Stellungnahme zum Bericht der Kommission des Maschinenbaus des Ausschusses für Industrie, Bauwesen und Verkehr der Volkskammer über die Verwirklichung des ökonomischen Systems im Werkzeugmaschinenbau.
9 BAB, DY30/IVA2/607/179, Abt. Forschung und Wissenschaftsorganisation des ZK (Abt. FuW) (Werner/Vanselow), 29.9.1970, Information über eine Untersuchung zum Stand der Gestaltung des Großforschungszentrums »Wissenschaftlicher Gerätebau«.

beziehung von Kybernetik, Datenverarbeitung, Organisationsforschung und wissenschaftlich fundierten Prognosen. Vermehrt hatten Wissenschaftler im politischen Rampenlicht wie Max Steenbeck und Peter A. Thießen darauf hingewiesen, daß sich mit der technischen Entwicklung auch die Art der Forschung verändere. Das Zeitalter der »Zigarrenkastenphysik« sei zu Ende gegangen; experimentiert und geforscht werde jetzt verstärkt durch Berechnungen und Simulationen am Computer.[10] In diesem Sinne sollte Großforschung, gestützt auf neue, moderne Methoden, den wissenschaftlichen Vorlauf für die Industrieproduktion bilden.

Erste Vorschläge

Im November 1968 kursierten neun Vorschläge für Großforschungszentren, die sich alle auf die neu gebildeten Kombinate bezogen. Ein Kombinat schloß als Organisationsform Industriebetriebe mit ähnlichen oder gleichen Herstellungs- und Verfahrenswegen horizontal zusammen. Die neu zu gründenden Großforschungszentren sollten die Kombinate auf der wissenschaftlichen Ebene ergänzen.[11]

Die Vorschläge für die thematische Ausrichtung der Großforschungszentren spiegelte strukturpolitische Erwägungen für den Ausbau moderner Industrien wider: Datenverarbeitung, elektronische Bauelemente, Automatisierungstechnik, hochpolymere Chemie und Biologie. Die Vorstellungen über die Größenordnung der Zentren wuchsen rasch. Enorme Kapazitäten an Personal und Investitionen sollten bis 1975 auf sie verwandt werden. So war etwa für das Zentrum für Informationsverarbeitungstechnik beim Kombinat Robotron eine Personalstärke von 3.500 bis 5.000 vorgesehen. Die Investitionen für den Perspektivplanzeitraum 1971–1975 sollten 250 Mio. Mark

---

10 BAB, DY30/IVA2/2021/441, Beratung zur Weiterführung und Qualifizierung der prognostischen Arbeit unter Teilnahme führender Genossen der Sozialistischen Einheitspartei Deutschlands, von Mitgliedern des Ministerrates und des Forschungsrates der DDR sowie weiteren Vertretern aus Wissenschaft und Praxis, 28.11.1968.
11 BAB, DY30/IVA2/607/72, Abt. FuW, 17.3.1969, Niederschrift über eine Beratung mit Genossen Hermann Pöschel und dem Sekretariat der Kreisleitung am 14.3.1969; BAB, DY30/IVA2/607/145, Ministerium für Wissenschaft und Technik (MWT), Prey an Pöschel, 23.5.1969.

betragen. Für das Zentrum für elektronische Bauelemente beim Halbleiterwerk Frankfurt/O. waren 4.000 bis 4.500 Beschäftigte bei einer Investitionssumme von 200 Mio. geplant. Im Zentrum Hochpolymere in Merseburg sollten sogar 5.000 bis 6.000 Personen arbeiten. Die Gesamtinvestitionen für die sechs Vorschläge, bei denen die Summe schon ausgewiesen war, betrugen über eine Milliarde Mark.[12]

Gut zwei Wochen später waren die Vorstellungen über die Größe dieser neuen Forschungszentren weiter gewachsen. Das Zentrum für Automatisierungstechnik bei Carl Zeiss sollte nun 9.000 bis 10.000 Mitarbeiter beschäftigen.[13] Im Großforschungsvorhaben zur Automatisierung (AUTEVO) war beabsichtigt, die Zahl der wissenschaftlichen Kader auf 10.000 Personen zu erhöhen, wobei unklar blieb, woher die wissenschaftlichen Kräfte kommen sollten. Auch die erforderlichen Geräte wie die neuen, in der DDR hergestellten Robotron-300-Rechner der 2. Generation, von denen gleich 100 Stück verlangt wurden, waren für die nächsten Jahre schon verteilt worden.[14]

Zu den Großforschungszentren gesellten sich zunächst zwölf Großforschungsvorhaben, die inhaltlich meist mit den thematischen Ausrichtungen der Zentren übereinstimmten. Ende des Jahres 1969 waren zwölf Großforschungsvorhaben beschlossen worden.[15] Ihr Gesamtumfang war beachtlich: Sie absorbierten ein Drittel aller Mittel für Forschung und Entwicklung und ebenso ein Drittel aller Hoch- und Fachschulkader, die in der Forschung tätig

---

12 BAB, DY30/IVA2/607/178, Staatliche Plankommission (SPK), Abt. Wissenschaft und Technik, 5.11.1968, Konzeption für die Entwicklung der sozialistischen Großforschung, Anlage 1.
13 BAB, DY30/IVA2/607/178, SPK, Bereich Prognose und Strukturpolitik, 18.11.1968, Anforderungen an den Forschungsrat, die sich aus der Entwicklung der sozialistischen Großforschung ergeben.
14 BAB, DY30/IVA2/607/178, Abt. FuW (Wikarski), Bericht über die Teilnahme an einer Beratung über den Entwurf des Programms für die Entwicklung des Großforschungsvorhabens »AUTEVO« am 21.10.1969.
15 Ebd., Abt. FuW, 21.10.1969, Vorschläge für die Teilnahme an den Problemdiskussionen bzw. Verteidigungen der Programme für die Großforschungsvorhaben. Als die zwölf Großforschungsvorhaben waren genannt: ESEG, AUTEVO, Maschinensystem Werkzeugmaschinen, Petrochemie und Hochpolymere, Erdöl- und Ergasverarbeitung, Metalleichtbau, Steigerung der Bodenfruchtbarkeit, Molekulare Grundlagen der Entwicklungs-, Vererbungs- und Steuerungsprozesse (MOGEVUS), Bild- und Datenaufzeichnung, Glaserzeugnisse für Wissenschaft und Technik, Gewinnung hochwertiger Eiweißstoffe und Chemiefaserherstellung.

waren. Bei der Konzipierung der Großforschung wurde heftig darum gerungen, ein Stück vom Kuchen abzubekommen. Jeder Industriezweig, jeder Betrieb und jedes Ministerium wollte ein eigenes Großforschungszentrum unterhalten. Während der Perspektivplanberatung des Zentralkomitees der SED klagte der Leiter der Abteilung für Forschung und Wissenschaft im ZK, Herbert Weiz:

»Im Moment vollzieht sich bei einigen Ministerien der Gedanke der Großforschung in einer Breite, wie wir das nicht haben wollen. Da werden Türschilder geändert. Man zieht einfach alles zusammen [...]. Aber man darf Großforschung nicht so verstehen, daß wir auf allen Gebieten Großforschung machen, und jeder hat seine Großforschung.«[16]

Papiertiger-Modernisierung

Zwei grundlegende Probleme traten in den folgenden Monaten bei der Konzeptionierung der Großforschung auf: Erstens erwies es sich als schwierig, hohe wissenschaftliche und technische Leistungen der Zentren und ihrer Forschungsprojekte zu garantieren. Zweitens mußte verhindert werden, daß formale Gründungen, bei denen lediglich Forschungskapazitäten von Betrieben zusammengefaßt wurden, als Großforschungszentren deklariert wurden.[17]

Für das Automatisierungsprogramm AUTEVO wurden kurzerhand bislang getrennt arbeitende Forschungsstätten unter einer gemeinsamen Aufgabenstellung zusammengefaßt – allerdings waren dies drei völlig verschiedene Stellen.[18] Beim geplanten Großforschungszentrum für Molekularbiologie MOGEVUS war es fraglich, ob es diesen Namen verdiene. Wesentliche

---

16 BAB, DY30/IV2/2.119/5, Stenographische Niederschrift der Beratung zu Problemen der weiteren Arbeit am Perspektivplan am 18. April 1969 (1–122, 66).
17 BAB, DY30/IVA2/607/178, Abt. FuW, 29.10.1969, Bericht über die Teilnahme an der Problemberatung des Großforschungsvorhabens »Einheitssystem des Werkzeugmaschinenbaus« am 24.10.1969 in Karl-Marx-Stadt.
18 Ebd., Abt. FuW, 29.10.1969 (Wikarski), Bericht über die Teilnahme an einer Beratung über den Entwurf des Programms für die Entwicklung des Großforschungsvorhabens AUTEVO am 21.10.1969 im Ministerium für Elektrotechnik / Elektronik.

Einrichtungen des Zentrums beschäftigten sich überhaupt nicht mit diesem Forschungsthema.[19]

Dieser Fall von forcierter technologischer Modernisierung per Dekret atmete tief das Aroma der Zeit und spiegelte den Wunderglauben wider, mit wissenschaftlich-technischen Errungenschaften den Anschluß an führende Wirtschaftsnationen zu schaffen. Vertreter der Partei- und Staatsapparate schienen von der Idee der Planbarkeit der Zukunft durchdrungen zu sein, aber auch die Industrie segelte mit Forderungen nach immer mehr Anlagen, Computern, Neubauten, Personal und Mitteln im Fahrwasser der Utopie. In systemtheoretisch getränktem, wissenschaftlich verbrämten Vokabular wurden Beschlüsse und Verordnungen abgefaßt, die bis zu 200 Seiten stark von Prozessen, Systemen, Systemsteuerung und Kontrollnetzwerken handelten. Über Nacht hatten sich die Sprache, der Rahmen und die Perspektive der Handelnden verändert.

Pionier- und Spitzenleistungen als Argumentationsstrategie

Die Modernisierung auf dem Papier stand im krassen Gegensatz zum Niveau der Forschungsaufgaben. Die Mehrzahl der Vorhaben folgte keineswegs den strukturpolitischen Vorgaben. Zwar wurden die zu erbringenden »Pionier- und Spitzenleistungen« jeweils präzise benannt, allerdings ohne internationalen Vergleich des wissenschaftlich-technischen Niveaus und der wirtschaftlichen Effizienz. Oft, so lautete die Klage der Staats- und Parteiorgane, waren die neuen Projekte auf Bestehendes »aufgepfropft«, neue Verfahren wurden nicht angewandt. Damit waren hochgesteckte Ziele wie die Steigerung der Arbeitsproduktivität um 200 % nicht zu verwirklichen.[20]

---

19 BAB, DY30/IVA2/607/179, Abt. FuW (Fuhrmann), 26.10.1970, Stellungnahme zu der überarbeiteten Konzeption für das GFZ »Molekulare Grundlagen der Entwicklungs-, Vererbungs- und Steuerungsprozesse« (MOGEVUS). Gemeint waren die Einrichtungen in Berlin-Buch im Bereich Medizin und die Institute in Jena und Gatersleben. Vgl. dazu den Beitrag von Reindl in diesem Band.
20 BAB, DY30/IVA2/607/179, MWT (Stubenrauch), Information – Bericht über einen Besuch des GFZ des Kombinats »Fritz Heckert« (Werkzeugmaschinen) am 29.1.1970.

Die bloße Addition bereits existierender Forschungsstellen war die eine Schwierigkeit. Dazu kam, daß die neuen, den Kombinaten angeschlossenen Forschungseinheiten, in denen der komplexe Innovationsprozeß von der Forschung über die Verfahrenstechnik bis zur Herstellung der Erzeugnisse beherrscht werden sollte, oft kaum über die Rolle von Hilfsorganen hinauswuchsen. In einigen Fällen nahmen Großforschungszentren lediglich Beratungs- und Studienaufgaben für die Kombinate wahr, wie das Großforschungszentrum Werkzeugmaschinenbau des Kombinats Fritz Heckert, das weniger als Forschungseinrichtung denn als Beratungsorgan des Ministeriums mit Koordinationsfunktion für die Pläne Wissenschaft und Technik des Kombinats angelegt war.[21] Folglich war vorgesehen, daß das GFZ Werkzeugmaschinenbau noch bis 1972 lediglich vorhandene Erzeugnisse weiterentwickeln sollte, die vom Kombinat in Auftrag gegeben wurden. Erst ab 1973 wollte das Kombinat die geforderten »Pionier- und Spitzenleistungen« erbringen.[22] Während die Großforschungszentren die Forderungen nach Investitionsmitteln, Personal und Valuta für den Import von Geräten und Anlagen hochsteckten, blieben sie bewußt vage, was den Nutzeffekt der wissenschaftlichen Leistung im Verhältnis zum Aufwand betraf.[23] Oft bezogen sich die angegebenen Spitzenleistungen nur auf einen Teil des Projekts. Im internationalen Vergleich lagen die Kosten immer noch deutlich zu hoch. Die für das Vorhaben PVC ausgewiesene »Pionier- und Spitzenleistung« bezog sich lediglich auf den Teilkomplex »Polymerisation«. Die Kosten für eine Tonne PVC lagen 20 % über den internationalen Vergleichswerten. Auch konnte das geforderte Wachstum des wissenschaftlichen Personals schon

---

21 BAB, DY30/IVA2/607/179, Abt. FuW (Fuhrmann), 25.11.1970, Stellungnahme zu der überarbeiteten Konzeption zum Aufbau, zur Leitung und zur Arbeitsweise des GFZ Werkzeugmaschinenbau im VEB Kombinat »Fritz Heckert«. Damit sei die Notwendigkeit der geforderten Gesamtinvestitionen von 86,4 Mio. Mark kaum nachgewiesen.
22 Ebd., Aktennotiz über eine Aussprache im Großforschungszentrum Werkzeugmaschinenbau am 29.1.1970.
23 Ebd., Abt. FuW, 19.2.1970, Bericht über die Teilnahme an der Verteidigung zu den Großforschungsvorhaben »Erdöl-Ergasverarbeitung... «. Ebd., Abt. FuW, 2.7.1970, Aktennotiz über Beratung des Standes der Entwicklung der Großforschung im Bereich des Ministeriums für Verarbeitungsmaschinen- und Fahrzeugbau.

wegen der niedrigen Zahl der Hochschulabgänger zumindest für die nächsten zwei bis drei Jahre nicht realisiert werden.[24]

Die Versorgung der Großforschungszentren mit wissenschaftlichem Personal war auch an andere Faktoren gebunden. Die Erdölraffinerie Schwedt hatte schon wegen ihrer geographischen Lage erhebliche Schwierigkeiten, Bewerber mit Hoch- und Fachschulabschluß für Kombinat und Großforschungszentrum zu rekrutieren. Von 64 Bewerbern konnten nur 17 eine Arbeit in Schwedt aufnehmen. Für die anderen bestand keine Aussicht, eine Wohnung zu bekommen.[25] Gleiches galt für das Großforschungszentrum Elektronische Bauelemente. Der Abteilung für Forschung und Wissenschaftsorganisation des ZK erschien

»es zweifelhaft, ob die vorgesehenen personellen Erweiterungen von gegenwärtig 900 Kader auf 8.000 Beschäftigte im Jahre 1975 realisierbar sind. Die bis 1975 vorgesehene örtliche Konzentration im Raum Dresden-Tharandt würde fast dem Neuaufbau einer Stadt für dieses GFZ gleichkommen.«[26]

Die Verabschiedung der Konzeption für die 13 Großforschungsvorhaben verzögerte sich bis Mitte 1970, wobei das größte Problem das als unzureichend eingeschätzte Niveau der Forschungsleistungen war. Von den 16 geplanten Großforschungszentren waren erst acht gebildet worden.[27] Als im August 1970 die Aufbaukonzeptionen für elf Zentren vorgestellt wurden, glänzten sie nicht gerade durch präzise wirtschaftliche Zielsetzungen.[28] Die anvisierte Spitzenleistung im Großforschungszentrum Gerätebau hatte ein zu niedriges Niveau und erschien zu sehr »von unten aufgesammelt«. Es fehlte

---

24 Ebd., 11.8.1970, Information über die Verteidigung der Aufbaukonzeption des Großforschungszentrums Leuna.
25 Ebd., 12.8.1970, Information für die Verteidigung der Aufbaukonzeption des Großforschungszentrums Schwedt.
26 BAB, DY30/IVA2/2021/665, Abt. FutW (Wikarski), Aktennotiz über die Beratung der Gruppe Wissenschaftsorganisation beim Ministerrat am 29.9.1970.
27 BAB, DY30/IVA2/607/179, MWT, 24.6.1970, Disposition zur Einschätzung des gegenwärtigen Standes der Entwicklung der Großforschung; ebd., MWT, 19.3.1970, Beratung von Programmen der Großforschungsvorhaben und Konzeptionen für den Aufbau der Großforschungszentren im Vorstand des Forschungsrates der DDR.
28 BAB, DY30/IVA2/607/179, Abt FuW, Einschätzung der durchgeführten Verteidigungen der Aufbaukonzeptionen von Großforschungszentren vor dem Minister für Wissenschaft und Technik vom 3.–14.8.1970.

eine klare Vorstellung, wie das Zentrum organisatorisch und thematisch aussehen sollte. Statt dessen wurden immer neue Leitungsformen entworfen. Genosse Hradilak vom Kombinat Carl Zeiss bemerkte trocken:

»Es geht nicht darum, Kästchen für ein Strukturmodell zu malen, sondern konkret zu klären, welchen Inhalt die vorgesehenen Basisbereiche und Projektgruppen des GFZ haben sollen.«

Nur ein Teil der wissenschaftlichen Mitarbeiter stand zur Verfügung. Die Versorgung mit Forschungsgeräten sah nicht besser aus, denn der Export hatte Priorität. Bezeichnenderweise war nicht einmal geklärt, ob das dem Kombinat Zeiss unterstellte Großforschungszentrum Zeiss-Geräte bekommen konnte. »Viele sehen«, so der Forschungsdirektor von Zeiss, »Forschung und Entwicklung als Selbstversorger bezüglich der Ausrüstung«.[29]

Eine Untersuchung der existierenden Großforschungszentren bei den Kombinaten Fritz Heckert, Robotron, Schwedt und Leuna, die Ende 1970 im Zentralkomitee entstand, wies denn auch *business as usual* nach. Die meisten der in Angriff genommenen Forschungsaufgaben waren schon in der Konzeption auf ein mittleres Niveau ausgerichtet. Bloße Verbesserungen bekannter Erzeugnisse wurden zu »Pionier- und Spitzenleistungen« hochgespielt.[30]

Dies alles blieb nicht ohne Wirkung auf die Mitarbeiter der neuen Großforschungseinrichtungen. Bei Robotron in Dresden wähnten sich bei einem verhältnismäßigen Arbeitsaufwand von 8% Forschung zu 92% Entwicklung einige Wissenschaftler in einem reinen Entwicklungszentrum. In den Mitgliederversammlungen traten »bei 20 bis 50 Prozent der Mitarbeiter des GFZ [...] immer wieder ernsthafte Zweifel an der Realisierung der Zielstel-

---

29 Ebd.; Abt. FuW (Werner/Vanselow), 29.9.1970, Information über eine Untersuchung zum Stand der Gestaltung des Großforschungszentrums »Wissenschaftlicher Gerätebau«. Demnach bestand im VEB Kombinat Carl Zeiss Jena das Großforschungszentrum einzig dem Namen nach; vorhanden war nur der Kern des künftigen Direktionsbereichs für Forschung und Entwicklung. Auch warf die Bildung des Großforschungszentrums bei Zeiss »ideologische Probleme« auf, denn erst 1967 war ein großer Teil der Forschung dezentralisiert worden, den man nun wieder zusammenführen wollte.

30 BAB, DY30/IVA2/607/179, Abt. Systematische Heuristik der Akademie der Marxistisch-leninistischen Organisationswissenschaft beim ZK (Müller) (o.D. 10/70), Bericht über den Stand der Großforschungszentren.

lungen auf«. Man ging davon aus, daß der Vorsprung des kapitalistischen Auslands auf dem Gebiet der Gerätetechnik »mit 5 bis 8 Jahren zu groß sei, um hier das Prinzip ›Überholen, ohne einzuholen‹ verwirklichen zu können.«[31]

Die von Ulbricht ausgegebene Leitmaxime sollte im Zeichen der wissenschaftlich-technischen Revolution die hohen Ziele der Wirtschaftspolitik veranschaulichen. Doch nährte sie eher den Zweifel an der als »Systemlösung« gepriesenen Forschungsstrategie, als daß sie motivierend wirkte.[32]

Auch fühlten sich die nicht der Großforschung zugeteilten Betriebe und Zweige übergangen. Der finanziellen Benachteiligung begegneten sie in zweierlei Weise. Erstens versuchten sie, sich dennoch an der Großforschung zu beteiligen. Gelang das nicht, ignorierten sie die staatlichen Vorgaben für die Großforschung und proklamierten ihre eigenen »Pionier- und Spitzenleistungen«. Die ZK-Abteilung für Forschungs- und Wissenschaftsorganisation führte einen Kampf gegen Windmühlen, als sie versuchte, der inflationären Verwendung dieser Zielsetzung Einhalt zu gebieten. So begründete die Parteigruppenversammlung im Betrieb Buna eine technisch wenig anspruchsvolle Verfahrensverbesserung mit dem Worten: »Wir sind beauftragt, Pionier- und Spitzenleistungen zu schaffen für unsere Strategie des Überholens ohne einzuholen«. Und der Parteisekretär im VEB Baumaschinen Gatersleben beanspruchte das Überhol-Motto für die Produktionspalette seines Betriebs, der technisch wenig anspruchsvolle Anhängewalzen von acht und zwölf Tonnen herstellte. Er lobte öffentlich seinen Betrieb mit den Worten: »Nur wer richtig steuert, kann sicher überholen.«[33]

Finanzierungsprobleme

Gegen Ende des Jahres 1970 stellte sich die Frage der Finanzierbarkeit der hochfliegenden Pläne in aller Deutlichkeit. Für das GFZ Werkzeugmaschinenbau Fritz Heckert sollte die vorgesehene Investitionssumme von 50 Mio.

---

31 BAB, DY30/IVA2/607/179, Abt. FuW (Fuhrmann/Berger), 30.9.1970, Information über eine Untersuchung zum Stand der Gestaltung des GFZ ROBOTRON, Dresden.
32 BAB, DY30/IVA2/2021/632, Mittag an Abt. FutE (Kuntsche), 9.9.1970.
33 BAB, DY30/IVA2/607/179, Abt. FuW (Pöschel), 25.8.1970, Aktennotiz.

bis 1975 – in der Minimalvariante – aus den Mitteln des Großforschungszentrums selbst durch Kredite und Nutzungsgebühren erbracht werden. Die finanzielle Beteiligung der anderen Kombinate war ungeklärt.[34] Auch im Fall des Großforschungszentrums Schwedt schienen die großen Aufwendungen für die Forschung untragbar, zumal damit nicht der erwünschte hohe und schnelle Gewinnzuwachs, sondern nur eine »durchschnittliche Steigerungsrate« zu erreichen sei, wie die Forschungsabteilung im ZK nüchtern analysierte. Ein Vertreter der Staatsbank hielt es für unmöglich, bei den ungünstigen Kostenverhältnissen der Verfahren zum Weltmarktpreis »die fehlende Summe an 100 Mill[ionen] M[ark] Forschungsmitteln im Perspektivzeitraum durch Kredite zu finanzieren.«[35] Der Plan Wissenschaft und Technik 1971 sah zwar eine erhebliche Steigerung der Forschungsmittel vor: 41 % der Mittel waren für die Aufgaben im Rahmen der Großforschung ausgewiesen.[36] Eine Studie des Zentralinstituts für sozialistische Wirtschaftsführung beim ZK kam Ende 1970 aber bereits zu dem ernüchternden Schluß:

»Da die Effektivität der Großforschung meist erst nach Ende des Perspektivplanzeitraums eintrifft, entsteht für 1971–75 ein Effektivitätsvakuum, das über Kredite kaum zu realisieren sein wird.«

Der finanzielle Aufwand für die Großforschung übersteige die Reproduktionskraft der Kombinate. Zudem würde die Vorlaufforschung, insbesondere die Grundlagenforschung, zugunsten eines hohen Anteils an relativ kurz befristeten Aufgaben für die Industrie vernachlässigt.[37]

---

34 Ebd., Abt. FuW (Fuhrmann/Putzke), 5.10.1970, Information über eine Untersuchung zu Problemen der Gestaltung des GFZ des »Fritz Heckert« Kombinates.
35 Ebd., Abt. FuW, Information über die Verteidigung der neu vorgelegten Konzeption für das GFZ Schwedt am 16.10.1970.
36 BAB, DY30/IVA2/2021/365, Forschungsrat (FR), Stenographisches Protokoll der 14. Sitzung des Vorstandes des Forschungsrates der Deutschen Demokratischen Republik am 2. Februar 1971. Die Aufgaben des Forschungsrates der DDR bei der Durchsetzung und Kontrolle des Planes Wissenschaft und Technik 1971 und zur Vorbereitung des Perspektivplanes 1971–1975 (10–47, 14vf). Vgl. auch ebd. Prey an Mittag 5.2.1971.
37 BAB, DY30/IVA2/607/89, Zentralinstitut für Sozialistische Wirtschaftsführung beim ZK (Koziolek) an Abt. FuW (Pöschel), 26.11.1970. Anlage: Rohentwurf einer Vorlage für die 13. Sitzung des Vorstandes des Forschungsrates am 11. Dezember 1970, Kontrollberatung über den Stand der Realisierung der sozialistischen Großforschungsvorhaben.

Im Verlauf des Jahres 1971 machte sich schließlich eine allgemeine Ernüchterung breit. Eine Untersuchung in zehn wissenschaftlichen Instituten ergab folgendes Bild:[38] Zwar waren Personalbestand und Forschungsmittel seit 1966 stark angestiegen, jedoch stagnierten die patentwürdigen Erfindungen. Der Zeitraum zwischen einer neuen Erfindung und ihrer Realisierung war mit durchschnittlich fünf bis sechs Jahren immer noch sehr lang. Die Größe der Institute war stetig gewachsen, am schnellsten allerdings deren Verwaltungen.[39] Damit geriet auch in der DDR der Glaube an ein lineares Verhältnis zwischen Forschungsförderung und Wirtschaftswachstum ins Wanken. Der Versuch, den Anschluß an die westliche Entwicklung zu finden, war gescheitert. Die Ablösung Ulbrichts durch Honecker an der Parteispitze beendete den drastischen Modernisierungskurs. Die Politik bewegte sich wieder in ruhigerem Fahrwasser: Wohnungs- und Sozialpolitik erhielten Vorrang. Der Finanzierungsmodus der Forschung wurde revidiert, und die Akademie der Wissenschaften bekam wieder Mittel für Grundlagenforschung aus dem Staatshaushalt zugewiesen.[40] Die im Zuge der Großforschungsvorhaben begonnenen Projekte überlebten zwar überwiegend, jedoch standen ihnen erheblich weniger Mittel zur Verfügung. Der Begriff Großforschung – eng gebunden an die Wirtschaftsreformen der 1960er Jahre – verschwand nach 1971 völlig aus dem Sprachgebrauch.

---

38 BAB, DY30/IVA2/2021/230, Ministerrat, Arbeitsgruppe Staats- und Wirtschaftsführung, Inspektion (Hegewald), 14.4.1971, Bericht zu einigen Ursachen für die ungenügende Effektivität wissenschaftlich-technischer Einrichtungen.
39 BAB, DY30/IVA2/2021/632, Abt. FutE (Wikarski), 5.10.1971, Einschätzung zum statistischen Bericht über die Entwicklung der Deutschen Akademie der Wissenschaften für das Jahr 1970. Danach war das Verwaltungspersonal in der Akademie allein zwischen 1969 und 1970 um 200 Personen (20%) angewachsen, der Personalbestand der Wissenschaftler dagegen nur um 3%, das wissenschaftlich-technische Personal sogar um 2,3% gesunken.
40 Vgl. dazu die sogenannte »Spektrum-Debatte« um den Nutzen von Grundlagenforschung in der Zeitschrift *Spektrum* der Deutschen Akademie der Wissenschaften 1971/72.

Abkürzungen

ADA	Anello di Accumulazione
AdW	Akademie der Wissenschaften der DDR
AGF	Arbeitsgemeinschaft der Großforschungseinrichtungen
AiF	Arbeitsgemeinschaft industrieller Forschungsvereinigungen ›Otto von Guericke‹ e.V.
AIK	Akademie-Industrie-Komplex
AIS	Arbeitsgruppe für Integrierte Schaltungen
ALGOL	Algorhythmic Language
ARPANET	Advanced Research Projects Agency Network
ASDEX	Axial Symmetrisches Diverter Experiment
ATF	Advanced Toroidal Facility
AUTEVO	Großforschungsvorhaben zur Automatisierung
AVR	15-MWe-Kugelhaufenreaktor der Arbeitsgemeinschaft Versuchsreaktor
BAB	Bundesarchiv Berlin
BAK	Bundesarchiv Koblenz
BayHStA	Bayerisches Hauptstaatsarchiv
BBAW	Berlin-Brandenburger Akademie der Wissenschaften
BBC	Brown, Boveri & Cie.
BBK	Kooperation BBC-Krupp
BDI	Bundesverband der deutschen Industrie
BESSY	Berliner Elektronen-Speicherring für Synchrotronstrahlung
BIG	Berliner Innovations- und Gründerzentrum
BMBF	Bundesministerium für Bildung, Wissenschaft, Forschung und Technologie
BMBW	Bundesministerium für Bildung und Wissenschaft
BMFT	Bundesministerium für Forschung und Technologie
BMwF	Bundesministerium für wissenschaftliche Forschung
BMWi	Bundesministerium für Wirtschaft
BNL	Brookhaven National Laboratory
BStMWV	Bayerisches Staatsministerium für Wirtschaft und Verkehr
BT-Drs.	Bundestags-Drucksachen

Abkürzungen

BWA	Befristete Wissenschaftliche Arbeitsgruppe
CEA	Cambridge Electron Accelerator
CERN	Conseil Européen pour la Recherche Nucléaire
CESR	Cornell Electron Storage Ring
COST	Cooperation in Science and Technology
COSY	Kompakt-Speicherring für Synchrotronstrahlung
CREST	Commitée pour la Recherche Scientifique et Technologique
DAtK	Deutsche Atomkommission
DAW	Deutsche Akademie der Wissenschaften zu Berlin
DESY	Stiftung Deutsches Elektronen-Synchronoton
DFG	Deutsche Forschungsgemeinschaft
DFVLR	Deutsche Forschungs- und Versuchsanstalt für Luft- und Raumfahrt
DGRST	Délégation Générale à la Recherche Scientifique et Technologique
DIB	Direktoriumsbüro
DLR	Deutsche Forschungsanstalt für Luft- und Raumfahrt e.V.
DORIS	Doppel-Ring-Speicher
DVL	Deutsche Versuchsanstalt für Luftfahrt
EBR	Einheitsbaurechner
ECFA	European Committee for Future Accelerators
EFTA	European Free Trade Association
EG	Europäische Gemeinschaft
EGKS	Europäische Gemeinschaft für Kohle und Stahl
EK	Einkaufs-Kommission
EMI	Fraunhofer-Institut für Kurzzeitdynamik, Ernst-Mach-Institut
EPIC	Electron Proton Intersecting Collider, später Electron Positron
ESA	European Space Agency
ESF	European Science Foundation
ESPRIT	European Scientific Research in Information Technology
EU	Europäische Union
EURATOM	Europäische Atomgemeinschaft
EUREKA	European Research Coordination Agency
EWG	Europäische Wirtschaftsgemeinschaft
FAST	Future Assessment of Technology
FhG	Fraunhofer-Gesellschaft
FRG	Forschungsreaktor Geesthacht
FuE	Forschung und Entwicklung
FuT	Forschung und Technologie
FZMM	Forschungszentrum für Molekularbiologie und Medizin
GANIL	Grand Accélérateur National d'Ions Lourds
GD	Geschäftsführender Direktor

GFS	Gemeinsame Forschungsstellen
GFZ	Großforschungszentrum
GGA	Gulf General Atomic
GKSS	Gesellschaft für Kernenergieverwertung in Schiffbau und Schiffahrt; ab 1980: GKSS-Forschungszentrum Geesthacht GmbH
GMD	GMD-Forschungszentrum Informationstechnik mbH
GSF	Gesellschaft für Strahlenforschung mbH
GTZ	Gesellschaft für technische Zusammenarbeit
HAV	Hauptabteilungsleiter Verwaltung
HDR	Heißdampfreaktor
HERA	Hadron-Elektron-Ring-Anlage
HGF	Hermann von Helmholtz-Gemeinschaft Deutscher Forschungszentren
HKG	Hochtemperatur-Kernkraftwerk GmbH
HMI	Hahn-Meitner Institut Berlin GmbH
HRB	Hochtemperatur-Reaktorbau
HTR	Hochtemperaturreaktor
HVA	HERA-Vergabe-Ausschuß
IAe	Fraunhofer-Institut für Aerobiologie, ab 1974: ITA
IAEA	International Atomic Energy Agency
IAF/IaFP	Fraunhofer-Institut für Angewandte Festkörperphysik
IAM	Fraunhofer-Institut für angewandte Mikroelektronik
IAO	Fraunhofer-Institut für Arbeitswirtschaft und Organisation
IAP	Fraunhofer-Institut für Angewandte Polymerforschung
IBP	Fraunhofer-Institut für Bauphysik
ICFA	International Committee on (seit 1978 for) Future Accelerators
ICT	Fraunhofer-Institut für die Chemie der Treib- und Explosivstoffe, ab 1988: Fraunhofer-Institut für Chemische Technologie
IEW	Fraunhofer-Institut für Elektrowerkstoffe, ab 1970: IaFP
IFT	Fraunhofer-Institut für Festkörpertechnologie
IGB	Fraunhofer-Institut für Grenzflächen und Bioverfahrenstechnik
IIS	Fraunhofer-Institut für Integrierte Schaltungen
IITB	Fraunhofer-Institut für Informations- und Datenverarbeitung
ILL	Institut Max von Laue–Paul Langevin
IMS	Fraunhofer-Institut für Mikroelektronische Schaltungen und Systeme
IPA	Fraunhofer-Institut für Produktionstechnik und Automatisierung
IPP	Max-Planck-Institut für Plasmaphysik
IRB	Fraunhofer-Informationszentrum Raum und Bau
ISE	Fraunhofer-Institut für Solare Energiesysteme
ISI	Fraunhofer-Institut für Systemtechnik und Innovationsforschung
ISIT	Fraunhofer-Institut für Siliziumtechnologie
ISTH	Institut für Solarenergieforschung Hameln
ITA	Fraunhofer-Institut für Toxikologie und Aerosolforschung
ITR	Incore-Thermionik-Reaktor

Abkürzungen

IWM	Fraunhofer-Institut für Werkstoffmechanik
JESSI	Joint European Submicron Silicon Initiative
JET	Joint European Torus
KEST	Studiengesellschaft für Kernenergieverwertung in Schiffahrt und Industrie e. V.
KFA/FZJ	Forschungszentrum Jülich GmbH
KMU	kleine und mittlere Unternehmen
KNK	Kompakter Natriumgekühlter Kleinreaktor
KWSH	Kernkraftwerk Schleswig-Holstein
LEP	Large Electron Positron Collider
LWR	Leichtwasserreaktor
MdB	Mitglied des Bundestags
MHD	Magneto-Hydrodynamik-Prozeß
MOGEVUS	Molekulare Grundlagen von Entwicklungs-, Vererbungs-, und Steuerungsprozessen
MPG	Max-Planck-Gesellschaft zur Förderung der Wissenschaften e.V.
MWMT	Baden-Württembergisches Ministerium für Wirtschaft, Mittelstand und Technologie
NAL	National Accelerator Laboratory, seit 1974 Fermi National Accelerator Laboratory, kurz Fermilab
NATO	Northern Atlantic Treaty Organization
NRW	Nordrhein-Westfalen
NSC	Nukleares Container-Schiff
OECD	Organization for Economic Cooperation and Development
PEARL	Process Expert Automation Real-Time Language
PEP	Proton-Electron-Positron-Colliding Beam System, später Positron-Electron-Project
PETRA	Proton-Elektron-Tandem-Ringbeschleuniger-Anlage, später Positron-Elektron-Tandem-Ringbeschleuniger-Anlage
PREST	Politique de Recherche Scientifique et Technologique
RGW	Rat für gegenseitige Wirtschaftshilfe
RWE	Rheinisch-Westfälische-Elektrizitätswerke AG
SBR	Schnelle Brutreaktoren
SED	Sozialistische Einheitspartei Deutschland
Senats-Drs.	Senats-Drucksache
SGFV	Sozialistisches Großforschungsvorhaben

SLAC	Stanford Linear Accelerator Center
SPEAR	Stanford Positron-Electron Assymmetric Ring
SPRINT	Strategic Programme for Innovation and Technology Transfer
SPS	Super Proton Synchrotron
STAHH	Staatsarchiv Archiv
THTR	Thorium-Hochtemperaturreaktor
TNO	Nederlandse Organisatie voor toegepast-natuurwetenschapelijk onderzoek (Organisation für angewandte naturwissenschaftliche Forschung der Niederlande)
TOKAMAK	Toroidalnaya Kamera Magnitaya Katuschka
TTL	Technologietransferleitstelle
TWB	Technischer-Wissenschaftlicher Beirat
VBA	Very Big Accelerator
VDI	Verein Deutscher Ingenieure
VEB	Volkseigener Betrieb
VEW	Vereinigte Elektrizitätswerke Westfalen
VOL	Verdingungsordnung für Leistungen - ausgenommen Bauleistungen
VOL/A	Verdingungsordnung für Leistungen - ausgenommen Bauleistungen - Teil A
VR	Verwaltungsrat
VVB	Vereinigung Volkseigener Betriebe
WA	Wissenschaftlicher Ausschuß
WTR	Wissenschaftlicher-Technischer Rat
ZA	Zwischenarchiv der Fraunhofer-Gesellschaft
ZfK	Zentralinstitut für Kernforschung
ZIHKR	Zentralinstitut für Herz-Kreislauf-Regulationsforschung
ZIK	Zentralinstitut für Krebsforschung
ZIM	Zentralinstitute für Mikrobiologie
ZMI	Zentrum für Mikroelektronik und Informationstechnik
ZV	Zentralverwaltung der Fraunhofer-Gesellschaft

Literatur

Abelshauser, Werner (1983), *Wirtschaftsgeschichte der Bundesrepublik Deutschland 1945 bis 1980*, Frankfurt a.M.

Ado, Yu. M. u. a. (Hg.) (1977), *Proceedings of the X International Conference on High Energy Accelerators*, Protvino 1977, Bd. 1, Serpukhov.

AGF-Dokumentation (1982), *Großforschung und Industrie. Formen der Zusammenarbeit und beteiligte Partner*, Bonn.

Ahrweiler, Petra (1995), *Künstliche Intelligenz-Forschung in Deutschland. Die Etablierung eines Hochtechnologie-Fachs*, Münster/New York.

Aked, N.H. / P.J. Gummett (1976), »Science and Technology in the European Communities: the History of the COST Projects«, in: *Research Policy* 5, S. 270–294.

Altenburg, Tilmann (1995), »Industriekooperation öffentlicher Forschungseinrichtungen im Großraum Hamburg. Empirische Untersuchungen unter besonderer Berücksichtigung von DESY und GKSS«, in: Martina Fromhold-Eisebith / Helmut Nuhn (Hg.), *Großforschung und Region. Der Beitrag von Forschungszentren des Bundes zu einer innovationsorientierten Regionalentwicklung* (= Arbeitsberichte zur wirtschaftsgeographischen Regionalforschung 4), Münster, S. 213–236.

Amaldi, Ugo (1980), »Panel Discussion: Accelerators for Future Physics«, in: W.S. Newman (Hg.), *11th International Conference on High-Energy Accelerators, Geneva 1980*, Basel, S. 922–936.

Ambrosius, Gerold / Hartmut Kaelble (1992), »Einleitung: Gesellschaftliche und wirtschaftliche Folgen des Booms der 1950er und 1960er Jahre«, in: H. Kaelble (Hg.), *Der Boom. Gesellschaftliche und wirtschaftliche Folgen in der Bundesrepublik Deutschland und in Europa*, Opladen, S. 7–35.

Amman, Fernando u. a. (1974), »The Super-ADONE Electron-Positron Storage Ring Design«, in: Stanford, S. 588–592.

Archibugi, Daniele / Jonathan Michie (1997), »Technological Globalisation and National Systems of Innovation: an Introduction«, in: dies. (Hg.), *Technology, Globalisation and Economic Performance*, Cambridge Mass./New York, S. 1–23.

Arthur, Brian (1989): »Competing Technologies, Increasing Returns, and Lock In by Historical Events«, in: *The Economic Journal* 99, S. 116–131.

Artsimowitsch, L. A. (1972), *Elementare Plasmaphysik*, Berlin.

Ash, Mitchell G. (1995), »Verordnete Umbrüche – Konstruierte Kontinuitäten: Zur Entnazifizierung von Wissenschaftlern und Wissenschaften nach 1945«, in: *Zeitschrift für Geschichtswissenschaft* 43, S. 903–923.

—, (1997), »Wissenschaft, Politik und Modernität der DDR. Ansätze zu einer Neubetrachtung«, in: Karin Weisemann / Peter Kröner / Richard Toellner (Hg.), *Wissenschaft und Politik. Genetik und Humangenetik in der DDR, 1949–1989*, Münster, S. 1–25.

Bagge, Erich (1978), *Aufbau und Betrieb der »Otto Hahn« – Ein Aktivposten der deutschen Kerntechnik* (= HANSA-Sonderdruck 5).

Bähr, Johannes (1995), »Die ›amerikanische Herausforderung‹. Anfänge der Technologiepolitik in der Bundesrepublik Deutschland«, in: *Archiv für Sozialgeschichte* 35, S. 115–130.

Bähr, Johannes / Dietmar Petzina (Hg.) (1996), *Innovationsverhalten und Entscheidungsstrukturen*, Berlin.

Balcomb, Douglas J.(1981), »Passive Solar Energy Systems for Buildings«, in: Jan F. Kreider / Frank Kreith (Hg.), *Solar Energy Handbook*, New York u. a., S. 16-1–16-27.

Bauer, Friedrich L. (1974), »Was heißt und was ist Informatik? Merkmale zur Orientierung über eine neue wissenschaftliche Disziplin«, in: *IBM*, S. 223, 333–337.

Baumann, Rudolf (1974), »Aufwand und Nutzen der Herz-Kreislauf-Regulationsforschung«, in: *Spektrum* 10, S. 9.

Bentele, Karlheinz (1979), *Kartellbildung in der allgemeinen Forschungsförderung* (= Schriftenreihe des Wissenschaftszentrums Berlin 3), Meisenheim am Glan.

Bentley, Raymond (1992), *Research and Technology in the Former German Democratic Republic*, Oxford.

Berghahn, Volker R. (1986), *The Americanisation of West German Industry, 1945–1973*, Oxford.

—, (1996), »Deutschland im ›American Century‹, 1942–1992. Einige Argumente zur Amerikanisierungsfrage«, in: Matthias Frese / Michael Prinz (Hg.), *Politische Zäsuren und gesellschaftlicher Wandel im 20. Jahrhundert. Regionale und vergleichende Perspektiven*, Paderborn, S. 789–800.

Berichte der Kommission: Kommission für Technisch-Physikalische Forschung (1981), »Bericht Justi«, in: *Akademie der Wissenschaften und der Literatur, Jahrbuch 1981*, Wiesbaden, S. 96–102.

Berkl, E. / D. Eckhartt / Gerhart von Gierke u.a (1969), »Confinement of Contact-Ionized Barium Plasma in the Wendelstein-Stellarator II«, in: *Plasma Physics and Controlled Nuclear Fusion Research*, Proceedings, Vol. I, S. 513–528.

Bickenbach, Dieter / Weert Canzler (1989), »Länderspezifisches Profil der Technologiepolitik: Das Beispiel Berlin«, in: Jochen Hucke / Hellmut Wollmann (Hg.), *Dezentrale Technologiepolitik? Technikförderung durch Bundesländer und Kommunen*, Basel u. a., S. 242–260.

Bielka, Heinz (1995), *Beiträge zur Geschichte der Medizinisch-Biologischen Institute. Berlin Buch 1930–1995*, 2. Aufl., Berlin.

—, (1997), *Die Medizinisch-Biologischen Institute Berlin-Buch. Beiträge zur Geschichte*, Berlin.

Bielka, Heinz / Rainer Hohlfeld (1998), »Biomedizin«, in: Jürgen Kocka / Renate Mayntz (Hg.), *Wissenschaft und Wiedervereinigung. Disziplinen im Umbruch*, Berlin, S. 79–142.

Bienlein, Johann K. u. a . (Hg.) (1973), *Proceedings of the Seminar on e-p and e-e Storage Rings, Hamburg 1973* (= DESY 73/66), Hamburg.
Biermann, Ludwig (1960), »Astrophysik und Plasmaphysik«, in: *Mitteilungen aus der MPG* 6, S. 345–360.
Biermann, Ludwig / Arnulf Schlüter (1957), »Die physikalischen Grundlagen der kontrollierten Kernverschmelzung«, in: *Mitteilungen aus der MPG* 2, S. 66–73.
Boenke, Susan (1991), *Entstehung und Entwicklung des Max-Planck-Institutes für Plasmaphysik 1955–1971* (= Studien zur Geschichte der deutschen Großforschungseinrichtungen 3), Frankfurt a.M./New York.
Boldt, Hans (1989), »Rahmenbedingungen nordrhein-westfälischer Politik II: Finanzverteilung und Finanzausgleich in der Bundesrepublik«, in: ders. (Hg.), *Nordrhein-Westfalen und der Bund* (= Schriften zur politischen Landeskunde Nordrhein-Westfalens 5), Köln, S. 78–99.
Borchardt, Knut (1971), »Die Bedeutung der Infrastruktur für die sozialökonomische Entwicklung«, in: Helmut Arndt / Dieter Swatek (Hg.), *Grundfragen der Infrastrukturplanung für wachsende Wirtschaften* (= Schriften des Vereins für Socialpolitik NF 58), Berlin, S. 11–30.
Böttger, Joachim (1993), *Forschung für den Mittelstand. Die Arbeitsgemeinschaft industrieller Forschungsvereinigungen »Otto von Guericke« e.V. (AiF) im wirtschaftspolitischen Kontext*, Köln.
Brandt, Leo (1956), *Staat und friedliche Atomforschung*, Köln/Opladen.
Bräunling, Gerhard (1988), »Öffentliche Förderung des Technologietransfers – Aktionismus – Symbolische Politik – oder wirksame Unterstützung?«, in: *DABEI in Verbindung mit KFA und FIZ, Technologie Transfer Forschung Industrie. Fachdiskussion des Expertengesprächs am 24. März 1987 bei IBM/Geschäftsstelle Düsseldorf*, Jülich, S. 78–91.
Bräunling, Gerhard / Dirk-Michael Harmsen (1975), *Die Förderungsprinzipien und Instrumente der Forschungs- und Technologiepolitik. Eine Analyse ihrer Wirksamkeit*, Göttingen.
Brautmeier, Jürgen (1983), *Forschungspolitik in Nordrhein-Westfalen 1945–1961* (= Düsseldorfer Schriften zur Neueren Landesgeschichte und zur Geschichte Nordrhein-Westfalens 10), Düsseldorf.
Breuer, Reinhard / Uwe Schumacher (1982), »Max-Planck-Institut für Plasmaphysik«, in: *Berichte und Mitteilungen der MPG* 1, München.
Brinckmann, Hans-Fritz (1982), »25 Jahre Rossendorfer Forschungsreaktor – 20 Jahre Rossendorfer Ringzonenreaktor«, in: *Kernenergie* 25, S. 453–454.
Brocke, Bernhard vom / Hubert Laitko (Hg.) (1996), *Die Kaiser-Wilhelm-/Max-Planck-Gesellschaft und ihre Institute. Studien zu ihrer Geschichte: Das Harnack-Prinzip*, Berlin/New York.
Brockhaus (1989), *Enzyklopädie in 24 Bänden*, Mannheim.
Bromberg, Joan Lisa (1982), *Fusion: Science, Politics and the Invention of a New Energy Source*, Cambridge/Mass.
Bruch, Rüdiger vom (1998), »Wissenschaftspolitik, Wissenschaftssystem und Nationalstaat im Deutschen Kaiserreich«, in: Karl Heinrich Kaufhold / Bernd Sösemann (Hg.),

Wirtschaft, Wissenschaft und Bildung in Preußen. Zur Wirtschafts- und Sozialgeschichte Preußens vom 18. bis zum 20. Jahrhundert, Stuttgart, S. 73–89.

Bruder, Wolfgang (Hg.), *Forschungs- und Technologiepolitik in der Bundesrepublik Deutschland*, Opladen.

Bruder, Wolfgang / Nicolai Dose (1986), »Forschungs- und Technologiepolitik in der Bundesrepublik Deutschland«, in: Wolfgang Bruder (Hg.), *Forschungs- und Technologiepolitik in der Bundesrepublik Deutschland*, Opladen, S. 11–75.

Brugger, Ernst A. (1980), »Innovationsorientierte Regionalpolitik. Notizen zu einer neuen Strategie«, in: *Geographische Zeitschrift* 68, S. 173–198.

Brunn, Gerhard / Jürgen Reulecke (1996), *Kleine Geschichte von Nordrhein-Westfalen 1946–1996* (= Schriften zur politischen Landeskunde Nordrhein-Westfalens 10), Köln.

Buchhaupt, Siegfried (1995), *Die Gesellschaft für Schwerionenforschung. Geschichte einer Großforschungseinrichtung für Grundlagenforschung* (= Studien zur Geschichte der deutschen Großforschungseinrichtungen 10), Frankfurt a.M./New York.

Buchholz, Klaus (1979), »Die gezielte Förderung und Entwicklung der Biotechnologie«, in: van den Daele/Krohn/Weingart (Hg.), S. 64–116.

Buchholz, Klaus-Jürgen (1990), *Regionalisierte Forschungs- und Technologiepolitik. Dargestellt am Beispiel Niedersachsens seit dem ersten Kabinett Albrecht* (= Studien zur Politikwissenschaft 47), Münster/Hamburg.

Bundesminister für Bildung und Wissenschaft (1970), *Leitlinien zu Grundsatz-, Struktur- und Organisationsfragen von rechtlich selbständigen Forschungseinrichtungen*, Bonn.

Bundesminister für Forschung und Technologie (Hg.) (1974), *Rahmenprogramm Energieforschung 1974–1977*, Bonn.

——, (Hg.) (1975a), *Bundesbericht Forschung V*, Bonn.

——, (Hg.) (1975b), *Rahmenprogramm Energieforschung 1974–1977*, 2. Aufl., Bonn.

——, (Hg.) (1977), *Programm Energieforschung und Energietechnologien 1977–1980*, Bonn.

——, (1979), *Gemeinsame Forschungsförderung durch Bund und Länder. Die Zusammenarbeit von Bund und Ländern bei der Gemeinschaftsaufgabe Forschungsförderung nach Art. 91 b GG*, Bonn.

——, (Hg.) (1983), *Förderung der Auftragsforschung. Zwischenbilanz der Fördermaßnahme »Externe Vertragsforschung«*, bearb. von Jürgen Allesch, Heinz Fiedler und Hans-Jürgen Martin, Köln.

——, (Hg.) (1984a), *Bundesbericht Forschung 1984*, Bonn.

——, (Hg.) (1984b), *Status und Perspektiven der Großforschungseinrichtungen* (= BT-Drs. 10/1327), Bonn.

——, (Hg.) (1990), *Faktenbericht 1990 zum Bundesforschungsbericht 1988*, Bonn.

Bundesminister für wissenschaftliche Forschung (Hg.) (1967), *Bundesbericht Forschung II*, Bonn.

Bundesverband der Deutschen Industrie (1984), *Industrie und Großforschung. Vorschläge zur zukünftigen Entwicklung der Großforschungseinrichtungen und zur Verbesserung der Kooperationsmöglichkeiten mit der Industrie*, Köln.

Burrichter, Clemens (1985), *Wissenschaftsforschung – neue Probleme, neue Aufgaben*, Erlangen.

Butti, Ken / John Perlin (1980), *A Golden Thread. 2500 Years of Solar Architecture and Technology*, New York u. a.

Cairns, John (1997), *Matters of Life and Death. Perspectives on Public Health, Molecular Biology, and the Prospects for the Human Race*, Princeton/New Jersey.
Carreras, B. A. / C. Grieger / J.H. Harris (1987), *Progress in Stellarator/Heliotron Research: 1981–1986*, Executive Summary, IPP 2/286, Garching b. München.
Catrina, Werner (1991), *BBC. Glanz, Krise, Fusion. Von 1891 bis 1991. Von Brown Boveri zu ABB*, Zürich/Wiesbaden.
CERN (1970), *Annual Report* [Genf].
——, (1980), *Annual Report* [Genf].
Ceruzzi, Paul (1989), »Electronics, Technology and Computer Science, 1940–1975: A Coevolution«, in: *Annals of the History of Computing* 10, S. 257–275.
Chesnais, François (1993), »The French System of Innovation«, in: Richard Nelson (Hg.), *National Innovation Systems: A Comparative Analysis*, New York/London, S.192–229.
Ciesla, Burghard (1997), »Die Transferfalle: Zum DDR-Flugzeugbau in den fünfziger Jahren«, in: Hoffmann/Macrakis, S. 193–211.
Cohen, Michael D. / James G. March / Johan P. Olson (1972), »A Garbage Can Model of Organizational Choice«, in: *Administrative Science Quarterly* 17, S. 1–25.
Cornelsen, Doris (1990), »Die Wirtschaft der DDR in der Honecker-Ära«, in: Hans-Günter Meyer (Hg.), *Intelligenz, Wissenschaft und Forschung in der DDR*, Berlin, S. 357–370.
COST (Hg.) (1997), *European Cooperation in the Field of Scientific and Technical Research*, 14th Edition, Brüssel.
Coy, Wolfgang (1992a), »Informatik – Eine Disziplin im Umbruch?«, in: ders. u. a. (Hg.), *Sichtweisen der Informatik*, Braunschweig/Wiesbaden, S. 1–12.
——, (1992b), »Für eine Theorie der Informatik!«, ebd., S. 17–32.
Coy, Wolfgang / Lena Bonsiepen (1989), *Erfahrung und Berechnung. Kritik der Expertensystemtechnik*, Berlin u. a.
Czada, Roland (1992), *Administrative Interessenvermittlung am Beispiel der kerntechnischen Sicherheitsregulierung in den Vereinigten Staaten und der Bundesrepublik Deutschland*, Habil. Konstanz.

Daele, Wolfgang van den / Wolfgang Krohn / Peter Weingart (Hg.) (1979), *Geplante Forschung. Vergleichende Studien über den Einfluß politischer Programme auf die Wissenschaftsentwicklung*, Frankfurt a.M., S. 11–63.
Dardel, Guy von (1978), »The Future of High Energy Physics«, in: R. Armenteros u. a. (Hg.), *Physics from Friends. Papers Dedicated to Ch. Peyrou on his 60th Birthday*, Genf, S. 313–320.
Daub, Walter / Hans Hermann Eberstein (1984), *VOL/A. Verdingungsordnung für Leistungen – ausgenommen Bauleistungen. Teil A: Allgemeine Bestimmungen für die Vergabe von Leistungen*, begründet von Walter Daub und Rudolf Meierrose, fortgeführt und hg. von Hans Hermann Eberstein, in 23., vollständig neubearb. Aufl., Düsseldorf.

—, (1985), *Kommentar zur VOL/A. Verdingungsordnung für Leistungen – ausgenommen Bauleistungen. Teil A: Allgemeine Bestimmungen für die Vergabe von Leistungen*, begründet von Walter Daub und Rudolf Meierrose, fortgeführt und hg. in 3. vollständig neubearb. Aufl. von Hans Hermann Eberstein, bearb. von Hans Hermann Eberstein, Hans-Peter Kulartz, Theodor Müller und Wolfgang Zdzieblo, Düsseldorf.

David, Paul A. (1985), »Clio and the Economics of QWERTY«, in: *American Economic Review* 75, S. 332–337.

DESY (1970), *Wissenschaftlicher Jahresbericht* [Hamburg].
—, (1975), *Wissenschaftlicher Jahresbericht* [Hamburg].
—, (1980), *Wissenschaftlicher Jahresbericht* [Hamburg].
—, (1984), *Wissenschaftlicher Jahresbericht* [Hamburg].

Deutinger, Stephan (1998), *Vom Agrarland zum High-Tech-Staat. Zur Geschichte des »Forschungsstandortes Bayern« 1945–1980*, Diss. München.

Deutscher Forschungsdienst (1958), »Der Stand des AVR-Projekts«, in: *Sonderbericht Kernenergie*, 21.10.1958.

Dierkes, Meinolf / Ute Hoffmann / Marz Lutz (1992), *Leitbild und Technik. Zur Entstehung und Steuerung technischer Innovationen*, Berlin.

Döring-Manteuffel, Anselm (1995), »Dimensionen der Amerikanisierung in der deutschen Gesellschaft«, in: *Archiv für Sozialgeschichte* 35, S. 1–34.

Dorn, Heinz (1979), »Finanzkontrolle der staatlichen FuE-Förderung durch Rechnungshöfe«, in: *Wirtschaft und Wissenschaft* 3.

Echterhoff-Severitt, Helga / Rüdiger Marquardt / Joachim Wudtke (1978), *Forschung und Entwicklung in der Wirtschaft 1975*, hrsg. v. Stifterverband für die Deutsche Wissenschaft, Essen.

Echterhoff-Severitt, Helga u. a. (1988), *Forschung und Entwicklung in der Wirtschaft 1985 – mit ersten Daten 1987*, hrsg. v. SV-Gemeinnützige Gesellschaft für Wissenschaftsstatistik m.b.H. im Stifterverband für die Deutsche Wissenschaft, Essen.

Eckert, Michael (1989), »Vom ›Matterhorn‹ zum ›Wendelstein‹, Internationale Anstöße zur nationalen Großforschung in der Kernfusion«, in: Eckert/Osietzki (Hg.), S. 115–137.

Eckert, Michael / Helmut Schubert (1986), *Kristalle, Elektronen, Transistoren. Von der Gelehrtenstube zur Industrieforschung*, Reinbek bei Hamburg.

Eckert, Michael / Maria Osietzki (Hg.) (1989), *Wissenschaft für Macht und Markt. Kernforschung und Mikroelektronik in der Bundesrepublik Deutschland*, München.

Elioff, Tom (1973), »PEP (Proton-Electron-Positron-Colliding Beam System)«, in: Bienlein u. a., S. 325–341.

Fabisch, Gottlobe (1996), »The Impact of the European Research and Development Policy on the German Research System«, in: Roland Sturm (Hg.), *Europäische Forschungs- und Technologiepolitik und die Anforderungen des Subsidiaritätsprinzips* (= Schriftenreihe des Europäischen Zentrums für Föderalismusforschung 5), Baden-Baden, S. 125–131.

Felder, Michael (1992), *Forschungs- und Technologiepolitik zwischen Internationalisierung und Regionalisierung* (= Studien der Forschungsgruppe Europäische Gemeinschaften 1), Marburg.
—, (1993), *Die Problematik europäischer Industriepolitik am Beispiel JESSI*, Marburg.
FhG Fraunhofer-Gesellschaft (1979), *Jahresbericht 1978*, München.
—, *Tätigkeitsbericht, Fraunhofer-Institut für Solare Energiesysteme 1981–1997*, München.
Flach, Günter u. a. (1975), Das Zentralinstitut für Kernforschung der Akademie der Wissenschaften der DDR, in: *Kernenergie* 18, S. 196–200.
Flamm, Kenneth (1990), »Semiconductors«, in: Gary C. Hufbauer (Hg.), *Europe 1992. An American Perspective*, Washington, D.C., S. 225–292.
Fleck, Roland A. (1991), »Technologiepolitik in Bayern, Deutschland und Europa. Realität und Perspektiven«, in: *Politische Studien* 42, S. 161–175.
Förtsch, Eckart (1976), *Forschungspolitik in der DDR* (= Analysen und Berichte aus Gesellschaft und Wissenschaft, abg, 1, hg v Institut für Gesellschaft und Wissenschaft an der Universität Erlangen-Nürnberg), Erlangen.
—, (1997), »Wissenschafts- und Technologiepolitik in der DDR«, in: Hoffmann/Macrakis (Hg.), S. 17–33.
Frederichs, Günther (1995), »Künstliche Intelligenz und Markt: Kann man mit der Anwendung der KI ein Geschäft machen?«, in: Werner Rammert (Hg.), *Soziologie und Künstliche Intelligenz. Produkte und Probleme einer Hochtechnologie*, Frankfurt a.M./ New York, S. 335–358.
Freeman, Christopher (1987), *Technology Policy and Economic Performance. Lessons from Japan*, London.
Freeman, Christopher / A. Young (Hg.) (1965), *The Research and Development Effort in Western Europe, North America and the Soviet Union*, Paris.
Fromhold-Eisebith, Martina / Helmut Nuhn (Hg.) (1995), *Großforschung und Region. Der Beitrag von Forschungszentren des Bundes zu einer innovationsorientierten Regionalentwicklung* (= Arbeitsberichte zur wirtschaftsgeographischen Regionalforschung 4), Münster.

Galison, Peter (1997), *Image and Logic. A Material Culture of Microphysics*, Chicago.
Galison, Peter / Bruce Hevly (Hg.) (1991), *Big Science. The Growth of Large-Scale Research*, Stanford.
Geissler, Erhard (1994), »Anmerkungen zur Situation in der Molekularbiologie in Berlin-Buch vor und nach der Wende«, in: *Hochschulwesen* 2, S. 82–89.
—, (1997), »Was die Sowjetwissenschaft über den Elefanten sagt – Molekularbiologie in der DDR aus Bucher und Rostocker Sicht«, in: Karin Weisemann / Peter Kröner / Richard Toellner (Hg.), *Wissenschaft und Politik – Genetik und Humangenetik in der DDR (1949–1989)*, Münster, S. 167–184.
Genschel, Philipp (1995), *Standards in der Informationstechnik. Institutioneller Wandel in der internationalen Standardisierung*, Frankfurt a.M./New York.
Genuth, Joel u. a. (1992), *AIP Study of Multi-Institutional Collaborations. Phase I: High-Energy Physics. Report No. 4: Historical Findings on Collaborations in High-Energy Physics*, New York.

Gertis, Karl (1980), »Bauphysikalische Grundlagen der Solarenergienutzung – passive Maßnahmen«, in: *eta. Elektrowärme im technischen Ausbau.* Edition A der Zeitschrift *elektrowärme international,* S. A-140–A-141.
Giddens, Anthony (1997), *Konsequenzen der Moderne,* 2.Aufl., Frankfurt a.M.
Gierke, Gerhart von (1965), »Einschließung von Plasmen in toroidalen Konfigurationen«, in: *Jahrbuch der MPG,* S. 67–84.
Gilman, Fred J. (1974), »Deep Inelastic Scattering and the Structure of Hadrons«, in: Smith, S. IV-149–IV-173.
GKSS (1969), *Diskussionspapier zu Themen bei einer erweiterten Aufgabenstellung der Gesellschaft,* Geesthacht.
——, (1972), *GKSS - Jahresbericht,* Geesthacht.
——, (1975), *GKSS - Jahresbericht,* Geesthacht.
——, (1976), *GKSS Forschungszentrum,* Geesthacht.
——, (1982), *GKSS - 25 Jahre,* Geesthacht.
——, (1984), *GKSS - Jahresbericht,* Geesthacht.
Gläser, Jochen / Werner Meske (1996), *Anwendungsorientierte Grundlagenforschung? Erfahrungen der Akademie der Wissenschaften der DDR,* Frankfurt a.M.
Goldhaber, Gerson (1996), »From the psi to Charmed Mesons«, in: Newman/Ypsilantis (1996), S. 329–357.
Goldwasser, Edwin L. (1979), »Report on the Status and Plans of the International Comittee on Future Accelerators«, in: S. Homma u. a. (Hg.), *Proceedings of the 19th International Conference on High Energy Physics, Tokyo 1978,* Tokyo, S. 961–968.
Goos, Gerhard (1994), »Programmiertechnik zwischen Wissenschaft und industrieller Praxis«, in: *Informatik-Spektrum* 17, S. 11–20.
Grande, Edgar / Jürgen Häusler (1994), *Industrieforschung und Forschungspolitik. Staatliche Steuerungspotentiale in der Informationstechnik* (= Schriften des Max-Planck-Instituts für Gesellschaftsforschung 15), Frankfurt a.M./New York.
Grieger, Günter (1968), »Bericht über die Tagung in Nowosibirsk ›Plasmaphysik und gesteuerte Kernfusion‹«, in: *Mitteilungen aus der MPG* 6, S. 400–405.
——, (1970), »Barium-Plasma im Wendelstein-Stellarator«, in: *Mitteilungen aus der MPG* 1, S. 43–59.
Grieger, Günter u. a. (1985), »Toroidaler Plasmaeinschluß bei Fusionstemperaturen«, in: *atomwirtschaft atomtechnik* 30, S. 366–376.
Gross, David J. (1996), »Asymptotic Freedom, Confinement and QCD«, in: Newman/Ypsilantis, S. 75–99.
Gruhn, Werner (1976), *Industrieforschung in der DDR* (= Analysen und Berichte aus Gesellschaft und Wissenschaft, abg, 3, hg. v. Institut für Gesellschaft und Wissenschaft an der Universität Erlangen-Nürnberg), Erlangen.
——, (1982), *Umweltpolitische Aspekte der DDR-Energiepolitik,* Erlangen.
Gruhn, Werner / Günter Lauterbach (1986), *Energiepolitik und Energieforschung in der DDR. Herausforderung, Pläne und Maßnahmen,* Erlangen.
Grupp, Hariolf (1994), »The Dynamics of Science-Based Innovation Reconsidered: Cognitive Models and Statistical Findings«, in: Ove Granstrand (Hg.), *Economics of Technology,* Amsterdam u. a., S. 223–251.

Habfast, Claus (1989), *Großforschung mit kleinen Teilchen. Das Deutsche Elektronen-Synchrotron DESY 1956–1970*, Berlin u. a.
Häfele, Wolf (1963), »Neuartige Wege naturwissenschaftlich-technischer Entwicklung«, in: *Die Projektwissenschaften* (= Schriftenreihe des Bundesministers für wissenschaftliche Forschung und Bildung 4), München, S. 17–38.
Hahn, Harold (1974), »ISABELLE Design Study of Intersecting Storage Accelerators«, in: Stanford, S. 537–547.
Hampe, Eckhard (1996), *Zur Geschichte der Kerntechnik in der DDR von 1955 bis 1962. Die Politik der Staatspartei zur Nutzung der Kernenergie* (= Hannah-Arendt-Institut für Totalitarismusforschung, Berichte und Studien 10), Dresden.
Hansen, Annemarie (1973), *Öffentliche Aufträge für Forschung und Entwicklung. Eine ökonomische Analyse am Beispiel der US Luft- und Raumfahrtindustrie*, Frankfurt a.M.
Harnack, Adolf (1900/1970), *Geschichte der Königlich Preußischen Akademie der Wissenschaften zu Berlin*, Bd.I/2, Berlin, Neudruck Hildesheim/New York 1970.
——, (1905), »Vom Großbetrieb der Wissenschaft«, in: *Preußische Jahrbücher* 119, S. 193–201.
Hauff, Volker (1976), *Politik als Zukunftsgestaltung. Reden und Aufsätze 1972–1976*, Karlsruhe.
Hauff, Volker / Fritz W. Scharpf (1975), *Modernisierung der Volkswirtschaft. Technologiepolitik als Strukturpolitik*, Frankfurt a.M./Köln.
Hecht, Gabrielle (1994), »Political Designs. Nuclear Reactors and National Policy in Postwar France«, in: *Technology and Culture* 35, S. 657–685.
——, (1996), »Rebels and Pioneers. Technocratic Ideologies and Social Identities in the French Nuclear Workplace, 1955–1969«, in: *Social Studies of Science* 26, S. 483–530.
Heidelberger, Michael (1993), *Was erklärt uns die Informatik? Versuch einer wissenschaftstheoretischen Standortbestimmung*, in: Peter Schefe u. a. (Hg.), *Informatik und Philosophie*, Mannheim u. a., S. 13–30.
Heilscher, Gerd (1995), »Photovoltaik – Entwicklungen und Perspektiven«, in: *20 Jahre DGS. Festveranstaltung, 8. Juli 1995, München*, hrsg. v. Deutsche Gesellschaft für Sonnenenergie, München, S. 43–53.
Heisenberg, Werner (1971), »Das Kaiser-Wilhelm-Institut für Physik: Geschichte eines Instituts«, in: *Jahrbuch der MPG*, S. 46–89.
Hennenhöfer, Joachim (1967), *Die Aufgaben der deutschen Industrie im Rahmen einer zeitgemäßen Forschungspolitik. Gutachten, erstattet für den BDI* (= BDI-Drs. 80), Köln.
Hermann, Armin (1993), *Die Jahrhundertwissenschaft: Werner Heisenberg und die Geschichte der Atomphysik*, überarb. Ausg., Reinbek b. Hamburg.
Hermann, Armin (Hg.) (1987, 1997, 1999), *History of CERN*, 3 Bde, Amsterdam.
Hildebrand, Klaus (1984), *Von Erhard zur Großen Koalition 1963–1969* (= Geschichte der Bundesrepublik Deutschland 4), Stuttgart.
Hoffmann, Dieter / Kristie Macrakis (Hg.) (1997), *Naturwissenschaft und Technik in der DDR*, Berlin.

Hohensee, Jens (1996), *Der erste Ölpreisschock 1973/74. Die politischen und gesellschaftlichen Auswirkungen der arabischen Erdölpolitik auf die Bundesrepublik Deutschland und Westeuropa*, Stuttgart.

Hohlfeld, Rainer (1979), »Strategien gegen den Krebs – Die Planung der Krebsforschung«, in: van den Daele/Krohn/Weingart (Hg.), S. 181–238.

—, (1997), »Zwischen Autonomie und staatlichem Dirigismus: Genetische und biomedizinische Forschung«, in: Hoffmann/Macrakis (Hg.), S. 213–232.

Hohn, Hans-Willy (1997), *Steuerungsprobleme und kognitive Strukturen der Forschung. Kernphysik und Informatik im Vergleich*, Habil. Bielefeld.

Hohn, Hans-Willy / Uwe Schimank (1990), *Konflikte und Gleichgewichte im Forschungssystem. Akteurkonstellationen und Entwicklungspfade in der staatlich finanzierten außeruniversitären Forschung* (= Schriften des Max-Planck-Instituts für Gesellschaftsforschung 7), Frankfurt a.M./New York.

Hohn, Hans-Willy / Volker Schneider (1990), »Path-Dependency and Critical Mass in the Development of Science and Technology«, in: *Science and Public Policy* 18, S. 111–121.

Horlamus, Wolfgang (1994), *Die Kernenergiewirtschaft in der DDR. Von ihren Anfängen bis zur Abschaltung der Reaktoren im Kernkraftwerk Nord* (Hefte zur DDR-Geschichte 17), Berlin.

Hucke, Jochen / Hellmut Wollmann (1989), *Dezentrale Technologiepolitik. Technikförderung durch Bundesländer und Kommunen* (= Stadtforschung aktuell 20), Basel u. a.

Hughes, Thomas P. (1991), *Die Erfindung Amerikas. Der technologische Aufstieg der USA seit 1870*, München.

HWWA Institut für Wirtschaftsforschung Hamburg (1981), *Ökonomische Auswirkungen des Baus der Speicherringanlagen PETRA und HERA bei DESY*, bearb. von W. Crinius, H. Tesch und H. Trageser, Hamburg.

Iburg, Holger (1991), *Abschreckung und Software. Computertechnologie als Instrument der amerikanischen Sicherheitspolitik*, Frankfurt a.M./New York.

Jäger, Wolfgang / Werner Link (1987), *Republik im Wandel 1974–1982* (= Geschichte der Bundesrepublik Deutschland 5/II), Stuttgart/Mannheim.

Jahresbericht 1972 zur Wissenschaftsentwicklung und Wissenschaftspolitik in der DDR (1973) (= Analysen und Berichte aus Gesellschaft und Wissenschaft, abg, 4, hg. v. Institut für Gesellschaft und Wissenschaft an der Universität Erlangen-Nürnberg), Erlangen.

Jarausch, Konrad / Hannes Siegrist (Hg.) (1997), *Amerikanisierung und Sowjetisierung in Deutschland 1945–1970*, Frankfurt a.M./New York.

Johnson, John L. (1983), *Recent Developments in Stellarator Physics*, PPPL-Druck, o.O.

Jung, Friedrich (1974), »Molekularbiologie: beherrschtes Leben, glückliches Leben«, in: *Spektrum* 8, S. 17 ff.

Kahlert, Joachim (1988), *Die Kernenergiepolitik in der DDR. Zur Geschichte uneingelöster Fortschrittshoffnungen*, Köln.

Kaiser, Monika (1997), *Machtwechsel von Ulbricht zu Honecker. Funktionsmechanismen der SED-Diktatur in Konfliktsituationen 1962 bis 1972*, Berlin.
Kayser, Gunter / Ursula Cramer / Eva May (1980), *Öffentliche Aufträge nach der Verdingungsordnung für Leistungen (ausgenommen Bauleistungen) VOL. Schwerpunktprobleme aus der Sicht kleiner und mittlerer Unternehmen*, Göttingen.
Keck, Otto (1984), *Der Schnelle Brüter: Eine Fallstudie über Entscheidungsprozesse in der Großtechnik*, Frankfurt a.M.
—, (1993), »The National System for Technical Innovation in Germany«, in: Richard R. Nelson (Hg.), *National Innovation Systems. A Comparative Analysis*, New York/Oxford, S. 115–157.
Kevles, Daniel (1997), »Big Science and Big Politics in the United States: Reflections on the Death of the SSC and the Life of the Human Genome Project«, in: *HSPS* 27, S. 269–297.
KFA Jülich (1984), *Perspektiven der Kernenergie (Jül-Conf-32)*, 2. Aufl., Jülich.
Kirchgessner, Joseph L. (1977), »CESR – an Electron Positron Colliding Beam Facility at Cornell«, in: Ado u. a, S. 478–483.
Kirchner, Ulrich (1991), *Der Hochtemperaturreaktor. Konflikte, Interessen, Entscheidungen*, Frankfurt a.M./New York.
Kirk, Thomas B. W. / Henry D. I. Abarbanel (Hg.) (1979), *Proceedings of the 1979 International Symposion on Lepton and Photon Interactions at High Energies, Batavia 1979*, Batavia.
Klodt, Henning (1995), *Grundlagen der Forschungs- und Technologiepolitik*, München.
Kolb, Adrienne / Lillian Hoddeson (1993), »The Mirage of the ›World Accelerator for World Peace‹ and the Origins of the SSC, 1953–1983«, in: *HSPS* 24, S. 101–124.
Kommission der Europäischen Gemeinschaften / Jean-Luc Roland (Hg.) (1988), *A Review of COST Cooperation Since its Beginnings*, Brüssel.
Krämer-Friedrich, Sybille (1976), »Zur Entwicklung der Konzeption ›wissenschaftlich-technische Revolution‹ in der DDR Theorie«, in: *Deutschland Archiv*, Sonderheft, S. 53–73.
Krieger, Wolfgang (1987), »Zur Geschichte von Technologiepolitik und Forschungsförderung in der Bundesrepublik Deutschland: Eine Problemskizze«, in: *Vierteljahreshefte für Zeitgeschichte* 35, S. 247–271.
Krige, John (1989), »Why did Britain join CERN?« in: David Gooding / Trevor Pinch / Simon Schaffer (Hg.), *The Uses of Experiment. Studies in the Natural Sciences*, Cambridge/UK, S. 385–406.
—, (1990), »The Contract Policy with Industry«, in: Armin Hermann u. a.: *History of CERN*, Vol. II, Amsterdam u. a., S. 637–677.
Krige, John / Arturo Russo (1994), *Europe in Space 1960 – 1973* (= ESA Publications), Noordwijk.
Krohn, Wolfgang / Günter Küppers (1989), »Rekursives Durcheinander. Wissenschaftsphilosophische Überlegungen«, in: *Kursbuch* 98, S. 69–81.
Kröner, Hans-Peter (1998), *Von der Rassenhygiene zur Humangenetik. Das Kaiser-Wilhelm-Institut für Anthropologie. Menschliche Erblehre und Eugenik nach dem Kriege*, Stuttgart.
Kuhn, Thomas S. (1967), *Die Struktur wissenschaftlicher Revolutionen*, Frankfurt a.M.

Künzel, Helmut / Christine Snatzke (1968), »Neue Untersuchungen zur Beurteilung der Wirkung von Sonnenschutzgläsern auf die sommerlichen Temperaturverhältnisse in Räumen«, in: *Glastechnische Berichte. Zeitschrift für Glaskunde* 41, S. 315–325.
Küppers, Günter (1979), »Fusionsforschung – Zur Zielorientierung im Bereich der Grundlagenforschung«, in: van den Daele/Krohn/Weingart (Hg.), S. 287–327.
Kusch, Günter u. a. (1991), *Schlußbilanz – DDR. Fazit einer verfehlten Wirtschafts- und Sozialpolitik*, Berlin.

Laitko, Hubert (1996), »Persönlichkeitszentrierte Forschungsorganisation als Leitgedanke der Kaiser-Wilhelm-Gesellschaft: Reichweite und Grenzen, Ideal und Wirklichkeit«, in: vom Brocke/Laitko (Hg.), S. 584–632.
——, (1997), »Das Reformpaket der sechziger Jahre – wissenschaftspolitisches Finale der Ulbricht-Ära«, in: Hoffmann/Macrakis (Hg.), S. 35–57.
Lamm, Christel / Rudolf Ley / Doris Weckmüller (1991), *Öffentliche Aufträge nach VOL/A an Handel, Gewerbe und Industrie. Praktischer Ratgeber für Öffentliche Beschaffungsstellen und Unternehmen im Bereich der Verdingungsordnung für Leistungen – ausgenommen Bauleistungen – (VOL)*, München/Berlin.
Lange, Klaus (1979), »Öffentliche Aufträge als Instrument nationaler Politik (insbesondere Forschungspolitik)«, in: Karl Matthias Meesen, *Öffentliche Aufträge und Forschungspolitik*, Baden-Baden, S. 61–77.
Langewiesche, Dieter (1993), »Fortschritt als sozialistische Hoffnung«, in: Klaus Schönhovn / Dieter Staritz (Hg.), *Sozialismus und Kommunismus im Wandel*, Köln, S. 39–55.
Laufer, Heinz (1974), *Der Föderalismus in der Bundesrepublik Deutschland*, Stuttgart u. a.
Lauterbach, Günter (1976), *Forschungsorganisation in der DDR* (= Analysen und Berichte aus Gesellschaft und Wissenschaft, abg, 2, hg. v. Institut für Gesellschaft und Wissenschaft an der Universität Erlangen-Nürnberg), Erlangen.
Lettnin, Heinz (1986), »Kernenergieschiffsantriebe«, in: *Berichte der Studiengesellschaft zur Förderung der Kernenergieverwertung in Schiffbau und Schiffahrt e. V.*, Hamburg, S. 33.
Lohrmann, Erich u. a. (1973), »Inelastic Electron Scattering at 12 + 80 GeV«, in: Bienlein u. a. (1973), S. 217–268.
Lotz, Kurt (1978), *Lebenserfahrungen. Worüber man in Wirtschaft und Politik auch sprechen sollte*, Düsseldorf/Wien.
Lundgreen, Peter (1994), Rezension, in: *Historische Zeitschrift* 258, S. 268.
Lutterbeck, Ernst (1975), »Arbeitsprogramm zur Verbesserung des Informationswesens der Bundesregierung«, in: Peter Hoschka / Uwe Kalbhen (Hg.), *Datenverarbeitung in der politischen Planung*, Frankfurt a.M./New York, S. 17–26.
Lütz, Susanne (1993), *Steuerung industrieller Forschungskooperation. Funktionsweise und Erfolgsbedingungen des staatlichen Förderinstruments Verbundforschung* (= Schriften des Max-Planck-Instituts für Gesellschaftsforschung 13), Frankfurt a.M./New York.

Macrakis, Kristie (1993), *Surviving the Swastika. Scientific Research in Nazi Germany*, Oxford.

Majer, Helge (1973), *Die ›Technologische Lücke‹ zwischen der Bundesrepublik Deutschland und den Vereinigten Staaten von Amerika. Eine empirische Analyse*, Tübingen.
Manning, Geoff (1973), »Ideas on Physics with EPIC«, in: Bienlein u. a., S. 173–216.
Marsch, Ulrich (1994), *Notgemeinschaft der Deutschen Wissenschaft. Gründung und frühe Geschichte 1920–1925*, Frankfurt a.M. u. a.
–––, (1999), *Industrieforschung in Deutschland und Großbritannien. Firmeninterne und Gemeinschaftsforschungen bis 1936*, Paderborn.
Mayntz, Renate (1985), *Forschungsmanagement. Steuerungsversuche zwischen Scylla und Charybdis*, Opladen.
–––, (1994), *Deutsche Forschung im Einigungsprozeß. Die Transformation der Akademie der Wissenschaften der DDR 1989 bis 1992*, Frankfurt a.M.
McDougall, Walter (1985), »Space-Age Europe: Gaullism, Euro-Gaullism, and the American Dilemma«, in: *Technology and Culture* 26, S. 179–203.
Meesen, Karl Matthias (1979), *Öffentliche Aufträge und Forschungspolitik*, Baden-Baden.
Meier, Klaus (1990), »Auf Kosten der Zukunft – Zur Überalterung der Forschungstechnik und ihren Folgen«, in: Hansgünter Meyer (Hg.), *Intelligenz, Wissenschaft und Forschung in der DDR*, Berlin, S. 115–124.
Mener, Gerhard (1999), *Zwischen Industrielabor und Vermarktung: Sonnenenergienutzung in Deutschland und den USA 1860–1990*, Diss. München.
Mennicken, Jan-Baldem (1986), »Die Forschungs- und Technologiepolitik der Bundesregierung«, in: Bruder, S. 76–104.
Meusel, Ernst-Joachim (1982), *Grundprobleme des Rechts der außeruniversitären »staatlichen« Forschung*, Darmstadt.
–––, (1985), »Historisches Projekt Großforschungseinrichtungen«, in: *Wissenschaftsrecht, Wissenschaftsverwaltung, Wissenschaftsförderung* 18, S. 247–249.
–––, (1992), *Außeruniversitäre Forschung im Wissenschaftsrecht* (unter Mitarbeit von Thomas Köstlin), Köln u. a.
Meyer, Hansgünter (1990), »Wissenschaftspolitik, Intelligenzpolitik – das Personal für Wissenschaft, Forschung und Technik in der DDR«, in: ders. (Hg.), *Intelligenz, Wissenschaft und Forschung in der DDR*, Berlin, S. 1–51.
Meyers (1971), *Neues Handwörterbuch in 9 Bänden*, Leipzig.
Mez, Lutz (1991), *Die Energiesituation in der vormaligen DDR. Darstellung, Kritik und Perspektiven der Elektrizitätsversorgung*, Berlin.
Mommsen, Theodor (1890), »Antwort an Herrn Harnack (Öffentliche Sitzung vom 3. Juli 1890)«, in: *Sitzungsberichte der Königlich Preußischen Akademie der Wissenschaften*, Berlin, S. 792.
Morris, P[eter] R. (1990), *A History of the World Semiconductor Industry*, London.
Mowery, David C. / Nathan Rosenberg (1989), *Technology and the Pursuit of Economic Growth*, Cambridge/Mass.
Müller, Wolfgang D. (1990), *Geschichte der Kernenergie in der Bundesrepublik Deutschland: Anfänge und Weichenstellung*, Stuttgart.

NAL Staff (1974), »The NAL Accelerator and Future Plans«, in: Stanford (1974), S. 7–18.

Nelson, Richard R. (Hg.) (1993), *National Innovation Systems. A Comparative Analysis*, New York/Oxford.
Neumann, Wolfgang / Henrik Uterwedde (1990), »Industrie- und Technologiepolitik in Frankreich und der Bundesrepublik seit 1945«, in: Yves Cohen / Klaus Manfraas (Hg.), *Frankreich und Deutschland. Forschung, Technologie und industrielle Entwicklung im 19. und 20. Jahrhundert*, München, S. 433–450.
Newman, Harvey B. / Thomas Ypsilantis (Hg.) (1996), *History of Original Ideas and Basic Discoveries in Particle Physics* (= NATO ASI Series B, Physics 352), New York.
Nishikawa, Tetsuji (1974), »A Preliminary Design of Tri-Ring Intersecting Storage Accelerators in Nippon, TRISTAN«, in: Stanford (1974), S. 584–587.
Nolan, Mary (1994), *Visions of Modernity. American Business and the Modernization of Germany*, New York.
Nötzold, Peter (1997), »Der Weg zur ›sozialistischen Forschungsakademie‹: Der Wandel des Akademiegedankens zwischen 1945 und 1968«, in: Hoffmann/Macrakis (Hg.), S. 125–146.

OECD (Hg.) (1968), *Gaps in Technology: General Report*, Paris.
Oetzel, Günther (1996), *Forschungspolitik in der Bundesrepublik Deutschland: Entstehung und Entwicklung einer Institution der Großforschung am Modell des Kernforschungszentrums Karlsruhe (KfK) 1956–1963*, Frankfurt a.M. u. a.
Office of Science and Technology in the Office of Public and Science at the Cabinet Office (Hg.) (1993), *Economic Impacts of Hosting International Scientific Facilities*, bearb. von Segal Quince Wickstead Limited, Economic and Management Consultants, London.
Olby, Robert (1990), »The Molecular Revolution in Biology«, in: ders. (Hg.), *Companion to the History of Modern Science*, London.
Osietzki, Maria (1984), *Wissenschaftsorganisation und Restauration. Der Aufbau außeruniversitärer Forschungseinrichtungen und die Gründung des westdeutschen Staates 1945–1952*, Köln/Wien.

Panofsky, Wolfgang K. H. (1975), »Welcome«, in: W. T. Kirk (Hg.), *Proceedings of the Lepton-Photon-Symposium, Stanford 1975*, Stanford, S. 1–3.
Pavitt, Keith (1971), »Technology in Europe's Future«, in: *Research Policy* 1, S.210–273.
Pestre, Dominique (1992), »The Decision-Making Processes for the Main Particle Accelerators Built Throughout the World from the 1930s to the 1970s«, in: *History and Technology* 9, S. 163–174.
Pestre, Dominique / John Krige (1992), »Some Thoughts on the Early History of CERN«, in: Galison/Hevly, S. 78–99.
Pflüger, Jörg (1994), »Informatik auf der Mauer«, in: *Informatik-Spektrum* 17, S. 251–257.
Pickering, Andrew (1984), *Constructing Quarks. A Sociological History of Particle Physics*, Edinburgh.

Pietzcker, Jost (1978), *Der Staatsauftrag als Instrument des Verwaltungshandelns. Recht und Praxis der Beschaffungsverträge in den Vereinigten Staaten von Amerika und der Bundesrepublik Deutschland*, Tübingen.

Pinkau, Klaus / Uwe Schumacher (1982), »Fusionsforschung mit magnetischem Plasmaeinschluß. Stand der Arbeiten und weitere Vorhaben«, in: *atomwirtschaft atomtechnik* 27, S. 131–138.

Pollmann, Birgit (1989), »Zum Profil einer länderspezifischen Technologiepolitik: das Beispiel Niedersachsen (1976–1987)«, in: Jochen Hucke / Hellmut Wollmann (1989), *Dezentrale Technologiepolitik. Technikförderung durch Bundesländer und Kommunen* (= Stadtforschung aktuell 20), Basel u. a., S. 377–404.

Price, Derek J. de Solla (1965), »Is Technology Historically Independent of Science? A Study in Statistical Historiography«, in: *Technology and Culture* 6, S. 553–568.

Projektleitung Energieforschung (PLE). KFA Jülich (1978), *Programm Energieforschung und Energietechnologien 1977–1980. Jahresbericht 1978 über rationelle Energieverwendung, fossile Primärenergieträger, neue Energiequellen. Im Auftrage des Bundesministers für Forschung und Technologie und des Bundesministers für Wirtschaft*, o.O.

Rabinovich, M.S. (1981), »Summary on Magnetic-Confinement Experiments«, in: *Plasma Physics and Controlled Nuclear Fusion Research*, Proceedings of the Eighth International Conference on Plasma Physics and Controlled Nuclear Fusion Research, Held by the IAEA in Brussels 1980, Vienna, Vol. II, S. 769–783.

Radkau, Joachim (1983), *Aufstieg und Krise der deutschen Atomwirtschaft 1945–1975*, Reinbek bei Hamburg.

——, (1990), »Revoltierten die Produktivkräfte gegen den real existierenden Sozialismus?«, in: *1999. Zeitschrift für Sozialgeschichte des 20. und 21. Jahrhunderts*, H. 4, S. 13–42.

Raeder, Jürgen u. a. (1981), *Kontrollierte Kernfusion. Grundlagen ihrer Nutzung zur Energieversorgung*, Stuttgart.

Rebhan, Eckhard (1992), *Heisser als das Sonnenfeuer, Plasmaphysik und Kernfusion*, München.

Rechenberg, Peter (1991), *Was ist Informatik? Eine allgemeinverständliche Einführung*, München/Wien.

Reger, Guido / Stefan Kuhlmann (1995), *European Technology Policy in Germany. The Impact of European Community Policies upon Science and Technology in Germany*, Heidelberg.

Reichert, Mike (1996), »Zusammenhänge zwischen früher Kernenergieplanung und Ansätzen zur Lösung der Brennstoffproblematik (unter besonderer Berücksichtigung eigener Uranvorkommen in der DDR)«, in: Rainer Karlsch / Harm Schröter (Hg.), *Strahlende Vergangenheit. Studien zur Geschichte des Uranbergbaus der Wismut*, St. Katharinen, S. 301–342.

——, (1998), *Kernenergiewirtschaft der DDR. Entwicklungsbedingungen, konzeptioneller Anspruch und Realisierungsgrad 1955–1990*, Diss. Berlin.

Renneberg, Monika (1995), *Gründung und Aufbau des GKSS-Forschungszentrums Geesthacht. Ein Beitrag zur Geschichte der Großforschungseinrichtungen in der*

Bundesrepublik Deutschland (= Studien zur Geschichte der deutschen Großforschungseinrichtungen 7), Frankfurt a. M./New York.
Reuter-Boysen, Christiane (1990), »Diversifizierung von Großforschung«, in: Szöllösi-Janze/Trischler (Hg.), S. 161–177.
—, (1992), *Von der Strahlen- zur Umweltforschung. Geschichte der GSF 1957–1972* (= Studien zur Geschichte der deutschen Großforschungseinrichtungen 5), Frankfurt a.M./New York
Rheinberger, Hans-Jörg (1995), *Kurze Geschichte der Molekularbiologie* (= Max-Planck-Institut für Wissenschaftsgeschichte, Preprint 24), Berlin.
Richter, Burton (1974), »$e^+e^- \rightarrow$ Hadrons«, in: Smith, S. IV-37–IV-55.
Richtlinie der Bundesregierung zur angemessenen Beteiligung kleiner und mittlerer Unternehmen in Handwerk, Handel und Industrie bei der Vergabe öffentlicher Aufträge nach der Verdingungsordnung für Leistungen – ausgenommen Bauleistungen – (VOL) vom 1. Juni 1976 (= Beilage zum Bundesanzeiger Nr. 11 vom 16. Juni 1976).
Ridinger, Rudolf (1991), *Technologiekooperation in Westeuropa: Die Suche nach grenzüberschreitenden Antworten auf technologiepolitische Herausforderungen*, Hamburg.
Rip, Arie (1992), »Science and Technology as Dancing Partners«, in: Peter Kroes / Martijn Bakker (Hg.), *Technological Development and Science in the Industrial Age. New Perspectives on the Science-Technology Relationship*, Dortrecht, S. 231–270.
Ritter, Gerhard A. (1992), *Großforschung und Staat in Deutschland. Ein historischer Überblick*, München.
Roesler, Jörg (1997), »Zu groß für die kleine DDR? Der Auf- und Ausbau neuer Industriezweige in der Planwirtschaft am Beispiel Flugzeugbau und Mikroelektronik«, in: Wolfram Fischer u. a. (Hg.), *Wirtschaft im Umbruch. Strukturveränderungen und Wirtschaftspolitik im 19. und 20. Jahrhundert. Festschrift für Lothar Baar*, St. Katharinen, S. 307–334.
Röhl, Hans-Christian (1994), *Der Wissenschaftsrat. Kooperation zwischen Wissenschaft, Bund und Ländern und ihre rechtlichen Determinanten*, Baden-Baden.
Ronge, Volker (1977), *Forschungspolitik als Strukturpolitik*, München.
Roobeek, Annemieke J. M. (1990), *Beyond the Technology Race. An Analysis of Technology Policy in Seven Industrial Countries*, Amsterdam u. a.
Rosenberg, Nathan (1994), »Science–technology–economy. Interactions«, in: Ove Granstrand (Hg.), *Economics of technology*, S. 323–337.
Rusinek, Bernd-A. (1991), »Leo Brandt (1908–1971)«, in: *Geschichte im Westen* 1, S.74-90.
—, (1993), »Die ›umgekehrte Demontage‹. Zur Kontextgeschichte der Atomeuphorie«, in: *Kultur & Technik* 4, S.14–21.
—, (1996), *Das Forschungszentrum. Eine Geschichte der KFA Jülich von ihrer Gründung bis 1980* (= Studien zur Geschichte der deutschen Großforschungseinrichtungen 11), Frankfurt/New York.
—, (1996a), »Gescheiterte Großprojekte. CERN-Beschleuniger, Großflughafen Westfalen, Reaktoren«, in: Wolfram Köhler (Hg.), *Nordrhein-Westfalen – 50 Jahre später*, Essen, S.114–130.
—, (1996b), »Kernenergie, Kernforschung und ›Geschichte‹: Zur historischen Selbst- und Fremdeinordnung einer Leitwissenschaft«, in: Burkhard Dietz / Michael Fessner /

Helmut Maier (Hg.), *Technische Intelligenz und »Kulturfaktor Technik«. Kulturvorstellungen von Technikern und Ingenieuren zwischen Kaiserreich und früher Bundesrepublik Deutschland* (= Cottbuser Studien zur Geschichte von Technik, Arbeit und Umwelt 2), Münster/New York/München, S.297–316.

Saxenian, Anna Lee (1994), *Regional Advantage. Culture and Competition in Silicon Valley and Route 128*, Cambridge/Mass.

Scharpf, Fritz W. / Bernd Reissert / Fritz Schnabel (1976), *Politikverflechtung. Theorie und Empirie des kooperativen Föderalismus in der Bundesrepublik*, Kronberg/Ts.

Scheid, Rudolf (1986), »Europäische Industrie- und Technologiepolitik als ›industrial targeting‹«, in: Hans Besters (Hg.), *Was trennt Europa?* (= Gespräche der List Gesellschaft e.V., NF 10), Baden-Baden, S.49–67.

Schildt, Axel / Arnold Sywottek (Hg.) (1993), *Modernisierung im Wiederaufbau. Die westdeutsche Gesellschaft der 50er Jahre*, Bonn.

Schimank, Uwe (1988), *Institutionelle Differenzierung und Verselbständigung der deutschen Großforschungseinrichtungen* (= MPIFG Discussion Paper 88/7), Köln.

——, (1989), »Wechselseitige Erwartungen und Steuerung: Die forschungspolitische Steuerung des Technologietransfers von Großforschungseinrichtungen zur Wirtschaft«, in: Manfred Glagow / Helmut Willke / Helmut Wiesenthal (Hg.), *Gesellschaftliche Steuerungsrationalität und partikulare Handlungsstrategien*, Pfaffenweiler, S. 235–261.

——, (1995), »Politische Steuerung und Selbstregulation des Systems organisierter Forschung«, in: Renate Mayntz / Fritz W. Scharpf (Hg.), *Gesellschaftliche Selbstregelung und politische Steuerung*, Frankfurt a. M./New York, S. 101–139.

Schlüter, Arnulf (1964a), »Fusionsforschung in Europa«, in: *Jahrbuch der MGP*, S. 125–138.

——, (1988), »Biermanns Göttinger Schule der kosmischen Elektrodynamik«, in: *MPG, Berichte und Mitteilungen*, 1988, H. 2, S. 24–34.

——, (1989), »Von den Sternen auf die Erde – von Göttingen nach Garching«, in: Robert Gerwin (Hg.), *Wie die Zukunft Wurzeln schlug. Aus der Forschung der Bundesrepublik Deutschland*, Berlin u. a., S. 254–265.

Schmidt, Susanne K./ Raymund Werle (1998), *Coordinating Technology. Studies in the International Standardization of Telecommunications*, Cambridge Mass./London.

Schmied, H[elwig] (1979), *Studie über den wirtschaftlichen Nutzen der CERN-Verträge*, Genf.

Schneider, Christoffer / Jürgen Siebke (1987), »Technologieparks als Instrument der Wirtschaftspolitik«, in: Rudolf Henn (Hg.), *Technologie, Wachstum und Beschäftigung. Festschrift für Lothar Späth*, Berlin u. a., S. 669–684.

Schopper, Herwig (1973), »Foreword«, in: Bienlein u. a., S. 1.

——, (1989), *Materie und Antimaterie. Teilchenbeschleuniger und der Vorstoß zum unendlich Kleinen*, München/Zürich.

Schopper, Herwig / Horst Zajonc (1979), »Die zwölf Großforschungseinrichtungen. Ziele, Aufgaben und Zusammenarbeit mit der Industrie«, in: *Wirtschaft und Wissenschaft* 1, S. 20–28

Schröder, Marianne (1996), »Lexigraphische Nach-Wende. Ein Überarbeitungsbericht«, in: Gotthard Lerchner (Hg.), *Sprachgebrauch im Wandel. Anmerkungen zur Kommunikationskultur in der DDR vor und nach der Wende*, 2. Aufl., Frankfurt a.M., S. 149–167.

Schröter, Harm G. (1992), »Außenwirtschaft im Boom: Direktinvestitionen bundesdeutscher Unternehmen im Ausland 1950–1975«, in: Hartmut Kaelble (Hg.), *Der Boom 1948–1973. Gesellschaftliche und wirtschaftliche Folgen in der Bundesrepublik Deutschland und in Europa*, Opladen, S. 82–106.

——, (1996a), »Verfügbarkeit gegen Wirtschaftlichkeit. Paradigmen in der Forschungs- und Technologiepolitik beider deutscher Staaten«, in: *Technikgeschichte* 63, S. 343–361.

——, (1996b), »Legacies and Integrations: Europe's Role in the Reconstruction of German Foreign Investment after the Second World War«, in: Francis H. Heller / John R. Gillingham (Hg.), *The United States and the Integration of Europe*, New York, S. 365–378.

Schüler, Andreas (1989), *Erfindergeist und Technikkritik. Der Beitrag Amerikas zur Modernisierung und die Technikdebatte seit 1900*, Stuttgart.

Schulze, Winfried (1995), *Der Stifterverband für die Deutsche Wissenschaft 1920–1995*, Berlin.

Schumacher, Uwe (1993), *Fusionsforschung: eine Einführung*, Darmstadt.

Seidel, Robert W. (1986), »A Home for Big Science. The Atomic Energy Commission's Laboratory System«, in: *HSPS* 16, S. 135–175.

Seitz, Konrad (1990), *Die japanisch-amerikanische Herausforderung – Deutschlands Hochtechnologie-Industrien kämpfen ums Überleben*, München.

Servan-Schreiber, Jean-Jacques (1968), *Die amerikanische Herausforderung*. Vorwort Franz-Josef Strauß, 2. Aufl., Hamburg.

Shaw, E. N. (1990), *Europe's Experiment in Fusion: the Joint Undertaking*, Amsterdam/Oxford/New York u. a.

Shohet, L. (1981), »Stellarators«, in: *Fusion*, hg. v. Edward Teller, Bd. 1, Part A, New York u. a., S. 243–289.

Sinz, Manfred / Wendelin Strubelt (1986), »Zur Diskussion über das wirtschaftliche Süd-Nord-Gefälle unter Berücksichtigung entwicklungsgeschichtlicher Aspekte«, in: Jürgen Friedrichs / Hartmut Häußermann / Walter Siebel (Hg.), *Süd-Nord-Gefälle in der Bundesrepublik? Sozialwissenschaftliche Analysen*, Opladen, S. 12–50.

Smith, J. R. (Hg.) (1974), *Proceedings of the XVII International Conference in High Energy Physics, London 1974*, Chilton.

Snatzke, Christine (1977), »Wärmeabgabe von besonnten Fensterflächen«, in: *Ki. Klima+Kälteingenieur* 5, S. 261–268.

Sorge, Arndt (1985), *Informationstechnik und Arbeit im sozialen Prozeß. Arbeitsorganisation, Qualifikation und Produktivkraftentwicklung*, Frankfurt a.M./ New York.

Spillner, Andreas (1994), »Kann eine Krise 25 Jahre dauern?«, in: *Informatik-Spektrum* 17, S. 48–52.

SRI International / Arthur D. Little (1982), *Die Entwicklung der Datenverarbeitung in der Bundesrepublik Deutschland. Programmbewertung der DV-Förderung des BMFT 1967 bis 1979*, Bonn/Wiesbaden.
Stamm, Thomas (1981), *Zwischen Staat und Selbstverwaltung. Die deutsche Forschung im Wiederaufbau 1945–1965*, Köln.
Stanford (1974), *Proceedings of the IXth International Conference on High Energy Accelerators, Stanford 1974*, Stanford (= CONF 740522).
Stange, Thomas (1997), »Zu früh zu viel gewollt. Der mißglückte Start der DDR in die Kernenergie«, in: *Deutschland Archiv* 30, H. 6, S. 923–933.
——, (1998), *Die Genese des Instituts für Hochenergiephysik der Deutschen Akademie der Wissenschaften zu Berlin (1940–1970)*, Diss. Hamburg.
Starbatty, Joachim / Uwe Vetterlein (1995), *Die Technologiepolitik der Europäischen Gemeinschaft*, Baden-Baden.
Starpower (1987), *The U.S. and the International Quest for Fusion Energy*, U.S. Congress, Office of Technology Assessment, Washington.
Steffen, Klaus G. (1973), »Feasibility Study PETRA«, in: Bienlein u. a., S. 375–426.
Steiner, André (1989), »Politische, wirtschaftliche und soziale Faktoren der Technikentwicklung in der DDR«, in: Peter Frieß / Peter M. Steiner (Hg.), *Forschung und Technik in Deutschland nach 1945*, München, S. 133–144.
Sternberg, Rolf (1995), *Technologiepolitik und High-Tech Regionen – ein internationaler Vergleich*, Münster/Hamburg.
Stichweh, Rudolf (1994), »Differenzierung von Wissenschaft und Politik: Wissenschaftspolitik im 19. und 20. Jahrhundert«, in: ders., *Wissenschaft, Universität, Professionen. Soziologische Analysen*, Frankfurt a.M., S. 156–173.
Stoltenberg, Gerhard (1966), *Forschungsplanung – Möglichkeiten und Grenzen*, Kiel.
——, (1971), »Benötigt die Bundesrepublik Deutschland eine eigene Entwicklung von Datenverarbeitungsanlagen?«, in: Günter Friedrichs (Red.), *Computer und Angestellte. Beiträge zur dritten internationalen Arbeitstagung der Industriegewerkschaft Metall für die Bundesrepublik Deutschland über Automatisierung und technischen Fortschritt, 5. bis 8. März 1968 in Oberhausen*, Frankfurt a. M., S. 247–264.
Stoltenberg, Gerhard (Hg.) (1969), *Sonderdruck aus dem »Jahresbericht 1968 der Bundesregierung«*, Bonn.
Stoy, Bernd (1980), *Wunschenergie Sonne*, 3. überarb. Aufl., Heidelberg.
Stryi-Hipp, Gerhard (1995), »Die bisherige Marktentwicklung der Solartechnik und deren Perspektive«, in: *Solare Brauchwassererwärmung in Klein- und Großanlagen. Tagungsbericht zur ISH '95, Frankfurt 30./31.3.1995*, hrsg. v. der Deutschen Gesellschaft für Sonnenenergie, München, S. 79–91.
Stucke, Andreas (1993), *Institutionalisierung der Forschungspolitik: Entstehung, Entwicklung und Steuerungsprobleme des Bundesforschungsministeriums* (= Schriften des Max-Planck-Instituts für Gesellschaftsforschung 12), Frankfurt a.M./New York.
Stumm, Ingrid von (1997), »Historisches Projekt ›Geschichte der Großforschungseinrichtungen in der Bundesrepublik Deutschland‹: eine Zwischenbilanz«, in: Michael Winkler (Hg.), *Festschrift für Ernst-Joachim Meusel*, Baden-Baden, S. 263–285.
——, (1999), *Kernfusionsforschung, politische Steuerung und internationale Kooperation: das Max-Planck-Institut für Plasmaphysik (IPP) 1969–1981*, Diss. München.

Sturm, Roland (Hg.) (1996), *Europäische Forschungs- und Technologiepolitik und die Anforderungen des Subsidiaritätsprinzips* (= Schriftenreihe des Europäischen Zentrums für Föderalismusforschung 5), Baden-Baden.
Szöllösi-Janze, Margit (1990), *Geschichte der Arbeitsgemeinschaft der Großforschungseinrichtungen 1958–1980* (= Studien zur Geschichte der deutschen Großforschungseinrichtungen 2), Frankfurt a.M./New York.
——, (1998), *Fritz Haber (1868–1934). Eine Biographie*, München.
Szöllösi-Janze, Margit / Helmuth Trischler (Hg.) (1990a), *Großforschung in Deutschland* (= Studien zur Geschichte der deutschen Großforschungseinrichtungen 1), Frankfurt a.M./New York.
——, (1990b), »Einleitung. Entwicklungslinien der Großforschung in der Bundesrepublik Deutschland«, ebd., S. 13–20.

Tandler, Agnes (1997), *Geplante Zukunft. Wissenschaftler und Wissenschaftspolitik in der DDR 1955–1971*, Diss. Florenz.
Tanner, Earl C. (1977), *Project Matterhorn, an Informal History*, PPPL-Druck, o.O.
Taylor, Michael / Nigel Thrift (Hg.) (1986), *Multinationals and the Restructuring of the World Economy. The Geography of Multinationals*, Vol. 2, London/Sydney.
Teich, Albert H. / W.H. Lambright (1976), »The Redirection of a Large National Laboratory«, in: *Minerva* 14, S. 447–474.
Teubner, Gunter / Helmut Willke (1984), »Kontext und Autonomie. Gesellschaftliche Selbststeuerung durch reflexives Recht«, in: *Zeitschrift für Rechtssoziologie* 5, S. 4–35.
Thiel, Elke (1992), *Die Europäische Gemeinschaft. Vom Gemeinsamen Markt zur Europäischen Union*, München.
Thränhardt, Dietrich (1996), *Geschichte der Bundesrepublik Deutschland*, Frankfurt a M.
Ting, Samuel C. C. (1996), »The Discovery of the J Particle: A Personal Recollection«, in: Newman/Ypsilantis, S. 303–327.
Traweek, Sharon (1988), *Beamtimes and Lifetimes. The World of High Energy Physicists*, Cambridge/Mass.
Trischler, Helmuth (1988), »Wissenschaft und Forschung aus der Perspektive des Historikers«, in: *Neue Politische Literatur* 33, S. 393–415.
——, (1990), »Planungseuphorie und Forschungssteuerung in den 1960er Jahren am Beispiel der Luft- und Raumfahrtforschung«, in: Szöllösi-Janze/Trischler (Hg.), S.117–139.
——, (1992), *Luft- und Raumfahrtforschung in Deutschland 1900–1970. Politische Geschichte einer Wissenschaft* (= Studien zur Geschichte der deutschen Großforschungseinrichtungen 4), Frankfurt a.M./New York.
Trischler, Helmuth / Hans-Liudger Dienel (1997), »Geschichte der Zukunft des Verkehrs: Eine Einführung«, in: dies. (Hg.), *Geschichte der Zukunft des Verkehrs. Verkehrskonzepte von der Frühen Neuzeit bis zum 21. Jahrhundert*, Frankfurt a. M./New York, S. 11–39.
Trischler, Helmuth / Rüdiger vom Bruch (1999), *Forschung für den Markt. Geschichte der Fraunhofer-Gesellschaft*, München.

Van Hove, Leon (1980), »The Research Activities of CERN (1976–1980) and the Future of the Laboratory«, in: CERN (1980), S. 27–33.
VDE/VDI-Gesellschaft Mikroelektronik (Hg.) (1990), *Technologietransfer für Anwender der Mikroelektronik. Institute und Hochschulen in der Bundesrepublik Deutschland*, 2. Aufl., Frankfurt a.M.
Vierhaus, Rudolf (1996), »Bemerkungen zum sogenannten Harnack-Prinzip. Mythos und Realität«, in: vom Brocke/Laitko (Hg.), S. 129–138.
Vierhaus, Rudolf / Bernhard vom Brocke (Hg.) (1990), *Forschung im Spannungsfeld von Politik und Gesellschaft. Geschichte und Struktur der Kaiser-Wilhelm/Max-Planck-Gesellschaft*, Stuttgart.
Voss, Gustav-Adolf (1977), »PETRA – A Status Report«, in: Ado u. a., S. 448–457.
———, (1996), »Electron-Positron and Electron-Proton Storage Ring Colliders«, in: Newman/Ypsilantis, S. 465–487.

Wagner, Gustav / Andrea Mauerberger (1989), *Krebsforschung in Deutschland. Vorgeschichte und Geschichte des Deutschen Krebsforschungszentrums*, Berlin u. a.
Walker, Mark (1992), Rezension, in: *Archiv für Sozialgeschichte* 32, S. 666-667.
Weber, Hermann (1989), *Geschichte der DDR*, 3. Aufl., München.
Weber, Wolfhard (1997), *Naturwissenschafts- und Technikgeschichte in Deutschland 1993–1996. Eine Übersicht über Forschung und Lehre an den Institutionen*, Weinheim.
Weiss, Burghard (1994), *Großforschung in Berlin. Geschichte des Hahn-Meitner-Instituts*, Frankfurt a.M./New York (= Studien zur Geschichte der deutschen Großforschungseinrichtungen 8).
———, (1997), »Kernforschung und Kerntechnik in der DDR«, in: Hoffmann/Macrakis (Hg.), S. 297–315.
Weitkamp, Rolf (1992), *Forschungs- und Technologiepolitik der Bundesländer Nordrhein-Westfalen und Baden-Württemberg 1980–1988. Eine vergleichende Bestandsaufnahme* (= Studien zur Politikwissenschaft 68), Münster/Hamburg.
Weitzel, Günter (1987), *Kooperation zwischen Wissenschaft und mittelständischer Wirtschaft. Selbsthilfe der Unternehmen auf regionaler Basis: kritische Bewertung bestehender Modelle. Gutachten im Auftrag des Bundesministeriums für Wirtschaft* (= Ifo-Studien zu Handels- und Dienstleistungsfragen 31), München.
Wiegand, Josef (1994), *Informatik und Großforschung. Geschichte der Gesellschaft für Mathematik und Datenverarbeitung* (= Studien zur Geschichte der deutschen Großforschungseinrichtungen 6), Frankfurt a.M./New York
Wilke, Günther (1989), »Geleitwort«, in: Manfred Rasch, *Geschichte des Kaiser-Wilhelm-Instituts für Kohlenforschung 1913–1943*, Weinheim.
Williams, Roger (1973), *European Technology. The Politics of Collaboration*, London.
Williams, Robert Chadwell (1987), *Klaus Fuchs. Atom Spy*, Cambridge UK/London.
Willke, Helmut (1983), *Entzauberung des Staates. Überlegungen zu einer sozietalen Steuerungstheorie*, Königstein/Ts..
Willson, Denis (1981), *A European Experiment: The Launching of the JET Project*, Bristol.

Wissenschaftsrat (1992), *Stellungnahmen zu den außeruniversitären Forschungseinrichtungen der ehemaligen Akademie der Wissenschaften der DDR auf dem Gebiet der Physik*, Köln.

Zahn-Harnack, Agnes von (1936), *Adolf von Harnack*, Berlin.
Zängl, Wolfgang (1989), *Deutschlands Strom. Die Politik der Elektrifizierung von 1866 bis heute*, Frankfurt a.M./New York.
Zeitträger, Helmut (1996), »Beschaffungsrecht«, in: Christoph Flämig u. a . (Hg.), *Handbuch des Wissenschaftsrechts*, Bd. 2, 2. völlig überarb. und erw. Aufl., Berlin/Heidelberg, S. 1591–1610.

Personenregister

Abele, Johannes 314
Adenauer, Konrad 34
Aigrain, Pierre 249
Albrecht, Ernst 272

Bagge, Erich 167, 184
Balke, Siegfried 188, 206, 221
Beckurts, Karl-Heinz 194, 196, 216
Berghahn, Volker 31
Boettcher, Alfred 207
Böhme, Rolf 117
Börger 273, 277
Brandt, Leo 189, 211, 274
Brandt, Willy 45
Bruch, Rüdiger vom 267
Bülow, Andreas von 117

Cartellieri, Wolfgang 159
Crick, Francis 350
Curtis, Roger W. 255
Dahrendorf, Ralf 252
Debré, Michel 249

Deutinger, Stephan 240
Dohnanyi, Klaus von 203
Ehmke, Horst 110
Engl, Walter 144f
Erhard, Ludwig 12

Faulstich, Helmut 335
Fermi, Enrico 305
Flowers, Brian 300
Freeman, Christopher 12

Friedrich, Walter 340
Fuchs, Klaus 320, 331

Galison, Peter 287
Gall, Alexander 49
Gaulle, Charles de 14
Gertis, Karl 120
Goetzberger, Adolf 114-125, 128, 130, 133

Habfast, Claus 28
Häfele, Wolf 23, 159, 161, 197
Hahn, Otto 31
Harnack, Adolf (von) 23f, 26, 41, 245
Hars, Florian 241
Hauff, Volker 45, 139, 140, 185, 277
Haunschild, Hans-Hilger 200, 233f
Hecht, Gabrielle 316
Heisenberg, Werner 31
Hennenhöfer, Joachim 13
Heuberger, Anton 152
Hofmann, Ulrich 327
Hohn, Hans-Willy 46, 47
Honecker, Erich 30, 322, 328, 331, 375

Jochimsen, Reimut 275-277, 283
Justi, Eduard 110
Justo, Lucienne Fernandes 160

Kaun, Karl-Heinz 334
Keck, Otto 28
Keller, Heinz 115, 116, 144, 240, 261f, 276f, 281

Kendrew, J.C. 301
Kiesinger, Kurt Georg 12
Kirchner, Ulrich 28
Klare, Hermann 326f
Krieger, Wolfgang 20
Krige, John 85
Kühn, Heinz 275
Kuhn, Thomas 54, 55, 56, 57, 77

Langewiesche, Dieter 317
Lehner, Günther 112
Lehr, Günter 231, 307
Leibniz, Gottfried Wilhelm 340
Lentrodt, Hans-Dieter 274, 278f
Leuschner, Bruno 326
Leussink, Hans 45, 171, 196, 221, 254
Lieske, Jürgen 239
Lüder, Ernst 145, 146
Lundgreen, Peter 37
Luns, Joseph 249
Lüst, Reimar 231, 283
Luther, Joachim 133

Maier-Bode, Friedrich-Hermann 273, 277, 279
Maier-Leibnitz, Heinz 295, 297
Maréchal, André 246-249
Matthöfer, Hans 45, 110, 181, 276
Mauerberger, Andrea 29
Mener, Gerhard 48
Meusel, Ernst-Joachim 19
Mittag, Günther 331
Mohr, Ulrich 277
Mommsen, Theodor 23
Mühlen, Manfred von zur 166, 177
Müller-Glaser, Klaus 151f
Munz, Dietrich 273
Mutert, Susanne 47

Necker, Karl-Hartmann 183, 184
Nelson, Richard 26
Nord, Ferdinand 255f

Oetzel, Günther 28
Osietzki, Maria 267

Paul, Wolfgang 307
Pestel, Eduard 272f
Pickering, Andrew 287
Polter, Dirk-Meints 93
Pretsch, Joachim 191
Price, Derek de Solla 77, 158

Radkau, Joachim 27, 28, 317
Rambusch, Karl 320
Ranke, Leopold von 20
Rasch, Manfred 24
Rau, Johannes 274f
Reindl, Josef 314
Richter, Burton 301, 307
Riesenhuber, Heinz 125
Ritter, Gerhard A. 20
Rudzinski, Kurt 202f
Rusinek, Bernd-A. 29, 161
Ryssel, Heiner 151f

Scharpf, Fritz 139f
Scheel, Kurt 201f
Scheler, Werner 328, 353
Schiller, Karl 44
Schimank, Uwe 82
Schintlmeister, Josef 334
Schlüter, Arnulf 227
Schmerenbeck, Hans 177
Schmidt, Helmut 38, 45
Schmidt-Küster 200
Schnabel, Franz 20
Schröder, Erich 177
Schröter, Harm 323
Schulten, Rudolf 161, 189, 207-209, 216
Schulze, Winfried 28
Schumpeter, Joseph 15, 108
Schwabe, Kurt 323
Seitzer, Dieter 147-150, 152
Servan, Schreiber, Jean-Jacques 11, 43, 45f, 245
Späth, Lothar 146
Spinelli, Altiero 251f
Stamm, Thomas 27f, 267
Steenbeck, Max 320, 366
Stichweh, Rudolf 23

Stoltenberg, Gerhard 12, 44, 166, 221, 254
Szöllösi-Janze, Margit 31, 37, 313

Tandler, Agnes Charlotte 315
Terman, Frederick 140
Thießen, Peter A. 366
Touschek, Bruno 292
Trischler, Helmuth 20, 27, 37, 267, 313

Ulbricht, Walter 30, 373, 375

Van Hove, Leon 309

Wagner, Gustav 29
Waldherr, Claus 177
Walker, Mark 30, 40
Watson, James 350
Weibrecht, Rudolf 332
Weinberg, Alvin 159, 207
Weiss, Burghard 37, 40
Weiz, Herbert 368
Wiegand, Josef 32
Wilke, Günther 24f.
Wilson, Harold 246

Zimmer, Günter 146

Autorinnen und Autoren

JOHANNES ABELE, geb. 1967, promovierte 1998 am Graduiertenkolleg des Deutschen Museums mit einer Dissertation über Strahlenmessung und Strahlenkontrolle: *Der Geigerzähler als Instrument zur Verwissenschaftlichung des Strahlenschutzes 1928-1992*. Derzeit ist er Wissenschaftlicher Mitarbeiter am Hannah-Arendt-Institut für Totalitarismusforschung in Dresden und untersucht die Geschichte des Forschungszentrums Rossendorf.

RÜDIGER VOM BRUCH, geb. 1944, ist Inhaber des Lehrstuhls für Wissenschaftsgeschichte an der Humboldt-Universität Berlin. Jüngste Veröffentlichung (mit Helmuth Trischler): *Forschung für den Markt. Geschichte der Fraunhofer-Gesellschaft*, München 1999.

STEPHAN DEUTINGER, geb. 1966, ist Wissenschaftlicher Assistent am Institut für Bayerische Geschichte der Universität München. Seine 1998 abgeschlossene Dissertation erscheint unter dem Titel: *Vom Agrarland zum High-Tech-Staat. Zur Geschichte des »Forschungsstandortes Bayern« 1945-1980*, München 1999.

ALEXANDER GALL, geb. 1967, ist Stipendiat der Alfried Krupp von Bohlen und Halbach-Stiftung und promoviert am Forschungsinstitut des Deutschen Museums mit einer Arbeit über die Verkehrsentwicklung in Bayern in den 1950er und 1960er Jahren. Jüngste Veröffentlichung: *Das Atlantropa-Projekt. Die Geschichte einer gescheiterten Vision*, Frankfurt a.M./New York 1999.

FLORIAN HARS, geb. 1966, promovierte 1997 an der Universität Hamburg mit einer Dissertation über den Experimentalphysiker Ferdinand Braun. Im Rahmen des Projekts zur Geschichte der Großforschung arbeitet er an einer Studie zur Geschichte des DESY.

DIETER HOFFMANN, geb. 1948, ist Wissenschaftlicher Mitarbeiter am Max-Planck-Institut für Wissenschaftsgeschichte in Berlin und Privatdozent an der Humboldt-Universität Berlin. Er ist gemeinsam mit Kristie Macrakis Herausgeber des Bandes *Naturwissenschaft und Technik in der DDR,* Berlin 1997.

HANS-WILLY HOHN, geb. 1953, ist Wissenschaftlicher Mitarbeiter am Max-Planck-Institut für Gesellschaftsforschung in Köln. 1997 habilitierte er sich an der Universität Bielefeld mit einer Arbeit zum Thema *Steuerungsprobleme und kognitive Strukturen der Forschung. Kernphysik und Informatik im Vergleich.*

LUCIENE FERNANDES JUSTO, geb. 1964, ist Wissenschaftliche Mitarbeiterin am Institut für Geschichte der Naturwissenschaften, Mathematik und Technik der Universität Hamburg. Sie arbeitet an einer Dissertation zur Geschichte des Forschungszentrums Geesthacht.

ANDREAS KLEINERT, geb. 1940, ist Lehrstuhlinhaber für Geschichte der Naturwissenschaften und der Technik an der Universität Halle-Wittenberg.

JÜRGEN LIESKE, geb. 1967, ist Wissenschaftlicher Mitarbeiter am Forschungsinstitut des Deutschen Museums. Seine 1999 abgeschlossene Dissertation thematisiert die Vertragsforschung im internationalen Vergleich – USA, Deutschland, Japan.

GERHARD MENER, geb. 1968, hat 1999 im Rahmen des Graduiertenkollegs am Deutschen Museum mit einer Arbeit zur Geschichte der Solarenergie in Deutschland und den USA 1860 – 1990 promoviert.

SUSANNE MUTERT, geb. 1964, arbeitete als Wissenschaftliche Mitarbeiterin im Projekt zur Geschichte der Großforschung. Ihre Studie zum Thema Großforschung und Industrie wird in Kürze in der Reihe *Studien zur Geschichte der deutschen Großforschungseinrichtungen* erscheinen.

JOSEF REINDL, geb. 1963, arbeitet als Wissenschaftlicher Mitarbeiter im Projekt zur Geschichte der deutschen Großforschungseinrichtungen an einer historischen Studie zur Entwicklung des Forschungsstandorts Berlin-Buch. Seine Studie zur deutschen und britischen Elektrotechnischen Industrie wird in Kürze in der Reihe des Deutschen Historischen Instituts London erscheinen.

GERHARD A. RITTER, geb. 1929, ist Emeritus am Institut für Neuere Geschichte der Universität München und Vorsitzender des Wissenschaftlichen Beirats des Projekts zur Geschichte der deutschen Großforschungseinrichtungen. Jüngste Veröffentlichung: *Über Deutschland. Die Bundesrepublik in der deutschen Geschichte*, München 1998.

BERND-A. RUSINEK, geb. 1954, ist Privatdozent am Historischen Seminar der Heinrich-Heine-Universität Düsseldorf. Seine Habilitationsschrift erschien 1996 als Band 11 der Reihe *Studien zur Geschichte der deutschen Großforschungseinrichtungen* unter dem Titel *Das Forschungszentrum. Eine Geschichte der KFA Jülich von ihrer Gründung bis 1980.*

INGRID VON STUMM, geb. 1964, hat 1998/99 an der Universität München promoviert. Ihre Dissertation mit dem Titel *Kernfusionsforschung, politische Steuerung und internationale Kooperation: Das Max-Planck-Institut für Plasmaphysik (IPP) 1969-1981* wird in der Reihe *Studien zur Geschichte der deutschen Großforschungseinrichtungen* erscheinen.

MARGIT SZÖLLÖSI-JANZE, geb. 1957, ist Privatdozentin am Institut für Neuere Geschichte der Universität München. Ihre Habilitationsschrift erschien unter dem Titel *Fritz Haber 1868 – 1934. Eine Biographie*, München 1998.

AGNES CHARLOTTE TANDLER, geb. 1962, promovierte 1998 am Europäischen Hochschulinstitut in Florenz mit einer Arbeit über *Geplante Zukunft. Wissenschaftler und Wissenschaftspolitik in der DDR 195-1971*. Seither arbeitet sie als Referentin am Deutsch-Amerikanischen Akademischen Konzil in Bonn.

HELMUTH TRISCHLER, geb. 1958, ist Forschungsdirektor des Deutschen Museums und apl. Professor an der Universität München. Jüngste Veröffentlichung (mit Rüdiger vom Bruch): *Forschung für den Markt. Geschichte der Fraunhofer-Gesellschaft*, München 1999.